CODE

DE LA

MARTINIQUE.

CODE

DE LA

MARTINIQUE.

NOUVELLE ÉDITION,

Par M. DURAND-MOLARD,

Sous-Commissaire des Colonies, Secrétaire principal de la Préfecture de la Martinique.

TOME SECOND;

Contenant les Actes Législatifs de la Colonie depuis 1755 *jusqu'en* 1768 *inclusivement.*

A SAINT-PIERRE MARTINIQUE,

De l'Imprimerie de Jean-Baptiste Thounens, fils, Imprimeur du Gouvernement.

1807.

CODE

DE LA

MARTINIQUE.

NOUVELLE ÉDITION,

Par M. DURAND-MOLARD,

Sous-Commissaire des Colonies, Secrétaire principal de la Préfecture de la Martinique.

TOME SECOND;

Contenant les Actes Législatifs de la Colonie depuis 1755 jusqu'en 1766 inclusivement.

A SAINT-PIERRE-MARTINIQUE,

De l'Imprimerie de Jean-Baptiste Thounens, fils, Imprimeur du Gouvernement.

1807.

TABLE
CHRONOLOGIQUE ET ANALYTIQUE
DES PIÈCES

Contenues dans le second volume du Code de la Martinique.

DATES.	TITRES ANALYTIQUES.
1755. 10 mai.	ORDONNANCE de MM. les Général et Intendant, sur la vente en argent ou en denrées. [*N°*. 214, *page* 1re.]
16 juin.	— sur l'Hyvernage. [*N°*. 215, *p*. 3.]
5 novemb.	— concernant les Bouchers. [*N°*. 216, *p*. 4.]
8.	ARRÊT du Conseil Souverain, sur les Sépultures dans les Eglises. [*N°*. 217, *p*. 6.]
idem.	— en Réglement du Conseil Souverain, sur la tenue des Rôles, et sur la police des Procureurs postulans en la Cour. [*N°*. 218, *p*. 8.]
1756. 28 janvier.	EXTRAIT du Bail de la Ferme des Droits sur les Cabarets, Auberges et autres Maisons où il sera vendu Vin, Eau-de-vie, Tafia, Bière et autres Boissons ou Liqueurs, passé par Nosseigneurs les Général et Intendant, pour toute l'étendue de cette île Martinique, et le Frére *Auguste Martini*, Supérieur de l'Hôpital Saint-Louis, Bailleurs, et *Julien Rocherand de la Roche*, Preneur : contenant les clauses dudit Bail, et ce qui doit être payé par ceux qui sont sujets auxdits droits. [*N°*. 219, *p*. 14.]

DATES.	TITRES ANALYTIQUES.
1756. 27 février.	ORDRE du Roi, qui établit une imposition de 40 sols, par tête de nègres, pour l'entretien des batteries. [*N°*. 220, *p*. 17.]
12 novemb.	ARRÊT en Réglement du Conseil Souverain, sur diverses parties de l'administration de la Justice aux îles françaises du vent de l'Amérique. [*N°*. 221, *p*. 19.]
13.	— du Conseil Souverain sur les Scellés et Inventaires après décès. [*N°*. 222, *p*. 31.]
1757. 22 avril.	ORDONNANCE de MM. les Général et Intendant, sur le Pavé de la Grande-Rue du bourg Saint-Pierre. [*N°*. 223, *p*. 32.]
7 novemb.	ARRÊT du Conseil Souverain, sur les Esclaves tenant maison. [*N°*. 224, *p*. 34.]
12.	ORDONNANCE de MM. les Général et Intendant, pour l'ouverture des Cadavres soupçonnés être morts empoisonnés. [*N°*. 225, *p*. 37.]
1758. 13 mai.	ARRÊT du Conseil Souverain, concernant les Registres des Baptêmes, Mariages, Sépultures, Vêtures, Noviciats, Professions, etc. [*N°*. 226, *p*. 39.]
1759. 1er. mai.	CAPITULATION de l'île Guadeloupe, entre LL. Exc. MM. *Barrington*, Major-général, et *John Moore*, Ecuyer, Chef d'escadre, Commandans en chefs, les forces de terre et maritimes de S. M. Britannique, dans ces mers, et *les Habitans* de l'île Guadeloupe, représentés par MM. *Debourg d'Eclainvilliers* et *Duqueruy*, munis de leurs pleins pouvoirs et autorisés par M. *Nadau Dutreil*, Chevalier de l'Ordre Royal et Militaire de St.-Louis, Gouverneur de cette île. [*N°*. 227, *p*. 55.]
11 juillet.	RÉGLEMENT du Roi, pour la police et discipline des Equipages des Navires marchands expédiés pour les Colonies françaises de l'Amérique, et sur ce qui doit

DATES.	TITRES ANALYTIQUES.
	être observé pour les remplacemens des équipages, tant des vaisseaux de S. M., que des navires marchands. [*N°*. 228, *p*. 61.]
1759. 1.er décemb.	ORDONNANCE du Roi, concernant les Mariages et Acquisitions que les Gouverneur-Lieutenant-général et Intendant, ainsi que les Gouverneurs, les Commissaires et Ecrivains de la Marine, servant aux îles du vent, pourraient y contracter à l'avenir. [*N°*. 229, *p*. 74.]
idem.	— portant Réglement pour les appointemens du Gouverneur-Lieutenant-général, Intendant, Lieutenans de Roi et autres Officiers des Etats-majors, Commissaires et Ecrivains de la Marine, servant à la Martinique, et qui fixe leur nombre, leur grade et leur résidence. [*N°*. 230, *p*. 77.]
idem.	— qui défend aux Gouverneur-Lieutenant-général, Intendant et Gouverneurs-particuliers des îles du vent de l'Amérique, de percevoir le droit de deux pour cent sur les nègres; et réunit au Domaine de S. M. le produit des Fermes des Cabarets, et de toutes autres Fermes qui peuvent avoir été ou seraient établies auxdites îles. [*N°*. 231, *p*. 83.]
20.	ARRÊT du Conseil d'Etat du Roi, portant établissement d'une Chambre mi-partie d'Agriculture et de Commerce aux îles du vent, avec faculté d'avoir à Paris un Député à la suite du Conseil. [*N°*. 232, *p*. 85.]
idem.	DÉCLARATION du Roi, en interprétation des Lettres-patentes en forme d'Edit, du mois d'octobre 1727, concernant les parts et portions des prises provenant du Commerce étranger, attribuées au Gouver-

DATES.	TITRES ANALYTIQUES.
	mandant-général pour S. M. T. Ch. aux îles du vent de l'Amérique, et LL. Exc. MM. *Rodney* et *Robert Monckton*, Généraux des armées de mer et de terre de S. M. Britannique. [*N*°. 243, *p*. 113.]
1762. 21 mai.	Arrêt du Conseil d'Etat du Roi, qui fixe les bornes du pouvoir militaire dans les Colonies, par rapport à la Justice. [*N*°. 244, *p*. 123.]
2 juillet.	Ordonnance de MM. les Général et Intendant, concernant la Monnaie. [*N*°. 245, *p*. 125.]
1763. Janvier.	Edit du Roi, qui ordonne la réformation dans la Monnaie de Paris, ou autres, jusqu'à concurrence de six cens mille livres en espèces de billon, pour, lesdites espèces, avoir cours dans les Colonies. [*N*°. 246, *p*. 126.)
12 mars.	Arrêt du Conseil Souverain, sur les amendes d'appel. [*N*°. 247, *p*. 128.]
14.	— en Réglement du Conseil Souverain, sur les Registres des Curés. [*N*°. 248, *p*. 129.]
24.	Réglement du Roi, concernant l'Administration-général de la Colonie de la Martinique. [*N*°. 249, *p*. 130.]
25.	Ordonnance du Roi, concernant le traitement des Troupes qui iront servir dans les Colonies. [*N*°. 250, *p*. 173.]
idem.	Extrait de l'Ordre du Roi, portant suppression des Places de Gouverneurs-particuliers, Lieutenans de Roi, etc. [*N*°. 251, *p*. 186.]
9 avril.	Arrêt du Conseil d'Etat du Roi, portant suppression de la Chambre mi-partie Agriculture et Commerce, et Création de la Chambre d'Agriculture. [*N*°. 252, *p*. 186.]

DATES.	TITRES ANALYTIQUES.
1763. 16 août.	ORDONNANCE de M. l'Intendant, concernant la Navigation, le Commerce et le Cabotage de la Martinique. [*N*°. 261, *p.* 221.]
idem.	— de MM. les Général et Intendant, concernant les Jeux et les Cabarets dans l'île Martinique. [*N*°. 262, *p.* 228.]
18.	— concernant les Droits sur les Sucres vendus en détail. [*N*°. 263, *p.* 233.]
23.	COMMISSIONS et établissement des Commissaires de Paroisses, et lettre d'envoi desdites Commissions par MM. les Général et Intendant. [*N*°. 264, *p.* 235.]
29.	LETTRES-PATENTES, concernant les Préfets Apostoliques. [*N*°. 265, *p.* 236.]
1er. septem.	ORDONNANCE de MM. les Général et Intendant, concernant les Bouchers. [*N*°. 266, *p.* 240.]
idem.	— concernant les Boulangers et la vente des Farines. [*N*°. 267, *p.* 242.]
6.	DISCOURS de M. l'Intendant Président du Conseil Supérieur, et Arrêt de la Cour sur le Paiement des Billets à ordre, Billets au porteur, Mandats acceptés et tous Papiers de Commerce. [*N*°. 268, *p.* 244.]
23.	LETTRE du Roi, qui autorise les Général et Intendant à commuer les peines capitales prononcées contre les esclaves. [*N*°. 269, *p.* 251.]
idem.	EXTRAIT d'une Dépêche ministérielle de M. le *Duc de Choiseul*, sur la commutation de la peine de mort, contre les esclaves, en celle des Galères de terre. [*N*°. 270, *p.* 253.]
24.	ORDONNANCE de MM. les Général et Intendant, qui augmente le prix du pain. [*N*°. 271, *p.* 253.]

DATES.	TITRES ANALYTIQUES.
1763. 25 septem.	ORDONNANCE de MM. les Général et Intendant, concernant les Cochons. [*N°*. 272, *p*. 254.]
11 octobre.	EXTRAIT d'une Dépêche ministérielle de M. le *Duc de Choiseul*, sur l'importation et l'exportation des Denrées de la Martinique à la Guadeloupe. [*N°*. 273, *p*. 255.]
14.	ORDONNANCE de MM. les Général et Intendant, concernant les Terreins à bâtir dans le Bourg de St.-Pierre. [*N°*. 274, *p*. 255.]
15.	— concernant les Arpenteurs. [*N°*. 275, *p*. 257.]
idem.	ORDRE de MM. les Général et Intendant, qui remplace, par une Régie au compte du Roi, les *Frères de la Charité*, établis à l'Hôpital du Fort-Royal. [*N°*. 276, *p*. 258.]
17.	ORDONNANCE de MM. les Général et Intendant, concernant les Déclarations à fournir par les Habitans. [*N°*. 281, *p*. 274.]
18.	— sur les fonctions de la Maréchaussée. [*N°*. 277, *p*. 260.]
19.	— sur les fonctions des Commissaires des Paroisses. [*N°*. 278, *p*. 264.]
20.	CONSIGNE générale, donnée par MM. les Général et Intendant, pour tous les Ports et Rades de la Martinique. [*N°*. 279, *p*. 267.]
26.	ORDONNANCE de MM. les Général et Intendant, qui impose 12 liv. par tête de Négre des Ville et Bourgs, pour tenir lieu de Taxe sur l'Industrie. [*N°*. 280, *p*. 272.]
10 novemb.	ARRÊT en Réglement du Conseil Souverain, sur les Faiseurs de Mémoires. [*N°*. 282, *p*. 275.]

Fin de la Table.

CODE DE LA MARTINIQUE.

(N°. 214.) *ORDONNANCE de MM. les Général et Intendant, sur la vente en argent ou en denrées.*

Du 10 mai 1755.

SUR les plaintes qui nous ont été portées par les Capitaines des Navires marchands, et les Négocians ou Commissionnaires qui font le Commerce dans toute l'étendue des îles du vent; voulant rétablir entr'eux l'harmonie convenable, et conserver une balance si exacte, qu'elle laisse à tous et chacun le ressort nécessaire au plus grand bien des Colonies que S. M. nous a confiées; nous avons réglé et réglons ce qui suit:

ART. Ier. Que tous Marchands, Commissionnaires ou autres qui prendront d'un Capitaine des Marchandises à crédit, soit comestibles ou autres, retireront un bordereau du Capitaine vendeur, dans lequel seront dénommés les qualités, quantités, sommes et la stipulation expresse de l'espèce de paiement, que lesdits Marchands, Commissionnaires ou autres auront promis d'en faire, soit en Argent, soit en Sucre, Café, Coton, etc.

II. Qu'étant libre auxdits Marchands, Commissionnaires et Capitaines de convenir entr'eux de telles conditions qu'ils aviseront, tant pour l'espèce que pour le terme du paiement, ils seront, les uns et les autres, en cas de contestation, jugés conformément et aux termes de leurs conventions réciproques, en rapportant par lesdits Marchands, Commissionnaires ou autres, devant les Juges des lieux, les bordereaux qu'ils auront retirés des Capitaines; et, faute par lesdits Marchands de représenter lesdits bordereaux cités ci-dessus et anciennement usités dans le Commerce pour en accélérer les opérations, les Capitaines seront admis à produire leurs Registres qui feront foi en Justice; pourvu qu'ils soient tenus bien en règle, sans rature, interlignes, etc., et qu'ils aient été dûment paraphés et cotés par leurs Armateurs en France, ou par le Lieutenant-général de l'Amirauté du Port dans lequel ils commerceront en ces Colonies.

III. Confirmons au surplus les Habitans dans les privilèges à eux accordés par les Ordonnances, et notamment par les articles I et II de celle de MM. de Champigny et d'Orgeville, du 1er. septembre 1736, concernant l'échange des denrées qu'ils recueillent avec celles qu'apportent de France les Capitaines des Navires marchands, tant pour les commestibles que pour les effets propres à l'exploitation des habitations; et enjoignons aux dits Capitaines de s'y conformer sous les peines portées par lesdites Ordonnances.

Sera la présente Ordonnance, etc.

Donné à la Martinique le 10 mai 1755. *Signé*, BOMPAR et GIVRY.

Enregist. au Conseil Souverain.

(N°. 215.) *ORDONNANCE de MM. les Général et Intendant, sur l'Hyvernage.*

Du 16 juin 1755.

ETANT nécessaire de pourvoir à la sûreté du Commerce, et de prévenir les accidens qui peuvent arriver, pendant la saison de l'hyvernage, dans la Rade du Fort St-Pierre de cette île Martinique; Ordonnons que du jour de la publication de la présente Ordonnance, jusqu'au 18 du mois de Juillet prochain inclusivement, il ne restera dans ladite Rade aucun des Vaisseaux qui y sont actuellement mouillés, ni même aucun de ceux qui pourraient y arriver, avant ledit jour 18 Juillet, et qu'ils se retireront dans le Bassin du Fort-Royal; le tout à peine contre les Capitaines de punition exemplaire, et de répondre en leur propre et privé nom de tous dommages et avaries qui pourraient en survenir. Seront de plus les Capitaines qui seront dans le cas de désobéissance détenus en Prison tant que nous le jugerons convenables, et commettrons quelqu'un pour conduire leurs Navires dans ledit Bassin.

Prévenons de plus tous les Caboteurs et tous Propriétaires des Bateaux, que si pendant ladite saison de l'Hyvernage ils venaient à perdre leurs Bateaux dans la Rade Saint-Pierre par quelque coup de vent ou ras de marée, il leur sera refusé toute permission d'acheter des Bateaux aux îles étrangères, quelques soient les raisons et motifs qu'ils pourraient alléguer.

Prions M. Roüillé de Raucourt, Gouverneur de cette île, et en son absence MM. les Officiers-majors Commandans au Fort St.-Pierre, de tenir la main à l'exécution de la présente Ordonnance, laquelle sera lue, publiée, etc.

Donné à la Martinique, le 16 juin 1755. *Signé*, Bompar et Givry.

(N°. 216.) *Ordonnance de MM. les Général et Intendant, concernant les Bouchers.*

Du 5 novembre 1755.

Voulant faire cesser les fréquentes plaintes contre les contraventions des Bouchers de cette île, aux sages Réglemens faits par nos prédécesseurs, touchant la police des Boucheries, nous avons statué et ordonné, statuons et ordonnons par les présentes.

Art. Ier. Que l'Ordonnance rendue par MM. le Marquis de Champigny et de Ranché, nos prédécesseurs, concernant les Boucheries, le 11 Juillet 1744, sera exécutée suivant sa forme et teneur, sous les peines y portées.

II. Que personne ne pourra faire le métier de Boucher et tenir Boucherie, sans en avoir auparavant obtenu de nous la permission, à peine de 500 liv. d'amende, et de confiscation des Viandes, Bestiaux et Ustensiles de Boucherie qui seront trouvés chez les Contrevenans.

III. Que ceux qui font actuellement le métier de Boucher avec dessein de continuer à tenir Boucherie, obtiendront de nous, Général et Intendant, la permission mentionnée en l'article précédent, dans un mois à compter de la publication des présentes, sous les peines portées audit article.

IV. Que tout Boucher sera tenu, sous les peines portées en l'article II, d'informer l'Officier de Police, qui sera préposé à ce sujet, des lieux où il se propose de tuer, étaler et débiter, du nombre, espèce et quantité de Bestiaux destinés pour sa Boucherie, dont il fera la distribution au public aux heures réglées.

V. Que tout Boucher se pourvoira d'une copie, tant de l'Ordonnance dudit jour 11 Juillet 1744, que des présentes; laquelle copie il sera tenu de représenter au Procureur du Roi, lorsqu'il aura obtenu la permission de tenir Boucherie, avec sa soumission au bas signée de lui, s'il sait signer ou de deux témoins, s'il ne sait écrire, de se conformer au contenu desdites Ordonnances, sous les peines y portées; desquelles représentation et soumission, ledit Procureur du Roi fera mention sur un Registre destiné à cet effet.

VI. Défendons très-expressement aux Cuisiniers de Navires marchands, aux Matelots et autres personnes attachées au service des Bâtimens de mer, faisant commerce au cabotage, de faire aucun commerce de Viandes de Boucherie, d'en vendre et débiter, à peine de confiscation des Viandes et Bestiaux, de prison, et de plus griéves peines en cas de récidive. Enjoignons aux Capitaines desdits Navires de tenir la main, chacun pour ce qui regarde les personnes de son bord, à l'exécution du présent article, à peine d'en répondre en leur propre et privé nom.

VII. Les confiscations des Viandes et Bestiaux dans les cas ci-dessus énoncés, et les autres portés en l'Ordonnance dudit jour 11 Juillet 1744, seront adjugées à ceux qui auront donné avis des contraventions aux Officiers de Police.

Prions Messieurs du Conseil Supérieur, et mandons aux Officiers des Jurisdictions de cette île, de procéder à l'enregistrement, lecture, publication, etc.

Donné à la Martinique, le 5 novembre 1755. *Signé*, BOMPAR et GIVRY.

Enregist. au Conseil Souverain.

(N°. 217.) *ARRET du Conseil Souverain, sur les Sépultures dans les Eglises.*

Du 8 novembre 1755.

SUR ce qui a été remontré à la Cour par le Procureur-général du Roi, qu'il a été informé que, contre la disposition du Réglement de MM. les Général et Intendant, du 24 Décembre 1753, enregistré en la Cour le 10 Janvier 1754, qui défend les Sépultures dans les Eglises, il s'était commis plusieurs contraventions à ce sujet dans différentes Paroisses du ressort, ce qui ne pouvait avoir été occasionné que parce que le Réglement ne prononce aucune peine contre les Marguilliers en charge qui doivent veiller à l'exécution de ce Réglement. Pour quoi ledit Procureur-général aurait requis qu'il plût à ladite Cour fixer une amende assez forte contre les Marguilliers qui souffriront qu'on fasse des Enterremens dans les Eglises; ordonner en outre que les Cimetières qui ne sont pas clos dans les Paroisses des îles du ressort, le seront incessamment, et que pour cet effet il serait convoqué des assemblées des Habitans des Paroisses qui sont dans le cas, pour convenir et faire faire un devis estimatif des ouvrages nécessaires pour ladite clôture, et délibérer sur les moyens de subvenir à la dépense nécessaire pour y travailler sans discontinuation; et que l'Arrêt qui interviendrait serait lu, publié et affiché par-tout où besoin serait, et enregistré ès-Greffes des Jurisdictions et sur les Registres des Délibérations des Paroisses du ressort, à la diligence dudit Procureur-général ou de ses Substituts; la matière mise en délibération.

La Cour, faisant droit sur ladite Remontrance, ordonne que les défenses portées par le Réglement en forme de Tarif, d'inhumer et donner la Sépulture à qui que ce soit dans les Eglises des Paroisses du ressort, seront exécutées dans toutes lesdites Paroisses: enjoint aux Marguilliers d'y tenir la main, sous peine contr'eux, en cas de contravention auxdites défenses, de 2000 liv. d'amende, applicables moitié aux Fabriques, et l'autre moitié aux Religieuses Dominicaines Hospitalières de St.-Pierre: ordonne en outre que les Cimetières qui ne sont pas clos dans lesdites Paroisses du ressort, le seront incessamment, et que, pour cet effet, il sera, à la diligence desdits Marguilliers, convoqué en la manière accoutumée, des assemblées des Habitans desdites Paroisses dont les Cimetières ne sont point clos, pour convenir et faire faire un devis estimatif des ouvrages nécessaires pour ladite clôture, et délibérer sur les moyens de subvenir à la dépense nécessaire pour y travailler sans discontinuation.

Et sera le présent Arrêt, etc.

Fait au Conseil Supérieur de la Martinique, les jour et an que dessus. *Signé*, THIBOULT.

(N°. 218.) *ARRET en Réglement du Conseil Souverain, sur la tenue des Rôles, et sur la police des Procureurs postnlans en la Cour.*

Du 8 novembre 1755.

SUR ce qui a été remontré à la Cour par le Procureur-général du Roi, que l'usage qui s'est suivi jusqu'à présent d'enrôler les causes qui doivent être portées à chacune de ses séances, sans aucune distinction des Jurisdictions du ressort où ont été rendus les Sentences et Jugemens dont est appel, donne lieu à plusieurs inconvéniens, qu'il s'est cru obligé de lui mettre sous les yeux ; que cet usage lui paraît être une des principales causes du peu d'ordre qu'il y a depuis quelque-tems dans les Plaidoiries ; par les différentes exceptions et demandes de remises et de délais qui s'y font journellement à chaque séance, par les Procureurs chargés des causes des parties qui y ont des procès ; que, d'ailleurs, de ce défaut de distinctions des Jurisdictions et des lieux, il arrive que des habitans éloignés qui ont des procès pour lesquels ils se rendent à la suite de la Cour, au commencement de la séance, sont obligés d'attendre jusqu'à la fin de la même séance pour avoir Jugement, soit que leur cause se trouve enrôlée à la fin du Rôle, soit qu'ils en aient plusieurs qui y soient portées en différens endroits ; qu'indépendamment du soulagement des parties qui ont le malheur d'avoir des procès, on peut encore considérer comme un objet intéressant pour le public le renvoi et la prompte expédition des Procureurs en la Cour, postulans aux Jurisdictions éloignées de cette Ville, par rapport aux affaires qu'ils ont pour d'autres parties aux Jurisdictions des lieux où ils sont établis, et pour raison desquelles ils sont assez souvent obligés de s'en retourner avant que toutes leurs causes au Conseil aient été appelées et jugées, et d'en charger des Procureurs résidens en cette Ville, qui, faute d'instruction, ne se trouvent pas en état de défendre lesdites causes et d'en expliquer suffisamment les moyens de fait et de droit, ce qui peut influer sur la décision et causer à leurs parties un préjudice d'autant plus considérable, qu'il est presque irréparable; qu'en examinant tous ces inconvéniens, il a jugé qu'on pouvait y remédier en substituant à l'ancien usage d'enrôler les causes de chaque séance indistinctement, et dans un seul et même rôle, celui de les enrôler par rôle séparé de chacune des Jurisdictions du ressort; qu'il lui paraîtrait cependant convenable de réunir dans un même rôle les affaires des Jurisdictions de St.-Pierre, de la Grenade et de Marie-Galante, parce que ce sont ordinairement les Procureurs de St.-Pierre qui sont aussi chargés des causes de ces deux autres Jurisdictions; qu'on pourrait par cette raison distribuer toutes les causes qui se portent à chaque séance dans trois rôles particuliers, dont le premier contiendrait les causes des Jurisdictions de St.-Pierre, de la Grenade, et de Marie-Galante; le second, celles de la Jurisdiction de la Trinité; et le troisième et dernier, celles de la Jurisdiction de cette ville: qu'à ce moyen les Procureurs n'étant retenus à la suite de la Cour, que le tems nécessaire pour l'expédition des causes dont ils sont chargés, en deviendront plus exacts à se rendre aux séances, et on ne les verra plus se substituer les uns aux autres pour la défense des causes dont ils sont chargés; ce qu'ils ne doivent jamais faire que dans les cas d'une nécessité indispensable; que les parties qui souhaitent être à la suite de leurs causes, trouveront aussi un grand avantage dans cet arrangement, qui les mettra à portée de savoir dans quel tems de la séance elles pourront être expédiées et jugées; que ces objets qui lui ont paru mériter l'attention de la Cour, l'ont porté à prendre les conclusions par écrit qu'il remet sur le bureau; qu'il a cru devoir y joindre quelques dispositions qu'il a jugé nécessaires pour maintenir la décence des audiences, pour établir une police plus exacte dans les plaidoiries des Procureurs, et pour les assujettir à donner plus d'attention à bien rédiger les qualités des parties qui doivent être remises avant de plaider, pour être portées sur le plumitif; requérant qu'il soit délibéré sur le tout. Surquoi, ouï ladite Remontrance, et vu les conclusions par écrit dudit Procureur-général du Roi, et après en avoir délibéré; la Cour a ordonné et ordonne:

Art. Ier. Que de ce jour à l'avenir, et en commençant la prochaine séance du Conseil qui se tiendra au mois de Janvier 1756, il sera fait sur le Registre destiné aux enrôlemens, trois rôles différens et séparés, le premier desquels contiendra toutes les causes qui seront portées en la Cour, par appels des Jurisdictions royales et des amirautés de St.-Pierre, des îles de la Grenade et de Marie-Galante, ou en première instance desdits lieux, s'il y échet.

II. Que le second rôle contiendra les causes qui seront portées en la Cour comme dessus, des Jurisdictions royales et de l'Amirauté de la Trinité.

III. Et que le troisième contiendra aussi les causes qui seront portées des Jurisdictions royales et de l'Amirauté de la ville du Fort-Royal, pour être toutes lesdites causes, inscrites sur lesdits trois rôles, appelées par un des Huissiers de Service, et jugées par ordre de numéros, sans que ledit ordre puisse être interverti que dans les cas où pour quelque considération particulière qui exige célérité et prompte expédition, le Président jugerait à propos de donner audience à deux parties qui seraient convenues de plaider contradictoirement ; et sera audit cas, fait mention par le premier Huissier, en marge du rôle, que ladite cause a été appelée et plaidée, hors de son rang, par permission du Président.

Enjoint aux Procureurs de se trouver assidûment aux audiences, et à la suite de la Cour, pour plaider les causes dont ils seront chargés, leur défendant de se substituer les uns aux autres, si ce n'est en cas de maladie dont ils seront tenus de justifier par exoine certifié du Substitut du Procureur-général en la Jurisdiction où ils sont établis, ou d'autre empêchement légitime qui sera justifié par telle pièce que le cas le requerra ; leur enjoint pareillement d'être exacts à s'instruire des causes dont ils se seront chargés, et de se tenir prêts à les plaider, sans que, sous aucun prétexte, ils puissent demander de remise, à moins qu'ils n'en soient convenus avec le Procureur de la partie-adverse, auquel cas, sera passé arrêt d'expédient pour la remise à une autre audience ou à une autre séance, lequel contiendra le consentement du Procureur adverse, et sera visé au parquet, en la manière accoutumée.

Ordonne en outre que lesdits Procureurs continueront de donner par écrit avant la plaidoirie de leurs causes, les qualités de leurs parties, et celle de la partie-adverse, lesquelles ils remettront sur le bureau du Greffier, et contiendront les noms, surnoms desdites parties, les qualités sous lesquelles elles procédent dans l'instance, les dates des assignations sur lesquelles elles viennent plaider, celles des sentences dont appel, et généralement tout ce qui est nécessaire et peut servir à établir valablement les qualités desdites parties qui doivent précéder l'arrêt ; et en cas de contestation sur lesdites qualités, lesquelles ils seront tenus de se communiquer les uns aux autres, qu'ils les feront préalablement régler, soit au parquet ou à l'audience, si le cas le requiert ; et enfin enjoint auxdits Procureurs d'être brefs autant que la matière le permettra, clairs et précis dans leurs plaidoyers et conclusions ; retenus, modérés et décens dans leurs expressions, et de s'écouter réciproquement sans interruption, le tout sous les peines de droit.

Ordonne que le présent Arrêt, etc.

Fait au Conseil Supérieur de la Martinique, le 8 novembre 1755.

(N°. 219.) *EXTRAIT du Bail de la Ferme des Droits sur les Cabarets, Auberges, et autres Maisons où il sera vendu Vin, Eau-de-vie, Tafia, Bière et autres Boissons ou Liqueurs, passé par Nosseigneurs les Général et Intendant, pour toute l'étendue de cette île Martinique, et le Frère* Auguste Martini, *Supérieur de l'Hôpital Saint-Louis, Bailleurs, et* Julien Rocherand de la Roche, *Preneur : contenant les clauses dudit Bail, et ce qui doit être payé par ceux qui sont sujets auxdits droits.*

Du 28 janvier 1756.

LES Aubergistes et Cabaretiers établis au bourg et quartier de Saint-Pierre, dont le nombre ne pourra être au dessus de 50, paieront 400 liv. par an. Ceux établis dans les autres villes, bourgs et quartiers de cette dite île, paieront 135 liv. par chaque année. Lesdits Droits payables par les uns et par les autres par quartier, de 3 mois en 3 mois, audit Fermier dans son Bureau, ou à ses Préposés aussi dans leurs différens Bureaux, et ce, en argent effectif et par avance de chaque quartier sans aucun retardement, sous peine contre les Contrevenans et Retardans d'y être contraints par saisie et vente de leurs biens, et même par corps, comme pour Deniers royaux.

Défendons audit Fermier de souffrir et permettre qu'il s'établisse dans le bourg et quartier de St.-Pierre, au-delà de 50 Cabarets y compris les Auberges, sous telles peines qu'il appartiendra.

A l'effet de tout quoi, sont, par ces présentes, faites très-expresses inhibitions et défenses par nosdits Seigneurs les Général et Intendant, à toutes personnes de quelque qualité et condition qu'elles soient, de vendre ni faire vendre en détail, Vin, Eau-de-vie, Tafia, Bière et autres Liqueurs de quelque nature qu'elles soient ou puissent être, sans en avoir préalablement fait leur déclaration au Bureau dudit Fermier ou sous-Fermiers, lesquelles déclarations ils seront tenus de faire enregistrer chez l'Officier de Police, à peine contre ceux qui seront convaincus par Témoins de ne s'être pas conformés à ce que dessus, ou que le Fermier à défaut affirmera y avoir contrevenu, de 400 liv. d'amende contre ceux qui se trouveront en contravention dans le bourg et quartier de St.-Pierre, et de 135 liv. contre les autres Contrevenans dans les autres villes, bourgs et quartiers de cette île, lesdites amendes payables sur le champ au profit du Fermier; lesquels Contrevenans, à l'exception de ceux du bourg et quartier de St.-Pierre, seront encore tenus de payer au Fermier les Droits ci-dessus fixés, pour une année, quoiqu'ils vendent ou non, pendant le cours d'icelle.

Défenses à tous Habitans Sucriers ou autres de vendre ou faire vendre leurs Tafias en bouteilles ou petites mesures dans les bourgs et paroisses, pas même les jours de Foires ou de Marchés, sans, au préalable, en avoir fait leur déclaration audit Fermier ou à ses sous-Fermiers, et ce sous les mêmes peines que dessus. Défendant en outre nosdits Seigneurs les Général et Intendant à toutes personnes de quelque qualité et condition qu'elles soient, d'envoyer vendre en détail ni troquer dans les bourgs et paroisses par leurs Domestiques et Esclaves, des Tafias, Vins et autres Liqueurs à peine de 135 liv. d'amende au profit dudit Fermier, d'emprisonnement des Nègres ou autres Esclaves et de confiscation des Liqueurs, et à tous Cabaretiers et Aubergistes de vendre ou faire vendre Vins ou autres Liqueurs en autres maisons que celles par eux occupées, ou déclarées, afin que, sous prétexte de la déclaration qu'ils auraient faites ils puissent vendre en plusieurs endroits, sinon en payant autant de fois les mêmes droits qu'ils auraient de Cabarets ouverts, et ce, aussi sous les mêmes peines que dessus pour chacun desdits Cabarets non déclarés; à l'exception néanmoins du bourg St.-Pierre où les Cabarets et Auberges y sont fixés à 50, sans que ce nombre puisse être augmenté, sous quelque raison et prétexte que ce soit, ni changement faits sans ordres de mondit Seigneur l'Intendant.

Et pour faire par ledit Fermier juger les peines encourues par les Délinquans, il se pourvoira et les fera assigner, savoir: les Domiciliés dans les 24 heures, et les autres dans 3 jours pardevant mondit Seigneur l'Intendant, MM. ses Subdélégués ou tel autre Officier qui seront par lui nommés, à cet effet, pour être fait droit sur la première assignation, tant en présence qu'absence; et les Jugemens qui interviendront tant interlocutoires que définitifs être exécutés sans appellation quelconque et par corps attendu ce dont il s'agit.

Que

Que tous Cabaretiers et Aubergistes dans l'étendue de cette île qui se proposeront de cesser de vendre ou de faire vendre Vins et Liqueurs seront tenus d'en faire leur déclaration ès-dits Bureaux, huitaine avant l'échéance du quartier payable desdits droits qui suivra celui qu'ils auront payé, à peine contre les contrevenans d'être contraints de payer le quartier qui aura commencé de courir, faute par eux d'avoir fait ladite déclaration. Et jouiront au surplus ledit Fermier et son Sous-Fermier qui aura 20 ou 22 Paroisses seulement, et non les autres Sous-Fermiers, de l'exemption pour leur personne de Guet et Garde et de tous exercices militaires, laquelle leur est accordée par mondit Seigneur le Général en faveur des présentes.

Et finalement veulent et ordonnent en outre nosdits Seigneurs les Général et Intendant, afin que la chose soit plus notoire et que personne n'en prétende cause d'ignorance, qu'extrait des présentes contenant lesdites Ordonnances et défenses soient à la diligence dudit Fermier, affichées partout où besoin sera.

Fait à Saint-Pierre, le 28 janvier 1756.

Signé, BOMPAR, GIVRY, FR. A. MARTINI, PAPIN, ROCHERAND DE LA ROCHE, et DUPIN et LE VACHER, *Notaires-Royaux*.

(N°. 220.) *ORDRE du Roi, qui établit une imposition de quarante sols, par tête de nègres, pour l'entretien des batteries.*

Du 27 février 1756.

SUR ce qui a été représenté au Roi qu'à

l'effet de pourvoir au paiement des dépenses faites et à faire, tant pour mettre en bon état les Batteries établies sur les Côtes des îles françaises du vent de l'Amérique, que pour y en construire de nouvelles, il était nécessaire de lever un fonds sur les habitans desdites îles qui doivent supporter lesdites dépenses; S. M. qui veut bien décharger lesdits Habitans de celles des Canons, Poudres et Boulets nécessaires pour le service desdites Batteries, aurait résolu d'expliquer ses intentions à ce sujet.

Ouï le rapport et tout considéré, le Roi étant en son Conseil a ordonné et ordonne qu'il soit levé 40 sols par tête de nègres, payans droits, auxdites îles du vent, pour les deniers en provenans être employés aux dépenses faites et à faire pour les réparations des anciennes Batteries des Côtes desdites îles, pour la construction de celles qui peuvent y être jugées nécessaires, pour l'établissement de leurs corps de garde, et pour la fourniture des affûts et ustensiles de leurs canons, en conséquece des ordres qui en auront été expédiés par les Commandans de chaque quartier desdites îles et relativement à l'état qui en aura été arrêté par les sieurs Gouverneur-général et Intendant d'icelles. Ordonne pareillement que les Capitaines des milices seront chargés de faire chacun la recette de ce qui sera dû par sa compagnie pour raison de ladite levée, à l'effet d'en remettre le montant au plus ancien d'entr'eux dans chaque quartier; et que ledit ancien Capitaine de milices de chaque quartier sera tenu d'en faire faire l'emploi suivant ledit état arrêté par lesdits sieurs Gouverneur Lieutenant-général et Intendant, pardevant lesquels il rendra ensuite le compte de ses recettes et dépenses.

Fait défenses S. M. d'employer les deniers provenans de ladite levée à d'autres dépenses qu'à celles desdites batteries à moins que par l'arrêté général des comptes qui en seront rendus les recettes ne se trouvent excéder les dépenses, auquel cas S. M. entend que l'excédent des recettes soit remis à la caisse des nègres justiciés, pour diminuer d'autant les impositions qui se font sur lesdits habitans pour le remboursement desdits nègres; sauf dans le cas où lesdites recettes ne suffiraient pas pour lesdites dépenses, à y être pourvu ainsi qu'il appartiendra.

Mande S. M., etc.

Fait au Conseil d'Etat du Roi, S. M. y étant, tenu à Versailles, le 27 février 1756. *Signé*, MACHAULT.

(Nº. 221.) *ARRET en réglement, du Conseil Souverain, sur diverses parties de l'administration de la Justice aux îles françaises du vent de l'Amérique.*

Du 12 novembre 1756.

LA Cour, ouï le Procureur-général du Roi en ses conclusions, et MM. Menant et Perinelle Dumay, Conseillers rapporteurs, en leur rapport, sans s'arrêter aux Requête et Mémoire mentionnés dans l'Arrêt du 9 Juillet dernier, qu'elle a rejettés comme procédure irrégulière, faisant droit sur la Remontrance et Réquisitoire dudit Procureur-général du Roi, a arrêté, réglé, statué et ordonné ce qui suit.

Juges Royaux.

Que les audiences, tant ordinaires qu'extraordinaires, seront tenues aux jours et heures fixés par le Réglement du Roi du 22 mai 1724. Enjoint aux Juges de s'y conformer, et notamment à l'article VI dudit Réglement.

Seront toutes les affaires, de quelqu'espèce et nature qu'elles soient, portées à l'audience ordinaire, sauf aux Juges à renvoyer à l'extraordinaire, celles qui demanderont ou exigeront discussion, et excepté aussi les cas qui requerront célérité, et où il y aurait danger à attendre les délais de l'audience ordinaire; dans lesquels cas les Juges pourront en connaissance de cause, permettre d'assigner à l'extraordinaire; leur enjoint d'en user à cet égard avec réserve et circonspection.

Leur enjoint pareillement de juger et décider les affaires portées devant eux dans l'un et l'autre cas, le plus sommairement et le plus promptement qu'il leur sera possible, ayant attention de ne rendre aucuns jugemens préparatoires, interlocutoires, que lorsqu'il seront absolument nécessaires pour l'éclaircissement et instruction plus ample desdites affaires.

Fait défenses auxdits Juges d'ordonner l'exécution provisoire de leurs Sentences pendant l'appel, que dans les cas portés par l'Ordonnance; leur enjoint à cet effet, lorsqu'ils prononceront l'exécution provisoire d'une Sentence, d'y insérer le motif qui les y aura déterminé.

Leur enjoint aussi d'être exacts à signer les Registres des audiences, tant ordinaires qu'extraordinaires, conformément aux Ordonnances et aux Réglemens de la Cour.

Ne seront les soumissions des cautions ordonnées par Sentence, et qui auront été reçues, faites pardevant les Juges, mais par simple acte au Greffe, conformément à l'Ordonnance.

Ne pourront pareillement lesdits Juges assister, ni être employés aux enregistremens simples à faire au Greffe, de billets, lettres de change ou autres pièces qui ne concernent que les particuliers, et la sûreté et conservation desdites pièces.

Seront tenus de parapher les livres des négocians et marchands, tant en gros qu'en détail, sans frais, et sans pouvoir en exiger, sous quelque prétexte que ce soit, conformément à l'Ordonnance de 1673.

Les légalisations seront faites par le Juge seul, sans qu'il soit besoin de la signature du Greffier, et au cas qu'elle y fut apposée, ne sera pris aucun droit pour ledit Greffier; et continueront lesdites légalisations, d'être scellées du sceau public de l'île.

Demeureront lesdits Juges, autorisés à taxer les dépens par état et déclaration, conformément à l'article XXXII du titre XXXI de l'Ordonnance de 1667; leur enjoint en procédant auxdites taxes, de se conformer à l'Ordonnance et aux Réglemens et Tarifs enregistrés en la Cour, et d'avoir attention de ne passer dans lesdites taxes que les procédures nécessaires et non frustratoires.

Procureurs du Roi.

Ordonne que les Procureurs du Roi dans les différentes Jurisdictions du ressort, continueront d'assister aux audiences, tant ordinaires qu'extraordinaires, et qu'ils y donneront leurs conclusions dans tous les jugemens préparatoires et sentences définitives, tant contradictoires que par défaut.

Ne pourront néanmoins lesdits Procureurs du Roi, être employés ni prendre vacations dans les défauts simples, même des audiences extraordinaires.

Ne pourront pareillement être employés dans les actes de clôture d'inventaires, soumissions de caution, ni aux actes d'enregistrement qui doivent être faits par le Greffier seul ou son commis.

Greffiers.

Fait défenses aux Greffiers, sous telles peines qu'il appartiendra, de délivrer aucunes expéditions de Sentences et Jugemens, qu'ils n'aient été signés par le Juge.

Leur enjoint de se conformer exactement, pour ce qui concerne lesdites expéditions, à l'article IV du Tarif de 1754; en conséquence leur fait inhibition et défense de délivrer aucunes expéditions qui ne contiennent, conformément audit article, 18 lignes à la page, et 10 syllabes à la ligne, lorsque lesdites expéditions seront délivrées en grosse.

Leur sera cependant permis d'expédier en demi grosse dont le rôle contiendra 24 lignes à la page, et 12 syllabes à la ligne, pour lesquelles expéditions leur sera payé 22 sols 6 deniers par rôle.

Ne pourront lesdits Greffiers, lorsqu'ils seront requis d'enregistrer des actes contenant clauses de donations et substitutions, enregistrer lesdits actes dans leur entier, mais seulement lesdites clauses de donations et substitutions ; et au surplus seront tenus, pour ce qui concerne lesdits enregistremens, de se conformer à l'article XI dudit Tarif de 1754.

Officiers de l'Amirauté.

Ordonne et enjoint aux Officiers de l'Amirauté, de se conformer au Tarif du 26 décembre 1724, pour la perception de leurs droits et vacations dans les cas y exprimés ; déclarant que le Tarif du 10 Janvier 1754, ne doit avoir lieu à l'égard des affaires et expéditions de l'Amirauté, que pour les cas où ledit Tarif de 1724 ne s'en est pas expliqué, et ne contient point de fixation des droits appartenans auxdits Officiers.

Ne pouront en conséquence lesdits Officiers, prendre pour les cas ci-dessous exprimés, d'autres droits que, *savoir* :

Pour l'enregistrement des congés de cabotage, trois livres dix sols, conformément à l'article IV, dudit Réglement de 1724.

Pour l'enrégistrement des commissions en guerre, sept livres, conformément à l'article VII, dudit Réglement.

Pour l'enregistrement des permissions pour la Côte d'Espagne ou autres, sept livres ; lesdites permissions étant censés comprises dans ledit article V, et en outre sera encore dû au Greffier pour l'enregistrement des pièces jointes à ladite permission et expédition à délivrer au Domaine, six livres.

Pour tous droits d'entrée des bâtimens étrangers introduits dans l'île avec permission ; quarante livres cinq sols, *savoir* :

Au Lieutenant-général, pour déclaration et visite, ci.	12 l.	10 s.
Au Procureur du Roi, ...	8	10
A l'Interprête, ...	8	10
Au Greffier, ...	8	10
A l'Huissier qui assistera à la visite seulement, ci.	2	5
Total, ...	40 l.	5 s.

Pour les déclarations que doivent faire les bâtimens à leur arrivée, en exécution de l'article XII dudit Réglement, quatorze livres, treize sols, quatre deniers, conformément audit article.

Et à l'égard des autres déclarations simples où le ministère du Lieutenant-général et du Procureur du Roi n'est point nécessaire, sera dû au Greffier seulement trois livres dix sols.

Seront tenus lesdits Officiers de l'Amirauté, de se conformer audit Réglement de 1724, dans tous les autres articles qu'il contient ; ordonne à cet effet, que ledit Réglement sera de nouveau lu et publié à l'audience tenante, dans tous les Sièges, et affiché dans tous les Greffes des Amirautés du ressort, à la diligence du Procureur général du Roi qui en certifiera la Cour.

Procureurs.

Seront toutes demandes et assignations données sans commissions et par simple exploit suivant l'Ordonnance, sans qu'il soit besoin pour former lesdites demandes, de présenter Requête pour obtenir permission d'assigner ;

que dans les cas où lesdites Requêtes seront absolument nécessaires, aux vacations desquelles Requêtes le Tarif de 1754 a déjà pourvu.

Seront tous lesdits exploits de première demande, dressés par les Procureurs, et remis à l'Huissier pour en faire les significations; et sera passé et alloué en taxe auxdits Procureurs pour la dresse desdits exploits contenant libelle et conclusion, trente sols, en ce non compris les salaires de l'Huissier.

Leur enjoint d'être exacts à s'instruire des causes dont ils seront chargés, pour être en état de les plaider clairement, précisément et brièvement à la première comparution; et dans le cas où il serait ordonné qu'il fourniraient défenses ou interviendrait quelqu'autre préparatoire, leur enjoint également de fournir et faire signifier lesdits défenses, et de satisfaire à ce qui serait ordonné par lesdits préparatoires dans l'intervalle de la signification desdits jugemens, à l'échéance de l'assignation donnée en conséquence, faute de quoi seront condamnés en leurs propres et privés noms et sans répétition contre les parties, aux frais qu'ils auront occasionné, sans que le présent article puisse être réputé comminatoire.

Leur enjoint pareillement d'être exacts et attentifs à rédiger les qualités respectives des parties, conformément et relativement aux demandes, tant principales qu'incidentes qui auront été formées, et aux qualités sous lesquelles les parties procéderont, sous peine des dommages-intérêts des parties qui pourraient résulter des omissions ou augmentations par eux faites dans lesdites qualités.

Fait défenses auxdits Procureurs de faire faire dans les affaires où ils occuperont, et dans lesquelles il y aura Procureur adverse, aucune signification à partie pour procédure d'instruction, si ce n'est dans le cas où la présence des parties est absolument requise par l'Ordonnance, hors desquels cas lesdites significations à parties ne passeront en taxe et ne pourront même être employées par les Procureurs dans les états et mémoires de frais qu'ils fourniront à leurs parties; seront lesdits Procureurs, tenus pour ce qui concerne les copies de pièces, écritures et autres qu'ils feront signifier, de se conformer à l'article XXV du Tarif de 1754, conformément auquel ne pourront lesdites copies, leur être passées en taxe que sur le pied de sept sols six deniers par rôle de grosse évaluée.

Ne pourront lesdits Procureurs, faire aucune poursuite autre que simple saisie conservatoire en exécution de Sentences obtenues par défaut, ni requérir taxe des dépens adjugés par icelles, que huitaine après qu'elles auront été signifiées, et ladite huitaine passée, seront lesdites Sentences exécutées par toutes voies de droit, sans qu'il soit besoin d'itératifs commandemens, qui ne pourront être regardés que comme procédures frustratoires et comme tels rejettés des états et déclarations de dépens.

Ne seront néanmoins comprises dans l'article ci-dessus, les Sentences obtenues sur assignation de jour ou d'heure à autre, lesquelles après avoir été signifiées, pourront être exécutées sans aucun délai.

Ne sera porté par lesdits Procureurs dans

les états et déclarations de dépens, aucun droit de comparution en la Cour, pour les Requêtes quelconques qui y seront présentées, et ne leur sera passé que la dresse desdites Requêtes et vacations à les faire répondre.

Il ne sera à l'avenir procédé à aucune taxe de dépens, que huitaine après que la déclaration de dépens aura été signifiée, pendant laquelle huitaine, la partie condamnée auxdits dépens, aura la liberté de prendre communication des pièces justificatives des articles, par les mains et au domicile du Procureur poursuivant la taxe, et de faire ses offres, conformément à l'article V du titre XXXI de l'Ordonnance.

En cas que pendant ladite huitaine il n'y ait point eu d'offres faites, ou qu'elles ne soient point acceptées, la déclaration de dépens avec les pièces justificatives, seront remises sans requête, mais avec simple réquisitoire, pour lequel ne sera dû aucun droit, entre les mains du taxateur qui mettra au bas de la déclaration, le jour auquel il sera procédé à la taxe, auquel jour, la partie condamnée sera assignée à comparoître, pour être procédé à ladite taxe en sa présence ou par défaut.

Si nonobstant les offres, le demandeur fait procéder à la taxe et que par le calcul, non compris en ce les frais de la taxe, les dépens ne se trouvent excéder les offres faites, les frais de ladite taxe seront supportés par le demandeur, et seront compris dans l'exécutoire.

Les déclarations de dépens se feront par ordre de date, eu égard aux incidens qui y seront employés; et à cette fin les expéditions des Requêtes et procédures sujettes à la taxe y seront datées sans qu'on puisse passer en taxe celles qui ne seront point rapportées, si ce n'est qu'il en fût fait mention dans le vu des Jugemens, Sentences ou Arrêts.

Seront tenus les Procureurs, dans les déclarations de dépens par eux dressés, de se conformer à l'article VII du titre XXXI de l'Ordonnance; ne pourront en conséquence faire qu'un seul et même article de tous les droits, quels qu'ils soient, qui concerneront une même pièce, sous les peines portées audit article.

Lorsqu'il y aura plusieurs parties condamnées aux dépens qui occuperont par différens Procureurs, et que les articles les concerneront conjointement, la copie de la déclaration de dépens ne fera donnée qu'à l'ancien Procureur, vis-à-vis de qui seul la taxe sera poursuivie, en le déclarant néanmoins aux autres Procureurs par un simple acte ; et en cas que l'intérêt des condamnés soit distinct et séparé, il ne sera donné à chacun des Procureurs, copie que des articles qui concerneront leurs parties.

Seront encore tenus les Procureurs dans les productions et remises de pièces par eux faites, tant en causes principales que d'appels, de coter et dater exactement les actes, pièces et procédures qui composeront leurs dossiers, en tête desdites pièces.

Huissiers.

Enjoint aux Huissiers et Sergens de se conformer exactement pour leurs droits, salaires et vacations, aux différens Réglemens de la Cour, et notamment au Tarif du 10 janvier 1754.

Seront les frais de voyage desdits Huissiers pour les exploits, commandemens, saisies et autres actes qu'ils auront faits en campagne, répartis sur chacun desdits actes à proportion de l'éloignement et de la distance des lieux et habitations où ils auront fait lesdites significations : seront tenus à cet effet lesdits Huissiers, lorsqu'ils iront exploiter en campagne, de présenter au Juge de la Jurisdiction où ils seront établis, un état d'eux certifié des affaires dont ils se trouveront chargés, et du nombre des exploits qu'ils auront à donner, lequel état sera visé par le Juge : seront aussi tenus lesdits Huissiers à leur retour, de représenter au Juge ledit état et les exploits par eux donnés, pour être par ledit Juge, taxés sur le champ et sans frais à proportion de la distance des lieux où ils auront donné lesdits exploits, et du tems qu'ils y auront employé, pour laquelle taxe lesdits Juges se conformeront à l'article II du titre des Huissiers dudit Tarif.

Ne pourront les exploits faits en campagne qui n'auront été ainsi taxés par le Juge, être passés en taxe, et seront rejettés des états et déclarations de dépens.

Ne sera alloué pour les procès-verbaux de saisie et exécution à faire dans les villes et bourgs, que la somme de 12 liv, laquelle somme sera pareillement allouée pour les saisies à faire en campagne, non compris les frais de voyage.

Ceux qui ne seront suivis de saisie d'effets, soit à défaut desdits effets saisissables, soit qu'il n'y ait lieu à saisie par exhibition d'appel ou autrement, ne seront passés en taxe que pour la somme de 6 liv. dans les villes et bourgs, à laquelle seront ajoutés les frais de voyage lorsqu'ils se feront en campagne, et auront attention, les Juges taxateurs, de n'allouer et passer en taxe, que les procès-verbaux de perquisition qui leur paraîtrout avoir été nécessairement et légitimement faits, et de rayer et rejetter de leurs taxes ceux qui auront été inutilement multipliées.

Les saisies conservatoires, les sommations aux gardiens de représenter les effets saisis et exécutés, les assignations à la partie saisie pour être présente à la vente, même les commandemens de payer, s'il y échet, seront faits par un seul Huissier sans assistans de Records, et seront passés comme simple exploit, conformément au Tarif; sauf toutefois les commandemens recordés, requis et nécessaires pour parvenir aux saisies réelles.

Se feront les Huissiers, dans les protêts de lettres-de-change, mandats et billets de commerce, assister de deux Records, conformément à l'article VIII du titre V de l'Ordonnance de 1673, et leur sera payé pour les protêts 6 liv. dont 3 liv. pour l'Huissier porteur de pièce, et 30 sols pour chaque Record; en ce non compris les frais de voyage, s'ils sont faits en campagne.

Ne pourront néanmoins les frais desdits protêts, être passés en taxe contre les débiteurs, que lorsqu'ils auront été faits dans les délais de l'Ordonnance, sauf aux Huissiers, dans le cas où lesdits protêts seraient faits après l'échéance desdits délais, à se faire payer de leurs salaires, par les parties qui les auront employés et requis.

Enjoint à tous et un chacun les Officiers

des Jurisdictions du ressort, de se conformer au présent Réglement en tout son contenu; enjoint aussi aux Juges et Procureurs du Roi desdites Jurisdictions, de veiller et tenir la main à ce que les Officiers subalternes de leurs Siéges s'y conforment, et de remédier par eux-mêmes aux abus qui pourraient s'introduire au préjudice de ses dispositions, même d'informer le Procureur-général du Roi, des contraventions qui pourraient tirer à conséquence et avoir besoin de l'autorité de la Cour pour les réprimer.

Et sera le présent Réglement, lu, etc.

Fait à la Martinique en notre Conseil Supérieur, le 12 novembre 1756.

(N°. 222.) *Arret du Conseil Souverain sur les Scellés et Inventaires après décès.*

Du 13 novembre 1756.

Vu la Remontrance donnée en la Cour par le Procureur général du Roi, contenant qu'il y avait un usage dans les Jurisdictions du ressort, qu'il croyait très-contraire au bien de la Justice, qui consistait dans la permission que donnaient les Juges de lever, incontinent après l'apposition, les Scellés apposés dans les maisons de ceux qui décédaient, sans que les créanciers, qui avaient intérêt d'en être avertis, eussent eu connaissance du décès et de l'apposition du Scellé; que cette procédure pourrait être considérée comme illusoire à Justice, et comme un moyen d'éluder les formes qui avaient été très-sagement établies par les Ordonnances, pour assurer les biens dans les familles, et pour donner une sûreté légitime aux créanciers; que ces raisons l'obligaient d'avoir recours à l'autorité de la Cour, et de requérir qu'il lui plut faire défenses à tous les Officiers du ressort, de permettre la levée des Scellés apposés sur les biens des défunts, et de ne procéder aux Inventaires dans les Jurisdictions du ressort, que trois jours après les funérailles faites publiquement, à peine de nullité des Inventaires; et ordonner que l'Arrêt qui interviendrait serait lu, publié et registré dans les Jurisdictions du ressort; la matière mise en délibération.

La Cour faisant droit sur la Remontrance et Réquisitoire du Procureur-général du Roi, fait défenses à tous les Officiers des Jurisdictions du ressort, de permettre, ni de faire la levée des Scellés qui auront été apposés sur les biens des défunts, et de procéder aux Inventaires dans lesdites Jurisdictions, avant trois jours expirés après les funérailles faites publiquement des défunts, à peine de nullité desdits Inventaires.

Et sera le présent Arrêt, lu, etc.

Fait à la Martinique, en notre Conseil Supérieur, le 12 novembre 1756.

(N°. 223.) *Ordonnance de MM. les Général et Intendant, sur le Pavé de la Grande-Rue du bourg Saint-Pierre.*

Du 22 avril 1757.

Vu la Remontrance à nous donnée ce jour par le Procureur du Roi en fonctions, de la Jurisdiction

Jurisdiction royale de ce bourg, à l'occasion des défectuosités dangereuses du pavé de la Grande-Rue d'icelui, de l'épanchement du ruisseau qui la traverse et de l'obstacle qu'il forme au transport et roulage des denrées et marchandises, nous ordonnons:

Art. Ier. Que tous les propriétaires ou leurs ayans cause, des maisons depuis le coin formé par celle des héritiers de feu M. Bellissent, jusqu'à la maison de Me. Roger, Notaire royal et Procureur au Conseil, seront tenus de faire paver, à la publication des présentes, chacun le terrein, lui appartenant, jusqu'au milieu de la Rue, suivant l'alignement et le niveau qui leur seront donnés par ledit Procureur du Roi.

II. Que tous les autres propriétaires ou leurs ayans-cause, des maisons formant ladite Rue, depuis celle dudit Me. Roger inclusivement, jusqu'à la Cale nommée Lussy, seront tenus aussi à la publication des présentes, de faire creuser au milieu de la Rue, chacun sur son terrein, suivant le niveau qui leur sera donné par ledit Procureur du Roi, un canal pour recevoir le ruisseau et empêcher qu'il ne se répande dans la largeur de la Rue.

III. Et enfin, qu'incontinent après la publication desdites présentes, tous les pavés faits de pierre de taille ou de marbre, étant dans les Rues de ce bourg, seront levés et refaits en cailloux ou autres matériaux servant ordinairement à paver les Rues; et faute par les propriétaires ou ayans-cause desdits pavés de marbre ou pierre de taille, d'enlever leurs carreaux de marbre ou de pierre immédiatement après la publication des présentes, et de refaire leur pavé en cailloux ou autres matériaux ordinaires, nous autorisons ledit Procureur du Roi à faire dépaver et repaver les endroits où sont actuellement lesdits carreaux de marbre et pierres de taille aux dépens des propriétaires des terreins sur lesquels sont lesdits pavés de marbre ou pierres de taille, et pour que personne n'en prétende cause d'ignorance, nous ordonnons que les présentes seront enregistrées, etc.

Donné à St-Pierre Martinique, le 22 avril 1757. *Signé*, BOMPAR et GIVRY.

(N°. 224.) *ARRET du Conseil Souverain, sur les Esclaves tenant maison.*

Du 7 novembre 1757.

SUR ce qui a été remontré à la Cour par M^e. Erard, Conseiller, faisant fonctions de Procureur-général du Roi, qu'une des principales sources des désordres qui se commettent journellement dans les bourgs de cette île, et principalement dans le bourg Saint-Pierre, procède de ce que plusieurs particuliers exigeant de leurs esclaves une certaine somme par mois ou par jour, ces esclaves demeurent abandonnés à eux-mêmes, jouissent, pour ainsi dire, de tous les avantages de la liberté, et ne sont aucunement contenus par leurs maîtres, de sorte que pouvant à leur gré disposer de leur tems, ils l'emploient pour la plûpart en des assemblées noctunes, dans lesquelles ils concertent les moyens de faire de fréquens vols;

que dans les circonstances présentes les nègres de journée ne trouvant plus à travailler, ont recours à toutes sortes de moyens pour payer leurs loyers à leurs maîtres, lesquels pour n'être pas privés des profits qu'ils en retirent, les souffrent tenir des maisons et des chambres particulières contre les dispositions des Arrêts en Réglemens des 3 novembre 1733, et 11 juillet 1749, qui défendent à tous maîtres de laisser vaguer leurs esclaves, et de permettre qu'ils tiennent des maisons particulières, sous quelque prétexte que ce soit ; mais comme par les précautions que prennent et les maîtres desdits esclaves, et les propriétaires des maisons, il est très-difficile aux Officiers de Police de découvrir les contraventions qui se font auxdits Réglemens, cependant on pourrait y parvenir, en accordant au dénonciateur la moitié du prix de la confiscation et des amendes, et en tenant les dénonciations secrètes ; elles se feraient sur les Registres des Procureurs du Roi, et ceux-ci leur compteraient secrètement la moitié du prix des amendes et du prix des esclaves confisqués, dont il donnerait un reçu en marge de la dénonciation ; qu'on serait assuré à ce moyen de trouver dans les bourgs de cette île, des personnes qui, excités par le gain, et assurées du secret, feraient des dénonciations aux Procureurs du Roi, et fourniraient les preuves nécessaires pour constater la contravention auxdits Arrêts de Réglemens, dont l'inexécution ne peut qu'entraîner des suites fâcheuses qu'il est de la prudence de prévenir, requérant qu'il y soit pourvu : sur quoi la matière mise en délibération.

La Cour, faisant droit sur ladite Remontrance, ordonne que les Arrêts en forme de Réglement des 3 novembre 1733 et 11 juillet 1749, qui défendent à tous maîtres de laisser vaguer leurs esclaves, et de permettre qu'ils tiennent des maisons particulières, sous quelque prétexte que ce soit, seront de nouveau lus, publiés et affichés pour être exécutés selon leur forme et teneur.

Que tous les esclaves loués à eux-mêmes ou vagans contre les dispositions desdits Arrêts en Réglemens de 1733 et 1749, seront confisqués, et la moitié du prix de la confiscation adjugée au dénonciateur, et l'autre moitié aux réparations publiques.

Que tous les propriétaires des maisons convaincus d'avoir loué des maisons, des chambres à des esclaves, soit directement ou indirectement, seront condamnés en 500 liv. d'amende, dont moitié applicable aux réparations publiques et moitié au dénonciateur.

Fait aussi défenses à tous Cabaretiers et à tous mulâtres ou nègres libres, de donner gîte et retraite, même avec la permission du maître, à aucuns esclaves, à l'exception des esclaves voyageurs porteurs d'ordres de leurs maîtres, à peine de 500 liv. d'amende, applicables comme dessus, moitié aux réparations publiques, moitié au dénonciateur, dont la dénonciation demeurera secrète, conformément à l'article VII du titre III de l'Ordonnance de 1670.

Ordonne pareillement que le présent Arrêt, etc.

Fait au Conseil Supérieur de la Martinique, le 7 novembre 1757.

(N°. 225.) *Ordonnance de MM. les Général et Intendant, pour l'ouverture des cadavres soupçonnés être morts empoisonnés.*

Du 12 novembre 1757.

Sur les représentations qui nous ont été faites que le nombre des empoisonneurs se multipliait journellement parmi les esclaves de ces îles; que plusieurs d'entre les accusés de ce crime et poursuivis dans les différens Tribunaux de notre gouvernement, avaient évité les peines qu'ils avaient encourues, faute d'avoir pû constater les corps des délits, et de preuves suffisantes pour les convaincre; l'intérêt que nous prenons à ce qui regarde la Colonie confiée à nos soins, nous a engagé à chercher des moyens efficaces pour arrêter le cours d'un désordre si pernicieux, et pour le détruire, s'il est possible; nous nous sommes fait représenter à cet effet l'Ordonnance rendue sur le même sujet par M. le Marquis de Caylus et Ranché nos prédécesseurs, le 4 octobre 1749, dont les dispositions nous ont paru très-propres aux fins que nous nous sommes proposées: mais comme nous nous sommes apperçus que le défaut d'exécution de cette Ordonnance, provenait de ce que les Médecins, les Chirurgiens-jurés commis aux rapports, et à leur défaut les Chirurgiens ordinaires, refusaient de faire *gratis* les ouvertures des esclaves soupçonnés d'être morts empoisonnés; et que les maîtres de ces esclaves morts, négligeaient de requérir ces ouvertures dans la crainte d'ajouter à la perte qu'ils venaient de faire, celle du paiement de ces opérations: pour faire cesser cet abus, et mettre en vigueur les dispositions de l'Ordonnance dudit jour 4 octobre 1749, nous avons ordonné et statué, ordonnons et statuons ce qui suit:

ART. Ier. Que l'Ordonnance dudit jour 4 octobre 1749, sera exécutée suivant sa forme et teneur.

II. Que tout habitant des îles de notre gouvernement sera tenu, lorsqu'il aura des soupçons fondés que quelqu'un de ses esclaves ou autre personne de sa famille sera mort empoisonné, de requérir sur le champ le Chirurgien-juré commis aux rapports, ou à son défaut, tel autre Chirurgien établi dans son quartier ou dans les quartiers voisins, pour faire l'ouverture du cadavre et constater de quel genre de mort la personne sera décédée, et d'y appeler le Médecin du Roi, s'il est à portée, pour assister à ladite ouverture, et à son défaut le Médecin du quartier, s'il y en a.

III. Que les Chirurgiens jurés commis aux rapports, les Chirurgiens ordinaires et les Médecins dénommées en l'article précédent, et en l'Ordonnance dudit jour 4 octobre 1749, seront tenus de procéder sans aucun retardement, *gratis* et sans frais, auxdites ouvertures toutes les fois qu'ils en seront requis.

Prions Messieurs les Officiers des Conseils Supérieurs de ces îles, et mandons aux Officiers des Jurisdictions d'icelles, de tenir la main à l'exécution, tant de la présente Ordonnance, que de celle de Messieurs le marquis de Caylus et Ranché, dudit jour 4 octobre 1749, et de les faire lire, etc.

Donné à la Martinique, le 12 novembre 1757. *Signé*, BEAUHARNAIS et GIVRY.

(N°. 226.) *ARRET du Conseil Souverain, concernant les Registres des Baptêmes, Mariages, Sepultures, Vêtures, Noviciats, Professions, etc.*

Du 13 mai 1758.

VU la Remontrance du Procureur-général du Roi, contenant que par le compte qu'il s'est fait rendre de la manière dont s'observe le titre XX de l'Ordonnance de 1667, au sujet des Registres des Baptêmes, Mariages et Sépultures dans l'étendue du ressort de la Cour, il a reconnu que cette partie des Ordonnances, si importante au bon ordre de la société et au repos des familles, est tombée dans une inexécution presque génerale, et que les Missionnaires desservans les Paroisses situées dans ladite étendue, ont presque toujours négligé de mettre au Greffe du Siége royal, un double desdits Registres ; que ce désordre est tel dans certaines Paroisses, que dans celle de St-Pierre il ne s'est pas trouvé un seul Registre déposé au Greffe de la Jurisdiction du lieu ; et que dans la Paroisse N. D. de Bon-Port du même bourg, il ne s'est trouvé audit Greffe, qu'un seul cahier de papier servant de Registre pour l'année 1753.

Si quelques-uns desdits Missionnaires ont l'attention de tenir deux Registres, les inconvéniens qu'on a voulu prévenir en les faisant déposer en deux lieux différens, n'en subsistent pas moins si lesdits Missionnaires ne sont pas exacts à déposer un desdits Registres au Greffe de la Jurisdiction royale, dans l'étendue de laquelle lesdites Eglises sont situées. La nécessité de cette précaution est cependant encore plus indispensable dans ces Colonies que partout ailleurs, à cause des déplacemens fréquens que les Supérieurs font de leur Missionnaires, lesquels prennent et quittent la desserte d'une Paroisse sans aucune formalité, et sans que le Juge des lieux ni le Procureur du Roi, chargés par état de veiller à la conservation des Registres publics, en soient instruits ; de sorte qu'ils entrent dans une Paroisse et prennent possession des Registres sans donner aucun récépissé qui en constate le nombre et les années ; et lorsqu'ils sont rappellés par leurs Supérieurs, ils abandonnent leurs Paroisses sans plus de formalités, et laissent leurs Registres entre les mains du nègre attaché au Presbytère ou du Sacristain, comme il est arrivé depuis peu en différentes Paroisses de ces îles.

Cet objet mérite toute l'attention de la Cour, tant pour remédier promptement et efficacement au passé, que pour perfectionner à l'avenir un ordre si nécessaire au bien public.

Les dispositions des anciennes Lois sur cette matière furent rassemblées dans le titre XX de l'Ordonnance du mois d'avril 1667 (*).

La Cour, par son Arrêt de réglement du 9 janvier 1690, ordonna que les Missionnaires desservans les Paroisses situées dans l'étendue du ressort de la Cour, satisferaient à l'avenir à ladite Ordonnance. Ces dispositions n'ayant pas été observées exactement, il en arriva plusieurs inconvéniens ; et elles furent renouvellées

(*) Il y a un Arrêt de réglement de la Cour du 18 mai 1683 au sujet des formalités pour les Mariages et des Registres des Baptemes, Mariages et Sépultures.

par une Ordonnance de M. de Vaucresson, registrée en la Cour le 3 janvier 1704 ; mais par le compte que ledit Procureur-général s'est fait rendre en dernier lieu, de la manière dont les Réglemens sont observés, il est prouvé que les Missionnaires qui ont successivement desservi lesdites Paroisses, ont presque toujours négligé de remettre aux Greffes des Siéges royaux, un double de leurs Registres, à l'exception des Paroisses situées dans l'etendue de la Jurisdiction de la Trinité, qui sont un peu plus en règle, quoiqu'il s'en manque beaucoup qu'elles y soient entièrement ; mais indépendamment de l'inexécution totale du titre XX de l'Ordonnance du mois d'avril 1667, les dispositions de cette Ordonnance sur cette matière, ne paraissent pas même entièrement suffisantes pour remplir l'objet qu'elle s'est proposé.

Il serait donc indispensable de faire un Réglement aussi général et aussi facile dans son exécution, qu'il est nécessaire et important dans son objet, afin d'établir à l'avenir un ordre certain et uniforme dans une matière à laquelle la société civile a un si grand intérêt, en réglant exactement ce qui regarde la forme des Registres, et celle des actes qui y seront inscrits, et en obligeant les Missionnaires desservans lesdites Paroisses, à tenir deux Registres, dont tous les actes seront signés en même tems par les parties; en sorte que l'un de ces deux Registres également originaux, soit déposé au Greffe du Siége royal, l'autre Registre double demeurant entre les mains desdits Missionnaires, les sujets du Roi y trouveront l'avantage de s'assurer par leurs signatures, une double preuve de leur état; et comme chacun de ces Registres acquerra toute sa perfection à mesure qu'ils se rempliront, il ne restera plus aucun prétexte auxdits Missionnaires pour différer au delà du tems qui sera fixé par la Cour, de faire le dépôt d'un de ces doubles Registres au Greffe du Siége royal.

Enfin, il serait à propos de régler ce qui doit être observé à l'avenir à l'égard des Registres des Vêtures, Noviciats et Professions, afin que rien ne manque aux dispositions d'un Réglement, dont l'objet est d'assurer l'état des sujets du Roi qui habitent ces Colonies: requérant ledit Procureur-général, qu'il plut à la Cour pourvoir par un Réglement général sur la matière, suivant les conclusions par écrit qu'il a laissé sur le bureau.

L'Arrêt du 6 mars dernier, par lequel ladite Cour, avant de faire droit sur lesdites conclusions, aurait nommé MM. Houdin du Bochet et Erard, Conseillers Commissaires, pour dresser un projet de Réglement au sujet de l'ordre à observer à l'avenir dans la tenue des Registres des Baptêmes, Mariages et Sépultures, et remédier aux désordres passés, pour ledit projet fait et rapporté en la Cour, être ordonné ce qu'il appartiendrait: le projet de Réglement dressé en conséquence par lesdits MM. Houdin du Bochet et Erard, Conseillers Commissaires, icelui communiqué audit Procureur-général du Roi; le tout mûrement examiné, et attentivement considéré.

La Cour, faisant droit sur les conclusions dudit Procureur-général du Roi, a ordonné et ordonne ce qui suit:

Art. Ier. Incontinent après la publication du présent Arrêt en Réglement, les Juges des lieux, à la diligence du Substitut du Procureur-général, se transporteront dans chacune des Paroisses situées dans l'étendue de leur Jurisdiction, se feront représenter par les Missionnaires desservans, tous les anciens Registres desdites Paroisses, et dresseront un procès-verbal du nombre et des années desdits Registres, et de l'état où ils sont actuellement.

II. Il sera constaté par le même procès-verbal, si quelques-uns desdits Registres ont été tenus et se trouvent doubles, faute d'avoir fait en son tems le dépôt de l'un desdits doubles Registres, auquel cas le dépôt en sera à l'instant ordonné par ledit sieur Juge, et ledit Registre remis entre les mains du Greffier pour être transporté au Greffe, et l'autre double Registre sera remis aussi à l'instant au Missionnaire desservant, lequel signera ledit procès-verbal avec le Juge, le Procureur du Roi et le Greffier.

III. Lesdits procès-verbaux seront enregistrés sur les Registres de la Jurisdiction des lieux, à la diligence des Substituts dudit Procureur-général, qui lui en rendront compte pour en certifier la Cour à la séance du mois de septembre prochain, au plus tard.

IV. A l'égard des anciens Registres des Paroisses qui n'auront pas été tenus doubles, il en sera tiré copie authentique à la requête et diligence des Procureurs du Roi, laquelle copie sera collationnée par le Juge des lieux, et déposée ensuite au Greffe de la Jurisdiction royale, pour y servir de grosse et avoir recours.

V. Les frais desdits procès-verbaux, vacations et expéditions d'iceux, ainsi que les frais qu'il conviendra faire pour les copies authentiques qu'il faudra tirer de plusieurs desdits anciens Registres et vacations à les collationner, seront payés par le Domaine comme frais de justice.

VI. Dans chaque Paroisse du ressort; il y aura à l'avenir deux Registres qui seront réputés tous deux authentiques, et feront également foi en Justice, pour y inscrire les Baptêmes, Mariages et Sépultures, qui se feront dans le cours de chaque année, soit des blancs ou des nègres libres; et il y aura pareillement deux autres Registres pour y inscrire les Baptêmes et Mariages des esclaves; et seront lesdits Registres, fournis par les Marguilliers aux dépens de la Fabrique, un mois avant le commencement de chaque année, à peine de 60 livres d'amende contre lesdits Marguilliers.

VII. Lesdits Registres seront cotés et paraphés par premier et dernier et sur chaque feuillet, par le Juge royal des lieux où les Eglises seront situées.

VIII. Tous les actes de Baptêmes, Mariages et Sépultures, seront inscrits sur chacun desdits Registres doubles, de suite et sans aucun blanc; et seront lesdits actes signés sur les deux Registres, par ceux qui les doivent signer; le tout en même tems qu'ils seront faits.

IX. Dans les actes de Baptêmes, (*) il sera

(*) L'Ordonnance du 15 juin 1735, registrée le 10 mai 1737, défend aux Religieux de baptiser comme libres, aucuns enfans, à moins que l'affranchissement des mères

fait mention du jour de la naissance, du nom qui sera donné à l'enfant, de celui de ses parrains et marraines, et de celui de ses pères et mères, s'il est né en légitime mariage; mais s'il n'est pas né en légitime mariage, il ne sera point fait mention du nom du père.

X. Lorsqu'un enfant aura été ondoyé, en cas de nécessité, et que l'ondoiement aura été fait par le Missionnaire desservant la Paroisse, il sera tenu d'en inscrire l'acte sur lesdits deux Registres.

Et si l'enfant a été ondoyé par la Sage-femme ou autre, celui ou celle qui l'aura ondoyé, sera tenu, à peine de 10 livres d'amende qui ne pourra être remise ni modérée, et de plus grande peine en cas de récidive, d'en avertir sur-le-champ ledit Missionnaire desservant, à l'effet d'en inscrire l'acte sur lesdits Registres; dans lequel acte sera fait mention du jour de la naissance de l'enfant, du nom des pères et mères, et de la personne qui aura fait l'ondoiement, et ledit acte sera signé sur lesdits deux Registres, tant par le Missionnaire desservant, que par le père et par celui ou celle qui aura fait l'ondoiement, s'ils sont présens; et à l'égard de ceux qui ne sauront et ne pourront signer, il sera fait mention de la déclaration qu'ils en feront.

XI. Lorsque les cérémonies du Baptême seront suppléées, l'acte en sera dressé, ainsi qu'il

---

ne leur soit prouvé par des actes de liberté, revêtus de la permission par écrit des Gouverneur et Intendant ou Commissaires-ordonnateurs, desquels actes ils seront tenus de faire mention sur les Registres des Baptêmes, a été prescrit ci-dessus pour les Baptêmes, et en outre il y sera fait mention du jour de l'acte d'ondoiement.

XII. Dans les actes de célébration de Mariages, seront inscrits les noms, surnoms, âges, qualités et demeures des contractans, et il y sera marqué s'ils sont enfans de famille, en tutelle ou curatelle ou en la puissance d'autrui, et les consentemens de leurs pères et mères, tuteurs y seront aussi énoncés; quatre témoins dignes de foi et sachant signer, assisteront auxdits actes, s'il peut s'en trouver aisément dans le lieu qui sachent signer; leurs noms, qualités et domiciles, seront aussi mentionnés dans lesdits actes, et lorsqu'ils seront parens ou alliés des contractans, ils déclareront de quel côté et en quel degré, et l'acte sera signé sur les deux Registres, tant par celui qui célébrera le mariage, que par les contractans, et par lesdits quatre témoins; et à l'égard de ceux desdits contractans ou desdits témoins, qui ne sauront ou ne pourront signer, il sera fait mention de la déclaration qu'ils en feront.

Au surplus, tout ce qui a été prescrit par les Ordonnances, Edits, Déclarations et Réglemens de la Cour sur les formalités qui doivent être observées dans la célébration des Mariages et dans les actes qui en seront rédigés, sera exécuté suivant sa forme et teneur, sous les peines y portées.

XIII. Lesdits actes de célébration de mariages seront inscrits sur les Registres de l'Eglise paroissiale du lieu où le Mariage sera célébré.

XIV. Lesdits actes de célébration ne pourront en aucun cas être écrits et signés sur des feuilles volantes ; ce qui sera exécuté à peine d'être procédé extraordinairement contre le Missionnaire desservant ou autre Prêtre qui aurait fait lesdits actes, lesquels seront condamnés en telle amende ou autres plus grandes peines qu'il appartiendra, suivant l'exigence des cas.

XV. Dans les actes de Sépulture, il sera fait mention du jour du décès, du nom et qualité de la personne décédée, ce qui sera observé, même à l'égard des enfans, de quelqu'âge que ce soit, et l'acte sera signé sur les deux Registres, tant par celui qui aura fait la Sépulture, que par deux des plus proches parens ou amis qui y auront assisté, s'il y en a qui sachent ou peuvent signer, sinon, sera fait mention de la déclaration qu'ils en feront.

XVI. S'il y a transport hors de la Paroisse, il en sera fait un acte en la forme marquée par l'article précédent sur les deux Registres de la Paroisse où le corps sera transporté, et il sera fait mention dudit transport dans l'acte de Sépulture, qui sera mis pareillement sur les deux Registres de l'Eglise où se fera ladite Sépulture.

XVII. Les corps de ceux qui auront été trouvés morts avec des signes ou indices de mort violente, ou autres circonstances qui donnent lieu de le soupçonner, ne pourront être inhumés qu'en conséquence d'une ordonnance du Juge royal des lieux, rendue sur les conclusions du Procureur du Roi ; après avoir fait les procédures et pris les instructions qu'il appartiendra à ce sujet, et toutes les circonstances ou observations qui pourront servir à indiquer ou à désigner l'état de ceux qui seront ainsi décédés, et celui où leurs corps auront été trouvés, seront insérés dans les procès-verbaux qui en seront dressés; desquels procès-verbaux, ensemble de l'ordonnance dont ils auront été suivis, la minute sera déposée au Greffe, et ladite ordonnance sera datée dans l'acte de Sépulture qui sera écrit sur les deux Registres de la Paroisse, ainsi qu'il est prescrit ci-dessus, à l'effet d'y avoir recours quand besoin sera.

XVIII. (*) Ne seront pareillement inhumés ceux auxquels la Sépulture Ecclésiastique ne sera pas accordée, qu'en vertu d'une ordonnance du Juge des lieux, rendue sur les conclusions du Procureur du Roi, dans laquelle ordonnance sera fait mention du jour du décès, du nom et qualité de la personne décédée; et sera fait au Greffe un Registre des ordonnances qui seront données audit cas, sur lequel il sera délivré des extraits aux parties intéressées, en payant au Greffier le salaire qui sera réglé par l'article XXII ci-après.

XIX. Toutes les dispositions des articles précédens seront observées dans les Hôpitaux établis en ces îles, pour les inhumations de ceux qui y décéderont, à l'effet de quoi les Supérieurs desdits Hôpitaux seront tenus d'avoir deux Registres cotés et paraphés par le Juge des lieux, ainsi qu'il a été prescrit par l'article VII ci-dessus.

XX. Dans un mois au plus tard, après l'expiration de chaque année, les Missionnaires

---

(*) Cet article est pour constater la mort des Protestans publics qui ne seraient pas inhumés en Terre Sainte.

ou

ou autres Prêtres desservans les Paroisses de ces îles et les Supérieurs des Hôpitaux, seront tenus de porter ou envoyer sûrement un desdits deux Registres au Greffe du Siége royal, dans le ressort duquel lesdites Eglises seront situées pour y être déposé.

XXI. Lors de l'apport desdits Registres au Greffe, s'il y a des feuillets qui soient restés vides, ou s'il s'y trouve d'autres blancs, ils seront barrés par le Juge, et sera fait mention du jour de l'apport sur ledit Registre par le Greffier, qui en donnera ou enverra une décharge auxdits Missionnaires ou autres desservans et auxdits Supérieurs d'Hôpitaux; pour raison de quoi sera donné pour tous droits, trois livres au Juge, et deux livres au Greffier, sans qu'ils puissent exiger ni recevoir davantage, à peine de concussion; et sera ledit honoraire payé aux dépens de la Fabrique pour les Registres de la Paroisse, et aux dépens des Hôpitaux pour leurs Registres.

XXII. Il sera au choix des parties intéressées, de lever les extraits des actes de Baptêmes, Mariages et Sépultures, soit sur le Registre qui sera au Greffe ou sur celui qui restera entre les mains des Missionnaires ou autres Prêtres desservans ou Supérieurs d'Hôpitaux; pour lesquels extraits il ne pourra être pris par les uns et les autres, qu'une livre dix sols, et ne pourront recevoir plus grande somme, quoiqu'offerte librement, à peine de concussion, et seront tenus de délivrer lesdits extraits dans vingt-quatre heures au plus tard, après qu'ils en seront requis.

XXIII. En cas de changement de Mission,

naire desservant dans une Paroisse, le nouveau desservant ne pourra, sous quelque prétexte que ce soit, se mettre en possession de la desserte de ladite Paroisse, sans en avoir préalablement donné avis au Procureur du Roi; et lorsque le successeur en prendra possession, l'ancien desservant sera tenu de lui remettre les Registres dont il était chargé, dont il lui sera donné décharge par ledit successeur, contenant le nombre et les années desdits Registres, et mention de l'état dans lequel ils se trouveront; et ledit successeur sera tenu sous quinze jours, de porter ou envoyer incessamment au Procureur du Roi, copie de lui signée de ladite décharge, pour servir de récépissé de sa part, lequel sera registré sans frais à la diligence dudit Procureur du Roi qui vérifiera si ledit récépissé se trouve conforme à celui précédemment donné par l'ancien desservant, lors de son entrée dans ladite Paroisse; et en cas qu'il ait été omis dans ledit récépissé quelques Registres contenus dans le précédent, il en sera rendu compte par ledit Procureur du Roi, au Procureur-général, et informé à sa diligence, de ce que lesdits Registres seront devenus, pour être fait droit ainsi qu'il appartiendra.

Et pour assurer l'exécution du présent article, enjoint aux Procureurs du Roi de tenir la main très-exactement à ce que lesdits Missionnaires aient à s'y conformer; et en cas de contravention de leur part, lesdits Procureurs du Roi seront tenus d'en donner avis au Procureur-général, qui en rendra compte à la Cour, pour y être par elle pourvu ainsi qu'il appartiendra.

XXIV. Lors du décès des Missionnaires desservans les Paroisses du ressort, le Juge des lieux, sur la réquisition du Procureur du Roi, se transportera au Presbytère et dressera procès-verbal du nombre et des années des Registres qui étaient en la possession du défunt, de l'état où il les aura trouvé, et des défauts qui pourraient s'y rencontrer, et paraphera chacun desdits Registres au commencement et à la fin; et si le desservant successeur du défunt, est déja sur les lieux, la remise desdits Registres lui sera faite à l'instant, et mention en sera faite à la suite dudit procès-verbal, qui sera signé du Juge, du Procureur du Roi, du Greffier et du Missionnaire successeur, qui en donnera à l'instant son récépissé en suite dudit procès-verbal.

Le présent article aura pareillement lieu lorsqu'une Paroisse sera abandonnée par le desservant.

XXV. En cas que le desservant successeur ne soit pas encore sur les lieux après la confection du procès-verbal dont il est parlé en l'article précédent, lesdits Registres seront enfermés au Presbytère ou autre lieu sûr, dans un coffre ou armoire fermant à clef, laquelle clef sera gardée par le Marguillier, qui s'en chargera et signera ledit procès-verbal, et la remettra ensuite au successeur Missionnaire, en par lui, donnant une décharge audit Marguillier, et en envoyant une copie de lui signée au Procureur du Roi, pour servir de récépissé de sa part, et être registré conformément à l'article XXIII ci-dessus.

XXVI. Ne pourra être pris plus d'une

vacation pour le procès-verbal dont il est parlé ès-articles XXIV et XXV, et ce suivant la taxe portée au dernier Tarif; et lorsque les Juges se transporteront hors les lieux de leur demeure, ils se conformeront dans leurs taxes, audit Tarif, et sera ladite Taxe, payée par la Fabrique.

XXVII. Dans les Maisons religieuses, il y aura deux Registres pour inscrire les actes de Vêtures, Noviciats et Professions; lesquels Registres seront cotés par premier et dernier, et paraphés sur chaque feuillet par le Supérieur ou la Supérieure, à quoi faire ils seront autorisés par un acte capitulaire, qui sera inséré au commencement de chacun desdits deux Registres.

XXVIII. Tous les actes de Vêtures, Noviciats et Professions seront inscrits en français sur chacun desdits deux Registres de suite, sans aucun blanc; et lesdits actes seront signés sur ces deux Registres par ceux qui les doivent signer, le tout en même tems qu'ils seront faits, et en aucun cas lesdits actes ne pourront être inscrits sur des feuilles volantes.

XXIX. Dans chacun desdits actes, il sera fait mention du nom et surnom, et de l'âge de celui, ou de celle, qui prendra l'habit, ou qui fera profession, des noms, qualités et domicile de ses père et mère, du lieu de son origine, et du jour de l'acte qui sera signé sur lesdits Registres, par le Supérieur ou la Supérieure, par celui ou celle qui prendra l'habit ou fera profession, par la personne Ecclésiastique qui aura fait la cérémonie, et par deux des plus proches parens ou amis qui y auront assisté.

XXX. Lesdits Registres serviront pendant dix années consécutives, et l'apport au Greffe s'en fera, savoir, pour les Registres qui seront faits en vertu du présent Arrêt en Réglement, dans un mois après la fin de l'année 1768, ensuite de dix en dix ans. Sera au surplus observé tout le contenu aux articles XX, XXI et XXII ci-dessus, sur l'apport des Registres et la décharge qui en sera donnée au Supérieur ou Supérieure, et au sujet des extraits qui en seront délivrés.

XXXI. En cas que par la Cour ou par le Juge des lieux il soit ordonné quelque réforme sur les actes qui se trouveront dans les Registres des Baptêmes, Mariages et Sépultures, Vêtures, Noviciats et Professions, ladite réforme sera faite sur les deux Registres en marge de l'acte qu'il s'agira de réformer, sur laquelle le Jugement sera transcrit en entier ou par extrait. Enjoint à tous Missionnaires et aux Supérieurs et Supérieures dépositaires desdits Registres, de faire ladite réforme sur lesdits deux Registres, s'ils les ont encore en leur possession, sinon sur celui qui sera resté entre leurs mains; enjoint pareillement aux Greffiers de faire la même réforme sur celui qui aura été déposé au Greffe.

XXXII. Enjoint aux Supérieurs des Missions établies en ces îles, en envoyant leurs Religieux desservir les Paroisses du ressort, de les instruire des dispositions du présent Réglement.

XXXIII. Enjoint pareillement aux Religieux Missionnaires ou autres Prêtres desservans les Paroisses situées dans l'étendue du ressort de la Cour, et aux Supérieurs et Supérieures, de se conformer aux dispositions du présent Arrêt, chacun à leur égard, à peine d'y être contraints par saisie de leurs temporels, et d'être condamnés en tels dépens, dommages et intérêts qu'il appartiendra et d'être en outre condamnés au paiement des déboursés des Procureurs du Roi, en cas de poursuite de leur part; laissant à la prudence des Juges de prononcer de plus grandes peines suivant l'exigence des cas, notamment en cas de récidive.

XXXIV. Enjoint en outre aux Marguilliers de veiller à la conservation des Registres de leurs Paroisses.

XXXV. Enjoint au Procureur-général du Roi, et à ses Substituts dans les Jurisdictions du ressort, de faire toutes les poursuites et diligences nécessaires pour l'exécution du présent Arrêt; et lesdits Substituts seront tenus d'envoyer audit Procureur-général, avant le 15 du mois de février de chaque année, un état certifié du Greffier, des Supérieurs et des Missionnaires qui auront satisfait aux dispositions du présent Arrêt, et de ceux qui n'y auront pas satisfait, et le Procureur-général du Roi sera tenu de rapporter lesdits états en la Cour, et de lui en rendre compte à l'ouverture de la séance du mois de mars de chaque année, pour, sur icelui compte rendu, être ordonné ce qu'il appartiendra.

XXXVI. Le présent Arrêt en Réglement sera exécuté selon sa forme et teneur, à commencer du jour de l'enregistrement et publication d'icelui dans chacune des Jurisdictions du ressort; à l'effet de quoi les Registres actuels des Paroisses et Hôpitaux seront, à la diligence des Subsituts du Procureur-général du Roi, cotés et paraphés par les Juges des lieux, et continués jusqu'à la fin de la présente année. Et en cas qu'il se trouvât dans quelques-unes desdites Paroisses ou Hôpitaux, n'avoir pas été tenu de doubles des Registres actuels, il en sera fourni un double par les Marguilliers des Paroisses, ou Supérieurs des Hôpitaux, incessamment après la publication et enregistrement du présent Arrêt, pour être tenu suivant la forme prescrite ci-dessus, et déposé à la fin de la présente année, conformément à l'article XX ci-dessus.

Ordonne qu'à la diligence du Procureur-général du Roi ou de ses Substituts, le présent Arrêt sera imprimé, lu, etc.

Fait au Conseil Souverain de la Martinique, le 13 mai 1758.

(N°. 227.) *Capitulation de l'île Guadeloupe, entre LL. Exc. MM.* Barrington, *Major-général, et* Jean Moore, *Ecuyer, Chef d'escadre, Commandans en chefs, les forces de terre et maritimes de S. M. Britannique, dans ces mers, et* les Habitans *de l'île Guadeloupe, représentés par MM.* Debourg d'Eclainvilliers *et* Duquerry, *munis de leurs pleins pouvoirs et autorisés par M.* Nadau Dutreil, *Chevalier de l'Ordre Royal, et Militaire de St-Louis, Gouverneur de cette île.*

Signée le Ier. mai 1759.

Art. Ier. Les Habitans sortiront de leurs postes avec deux pièces de canon de campagne, leurs armes, enseignes déployées, tambour battant, mêche allumée, et recevront tous les honneurs de la guerre.

RÉPONSE *Accordé, en considération de la belle défense que les Habitans ont faite pendant trois mois de siége, à condition qu'ils mettront les armes bas, après avoir défilé devant nos troupes, et que tous Forts, Batteries, Postes, Canons, Mortiers, Fusils, Bayonnettes, et toutes les munitions de guerre seront remis à un Commissaire qui sera nommé par nous; et que nous mettrons garnison dans tous les lieux que nous trouverons le plus convenable.*

II. Les Habitans des îles Martinique, Marie-Galante et Dominique, qui sont venus au secours de cette île, auront la liberté de se retirer, avec armes et bagages, et il leur sera fourni un bâtiment pour les transporter dans leurs îles, avec les domestiques qu'ils ont amenés avec eux, ainsi que les vivres nécessaires pour leur traversée.

R. *Accordé, excepté pour ceux de Marie-Galante qui seront transportés à la Martinique.*

III. Les Habitans exerceront avec liberté, et publiquement leur Religion, les Prêtres et Religieux seront conservés dans leurs Paroisses, Couvens et biens, il sera permis aux Supérieurs d'ordres d'en faire venir de France ou des îles voisines en remettant leurs lettres au Gouverneur pour S. M. Britannique.

R. *Accordé.*

IV. Ils seront exactement neutres et ne pouront être contraints de prendre les armes contre S. M. Très-Chrétienne ni contre aucune autre puissance.

R. *Accordé, à condition que dans l'espace d'un mois ou plutôt s'il est possible, ils prêteront serment de garder fidellement et exactement la neutralité, et toutes les clauses de la Capitulation.*

V. Ils conserveront leur Gouvernement civil, leurs Lois, Coutumes et Ordonnances, la Justice sera rendue par les mêmes Officiers qui sont actuellement en charges, et il sera fait un Réglement pour la police intérieure, entre le Gouverneur pour S. M. Britannique et les Habitans, et au cas qu'à la paix l'île fut cédée au Roi de la Grande-Bretagne, il sera libre aux Habitans, ou de garder leur Gouvernement politique actuel, ou d'accepter celui d'Antigue et de St-Christophe.

R. *Accordé, mais quant aux Offices de Justice qui viendront à vaquer, le Conseil Supérieur nommera des Sujets qui se pourvoieront pardevant S. M. Britannique pour obtenir leurs commissions, et tous les actes de Justice seront faits au nom du Roi de la Grande-Bretagne, et à l'égard du changement du Gouvernement politique, nous l'accordons sous le bon plaisir de S. M.*

VI. Les Habitans, ainsi que les Communautés Religieuses, seront maintenus dans la propriété et jouissance de leurs biens, meubles et immeubles, nobles et en roture de quelque nature qu'ils soient, et seront conservés dans leurs privilèges, droits, honneurs et exemptions, et les nègres et mulâtres libres, dans leurs libertés.

R. *Accordé.*

VII. Ils ne paieront d'autres droits à S. M. Britannique, que ceux qu'ils payaient ci-devant à S. M. Très-Chrétienne, sans aucune autre charge ni impôts, et les frais de justice, pensions des Curés, et autres frais accoutumés, seront payés par le Domaine de S. M. Britannique comme ils l'étaient par celui de S. M. Très-Chrétienne.

R. *Accordé, mais si à la paix l'île est cédée à la Couronne d'Angleterre, elle sera sujette aux même droits et impôts que les îles Anglaises sous le vent, le plus favorablement traitées.*

VIII. Les prisonniers faits pendant le siége, seront rendus de part et d'autre.

R. *Accordé.*

IX. Les mulâtres et nègres libres qui se trouveront pris, seront rendus comme prisonniers de guerre et ne seront point traités comme esclaves.

R. *Accordé.*

X. Les sujets de la Grande-Bretagne refugiés dans cette île, pour crimes ou condamnés à des peines afflictives, auront la liberté de se retirer.

R. *Accordé.*

XI. Nul autre que les Habitans actuellement résidens dans cette île, n'y pourra jusqu'à la paix posséder aucuns biens-fonds, soit par acquisition; concession, ou autrement; mais au cas qu'à la paix, le pays soit cédé au Roi de la Grande-Bretagne, alors il sera permis aux habitans qui ne voudront point devenir ses sujets, de vendre leurs biens, meubles et immeubles, à qui ils voudront, et de se retirer où bon leur semblera, auquel cas il leur sera accordé un tems convenable.

R. *Accordé, mais si l'île est cédée à la Grande-Bretagne à la paix, il ne sera permis qu'aux sujets du Roi d'en acheter.*

XII. En cas qu'il soit question d'échange à la paix, LL. MM. Très-Chrétienne et Britannique sont suppliées de donner la préférence à cette île.

R. *Le Roi en décidera.*

XIII. Les Habitans auront la liberté d'envoyer leurs enfans en France pour leur faire donner l'éducation, de leur y faire fournir les fonds nécessaires, et de les en faire revenir.

R. *Accordé.*

XIV. Ceux qui sont dans le service de S. M. T. Ch., et tous les absens, seront maintenus dans la propriété et jouissance de leurs biens, qu'ils feront gérer en vertu de leurs procurations.

R. *Accordé.*

XV. Les femmes des Officiers et autres qui sont hors de l'île auront la liberté de se retirer avec leurs effets et la quantité de domestiques convenables à leurs états.

R. *Accordé.*

XVI. Le Gouvernement procurera aux Habitans le débouché des denrées que le pays produit, au cas qu'elles n'aient point d'entrée en Angleterre.

R. *Accordé, d'autant que l'île ne produit que des denrées qui ont l'entrée en Angleterre.*

XVII. Les Habitans ne pourront être contraints au logement des gens de guerre, ni à aucune corvée pour les fortifications.

R. *Accordé, mais on prendra des mesures pour faire des Cazernes pour le logement des troupes le plus promptement possible, et quant aux corvées, on paiera les journées de nègres à ceux qui en voudront fournir.*

XVIII. Les veuves et autres Habitans qui n'auront pu signer la Capitulation par maladie, absence, ou autre empêchement, auront un délai fixé pour y accéder.

R. *Accordé, mais tous les Habitans qui voudront jouir de la Capitulation, seront obligés de la signer, dans un mois de ce jour, ou de sortir de l'île.*

XIX. Il sera accordé aux Flibustiers et autres personnes qui n'ont point de bien dans le pays, et qui voudront en sortir, des bâtimens pour les transporter à la Martinique ou à la Dominique à leur choix, et des vivres pour leur traversée, pourvu cependant que ces personnes ne doivent rien dans le pays, auquel cas ils seront obligés avant de partir de s'arranger avec leurs créanciers.

R *Accordé.*

XX. Il sera permis aux Habitans de donner la liberté aux nègres auxquels ils l'ont promis pour la défense de l'île.

R. *Accordé, à condition qu'ils sortiront de l'île.*

XXI. Les Habitans et Négocians de cette île, compris dans la Capitulation, jouiront de tous les privilèges du Commerce et aux mêmes conditions accordées aux sujets de S. M. B. dans toute l'étendue de son obéissance.

R. *Accordé, sans cependant préjudicier aux privilèges dont jouissent les Compagnies de Commerce, établies dans le Royaume, et aux Lois qui défendent de faire le Commerce que dans des vaisseaux anglais.*

XXII. Les Députés de la Grande-Terre, n'ayant pu signer la Capitulation, faute de pouvoir suffisant, quoique la Colonie y ait adhéré, sous l'autorisation de M. Nadau, poufont le faire, dès qu'ils seront munis de leurs pleins pouvoirs, et elle leur sera commune en toutes ses clauses.

Fait au Quartier de la Capesterre Guadeloupe, ce Ier. mai 1759. *Signés*, J. Barrington, J. Moore, Nadau Dutreil, Debourg d'Eclainvilliers et Duqueruy.

(No. 228.) Réglement *du Roi, pour la police et discipline des équipages des navires marchands expédiés pour les Colonies françaises de l'Amérique, et sur ce qui doit être observé pour les remplacemens des equipages, tant des vaisseaux de S. M., que des navires marchands.*

Du 11 juillet 1759.

Sa Majesté s'étant fait représenter ses Ordonnances et Réglemens des 22 mai 1719, 23 décembre 1721, 19 juillet 1742, 19 mai 1745 et 22 juin 1753, sur la police qui doit être observée aux Colonies françaises de l'Amérique pour les gens de mer des équipages des navires, ensemble sa Déclaration du 18 décembre 1728, et l'Arrêt de son Conseil du 19 janvier 1734, au sujet de l'embarquement et débarquement des matelots dans les ports du Royaume et les pays étrangers, et étant informée que les dispositions portées par lesdites Ordonnances ne sont pas exactement observées dans lesdites Colonies, et qu'elles ne sont pas d'ailleurs suffisantes pour réprimer divers abus qui s'y sont introduits au préjudice du bon ordre et de la discipline des gens de mer; et desirant pourvoir en même tems au remplacement des équipages des vaisseaux et autres bâtimens de S. M., et à ceux des navires de ses sujets qui se trouveraient dans le cas d'en avoir besoin, elle a arrêté le présent Réglement, ainsi qu'il suit :

ART. 1er. Il sera fait à bord des navires marchands, aussitôt après leur arrivée aux Colonies françaises de l'Amérique, par le Commissaire ou autres Officiers chargés du détail des Classes, une revue exacte de tous les gens de mer, dont les équipages seront composés, et des passagers et engagés qui auront été embarqués en France, et le Capitaine de chaque navire leur en remettra le rôle en dépôt jusqu'à son départ.

II. L'Officier chargé du détail des Classes pour laquelle ladite revue sera faite, entendra les plaintes qui pourront être portées, tant par les Capitaines et Officiers contre les matelots et autres gens des équipages, que par les matelots contre les Capitaines et Officiers : il constatera, autant qu'il sera possible, les faits qui y auront donné occasion, et sur le compte qu'il en rendra, l'Intendant ou Commissaire-ordonnateur, fera sur-le-champ arrêter les coupables, s'il y a lieu, soit pour leur faire subir quelques jours de prison, suivant les circonstances, soit pour les remettre aux Officiers de l'Amirauté, s'ils sont dans le cas de mériter plus grandes peines; et dans le cas où lesdits Officiers de l'Amirauté jugeront à propos de vouloir procéder contre ceux qui auront été ainsi arrêtés, lesdits prisonniers leur seront remis à cet effet par les ordres desdits Intendans ou Ordonnateurs.

III. Ledit Officier vérifiera s'il se trouve à bord des matelots ou autres gens de mer, qui n'aient point été compris sur le rôle de l'équipage, et il fera arrêter sur le champ tous ceux qui se trouveront dans ledit cas; S. M. voulant qu'ils soient détenus en prison aux frais des Capitaines, jusqu'à ce qu'ils puissent être renvoyés sur un autre navire de la même Province du Royaume où lesdits matelots auront été embarqués; ce qui sera constaté par un procès-verbal qui sera envoyé par les Intendans ou Commissaires-ordonnateurs des Colonies, au Commissaire de la Marine, du port où les navires auront été armés, pour être, les Capitaines des navires, poursuivis à leur retour en France, devant les Officiers de l'Amirauté conformément aux dispositions portées par la Déclaration du 18 décembre 1728.

IV. Cet Officier des Classes fera mention sur chaque rôle, des mouvemens arrivés dans l'équipage pendant la traversée du bâtiment, de même que de ceux qui auront lieu jusqu'à son départ.

V. Aucun Capitaine ne pourra congédier un seul homme de son équipage, sans la permission dudit Commissaire, laquelle il apostillera et signera sur le rôle; il lui rendra compte pareillement de ceux qui lui déserteront, pour être aussi apostillés; et il ne pourra prendre un seul homme en remplacement, ou comme passager, qu'il ne soit aussi établi sur son rôle par ledit Commissaire, lequel fera une seconde revue avant le départ du navire, sous peine de 300 liv. d'amende envers le Capitaine, pour chaque homme qu'il aura débarqué ou remplacé sans l'aveu de l'Officier des Classes, et d'être déchu de sa qualité de Capitaine.

VI. Il ne pourra, pendant le séjour des navires auxdites Colonies, être fait aucun paiement ni aucun prêt ni avance d'aucune espèce aux gens de mer des équipages engagés en France, ni à ceux embarqués par remplacement aux Colonies, soit pour achat de hardes ou pour quelqu'autre cause que ce puisse être, si les Capitaines n'y sont autorisés par un ordre de l'Officier chargé du détail des Classes, mis au bas du rôle de l'équipage, à peine contre les contrevenans, d'être poursuivis à leur retour en France, conformément aux dispositions de la Déclaration du 18 décembre 1728.

VII. Aucun matelot, novice ou mousse de l'équipage des navires venus de France aux Colonies, ne pourra descendre ni rester à terre sans un congé par écrit donné par le Capitaine ou autre Officier commandant le navire; dans lequel congé, sera fait mention du tems limité pour l'absence hors du bord; et ceux sans de pareils congés desdits gens de mer qui seront trouvés à terre, ou qui en auront excédé le terme, seront arrêtés et détenus pour la première fois en prison pendant trois jours, et pendant huit jours en cas de récidive.

VIII. S'il déserte des matelots ou autres gens des équipages, le Capitaine ou autres Officiers commandant le navire, sera tenu d'en faire à l'Officier chargé du détail des Classes, la dénonciation dans trois jours, sous peine d'être réputé complice de la désertion, pour être, par ledit Officier, envoyé sur le champ à la poursuite desdits déserteurs,

serteurs, aux frais dudit Capitaine, après avoir pris les ordres de l'Intendant ou Commissaire-ordonnateur : enjoint S. M., aux Gouverneurs et Commandans auxdites Colonies, de donner main-forte à cet effet, toutes les fois qu'ils en seront requis.

IX. Ceux desdits déserteurs qui pourront être arrêtés, seront détenus en prison pendant le tems qui sera réglé par l'Intendant ou Commissaire-ordonnateur, et ils seront ensuite renvoyés à bord du navire, après avoir été interrogés sur le motif de leur désertion ; et en cas qu'il soit reconnu qu'elle a été occasionnée de quelque manière que ce puisse être, par le Capitaine ou autres Officiers du bord, il sera fait, sur les circonstances relatives audit cas, un procès-verbal qui sera adressé par ledit Intendant ou Commissaire-ordonnateur, au Secrétaire d'Etat ayant le département de la Marine, pour, sur le compte qui en sera par lui rendu à S. M., être par elle ordonné ce qu'il appartiendra, sans préjudice néanmoins des procédures qui pourront être faites à ce sujet par les Officiers de l'Amirauté, S. M. n'entendant point interdire auxdits gens de mer, les voies de droit devant lesdits Officiers, auxquels elle se réserve même de renvoyer la connaissance des faits résultans desdits procès-verbaux, suivant l'exigence des cas.

X. La date de la désertion sera apostillée sur le rôle de l'équipage seulement, à compter du jour que l'Officier chargé du détail des Classes, aura reçu la dénonciation, et les salaires des déserteurs seront payés jusqu'audit jour, sans égard au tems pendant lequel les Capitaines auront différé de faire lesdites dénonciations ; lesdites apostilles seront exactement détaillées pour chaque homme, et signées par l'Officier chargé du détail des Classes ; la même formalité sera observée en ce qui concernera les apostilles mises sur lesdits rôles, au sujet des morts et des débarqués pour raison de maladie ou pour d'autres causes, tant en ce qui concernera les gens des équipages, qu'à l'égard des passagers et des engagés.

XI. Il sera donné par les Capitaines desdits Navires, auxdits Officiers chargés des Classes, les noms, surnoms, qualités, demeures, et autres signalemens détaillés de chaque homme qui aura débarqué ou déserté de leurs Navires.

XII. Lesdits Officiers des Classes tiendront un Registre de ces gens de mer débarqués ou désertés ; ils y porteront leur signalement, y feront mention du nom du Navire d'où ils proviennent, du nom du Capitaine, de celui du port où il aura armé, et suivront les mouvemens desdits gens de mer jusqu'à ce qu'ils aient obtenu la permission de retourner en France et qu'ils aient été inscrits sur un rôle d'équipage.

XIII. Enjoignons auxdits Officiers chargés des Classes, de porter sur ledit Registre, les gens restés des équipages aux Hôpitaux, ainsi que ceux provenans des Navires qui seront désarmés ou condamnés dans la Colonie et de suivre pareillement leurs mouvemens.

XIV. Les Capitaines des Navires de France qui seront désarmés aux Colonies, soit pour y avoir été déclarés hors d'état de naviguer ou pour d'autres causes, feront en conséquence de l'Ordonnance du 19 juillet 1742, le décompte de la solde dûe à chacun des gens de mer de leurs équipages, en présence des Officiers chargés du détail des Classes, et remettront auxdits Officiers, copie desdits décomptes, et une lettre-de-change tirée sur les Armateurs, pour le montant de ladite solde, en argent de France, sans que sous quelque prétexte que ce soit, aucune desdites lettres-de-change puisse être tirée sur les Trésoriers de la Marine ou des Colonies.

XV. Lesdits décomptes et lettres-de-change contiendront non-seulement ce qui sera dû aux officiers mariniers et matelots présens au désarmement, mais encore ce qui reviendra aux familles des morts, tant pour la solde que pour le produit d'inventaire, et le montant de la solde revenant aussi aux déserteurs, jusqu'au jour de leur désertion dénoncée ; ce qui sera exactement constaté dans les décomptes dont les Officiers chargés du détail des Classes auxdites Colonies, feront ensuite l'envoi, ainsi que des lettres-de-change, aux Commissaires des ports du royaume où les Navires auront été armés ; ils seront tenus d'adresser en même tems auxdits Commissaires, des copies de rôles de désarmement, lesquels seront faits dans la même forme que celui de l'armement présenté par le Capitaine, et contiendront en marge de chaque homme qui aura été embarqué dans le Navire, soit comme faisant partie de l'équipage, soit en qualité de passager ou d'engagé, toutes le mutations qu'il y aura eu pour raison de mort ou désertion, ou pour d'autres causes de débarquement, en y faisant mention des dates et des signatures des Officiers qui auront certifié lesdits émargemens.

XVI. L'article III de ladite Ordonnance du 19 juillet 1742, au sujet du Registre qui doit être tenu par les Officiers chargés du détail des Classes, pour y transcrire lesdits décomptes et lettres-de-change, sera ponctuellement exécuté. Enjoint S. M. aux Intendans ou Commissaires-ordonnateurs, de se faire représenter au moins tous les trois mois lesdits Registres, à l'effet de vérifier s'ils sont dans la forme convenable, et si les envois en France ci-dessus prescrits, ont été faits régulièrement, et les Intendans ou Commissaires-ordonnateurs mettront leur vû à chaque article desdits décomptes.

XVII. S'il se trouve dans le quartier des Colonies où un navire aura été désarmé, d'autres bâtimens prêts à revenir en France dans la même province où sera situé le port où ledit Navire aura été armé, ou dans lesquels les gens de mer du bâtiment désarmé puissent être embarqués et gagner des salaires, le Capitaine ne sera pas tenu à leur payer de conduite pour leur retour en France ; mais s'il n'y a point alors de navire où ils puissent être employés, il leur sera accordé un ou deux mois de solde à proportion du retardement que pourra leur causer le défaut d'occasion pour leur retour, suivant la fixation qui en sera faite par les Intendans ou Commissaires-ordonnateurs, conformément à ce qui est porté par la susdite Ordonnance du 19 juillet 1742.

XVIII. Lesdits Capitaines seront tenus, à l'égard des matelots restés malades, de donner une caution pour le paiement, non-seulement des frais de maladie, mais encore de la solde qui sera réglée par les Intendans ou Commissaires-ordonnateurs, pour ceux dont la santé se rétablira, pour pourvoir à leur subsistance jusqu'au tems où ils pourront être embarqués pour France.

XIX. Les Officiers chargés du détail des Classes feront tous les mois une visite dans les Hôpitaux, à l'effet de vérifier ce que seront devenus les matelots qui y auront été traités; ils se feront remettre, à l'égard de ceux qui seront morts, les certificats nécessaires pour le constater, et ils adresseront lesdits certificats aux Commissaires des départemens du royaume d'où les matelots seront provenus, avec des listes exactes contenant la destination qui aura été faite du produit de leurs hardes et autres effets.

XX. Il sera délivré à tous les gens de mer français débarqués, congédiés ou déserteurs, et aux habitans des différentes Colonies qui auront pris la profession de matelot, un certificat en papier, conforme au modèle, en suite du présent Réglement; lequel certificat ils seront tenus de porter toujours sur eux, pour servir à constater leur origine et leur état.

XXI. Tous matelots et autres gens de mer qui ne seront point porteurs de pareils certificats, seront réputés déserteurs des Navires de France, et comme tels arrêtés dans tous les lieux où ils seront trouvés, pour être détenus en prison jusqu'à ce qu'ils puissent être renvoyés sur des Navires de la même province où sera situé le département dont ils se trouveront.

XXII. Lesdits gens de mer seront obligés

de déclarer aux Commissaires et autres chargés des Classes, le lieu de leur domicile, dont il sera fait mention à côté du nom de chacun d'eux, et ils seront tenus de passer en revue pardevant lesdits Commissaires, le premier jour de chaque mois, et de leur déclarer s'ils ont changé de domicile, sous peine de 15 jours de prison.

XXIII. Les Gouverneurs, Intendans ou Commissaires ordonnateurs, feront faire des visites fréquentes chez les Cabaretiers et Hôteliers, pour arrêter tous les matelots qui s'y trouveront et qui ne seront point porteurs de congés ou passe ports, conformément à ce qui est porté par le présent Réglement.

XXIV. Les habitans des Colonies ne pourront employer aucuns des gens de mer français non domiciliés auxdites Colonies, sans une permission par écrit des Officiers qui seront chargés du détail des Classes, et ne pourront les cacher ou recéler auxdits Officiers lorsqu'ils les réclameront, sous peine de 20 liv. d'amende pour chaque homme de mer employé sans permission, et de 100 liv. par chaque homme qu'ils auront caché ou recélé.

XXV. Tout Capitaine, Maître ou Patron qui débauchera un matelot aux Colonies, sera condamné à une amende de 300 liv. dont moitié applicable à l'Amiral, et l'autre moitié au premier Maître, lequel pourra reprendre le matelot, si bon lui semble, conformément à ce qui est porté par l'Ordonnance du 22 mai 1719, et par le Réglement du 19 mai 1745.

XXVI. En conséquence de l'article V du Réglement du 19 mai 1745, défend S. M.

auxdits gens de mer, de s'embarquer sur aucun de ses vaisseaux, ni de s'engager sur les Navires appartenans à ses sujets pour revenir dans le royaume, qu'ils n'en aient obtenu la permission du Commissaire chargé des Classes, qui, dans ce cas, les établira sur les rôles des équipages en remplacement de ceux qui manqueront, à peine contre ceux qui auront été embarqués sans cette formalité, d'être punis d'un mois de prison à leur arrivée en France, et d'être en outre privés de la solde qui leur aurait été promise pour la traversée; le montant de laquelle solde sera déposé au bureau des Classes, pour suivre l'application qui sera ordonnée par S. M. et les Capitaines qui les auront embarqués, seront interdits pendant un an.

XXVII. Défend aussi S. M., relativement aux Lettres-patentes du mois d'octobre 1727, auxdits gens de mer, de prendre parti sur aucun des bâtimens étrangers qui pourraient avoir entrée dans les Colonies, sous peine d'être arrêtés comme déserteurs, et leurs procès être faits suivant la rigueur des Ordonnances; et les Gouverneurs, Intendans, ou Commissaires-ordonnateurs feront veiller soigneusement dans le tems du départ desdits Navires, à ce qu'il n'y soit embarqué aucun matelot français.

XXVIII. Entend S. M. que dans les cas où il serait besoin d'Officiers mariniers et matelots pour compléter les équipages de ses vaisseaux et autres bâtimens armés pour les Colonies, que les Officiers qui les commanderont s'adressent aux Intendans ou Commissaires-ordonnateurs, pour en obtenir le nombre de gens de mer qu'ils auront à remplacer, lesquels seront pris dans les matelots français congédiés, débarqués ou désertés des bâtimens marchands.

XXIX. S. M. voulant que toute protection soit accordée au Commerce de ses sujets, défend aux Officiers commandans ses vaisseaux, de retirer, sous quelque prétexte que ce soit, aucuns Officiers mariniers et matelots des Navires marchands, pour remplacer ceux qui pourraient leur manquer pour compléter leur équipage, voulant que dans les cas où il ne se trouverait pas assez de gens de mer dans la Colonie, qu'ils s'adressent aux Gouverneurs et Intendans ou Commissaires-ordonnateurs, pour y pourvoir, lesquels pourront de concert, si les remplacemens sont nécessaires, leur destiner des matelots desdits Navires marchands, par proportion au nombre d'hommes d'équipage qu'ils auront, en observant de les prendre dans les Navires dont les retours dans le royaume seront les plus éloignés.

XXX. La solde que devront gagner lesdits gens de mer sur nos vaisseaux où ils seront destinés, sera la même que celle qu'ils auraient eue, s'ils s'étaient embarqués dans les ports de France.

XXXI. Celle des gens de mer qui sera donnée aux Navires marchands, sera aussi celle qu'il avaient sur ceux d'où ils auront été congédiés, débarqués ou désertés, sans qu'ils puissent en prétendre une plus forte, quelques conventions qu'ils aient d'ailleurs faites; et sera ladite solde portée sur le rôle d'équipage par le Commissaire de la Marine. ou autre Officier chargé du détail des Classes dans les Colonies; voulant S. M. qu'il n'y ait que ledit rôle qui puisse servir de titre sur les prétentions des gens de mer pour raison desdits salaires, conformément à son Ordonnance du 23 décembre 1721, et au Réglement du 19 mai 1745.

XXXII. Il sera fait, à l'arrivée des Navires venant desdites Colonies, dans les ports du royaume, une revue exacte par les Officiers chargés du détail des Classes, lesquels feront provisoirement arrêter les matelots qui se trouveront avoir été embarqués sans être compris sur le rôle de l'équipage, en contravention du précédent article, et auront soin de distinguer entre les gens de mer portés sur lesdits rôles que les Capitaines auront embarqué aux Colonies, ceux qui seront tombés dans le cas d'avoir déserté des Navires sur lesquels ils avaient passé auxdites Colonies, et ils vérifieront s'ils y ont été punis par la prison et par la privation de leurs salaires, conformément à ce qui est porté par le présent Réglement; dans lequel cas les matelots pourront rester libres, s'ils ont tenu une bonne conduite durant la traversée; mais si le rôle de l'équipage ne justifie point qu'ils ont été punis en Amérique, lesdits matelots reconnus déserteurs, seront incessamment arrêtés par les ordres des Intendans ou Commissaires de la Marine; ils seront détenus aux prisons pendant 15 jours, et les salaires qui leur auront été promis, seront réduits, conformément à ce qui est porté par l'article IV du précédent Réglement; veut S. M. qu'en cas qu'ils eussent reçu d'avance lesdits salaires au préjudice des défenses ci-dessus faites, ils ne puissent être mis en liberté qu'après qu'ils auront restitué ce qui leur aura été payé au-delà de la fixation expliquée dans ledit article,

Mande et ordonne, etc.

Fait à Versailles, le 11 juillet 1759. *Signé*, LOUIS; *et plus bas*, par le Roi, BERRYER.

Enregist. au Conseil Souverain.

(N°. 229.) *ORDONNANCE du Roi, concernant les Mariages et Acquisitions que les Gouverneur-Lieutenant-général et Intendant, ainsi que les Gouverneurs, les Commissaires et Ecrivains de la Marine, servant aux îles du vent, pourraient y contracter à l'avenir.*

Du 1er. décembre 1759.

SA Majesté étant informée des abus qui résultent des acquisitions en biens-fonds, que plusieurs de ses Officiers employés aux îles du vent, ont faites par le passé, ainsi que des Mariages que plusieurs d'entr'eux y ont contractés avec des filles créoles : et considérant que de pareils établissemens sont d'autant plus contraires à l'administration dont ils sont chargés, que la régie de leurs biens et les alliances qu'ils contractent, les détournent du véritable esprit de leurs fonctions, et peuvent donner lieu à des vues d'intérêts particuliers toujours préjudiciables au bien général ; S. M., pour prévenir les abus qui sont les suites de ces établissemens, a résolu d'expliquer ses intentions à cet égard, d'une manière précise et qui prévienne tout retardement dans l'exécution de ses ordres, en conséquence, elle a ordonné et ordonne ce qui suit :

ART. Ier. Le Gouverneur son Lieutenant-général, et Intendant aux îles du vent, faisant leur résidence à la Martinique, ne devant point être regardés comme habitans desdites îles, dont le Gouvernement et l'Administration ne leur sont confiés que pour un tems limité, S. M. veut et entend qu'à l'avenir il ne puisse être choisi pour remplir lesdites fonctions, aucunes personnes qui auraient épousé des filles créoles, ou qui posséderaient, soit de leur chef, soit de celui de leurs femmes, des habitations dans lesdites îles du vent où ils auront été établis Gouverneurs. Les Commissaires et Ecrivains de la Marine employés auxdites îles, n'y étant pareillement destinés que pour un tems, S. M. veut également qu'il n'y en soit employé aucun de ceux qui auraient épousé des filles créoles, ou qui posséderaient, soit de leur chef, soit de celui de leurs femmes, des habitations dans lesdites îles du vent où ils feront leur résidence.

II. Veut S. M., que ceux qui auraient par elle été nommés pour remplir lesdites fonctions de Gouverneur-Lieutenant-général, de Gouverneurs desdites îles, d'Intendant, de Commissaires et d'Ecrivains de la Marine auxdites îles du vent, et qui viendraient à épouser des filles créoles ou domiciliées dans ledit pays, ou qui y acquerraient des habitations en biens-fonds, autres que des jardins portant fruits, légumes et herbages, pour leur usage particulier seulement, soient censés eux-mêmes devenus habitans par de pareils engagemens ; et qu'en conséquence ils soient révoqués de leurs emplois, et remplacés le plutôt qu'il se pourra, sur le compte qui en sera rendu à S. M. par le Secrétaire d'État ayant le département de la Marine. Veut S. M. qu'à l'avenir il soit fait mention dans toutes les provisions, commissions, brevets et ordres qui seront expédiés auxdits Gouverneur-Lieutenant-général, Gouverneurs et Intendans, ainsi qu'aux Commissaires et Ecrivains de la Marine destinés à servir dans lesdites îles, de la clause de leur révocation en cas de semblables Mariages ou acquisitions.

III. Le Gouverneur-particulier de la Martinique, les Lieutenans de Roi, Majors, Aides-Majors des îles du vent, ainsi que les Capitaines, Lieutenans et Enseignes des troupes servant auxdites îles, y ayant une demeure fixe par la nature de leur service, dans lequel ils ne peuvent mériter d'avancement que par leur résidence continuelle dans la Colonie, S. M. veut bien, par cette considération, leur conserver leurs emplois, nonobstant les acquisitions et les Mariages qu'ils pourraient contracter dans le pays; leur recommande en même-tems S. M., d'être attentifs à ne jamais se prévaloir des fonctions de leurs emplois, pour se procurer des préférences et des avantages pour raison de leurs habitations, ou pour en procurer aux familles auxquelles ils se seront alliés. Ordonne spécialement S. M., au Gouverneur-Lieutenant-général d'y veiller de près, et d'empêcher tout abus à cet égard.

IV. Défend pareillement S. M., auxdits Gouverneur son Lieutenant-général et à l'Intendant des îles du vent, ainsi qu'aux Gouverneurs-particuliers et autres Officiers de l'Etat-major, Commissaires et Ecrivains de la Marine, et toutes autres personnes employées au gouvernement et administration desdites îles, de faire aucun commerce direct ou indirect, sous peine de révocation de leur emploi.

Enjoint au surplus S. M., auxdits Gouverneur son Lieutenant-général et Intendant auxdites îles, de se conformer exactement à la présente Ordonnance, laquelle S. M. veut être exécutée, à compter du 1er. juillet 1760, nonobstant tous ordres, etc.

Fait à Versailles, le 1er décembre 1759, *Signé*, LOUIS; *et plus bas*, par le Roi, BERRYER.

Enregistr. au Conseil Souverain.

(N°. 230.) *ORDONNANCE du Roi, portant Réglement pour les appointemens du Gouverneur Lieutenant-général, Intendant, Lieutenant de Roi et autres Officiers des Etats-majors, Commissaires et Ecrivains de la Marine, servant à la Martinique, et qui fixe leur nombre, leur grade et leur résidence.*

Du 1er. décembre 1759.

SA Majesté s'étant fait rendre compte du traitement dont ont joui jusqu'à présent le Gouverneur-Lieutenant-général, l'Intendant, les Gouverneurs-particuliers, Lieutenans de Roi, Majors et Aides-majors, de la Martinique; elle aurait reconnu qu'il était insuffisant pour les mettre en état de se soutenir décemment dans leur place; que pour y suppléer, le Gouverneur Lieutenant-général, l'Intendant et les Gouverneurs-particuliers, auraient d'abord reçu, des Capitaines de Navires négriers, des Nègres à titre de présent pour la protection de leurs ventes, que ces présens seraient ensuite devenus une sorte d'imposition qui, après avoir été tolérée, aurait été réglée depuis; savoir, à un pour cent pour le Gouverneur Lieutenant-général, à un demi pour cent pour l'Intendant, et à un autre demi pour cent pour les Gouverneurs-particuliers: qu'indépendamment de ces droits, originairement arbitraires, ils se seraient encore attribués d'autres émolumens sur la ferme des Cabarets; et S. M. trouvant ces droits et émolumens aussi peu convenables à la dignité des places qu'occupent ceux qui les reçoivent, qu'à charge aux Habitans qui en supportent tout le poids, elle a jugé nécessaire d'y pourvoir; mais considérant que, par la suppression de ces prétendus droits et gratifications, le traitement qui est fait auxdits Officiers dans les Etats de dépenses, serait trop modique, S. M. a bien voulu y suppléer en accordant, quant à présent, un traitement plus avantageux, ainsi qu'il est réglé par la présente Ordonnance, tant au Gouverneur Lieutenant-général, et à l'Intendant, qu'aux autres Officiers des Etats-majors.

S. M. également informée que les Commissaires et Ecrivains de la Marine servant à la Martinique, n'ayant joui jusqu'à présent que d'appointemens modiques, se sont trouvés souvent dans le cas de faire des représentations à ce sujet aux Intendans, et d'en obtenir des secours particuliers, S. M. a jugé convenable d'assigner en même-tems auxdits Commissaires et Ecrivains, un traitement qui les mette en état de se soutenir: et pour prévenir que le nombre, tant desdits Officiers des Etats-majors, que des Commissaires et Ecrivains employés à la Martinique, ne puisse être augmenté au-delà des besoins du service, et empêcher toute nouvelle charge inutile dans les dépenses desdites îles, S. M. a estimé nécessaire, en même tems qu'elle a réglé les appointemens desdits Officiers, Commissaires et Ecrivains, d'en fixer dès-à-présent le nombre, le grade et la résidence, se réservant néanmoins, S. M. d'augmenter ou de diminuer encore le nombre desdits Officiers des Etats-majors, en réglant celui des Officiers employés au commandement des Compagnies d'Infanterie, servant à la Martinique, suivant que les circonstances et les besoins du service l'exigeront: en conséquence, S. M. a ordonné et ordonne qu'à compter du Ier. juillet 1760, il sera payé sur les fonds de la Caisse du Domaine de la Martinique, en argent des îles, audit Gouverneur-Lieutenant-généralet autres Officiers des Etats-majors, ainsi qu'à l'Intendant, aux Commissaires et Ecrivains de la Marine, résidens dans les lieux dénommés dans le présent Réglement, Savoir:

Au Fort-Royal.

Un Gouverneur-Lieutenant-général des îles du vent, pour ses appointemens, ceux de son Secretaire, frais de bureau, entretien de la Compagnie de ses dix Gardes, y compris le Capitaine, le Lieutenant et le Cornette, et transport de ses hardes et provisions de France à la Martinique, et généralement pour tous ses appointemens, gratifications et indemnités quelconques, par année, la somme de cent cinquante mille livres, ci. . . . . 150,000 liv.

Un Lieutenant de Roi pour ses appointemens, logement et pour tous émolumens généralement quelconques, la somme de quatre mille livres, ci. 4,000

Un Major de Place, pour ses appointemens, logement, et pour tous émolumens généralement quelconques, la somme de trois mille livres, ci. 3,000

Un Aide-Major de Place, pour ses appointemens, logemens, et pour tous émolumens généralement quelconques, la somme de deux mille quatre cens livres, ci . . 2,400

Un Intendant desdites îles, pour ses appointemens, ceux de son Secrétaire, payemens de Commis, frais de Bureaux, de quelqu'espèce qu'ils soient, solde des archers servant auprès dudit Intendant, et généralement pour tous émolumens quelconques, la somme de cent vingt mille livres, ci. 120,000

Un Commissaire de la Marine faisant

faisant fonctions de Contrôleur, pour ses appointemens, et pour tous émolumens généralement quelconques, la somme de six mille livres, ci. . . . . 6,000 liv.

Trois Écrivains de la Marine, pour leurs appointemens, et pour tous émolumens généralement quelconques, à chacun la somme de deux mille quatre cens livres, ci 7,200

Au Fort Saint-Pierre.

Un Lieutenant de Roi, pour ses appointemens, logement, et pour tous émolumens généralement quelconques, la somme de huit mille livres, ci 8,000

Un Aide-Major de Place, pour ses appointemens, logement, et pour tous émolumens généralement quelconques, la somme de deux mille quatre cens livres, ci 2,400

Deux Ecrivains de la Marine, pour leurs appointemens et pour tous émolumens généralement quelconques, à chacun la somme de deux mille quatre cens livres, ci. 4,800

A la Trinité.

Un Lieutenant de Roi, pour ses appointemens, logement, et pour tous émolumens généralement quelconques, la somme de quatre mille livres, ci. 4,000

Un Aide-Major de Place, pour

ses appointemens, logement, et pour tous émolumens généralement quelconques, la somme de deux mille quatre cens livres, ci 2,400

Au Cul-de-Sac Marin.

Un Lieutenant de Roi, pour ses appointemens, logement, et pour tous émolumens généralement quelconques, la somme de quatre mille livres, ci. 4,000

Un Aide-Major de Place, pour ses appointemens, logement, et pour tous émolumens généralement quelconques la somme de deux mille quatre cens livres, ci. 2,400

Fait défenses S. M. à tous les Officiers dénommés en la présente Ordonnance, de percevoir aucuns autres émolumens, sous quelque prétexte, et à quelque titre que ce soit, que ceux qui sont réglés par icelle.

Enjoint S. M. auxdits Gouverneur Lieutenant-général, Intendant, Commissaires et Ecrivains de la Marine, de se conformer, chacun en droit soi, à la présente Ordonnance, et de tenir la main à son exécution. Veut S. M. qu'elle soit enregistrée au Conseil Supérieur de la Martinique.

Fait à Versailles, le 1er. décembre 1759. *Signé*, LOUIS; *et plus bas*, par le Roi, BERRYER.

Enregist. au Conseil Souverain.

(N°. 231.) *ORDONNANCE du Roi, qui défend aux Gouverneur Lieutenant-général, Intendant et Gouverneurs-particuliers des îles du vent de l'Amérique, de percevoir le droit de deux pour cent sur les nègres; et réunit au Domaine de S. M. le produit des Fermes des Cabarets, et de toutes autres Fermes qui peuvent avoir été ou seraient établies auxdites îles.*

Du 1er. décembre 1759.

SA Majesté ayant, par son Ordonnance en date de ce jour, fixé les appointemens du Gouverneur son Lieutenant-général, Intendant, Gouverneur-particulier, Lieutenans de Roi, et autres Officiers-majors des îles du vent de l'Amérique, ainsi que des Commissaires et Ecrivains de la Marine, servant auxdites îles; Elle a eu en vue d'une part, de retrancher de leur traitement tout ce qui pourrait provenir d'émolumens particuliers et extraordinaires; et de l'autre, de faire cesser les charges que la perception des droits sur les nègres a fait tomber sur le Commerce de France, et dont les Habitans desdites îles ont supporté tout le poids jusqu'à présent; et S. M. voulant expliquer plus particulièrement ses intentions, tant sur ce droit, que sur celui des Cabarets, et toutes autres Fermes qui peuvent avoir été ou seraient établies auxdites îles; Elle a ordonné et ordonne ce qui suit:

ART. Ier. Le droit de deux pour cent qui a été perçu jusqu'à présent sur les nègres introduits aux îles du vent de l'Amérique; savoir, un pour cent par le Gouverneur

Lieutenant-général, demi pour cent par l'Intendant et demi pour cent par les Gouverneurs-particuliers, demeurera éteint et supprimé, à commencer du 1er. juillet 1760; fait S. M. très-expresses inhibitions et défenses auxdits Officiers de percevoir ledit droit, et d'exiger ni recevoir des Capitaines des Navires négriers, ni de qui que ce puisse être, aucune espèce de droit, présent, don gratuit, pour les nègres qui seront introduits auxdites îles, ni pour tout autre objet, directement ou indirectement, ni souffrir qu'aucun Secrétaire, Commis ou autre employé sous leurs ordres, se procure aucune semblable rétribution, sous peine d'être traités comme concussionnaires; fait pareillement défenses auxdits Capitaines de Navires et à tous autres qu'il appartiendra, de payer aucun droit, ni de donner ou proposer aucun don ou présent, sous peine d'être privés pendant 10 ans de toute navigation et résidence dans lesdites îles.

II. Les Fermes des Cabarets, et toutes autres Fermes qui peuvent avoir été établies, continueront d'être exploitées suivant les adjudications qui en ont été faites, et les deniers en provenant seront remis dans les différentes Caisses desdites îles, sans qu'il en puisse être distrait aucune somme en faveur de qui que ce puisse être, à titre de don, gratification, indemnité, ou sous quelqu'autre prétexte que ce soit; mais sera le produit desdits droits, uniquement employé aux dépenses nécessaires au bien, avantage et entretien desdites îles.

III. Ordonne S. M. que dans les baux qui seront passés pour les Fermes des Cabarets et toutes autres Fermes qui peuvent avoir été ou seraient établies, il soit inséré une condition particulière, portant défenses aux adjudicataires de donner à jouer à aucun jeu de hasard, conformément aux Ordonnances rendues à ce sujet, et à l'exécution desquelles S. M. enjoint spécialement aux Gouverneur Lieutenant-général et Intendant desdites îles, de tenir exactement la main; leur enjoint pareillement S. M. de se conformer à la présente Ordonnance, et de la faire exécuter, etc.

Fait à Versailles, le 1er. décembre 1759. *Signé*, LOUIS; *et plus bas*, par le Roi, BERRYER.

Enregist. au Conseil Souverain.

(N°. 232.) *ARRET du Conseil d'Etat du Roi, portant établissement d'une Chambre mi-partie d'Agriculture et de Commerce aux îles du vent, avec faculté d'avoir à Paris un Député à la suite du Conseil.*

Du 10 décembre 1759.

SUR ce qui a été représenté au Roi, étant en son Conseil, des grands avantages qui ont résulté de l'établissement des Chambres de Commerce établies dans les principales villes du royaume, en admettant au bureau du Commerce, par la nomination de leurs députés à Paris, des personnes instruites du Commerce en général, et en particulier de celui de chacune desdites villes, afin de recevoir leurs mémoires et leurs avis sur les différentes affaires relatives à cette partie ; S. M. aurait reconnu qu'il serait également utile au bien et à l'agrandissement du Commerce, d'établir aux îles du vent, une Chambre mi-partie d'Agriculture et de Commerce, dont les membres choisis entre les Habitans et les Négocians proposeraient en commun tout ce qui leur paraîtrait le plus propre à favoriser la Culture des terres et le Commerce desdites îles : et pour être instruite plus particulièrement des véritables intérêts qui les concernent, et les faire participer aux mêmes avantages desdites villes du royaume, S. M. aurait jugé nécessaire d'accorder à cette Chambre la faculté d'avoir un Député à la suite du Conseil de S. M., pour lui procurer les moyens de faire parvenir jusqu'a Elle, toutes les représentations qu'elle croirait devoir lui faire pour le bien desdites îles. Sur quoi voulant expliquer ses intentions ; ouï le rapport, le Roi étant en son Conseil, a ordonné et ordonne ce qui suit :

ART. 1er. Il sera établi au bourg St-Pierre de la Martinique, une Chambre mi-partie d'Agriculture et de Commerce, composée de quatre Habitans et quatre Négocians de la Martinique, et d'un Secrétaire.

II. Un mois après la réception et l'enregistrement du présent Arrêt, et plutôt si faire se peut, le Conseil Supérieur de la Martinique s'assemblera extraordinairement au jour qui lui sera indiqué par l'Intendant, pour procéder à l'élection des membres qui devront composer la Chambre. Il aura un soin particulier de ne choisir dans l'étendue de l'île Martinique, que des sujets qui soient parfaitement en état de connaître les véritables intérêts de la Colonie et de son Commerce, dont quatre Habitans et quatre Négocians, comme il est dit à l'art. Ier.

III. L'élection des membres de la Chambre se fera par scrutin : le Conseil Supérieur de la Martinique remettra la liste de ceux qui auront été ainsi élus au Gouverneur Lieutenant-général et à l'Intendant, pour qu'ils informent les membres, du choix qui aura été fait d'eux, et qu'ils leur indiquent le jour de leur assemblée. Et lesdits Gouverneur Lieutenant-général et Intendant adresseront au Secrétaire d'Etat ayant le département de la Marine, la liste des membres qui auront été élus.

IV. Les membres nécessaires pour composer ladite Chambre, seront pris parmi les Habitans et Commerçans de la Martinique, et même parmi les anciens Procureurs-généraux et Conseillers aux Conseils Supérieurs retirés, ayant habitation, comme aussi parmi les Officiers Militaires retirés du service, ayant habitation ; mais ne pourront y être admis aucuns Officiers Militaires ni autres de quelque grade qu'ils puissent être, étant actuellement dans le service, ni aucuns Officiers de Justice exerçant leurs emplois.

V. La Chambre ainsi établie à la Martinique, commencera sa première assemblée par choisir, à la pluralité des voix, un Secrétaire qui sera pris indistinctement dans tout état, pourvu qu'il ait les qualités requises pour cet emploi : il tiendra les Registres que la Chambre jugera à propos d'ouvrir pour ses délibérations, et en dressera les extraits que la Chambre ordonnera. Il sera payé au Secrétaire de ladite Chambre, trois mille livres d'appointemens, argent de la Colonie, et deux mille livres pour tous frais de bureau ; lesquelles sommes seront prises sur la Caisse du Domaine des îles du vent. Ledit Secrétaire pourra être révoqué et remplacé par la Chambre, à la pluralité des voix, si elle n'est pas satisfaite de son travail et de sa conduite.

VI. L'Intendant des îles du vent pourra présider aux assemblées de ladite Chambre, et y aura voix délibérative en cas de partage d'avis seulement : il indiquera le jour et l'heure desdites assemblées, sur la demande qui lui en sera faite par les deux plus anciens membres de la Chambre.

VII. Les délibérations de ladite Chambre auront pour objet toutes les propositions et représentations qu'elle jugera à propos de faire pour l'accroissement de la Culture des terres et du Commerce des îles du vent ; elle en adressera un extrait en forme au Secrétaire d'Etat ayant le département de la Marine, dont elle remettra le double à l'Intendant ; et ceux qui auront été d'un avis différent de celui qui aura passé à la pluralité des voix, pourront demander que les différens avis soient envoyés avec leurs motifs au Secrétaire d'Etat ayant le département de la Marine, lorsqu'ils les croiront intéressans pour le service ; et le Secrétaire de la Chambre sera tenu de faire Registre de leurs demandes, des avis et des motifs pour y avoir recours au besoin.

VIII. Les membres de ladite Chambre n'ayant aucuns honoraires pour leurs fonctions, et donnant gratuitement leurs soins au bien de la Colonie et à l'avantage de son Commerce, seront relevés de deux en deux, tous les deux ans, après que les premiers élus auront rempli les six premières années d'exercice. Pour cet effet, le Conseil Supérieur de la Martinique s'assemblera à la fin desdites six années, et ainsi successivement de deux en deux ans, à la réquisition du Procureur-général du Conseil, pour élire deux nouveaux membres, dont un Habitant et l'autre Négociant, afin de remplacer les deux qui sortiront d'exercice ; et si dans l'intervalle, il venait à vaquer quelque place dans la Chambre, par la mort ou la retraite d'un de ses membres, ledit Conseil Supérieur procédera à la nomination d'un nouveau sujet qui sera pris dans l'état de celui qui sera mort ou retiré.

IX. Lorsque tous les membres nommés par la première élection, auront été successivement remplacés, le tems de l'exercice de chaque membre ne sera que de six années; mais celui qui sera élu pour remplir une de ces places vacantes par la mort ou la retraite de quelqu'un desdits membres, sera tenu, en sus de l'exercice restant de son prédécesseur, de remplir un nouvel exercice de 6 années, auxquelles il aurait été obligé par sa nomination à l'élection suivante.

X Ladite Chambre tiendra ses assemblées dans une salle particulière qui lui sera assignée au bourg Saint-Pierre par l'Intendant, avec un Greffe attenant à ladite salle pour la conservation de ses archives.

XI. Pour rendre l'établissement de ladite Chambre le plus avantageux qu'il est possible aux Habitans et Négocians desdites îles, et leur donner un moyen certain d'expliquer les différens sujets de leurs délibérations, S. M. veut bien permettre à ladite Chambre, d'avoir un Député à la suite de son Conseil, à l'instar des principales villes de son royaume; pour cet effet, Elle autorise ladite Chambre a proposer au Secrétaire d'Etat ayant le département de la Marine, trois sujets qu'elle choisira, tant à la Martinique, que dans les autres îles du vent, dont elle fera la nomination par scrutin, afin que sur le rapport qui en sera fait à S. M. Elle puisse agréer l'un des trois sujets qui lui seront présentés par la Chambre pour ladite place de Député, lequel, en conséquence des ordres de S. M. se rendra à Paris le plus promptement qu'il pourra, pour vaquer aux fonctions dont il sera chargé.

XII. Le Député des îles du vent aura entrée et séance au bureau du Commerce, ainsi que les autres Députés des principales villes du royaume; il aura les mêmes droits et fonctions attribuées auxdits Députés, et assistera, conjointement avec eux, aux assemblées qui se tiendront chez le Secrétaire du bureau du Commerce, en la manière accoutumée.

XIII. En cas de mort ou démission dudit Député résidant à Paris, la Chambre de la Martinique procédera à la nomination de deux nouveaux sujets, dans la forme prescrite dans l'article XI.

XIV. Pour indemniser ledit Député des frais de son déplacement et de son séjour en France, S. M. lui attribue 8000 liv. d'appointemens, argent de France, qui lui seront payés à Paris par les Trésoriers-généraux des Colonies, chacun dans l'année de leur exercice, et de plus, une somme de 4000 liv. pour les frais de son voyage ; le tout sur les ordres expédiés par le Secrétaire d'Etat ayant le département de la Marine.

Enjoint S. M., etc.

Fait au Conseil d'Etat du Roi, S. M. y étant, tenu à Marly, le 10 décembre 1759. *Signé*, BERRYER.

Enregist. au Conseil Souverain.

(N°. 233.) *DECLARATION du Roi, en interpretation des Lettres-patentes en forme d'Edit, du mois d'Octobre 1727, concernant les parts et portions des prises provenant du Commerce étranger, attribuées au Gouverneur Lieutenant-général, Intendant, Gouverneurs-particuliers et autres Officiers des îles françaises du vent de l'Amerique.*

Du 10 Décembre 1759.

LOUIS, etc. ; SALUT : Le desir que nous avons de faire cesser tout ce qui peut être un sujet d'abus dans l'administration des Colonies des îles françaises du vent de l'Amérique, nous a déterminés à rendre nos Ordonnances du premier de ce mois, par lesquelles nous avons supprimé tous les droits attribués ou tolérés en faveur des Gouverneur Lieutenant-général et Intendant, Gouverneurs-particuliers et autres Officiers-majors, ainsi qu'aux Commissaires de la Marine, servant auxdites îles, aux moyens du traitement fixe et avantageux que nous leur avons accordé pour leur tenir lieu de toute autre attribution: Nous n'avons pas compris dans la suppression de ces droits, celui des parts et portions dont ils ont joui jusqu'à présent, sur le produit des prises des bâtimens, faisant le Commerce étranger dans lesdites îles, parce que la perception de ce droit faisait partie des dispositions de nos Lettres-patentes en forme d'Édit du mois d'octobre 1727, nous nous serions réservés d'expliquer plus particulièrement nos intentions à cet égard, et d'une manière qui ne laissât aucune incertitude sur la destination d'un droit que nous nous sommes également proposés de supprimer.

A CES CAUSES, etc., voulons et nous plaît ce qui suit :

ART. Ier. Les parts et portions des prises faites à la mer, qui seront conduites aux îles françaises du vent de l'Amérique, et qui sont attribuées par les articles VII, VIII et IX du titre Ier. des Lettres-patentes du mois d'octobre 1727, aux Gouverneur Lieutenant-général, Intendant, Gouverneurs-particuliers et Commissaires-ordonnateurs des Colonies, cesseront d'être perçues à leur profit, dans lesdites îles du vent, à compter du jour de la publication des présentes; et les deniers provenans desdites parts et portions seront réunis à la Caisse du Domaine desdites îles, pour être employés aux dépenses de la Colonie, comme devant à l'avenir faire partie de nos revenus.

II. Voulons pareillement que dans les cas où lesdits Gouverneur Lieutenant-général et Intendant, Gouverneurs-particuliers et Commissaires de la Marine Ordonnateurs des îles du vent, enverraient arrêter des bâtimens français et étrangers qui se trouveront dans les ports, anses et rades desdites îles y faisant le Commerce étranger, ils ne puissent exiger dans lesdites prises aucunes parts et portions pour raison de ce.

III. Les Lieutenans de Roi, Majors, Aides-Majors et autres Officiers de nos troupes et milices commandant dans les différens quartiers desdites îles, qui auront envoyé arrêter lesdits bâtimens dans les ports, anses et rades de leur district, jouiront des parts et portions qui leur sont attribuées par l'article X du titre Ier. desdites Lettres-patentes; et attendu que lesdits Lieutenans de Roi et autres Officiers-Majors ont rang et séance dans les assemblées des Officiers du Conseil Supérieur, et qu'ils assistent aux Jugemens des appels des Sentences qui sont rendues tant à l'occasion des prises des Navires français faisant le Commerce étranger, que des Navires étrangers, leur défendons d'assister aux Jugemens desdits appels, lorsqu'il sera question des prises qu'ils auront envoyé arrêter dans les ports, anses et rades de leur district, à peine d'être privés des parts et portions qui leur sont attribuées audit cas.

IV. Ordonnons au surplus que lesdites Lettres-patentes du mois d'octobre 1727, seront exécutées selon leur forme et teneur, en tout ce qui n'y est pas dérogé par ces présentes.

Si donnons en mandement, etc.

Donnée à Marly, le 10 décembre 1759. *Signé*, LOUIS; *et plus bas*, par le Roi, BERRYER.

Enregistr. au Conseil Souverain.

(N°. 234.) *DECLARATION du Roi, en interprétation de celles des 17 juillet 1743 et 1er. octobre 1747 ; et qui attribue aux Juges ordinaires, et par appel au Conseil Souverain des îles du vent, la connaissance de toutes les contestations et procès qui naîtront pour raison des concessions de terres faites et à faire par les Gouverneur Lieutenant-général et Intendant desdites îles.*

Du 10 décembre 1759.

LOUIS, etc; SALUT : Nous avons par nos Déclarations des 17 juillet 1743, et 1er. octobre 1747, autorisé et confirmé nos Gouverneur Lieutenant-général et Intendant en nos Colonies de l'Amérique, non-seulement à faire seuls les concessions des terres que nous faisons distribuer à ceux de nos sujets qui veulent y faire des établissemens, mais aussi à procéder à la réunion à notre Domaine des terres concédées qui se trouvent dans le cas d'y être réunies, faute d'avoir été mises en valeur; et nous leur avons attribué, à l'exclusion de tous autres Juges, la connaissance de toutes les contestations qui naîtraient, tant sur l'exécution desdites concessions, qu'au sujet de leurs positions, étendues et limites, en ordonnant que les jugemens qu'ils rendraient pour raison desdites concessions, seraient exécutés par provision et nonobstant l'appel qui pourrait en être interjetté en notre Conseil ; mais ayant considéré que les soins continuels que les Gouverneur Lieutenant-général et Intendant des îles du vent sont obligés de donner aux affaires générales desdites îles, ne leur permettent pas de vaquer à ces discussions particulières, autant qu'il serait nécessaire, et de les terminer aussi promptement qu'exige l'intérêt des Habitans, nous aurions reconnu qu'il serait plus convenable à l'Administration générale desdites îles et à l'avantage de chaque concessionnaire en particulier, de soulager lesdits Gouverneur Lieutenant-général et Intendant des îles du vent, d'une partie de leurs fonctions à cet égard, pour en charger nos Juges ordinaires.

A CES CAUSES, etc. ; voulons et nous plaît ce qui suit :

ART. Ier. Les Gouverneur Lieutenant-général et Intendant des îles du vent ou les Officiers qui les représenteront à leur défaut, ou en leur absence, les Gouverneurs-particuliers et Commissaires de la Marine Ordonnateurs continueront comme par le passé, de faire conjointement les concessions de terres aux Habitans qui seront dans le cas d'en obtenir pour les faire valoir, et leur expédieront les titres, aux clauses et conditions ordinaires et accoutumées, sans que dans aucun cas, et sous quelque prétexte que ce soit, nuls autres que les Gouverneur Lieutenant-général et Intendant ou les Officiers qui les représenteront, Gouverneurs-particuliers et Commissaires de la Marine Ordonnateurs, puissent faire pareil don ou concession.

II. Lesdits Gouverneur Lieutenant-général et Intendant continueront pareillement de procéder, lorsque le cas y écherra, à la réunion à notre Domaine des terres qui devront y être réunies, à la diligence de nos Procureurs des Jurisdictions ordinaires, dans le ressort desquelles seront situées lesdites terres.

III. Lesdits Gouverneur-Lieutenant-général et Intendant, Gouverneurs-particuliers et Commissaires de la Marine Ordonnateurs, après avoir fait lesdites concessions et expédié en conséquence les titres nécessaires, ne pourront plus à l'avenir, et à compter du jour de la publication des présentes, connaître des contestations qui naîtront desdites concessions et pour raison de leurs positions, étendues, limites et arrosages, dont nous attribuons par ces présentes, toute Cour, Jurisdiction et connaissance en première instance, à nos Juges ordinaires des lieux, et par appel à notre Conseil Supérieur des îles du vent.

IV. N'entendons néanmoins que les contestations qui pourraient avoir été jugées, jusqu'au jour de la publication des présentes, par lesdits Gouverneur Lieutenant-général et Intendant, soient portées de nouveau pardevant les Juges ordinaires; validant en tant que de besoin, les Jugemens rendus sur lesdites contestations ou qui pourraient l'être, jusqu'à la publication des présentes, contre lesquelles les parties ne pourront se pourvoir, comme par le passé, que par appel en notre Conseil: voulons que celles desdites contestations qui seraient pendantes devant lesdits Gouverneur Lieutenant-général et Intendant, et sur lesquelles il ne serait point intervenu de Jugement au jour de l'enregistrement et publication des présentes, ne puissent par eux être retenus; leur ordonnons de les renvoyer sans délai, ensemble les titres produits avec tous les actes et procédures qui peuvent avoir été faits sur lesdites contestations, aux Juges ordinaires, dans le ressort

desquels

desquels seront situées les terres qui auront donné lieu auxdites contestations, par-devant lesquels les parties auront à se pourvoir, sauf l'appel à notre Conseil Supérieur desdites îles du vent.

V. Pourront les parties se pourvoir en notre Conseil par la voie de cassation, contre les Arrêts qui seront rendus par ledit Conseil Supérieur des îles du vent, sur lesdites contestations; et les demandes en cassation contre lesdits Arrêts, seront formées, et il sera procédé sur icelles en la manière prescrite par nos Réglemens rendus au sujet des procédures qui doivent être faites en notredit Conseil, pour l'instruction des affaires qui y sont portées: ordonnons au surplus que nos Déclarations des 17 juillet 1743 et 1er. octobre 1747, seront exécutées selon leur forme et teneur, en tout ce qui n'y est pas dérogé par ces présentes.

Si donnons en Mandement, etc.

Donné à Marly, le 10 décembre 1759. *Signé*, LOUIS, *et plus bas*, par le Roi, BERRYER.

Enregist. au Conseil Souverain.

(N°. 235.) *ORDONNANCE du Roi, sur le remplacement de l'Intendant en cas d'absence ou de mort.*

Du Ier. mars 1760.

SA Majesté estimant nécessaire, pour le bien de son service, de pourvoir à l'administration des fonctions d'Intendant des îles du vent de l'Amérique, dans les différens cas qui peuvent arriver au défaut dudit Intendant, afin de prévenir les difficultés et les inconvéniens qui pourraient se présenter à ce sujet, elle a ordonné et ordonne ce qui suit :

ART. Ier. Le Commissaire de la Marine plus ancien servant à la Martinique, fera dans la Colonie les mêmes fonctions que l'Intendant, en cas de mort ou d'absence dudit Intendant.

II. Il présidera auxdits cas, au Conseil Souverain de la Martinique; fera appeller les causes, demandera les avis, recueillera les voix, prononcera et signera les Arrêts, distribuera les rapports, indiquera les conseils extraordinaires et généralement tout ce que pourrait faire ledit Intendant.

III. Il nommera aux places de Procureurs du Conseil Supérieur et des Jurisdictions, à celles de Notaires et d'Huissiers.

IV. Il ordonnera seul, en l'absence ou à défaut d'Intendant, des fonds pour le paiement des dépenses réglées par les états de S. M.

V. Il expédiera, conjointement avec le Gouverneur Lieutenant-général, toutes Lettres de concessions, rendra les Ordonnances de réunion des terres, celles de police, et généralement toutes les autres qui sont rendues en commun par le Gouverneur Lieutenant-général et l'Intendant; et lesdites Lettres et Ordonnances continueront d'être expédiées à l'ordinaire au Bureau de l'Intendance, nonobstant l'absence de l'Intendant.

Et sera la présente Ordonnance, etc.

Fait à Versailles, le 1er. mars 1760. *Signé*, LOUIS, *et plus bas*, par le Roi, BERRYER.

Enregist. au Conseil Souverain.

(N°. 236.) *Ordonnance de M. l'Intendant, sur les Pirogues faisant le cabotage.*

Du 7 juillet 1760.

ETANT parvenu à notre connaissance que la plupart des Pirogues de cette île et des îles voisines faisant le cabotage autour d'une île, ou d'une île à une autre, partaient et arrivaient sans faire les soumissions exigées par les Ordonnances, au Bureau du Domaine le plus prochain du lieu de leur départ ou de leur arrivée, ce qui est une contravention formelle aux Ordonnances de S. M., d'où il peut résulter de très-grands inconvéniens : Nous, pour remédier à cet abus, ordonnons que les Armateurs et Maîtres de Pirogues, tant de cette île que des îles voisines, se conformeront aux Ordonnances des Fermes, avant leur départ du lieu de leur armement, et à leur arrivée en quelque île que ce soit, à peine contre les contrevenans, d'encourir les peines portées par lesdites Ordonnances; en conséquence faisons défenses à tous Armateurs, Capitaines ou Maîtres de Pirogues, de sortir du lieu de leur armement, et mettre à la voile pour faire le cabotage autour d'une île, ou d'une île à une autre, sans avoir préalablement fait leur soumission au Bureau du Domaine le plus prochain du lieu de leur départ ou de leur arrivée, et ce, à peine de confiscation au profit de S. M. desdites Pirogues, de leur équipage et de leur cargaison, et contre les contrevenans, de toutes autres peines portées par les Ordonnances, suivant l'exigence des cas.

Enjoignons sous les mêmes peines, à tous

Capitaines et Maîtres de Pirogues, de faire leurs soumissions audit Bureau du Domaine dans les 24 heures de leur arrivée, et avant la décharge d'aucune marchandise hors de leur bord. Et pour que personne n'en prétende cause d'ignorance, nous ordonnons que les présentes seront enregistrées au Bureau général du Domaine établi en cette île, lues, etc.

Donné à la Martinique, le 7 juillet 1760. *Signé*, DE LA RIVIÈRE.

(N°. 237.) *ARRET du Conseil Souverain, portant qu'aucuns Messieurs du Conseil ne pourront se charger d'aucun Arbitrage.*

Du 9 juillet 1760.

LA Cour a arrêté que tous Messieurs ne se chargeront point à l'avenir de connaître d'aucune affaire des particuliers, soit comme arbitres ou Juges amiables, duquel présent Arrêté ils seront instruits et avertis par le Procureur-général du Roi, afin qu'ils puissent s'y conformer.

(N°. 238.) *ARRET du Conseil Souverain, sur les enregistremens aux Jurisdictions ordinaires.*

Du 4 mars 1761.

LA Cour, faisant droit sur le Réquisitoire du Procureur-Général du Roi, fait défenses aux Officiers de toutes les Jurisdictions du ressort, de procéder à aucun enregistrement sans mandement émané de son autorité; à l'effet de quoi ordonne qu'à la diligence du Procureur général qui en certifiera la Cour à la prochaine séance, le présent Arrêt sera lu, publié et enrégistrédans toutes lesdites Jurisdictions.

(N°. 239.) *Ordonnance de MM. les Général et Intendant, qui reunit au Domaine la Ferme des Cabarets.*

Du 28 mars 1761.

Etant nécessaire de fixer les droits de Cabarets et de régler dans quelle forme ils doivent être perçus, pour les deniers en être remis dans la Caisse du Domaine conformément à l'Ordonnance du Roi, du 29 septembre 1759, nous avons statué et ordonné ce qui suit :

Art. Ier. La Ferme des Droits de Cabarets sera régie par le Domaine, et il sera fait recette au profit de S. M. du produit de la totalité desdits droits, suivant la taxe qui en sera faite ci-après.

II. Nul ne pourra tenir, dans cette île, Auberge ou Cabaret sans en avoir obtenu la permission du Directeur-général du Domaine, à peine de 500 livres d'amende et de confiscation des effets qui se trouveront dans le Cabaret.

III. Les permissions accordées par le Directeur-général seront visées de l'Intendant et enregistrées au Bureau général de la Direction, et chez l'Officier de Police qui sera préposé à cet effet, le tout sans frais.

IV. Le nombre d'Auberges ou de Cabarets dans le bourg Saint-Pierre sera et demeurera fixé à cinquante, sans que ledit nombre puisse être augmenté sous quelque raison et prétexte que ce soit.

V. Dans les autres villes, bourgs et quartiers de l'île, il pourra être accordé des permissions à tous ceux qui se présenteront, pourvu qu'ils soient connus pour être de bonnes vies et mœurs, nous réservant d'en fixer le nombre s'il est nécessaire.

VI. Les Aubergistes ou Cabaretiers établis dans le bourg de Saint-Pierre paieront annuellement pendant le cours de la présente guerre la somme de 1200 liv.; ceux établis dans la ville du Fort-Royal et dans le bourg du Lamentin, 800 liv.; dans celui de la Trinité, 400 livres, et ceux des autres bourgs et quartiers de l'île, 150 livres.

VII. Le paiement desdits droits sera fait par quartier de trois en trois mois et d'avance, entre les mains du Receveur-général ou des Receveurs-particuliers du Domaine, pour en être fait sur-le-champ recette au profit de S. M.

VIII. Lesdits droits commenceront à courir du premier avril de la présente année, et ceux du premier quartier seront payés comme ils l'étaient ci-devant.

IX. Les Aubergistes ou Cabaretiers qui se proposeront de cesser de tenir Auberge ou Cabaret, seront tenus d'en faire leur déclaration au Bureau du Domaine du quartier où ils seront établis, dans l'un des Bureaux du Domaine, huitaine avant le commencement du quartier qui suivra celui qu'ils auront payé; à peine contre les contrevenans d'être contraints au paiement du quartier qui aura commencé de courir faute par eux d'avoir fait ladite déclaration.

X. Les Aubergistes ou Cabaretiers qui auront obtenu des permissions, seront tenus d'exploiter par eux-mêmes leurs Auberges ou Cabarets, sans qu'ils puissent céder leurs permissions, sous quelque prétexte que ce soit et sous les peines portées en l'article II.

XI. Faisons défenses à toutes personnes de quelques qualités et conditions qu'elles soient de vendre ou d'envoyer vendre, ni troquer, dans les bourgs et paroisses, des Tafias, Vins et autres Liqueurs, à peine de confiscation desdites Liqueurs et de 500 livres d'amende.

XII. Faisons aussi défenses aux Aubergistes et Cabaretiers, de vendre ou faire vendre du Vin ou autres Liqueurs en d'autres maisons que celles par eux occupées ou déclarées, et ce, sous les mêmes peines.

XIII. Enjoignons auxdits Aubergistes et Cabaretiers de se conformer exactement aux Ordonnances de Police et notamment à celles qui prohibent les Jeux de hasard, sous les peines portées par lesdites Ordonnances.

Sera notre présente Ordonnance, etc.

Donné à la Martinique, le 28 mars 1761. *Signé*, LE VASSOR DE LA TOUCHE et DE LA RIVIERE.

Enregist. au Conseil Souverain.

(N°. 240.) *ORDONNANCE de MM. les General et Intendant, concernant les Flibustiers*

Du 18 juin 1761.

SUR la connaissance que nous avons que la facilité avec laquelle les Flibustiers trouvent du crédit, non-seulement pour leur nécessaire, mais encore pour leur superflu, ce qui flatte leurs passions, chez les Marchands du bord de la mer, Cabaretiers et autres, ce qui consomme le gain qu'ils font sur les ennemis de l'état, en enrichissant des gens qui ne les attirent chez eux que pour les dépouiller, et occasionne des désordres dont il résulte plusieurs inconvéniens préjudiciables à la course : Nous avons vu qu'il était important d'y remédier ; c'est dans cette vue, qu'en vertu du pouvoir à nous confié par S. M. nous avons, sous son bon plaisir, ordonné et statué, ordonnons et statuons ce qui suit.

Art. 1er. Faisons défenses à tous Marchands en détail, Hôteliers, Cabaretiers et Aubergistes établis en cette île, de faire crédit aux Flibustiers, matelots et gens de mer faisant la course pendant le cours de la guerre présente, à peine de perdre leur dette.

II. Déclarons nuls tous pouvoirs donnés aux personnes ci-dessus dites par les Flibustiers, de recevoir pour eux des Quartiers-maîtres de leurs Corsaires, leurs lots et parts dans les prises à faire : défendons auxdits Quartier-maîtres d'avoir égard auxdits pouvoirs, à peine de nullité des paiemens faits en conséquence, et de payer deux fois : permettons seulement l'usage desdits pouvoirs pour les lots dans les prises déja faites, et ce, en faveur seulement des Flibustiers malades et hors d'état d'agir ; de ceux réformés à la mer ou détenus prisonniers chez l'ennemi, à condition seulement dans le premier cas, que les porteurs desdits pouvoirs seront munis de certificats des Médecins et Chirurgiens connus, qui attesteront l'état desdits Flibustiers malades.

III. Défendons pareillement à tous Armateurs de faire aucune avance en argent aux Flibustiers; leur permettons seulement de faire des avances de hardes aux Maîtres, à peine de perdre lesdites avances, qu'ils ne pourront répéter sur les lots desdits Flibustiers.

IV. Déclarons les parts dans les prises faites revenant aux Flibustiers qui ont contribué à les faire, franches et exemptes de toutes poursuites pendant la guerre actuelle, de la part des Cabaretiers et autres dénoncés dans l'article 1er. faisons défenses à tous Huissiers et Procureurs, de prêter leur ministère à de telles poursuites, et à tous Juges de connaître d'aucune cause d'instance de celles qui auront pour objet de priver lesdits Flibustiers de leurs parts dans les prises dans le cas ci-dessus exprimé, à peine contr'eux de nullité de leurs procédures détenues en paiement, et de tous dépens, dommages et intérêts envers les parties.

Prions MM. les Gouverneurs, Lieutenant de Roi et autres Officiers commandant dans les différens quartiers de notre gouvernement, de faire publier les présentes, et icelles observer dans les lieux principaux de leur district.

Donné à St-Pierre de la Martinique, le 18 juin 1761. *Signé* LE VASSOR DE LA TOUCHE et DE LA RIVIERE.

Enregist. au Conseil Souverain.

(N°. 241.) *ORDONNANCE de MM. les Général et Intendant, concernant les Affranchis.*

Du 1er. Septembre 1761.

LE Roi par ses Ordonnances du 24 octobre

1713, et 15 juin 1736, ayant fait défenses à toutes personnes de quelque qualité et condition qu'elles soient, établies aux îles françaises de l'Amérique, d'affranchir leurs esclaves sans en avoir auparavant obtenu la permission par écrit des Gouverneurs et Intendans, ou Commissaires-ordonnateurs, ni de faire baptiser comme libres les enfans de leurs esclaves, enjoignant aux Religieux desservans les Cures auxdites îles, de ne baptiser comme libre aucun enfant des gens de couleur, à moins qu'il ne leur soit justifié de l'affranchissement de la mère, revêtu de la permission ci-dessus dite, dont ils doivent faire mention sur leurs Registres, déclarant nuls tous affranchissemens faits sans cette permission; et voulant que les esclaves affranchis ou baptisés sans ces formalités, soient toujours réputés esclaves, et vendus au profit du Roi; ordonnant en outre que les Maîtres soient condamnés à une amende qui ne pourra être moindre que de la valeur de l'esclave.

On avait lieu d'espérer que des Lois si claires, si précises, proscriraient absolument les abus auxquels le Roi s'était proposé de remédier; cependant nous sommes informés qu'au mépris de ces mêmes Lois, tous les jours les Curés sont surpris par des fausses déclarations, contre lesquelles ils ne peuvent être trop en garde, et que nombre d'esclaves jouissent dans ces îles d'une liberté qui ne leur a jamais appartenu, que ce nombre qui grossit tous les jours est une cause de désordres de toute espèce; auxquels on ne peut remédier trop promptement, tant pour le bien du service que pour la perception des droits du Roi, et la conservation d'une bonne police.

A ces causes, en vertu du pouvoir qui nous a été donné par le Roi, Nous avons statué et ordonné, statuons et ordonnons ce qui suit :

Art. Ier. Tous les Mamelouques, Métis, Mulâtres, Nègres, et généralement tous gens de couleur de l'un et l'autre sexe, qui se prétendent libres et vivent en conséquence comme libres, seront tenus dans trois mois, à compter de la publication de notre présente Ordonnance, de remettre à l'Intendance de St-Pierre, les tires primordiaux de leur affranchissement entre les mains de Me. Antoine-Toussaint Perdrigeon, Avocat en Parlement, que nous nommons et établissons Commissaire à cet effet, pour sur son rapport, et sur l'examen qui en sera par nous fait, lesdits titres être par nous confirmés ou rejettés suivant l'exigence des cas.

II. Le Commissaire ci-dessus dit, enregistrera lesdits titres par extrait, faisant mention du domicile de ceux qui les lui auront représentés, et en donnera son récépissé lors de la remise qui lui en sera faite, sans néanmoins que ledit récépissé puisse tenir lieu des titres même, pour justifier dans un autre tems de la liberté de ceux qui prétendront en être en possession.

III. Deux mois après la remise desdits titres, les propriétaires d'iceux, ou leurs représentans pourront rapporter le récépissé du Commissaire, et retirer de ses mains les titres de leur liberté.

IV. Lorsque les titres auront été par nous jugés conformes aux Ordonnances du Roi, il sera fait sommairement mention de leur vérification et confirmation, tant à la marge de leur enregistrement que sur les titres même, ensemble du *folio* du Registre où ils auront été enregistrés, afin qu'on puisse y recourir en cas de besoin pour suppléer auxdits titres, s'il arrivait qu'ils fussent perdus : ce fait, ils seront remis aux propriétaires sans qu'il soit payé par eux aucun droit d'enregistrement.

V. Tous ceux qui jouissent de la liberté sans titres conformes aux Ordonnances du Roi, seront, en vertu desdites Ordonnances, confisqués et vendus comme esclaves au profit du Roi, et les Maîtres qui seront reconnus coupables de contravention à cet égard, seront poursuivis pardevant nous à la diligence du Directeur-général du Domaine du Roi, pour être condamnés à l'amende que ces Ordonnances ont prononcée contre eux; nous réservant néanmoins d'accorder ou confirmer la liberté à ceux qui, sans avoir des titres suffisans, seraient par nous reconnus s'en être rendus dignes par leurs services envers leurs Maîtres ou contre les ennemis de l'Etat.

VI. La vente des esclaves qui jouissent induement de la liberté, sera pareillement faite à la diligence du Directeur-général du Domaine du Roi, et afin qu'il soit en état de connaître les véritables affranchis, ainsi que ceux qu'il doit poursuivre, soit à l'effet de la vente cidessus dite, soit à l'effet des amendes encourues, il lui sera fourni, par le Commissaire établi en cette partie, ampliation des enregistremens et de nos Ordonnances, laquelle ampliation, signée dudit Commissaire, sera visée de l'Intendant.

VII. Tous les Capitaines de Milice seront

tenus de remettre incessamment entre les mains de l'Intendant, un dénombrement exact de tous les Mamelouques, Métis, Mulâtres, Nègres et autres Gens de couleur qui font le service dans leurs Compagnies, avec désignation de l'âge, du nombre d'enfans, de leur sexe, et du lieu de leur domicile.

VIII. Ceux qui ont été affranchis en vertu des permissions signées, Le Vassor de la Touche, et de la Rivière, seront tenus, ainsi que les autres, de représenter leurs titres, afin d'être inscrits dans l'ordre de leur enregistrement; et seront portés dans le même ordre et sur le même Registre, ceux, qui par la suite obtiendront de telles permissions.

IX. Lorsque cette opération sera entièrement consommée, le Registre original desdits enregistremens restera déposé au Greffe de l'Intendance; un double de ce registre, signé du Commissaire, et visé de l'Intendant, sera déposé au Domaine, et le Directeur du Domaine aura soin d'y faire inscrire ceux qui à l'avenir seront affranchis; à l'effet de quoi ceux dont l'affranchissement sera dans la suite approuvé par nous ou par nos successeurs, seront tenus de donner communication au Domaine de ladite confirmation, en marge de laquelle, mention sera faite de son enregistrement, sans pour cela que les impétrans soient dispensés de la faire enregistrer au Greffe des Jurisdictions en la manière accoutumée.

X. Le délai de trois mois accordé par l'article Ier. à tous ceux qui se prétendent libres, pour remettre entre les mains du Commissaire les titres primordiaux de leur liberté, étant plus que suffisant pour ceux même qui pourraient être absens lors de la publication de notre Ordonnance; ceux qui dans ledit délai n'auront pas remis leurs titres, doivent être réputés n'en avoir aucun, en conséquence, nous déclarons qu'ils seront regardés comme usurpateurs de la liberté, et nous ordonnons qu'ils soient, comme tels, vendus au profit du Roi; exceptons néanmoins ceux qui, après l'expiration desdits trois mois, se représenteraient avec leurs titres, en justifiant qu'ils étaient, pendant ledit tems, détenus prisonniers chez l'ennemi.

XI. Recommandons à tous les Religieux desservant les Cures dans lesdites îles, de se conformer exactement à ce qui leur est prestrit par les Ordonnances du Roi, du 24 octobre 1713, et 15 juin 1736, en conséquence, leur enjoignons de ne baptiser comme libres aucuns enfans, qu'il ne leur soit justifié de l'affranchissement des mères, approuvé par le Général et l'Intendant lorsqu'il a été obtenu, ou depuis reconnu par nous, et confirmé en la manière prescrite par l'article V ci-dessus; seront en outre tenus lesdits Religieux, conformément auxdites Ordonnances du Roi, de faire mention desdits actes sur leurs Registres des Baptêmes.

Et sera la présente Ordonnance lue, etc.

Donné à la Martinique, le 1er. septembre 1761 *Signé,* LE VASSOR DE LA TOUCHE, et DE LA RIVIERE.

N°. 242.) *Arret du Conseil d'État du Roi, portant établissement d'une Commission pour la législation des Colonies françaises.*

Du 19 décembre 1761.

Le Roi s'étant fait représenter l'Arrêt rendu en son Conseil le 26 mars dernier, par lequel S. M. en ordonnant que les parties procéderaient comme par le passé, sur toutes les affaires contentieuses qui concernaient les Habitans de ses Colonies ou les biens qui y sont situés, et qui seraient de nature à être portées en sondit Conseil, se serait réservé de pourvoir de tel Réglement qu'il appartiendrait pour la réformation des abus et pour l'ordre de la justice dans lesdites Colonies : et S. M. étant informée, par le compte qui lui a été rendu par le Duc de Choiseul, ayant actuellement le département de la Guerre et de la Marine, de l'état actuel desdites Colonies, elle aurait jugé nécessaire de remplir incessamment les vues qu'elle s'était proposées pour l'avantage de ceux de ses sujets qui les habitent, et d'établir en même-tems pour le jugement des affaires contentieuses qu'ils peuvent avoir en son Conseil, un ordre propre à concourir à la plus grande perfection et au maintien desdits Réglemens.

A quoi voulant pourvoir; ouï le rapport, et tout considéré : le Roi étant en son Conseil, a ordonné et ordonne que les Mémoires, Pièces et Projets concernant lesdits Réglemens présentés à S. M. par le sieur Petit, Conseiller en l'un de ses Conseils Supérieurs de St-Domingue, à ce, député par S. M. pour les

Conseils des Colonies ; comme aussi tous ceux qui pourraient lui être présentés par la suite sur le même objet, seront remis ès-mains des sieurs de Bacquencourt, Bastard, Dagay et de Monthion, Mᵉˢ. des Requêtes, que S. M. a commis et commet pour être, par chacun d'eux, suivant la distribution qui leur en sera faite par M. le Chancelier, communiqués au Duc de Choiseul, Pair de France, ayant actuellement le département de la Guerre et de la Marine ; au sieur d'Aguesseau de Fresnes, Conseiller d'Etat ordinaire, et aux sieurs de la Bourdonnay, de Senozan et de Boynes, Conseillers d'Etat, pour, sur le compte qui en sera rendu par eux à S. M. au rapport de celui desdits sieurs Mᵉˢ. des Requêtes qui en aura été chargé, être par elle pourvu de tels Réglemens qu'il appartiendra, pour la réformation desdits abus, et pour l'ordre de la justice dans lesdites colonies.

Ordonne pareillement que les Requêtes en cassation, en contrariété ou en révision des Arrêts émanés des Conseils Supérieurs établis dans lesdites Colonies, les Instances d'évocations, de Réglemens de Juges et d'appels des Ordonnances rendues par les Gouverneurs et Intendans, et de toutes autres affaires contentieuses qui concerneront leurs Habitans ou les biens qui y sont situés, seront distribuées par M. le Chancelier, en la manière accoutumée, à l'un desdits sieurs Mᵉˢ. des Requêtes seulement, pour, après en avoir communiqué auxdits sieurs Conseillers d'Etat, y être fait droit en son Conseil des parties, ainsi qu'il appartiendra : et à l'égard des appels des Ordonnances desdits

Gouverneurs

Gouverneurs et Intendans, qui concerneraient les dons, concessions et réunions de terreins dans lesdites Colonies, ou autres contestations qui seraient de nature à être portées devant S. M. en son Conseil des dépêches; ordonne que lesdites affaires seront remises pareillement à l'un desdits sieurs Mes. des Requêtes, pour, après en avoir communiqué auxdits sieurs Conseillers d'Etat, y être à son rapport, en leur présence et de leur avis, statué par S. M. en sondit Conseil des dépêches, ce qu'il appartiendra.

Fait au Conseil d'Etat du Roi, S. M. y étant, tenu à Versailles, le 19 décembre 1761. *Signé*, le Duc de CHOISEUL.

(N°. 243.) *CAPITULATION de la Martinique entre S. Exc. M.* Le Vassor de la Touche, *Commandant-général pour S. M T. Ch. aux Isles du vent de l'Amérique, et LL. Exc. MM.* Rodney *et* Robert Monckton, *Généraux des armées de mer et de terre de S. M. Britannique.*

Signée le 13 février 1762.

ARTICLE PRÉLIMINAIRE. On conviendra d'une suspension d'armes de quinze jours, lesquels étant expirés, la Capitulation suivante aura lieu s'il n'arrive aucun secours.

RÉPONSE. *On accordera au Général 24 heures pour accéder aux conditions qui lui sont offertes à dater de l'arrivée de MM.* De Bouran *et* la Touche *à St-Pierre, et s'il les accepte, les troupes de S. M. Britannique, prendront immediatement possession des Forts et Postes, que le Général du Roi de la*

Grande Bretagne, jugera convenable de faire occuper.

ART. Ier. Tous les Forts et Postes de l'île Martinique seront évacués par les troupes de S. M. Très-Chrétienne, soit troupes réglées, soit milices, soit compagnies franches, de Flibustiers, ou gens de couleur; elles défileront avec 4 pièces de canon de campagne, leurs armes, deux coups à tirer chacun, leurs enseignes, ou drapeaux déployés, tambour battant; tous les honneurs de la guerre, après quoi ces mêmes Forts et Postes seront occupés par les troupes de S. M. Britannique.

R. *Les troupes et les habitans sortiront de leurs garnison et postes avec leurs armes, tambour battant, drapeaux déployés; il sera accordé aux troupes 4 pièces de canon, avec 2 coups à tirer par pièce, et 2 coups par hommes, à condition que les habitans mettront ensuite les armes bas, et que tous les Forts, Garnisons, Postes, Batteries de canon, ou de mortiers, avec toutes les armes, munitions et ustensiles de guerre, seront délivrés à des personnes nommées pour les recevoir.*

II. Il sera fourni aux frais de S. M. B. des vaisseaux de transport, et des vivres suffisans pour porter à la Grenade les troupes réglés ci-dessus dites, leurs Officiers et Commandans, avec les 4 pièces de canon de campagne, armes, bagages, et généralement tous les effets desdits Officiers et desdites troupes.

R. *Accordé pour France seulement.*

III. M. Roüillé, Gouverneur de la Martinique, MM. les Lieutenans de Roi de ladite île, les Officiers de l'Etat-major, les Ingénieurs et sous-Ingénieurs, repasseront en

France, sur les vaisseaux et aux frais de S. M. B.

R. *Accordé.*

IV. Il sera pareillement fourni aux frais de S. M. B., un vaisseau et les vivres nécessaires pour porter à la Grenade M. Le Vassor de la Touche, Commandant-général pour S. M. T. C. aux îles françaises du vent de l'Amérique, la dame son Épouse, toutes les personnes attachées près de lui, au service du Roi, ou à celui de sa maison ainsi que tous leurs effets.

R. *Accordé pour France, la Grenade étant actuellement bloquée.*

V. M. de Rochemore, Inspecteur du Génie et de l'Artillerie en cette île, passera pareillement à la Grenade dans le même vaisseau, avec les personnes attachées à sa suite au service du Roi, leurs domestiques, et leurs effets.

R. *Accordé pour France.*

VI. Il sera fait par deux Commissaires nommés à cet effet, dont un de chaque nation, un inventaire exact de tous les effets qui se trouveront appartenir à S. M. T. C. dans les Arsenaux, les Magasins, sur les Batteries, et généralement de tous ce qui est armes, ustensiles et munitions de guerre, pour être remis entre les mains de l'Officier commandant pour S. M. B.

R. *Accordé.*

VII. Les marchandises autres que des armes, et munitions de guerre, qui pourront se trouver placées dans lesdits Magasins et sur lesdites Batteries, ne feront point partie dudit inventaire, si ce n'est pour être remises à leurs véritables Propriétaires.

R. *Tous les ustensiles de guerre et autres employés comme tels, appartiendront à S. M. Britannique.*

VIII. Tous les prisonniers faits pendant le siége, ou à la mer avant le siége, de quelque nation et qualité qu'ils soient seront rendus, de part et d'autre, et ceux faits dans la Citadelle, s'il sont troupes, suivront le sort des autres troupes, s'ils sont Habitans, ils suivront le sort des autres Habitans.

R. *Les troupes conformément au cartel, les Habitans seront mis en liberté après la signature de la Capitulation.*

IX. Les Nègres et Mulâtres libres, prisonniers de guerre, seront traités comme tels, et rendus comme les autres prisonniers pour continuer à jouir de leur liberté.

R. *Tous les nègres pris les armes à la main, seront réputés esclaves; le reste accordé.*

X. Les sieurs Nadau, de Lapotherye et Cornette, prisonniers d'Etat, seront aussi conduits aux frais et dans les vaisseaux de S. M. B., dans l'île de la Grenade, pour être remis entre les mains de M. Le Vassor.

R. *MM.* De Lapotherye *et* Cornette *seront remis s'ils tombent entre nos mains; mais M.* Nadau, *nous ayant requis, lorsqu'il a été fait prisonnier, de lui procurer un passage pour France, et de lui accorder un tems convenable, pour régler ses affaires, nous le lui avons promis, en conséquence il lui sera accordé trois mois de la date des présentes.*

XI. L'île Martinique restera entre les mains de S. M. B. jusqu'à ce que son état ait été réglé par un traité fait entre les deux Puissances, sans que les Habitans puissent être contraints en aucun cas, de prendre les armes ni contre le Roi de France, contre ses alliés, ni même contre aucune autre puissance.

R. *Ils deviennent sujets du Roi de la Grande Bretagne, et prêteront le serment de fidélité, mais ils ne pourront être forcés de prendre les armes contre S. M. T. C. jusqu'à ce que par le traité de paix le sort de l'île soit constaté.*

XII. Tous les Habitans de l'île Martinique soit présens, soit absens, ceux même qui sont attachés au service de S. M. T. C. ainsi que toutes les maisons et communautés religieuses, seront maintenus, et gardés dans la jouissance et propriété, de leurs biens, meubles et immeubles, de leurs nègres, de leurs bâtimens de mer, et généralement de tous leurs effets, soit que lesdits biens, meubles, immeubles, et effets, se trouvent placés à la Martinique, soit qu'ils le soient dans une autre île, et les esclaves qui leur ont été enlevés pendant le siége, leur seront rendus.

R. *Les Habitans aussi bien que les Ordres religieux, seront maintenus dans la propriété de leurs biens, et comme ils deviennent sujets du Roi de la Grande Bretagne, ils jouiront de tous les priviléges dont jouissent les Habitans de ses îles; à l'égard des esclaves, répondu au IXme. article.*

XIII. Les Bateaux ou autres bâtimens de la Martinique qui sont actuellement en mer, ou dans les ports neutres, soit qu'ils soient armés ou non armés en guerre, pourront rentrer dans les ports et rades de cette île, sur la déclaration qui sera faite par les propriétaires, qu'ils vont leur donner ordre de revenir, et qu'il se rendront personnellement garans, que lesdits bâtimens, ne feront aucune tentative, sur aucun bâtiment anglais, au moyen de laquelle déclaration, il leur sera expédié un passe-port pour revenir en toute sûreté.

R. *Refusé, comme étranger à la Capitulation, mais toutes les observations qui pourraient à la suite nous être faites sur ces articles seront réglées conformément à l'équité et aux Lois de la guerre.*

XIV. Les Habitans de l'île Martinique exerceront librement et publiquement leur religion, les Prêtres, les Religieux et Religieuses, seront maintenus dans l'exercice public de leurs fonctions et dans la jouissance de leurs prérogatives, privilèges et exemptions.

R. *Accordé.*

XV. Les Juges tant supérieurs qu'inférieurs seront pareillement maintenus dans leurs fonctions, privilèges et prérogatives, ils continueront de rendre la justice aux Habitans de cette île, suivant les Lois, Ordonnances, Coutumes et usages, suivis jusqu'à ce jour, aucun étranger ne sera admis à prendre séance au Conseil comme Juge; mais si quelque place de magistrature vient à vaquer, le Conseil Supérieur de la Martinique y pourvoira par provision seulement, et celui dont ledit Conseil aura fait choix, exercera les fonctions jusqu'à ce qu'il en ait été autrement ordonné par les deux Cours, après que l'état de la Martinique aura été fixée par un traité fait entre elles.

R. *Ils deviennent sujets de la Grande Bretagne mais ils continueront d'être gouvernés par leurs Lois, jusqu'à ce qu'il ait plu à S. M. Britannique de faire connaître ses intentions.*

XVI. M. le Baron d'Huard, Commandant les troupes et les milices de cette île, ainsi que M. de Bouran, Major-général, seront transportés dans celle de la Grenade, sur les mêmes bâtimens, où seront embarqués les grenadiers royaux, avec leurs domestiques et leurs effets, ainsi que tous les Officiers de cette même troupe, il sera permis auxdits Officiers de rassembler leurs effets qui sont répandus dans différens quartiers de l'île, et il leur sera accordé, le tems nécessaire pour ce recouvrement, il sera ordonné aux Habitans qui doivent aux Officiers de cette troupe de les payer avant leur départ, également ils seront tenus d'acquitter les dettes contractées dans l'île.

R. *Ils seront envoyés en France, le reste accordé.*

XVII. Il sera accordé à tous les Officiers de terre ou de mer qui se trouvent dans l'île, soit au service actuel ou par congé, un délai d'un an pour régler toutes les affaires qu'ils peuvent y avoir.

R. *Un tems convenable sera accordé à ceux qui ont des établissemens dans cette île, avec les restrictions accoutumées et ils obtiendront de M.* de la Touche, *leur Gouverneur-général, un congé.*

XVIII. La noblesse continuera de jouir de tous les privilèges et exemptions qui lui ont toujours été accordés.

R. *Accordé, pourvu que cela ne soit pas incompatible avec les Lois de la Grande Bretagne.*

XIX. Les esclaves qui ont été affranchis pendant le siége, ou à qui la liberté a été promise, seront réputés, et déclarés libres, et ils jouiront paisiblement de cette liberté.

R. *Accordé.*

XX. Les droits de Capitation, ceux d'entrée, de sortie et généralement tous les droits qui sont établis dans cette île, continueront d'être payés à l'avenir sur le même pied que par le passé.

R. Répondu au XVme. article.

XXI. Comme il est conforme à la gloire et aux intérêts de quelque prince que ce soit, de faire connaître publiquement, qu'il honore d'une protection spéciale tout ce qui porte le caractère d'amour, de zèle et de fidélité pour son Roi, il a été convenu que les fournitures faites à la Colonie, à l'occasion du siége avant et pendant icelui, en vivres, ustensiles, munitions, armes et argent, continueront d'être regardés comme dettes de la Colonie, telles qu'elles seraient et devaient l'être dans son premier état, conséquemment, que les prix de ces fournitures, ne cesseront point d'être dettes qui lui sont personnelles, et que cette Colonie doit acquitter dans quelles mains, que le sort des armes, la fasse passer; que vû la nature et le caractère de ces dettes, il est de la dignité de S. M B. de leur accorder toute protection, en conséquence qu'elles seront payées des premiers fonds qui proviendront tant de la Capitation, que des droits, sur l'entrée et la sortie des marchandises qui y sont sujettes, à l'effet de quoi, l'état de ces dettes sera arrêté et constaté par M. de la Rivière, Intendant des îles du vent de l'Amérique.

R. Sera réglé par les généraux de part et d'autre étant etranger à la Capitulation.

XXII. En vertu du même principe, et vu la nécessité de faire venir promptement des vivres dans cette île ; il a été pareillement convenu, que ceux, des Négocians du bourg St-Pierre, qui par les ordres de M. de la Rivière, Intendant, avait pris des mesures et des engagemens, pour faire passer ici des vivres des îles neutres, seront admis à remplir leurs engagemens, tant pour leur épargner le dommage qu'ils en souffriraient, que pour procurer à cette île, un secours plus prompt, en conséquence il leur sera accordé deux mois, du jour de la signature des présentes, pour consommer leurs opérations ; mais pour éviter tout abus à cet égard, M. de la Rivière donnera la note de la nature et quantité de vivres, dont il avait ordonné de se pourvoir, chez les neutres ; et comme il avait été promis et accordé par lui l'exemption de tous droits pour cette introduction, ladite exemption aura lieu, telle qu'elle a été promise, et qu'elle se pratique aujourd'hui, étant un avantage qui se partage entre la Colonie et le Négociant.

R. Toutes les provisions qu'on s'était engagé d'introduire par les neutres, pour l'approvisionnement des troupes de S. M. T. C. et de la Colonie, seront réputées bonnes prises, si elles tombent au pouvoir des vaisseaux de S. M. Britannique, et tous les engagemens pris avec les neutres avant la réduction de l'île étant nuls, il ne sera fait à l'avenir aucun commerce que par les bâtimens Anglais.

XXIII. Il sera accordé à M. Le Vassor de la Touche, cinq Habitans qu'il fera embarquer sur les bâtimens, où passeront les troupes de S. M. T. C., les raisons qu'il a pour les demander, sont qu'il est de l'intérêt de toutes les Puissances, de n'accorder aucune protection à qui blesse l'obéissance et la fidélité qu'un sujet doit à son Roi.

R. *Ne peut pas être accordé puisqu'ils sont déjà sous la protection de S. M. Britannique.*

XXIV. Il sera accordé à M. de la Rivière, Intendant, et à M. Guignard, Commissaire-contrôleur de la Marine en cette île, un délai suffisant pour mettre ordre à toutes les parties de leur administration, et faire ce qui est absolument nécessaire à cet égard; il sera ensuite fourni aux dépens de S. M. B. un vaisseau et des vivres, pour porter à la Grenade ledit sieur Intendant, la dame son épouse, ses enfans, secrétaires, domestiques et tous leurs effets; ledit sieur Commissaire-contrôleur de la Marine passera sur le même vaisseau et aura la même destination.

R. *Accordé, pour être ensuite envoyés en France.*

XXV. Les personnes employées dans la régie et administration du Domaine, de la Marine, des Classes et des Finances dans cette île, qui voudront repasser en France y seront transportées avec leurs effets sur les vaisseaux et aux frais de S. M. B.

R. *Accordé.*

XXVI. Les papiers publics seront incessamment rétablis dans leurs dépôts naturels, et le Gouverneur pour S. M. B. accordera protection à cet égard.

R. *Ils seront délivrés à des personnes commises par le Général pour les recevoir.*

XXVII. A l'égard des papiers de comptabilité, ils seront remis entre les mains des comptables afin qu'ils puissent procéder à la reddition de leurs comptes et les justifier par les pièces qui doivent leur servir de décharge.

R. *Accordé.*

XXVIII. Il sera accordé aux Habitans, Négocians et autres particuliers, domiciliés ou non domiciliés de passer à St-Domingue, ou à la Louisianne avec leurs nègres et effets sur des bâtimens parlementaires, dont ils paieront les frais.

R. *Accordé.*

XXIX. Si quelques soldats grenadiers voulait rester dans l'île, ou s'échapper, il sera accordé protection ou main forte, pour qu'ils ne puissent déserter, et que ce qui reste desdits grenadiers, soit embarqué complètement.

R. *Accordé, excepté les cas particuliers.*

XXX. Les navires marchands, appartenans à des Négocians français d'Europe, qui sont actuellement dans des ports et rades de cette île seront conservés à leurs véritables propriétaires, avec la liberté de les vendre, ou de les expédier pour France sur leur lest.

R. *Refusé pour tous les corsaires et les vaisseaux qui trafiquaient dans des ports éloignés, accordé pour ceux qui traitent dans les différens ports de cette île.*

Donné à la Martinique, le 13 février 1762. *Signés.* LE VASSOR DE LA TOUCHE, G. B. RODNEY et R. MONCKTON.

(N°. 244.) *ARRET du Conseil d'Etat du Roi, qui fixe les bornes du pouvoir militaire dans les Colonies, par rapport à la Justice.*

Du 21 mai 1762.

LE Roi étant informé qu'il s'élève dans ses

Colonies des difficultés entre les Gouverneurs, Commandans et autres Officiers de Justice, sur l'étendue ou les limites du pouvoir que les uns et les autres ont reçu de S. M. pour le bien de son service et pour la sûreté et la tranquillité de ses sujets ; et S. M. voulant prévenir tout ce qui pourrait altérer l'ordre qui y doit régner, en attendant qu'elle soit en état de régler plus particulièrement ce qui peut concerner l'Administration et la Police desdits pays, suivant ce qu'elle a ordonné par l'Arrêt de son Conseil du 19 décembre 1761, elle aurait résolu d'expliquer ses intentions à ce sujet.

A quoi voulant pourvoir ; ouï le rapport, et tout considéré : le Roi étant en son Conseil, a ordonné et ordonne qu'en toutes affaires contentieuses, civiles ou criminelles, dans lesquelles seront intéressés les Habitans desdites Colonies, les parties ne pourront se pourvoir que devant les Juges des lieux qui en doivent connaître ; leur fait défenses de s'adresser à autres, et autrement que dans les formes prescrites pour lesdites affaires, à peine de 10,000 livres d'amende, applicables moitié à S. M. et moitié à l'Hôpital du domicile de la partie qui aura contrevenu auxdites défenses : Ordonne que les Gouverneurs, Commandans et autres Officiers d'Etat-major, prêteront main-forte pour l'exécution des décrets, Sentences, Jugemens ou Arrêts, à la première réquisition qui leur en sera faite, sans néanmoins qu'ils puissent rien entreprendre sur les fonctions desdits Juges ordinaires, ni s'entremettre, sous quelque prétexte que ce puisse être, dans les affaires qui auront été portées pardevant lesdits Juges, ou en général, dans toutes matières contentieuses.

Mande S. M., etc.

Fait au Conseil d'Etat du Roi, S. M. y étant, tenu à Versailles le 21 mai 1762. *Signé*, le Duc de CHOISEUL.

(N°. 245.) *ORDONNANCE de MM. les Général et Intendant, concernant la Monnaie.*

Du 2 juillet 1762.

SA Majesté ayant envoyé dans ses Colonies, une quantité de petite Monnaie, dont il est nécessaire de fixer la valeur d'une manière qui en empêche la sortie; et comme l'avidité de ceux qui détaillent les petites denrées, pourrait les porter à former des difficultés sur l'acceptation de cette Monnaie, et à s'opposer à son introduction dans le Commerce;

A CES CAUSES, et en vertu du pouvoir qui nous a été confié par S. M. nous avons ordonné et statué, ordonnons et statuons ce qui suit:

ART. Ier. Les sols marqués qui valent 18 deniers en France, seront reçus à la Martinique du jour de la publication de la présente Ordonnance, sur le pied de 2 sols 6 deniers, faisant le sixième de l'escalin.

II. Les pièces de 6 deniers auront la valeur d'un sol, et les liards la valeur de 6 deniers.

III. Nous ordonnons à tous habitans, ouvriers et généralement à tous autres de quelque état et qualité qu'ils soient, libres ou esclaves, de recevoir leurs paiemens en la Monnaie énoncée ci-dessus, et sur le pied que nous l'avons fixée aux articles ci-dessus.

IV. Ceux qui refuseraient de recevoir ladite Monnaie au taux que nous avons fixé, sous quelque prétexte que ce puisse être, seront condamnés pour la première fois, à 50 liv. d'amende applicables à l'Hôpital du Fort-Royal de cette île, en 100 liv. pour la seconde fois, en 200 liv. pour la troisième, et en outre à trois mois de prison.

V. Voulons que dans les paiemens qui se feront, soit de la caisse du Roi, soit de particulier à particulier, l'on ne puisse refuser le dixième du montant des paiemens en sols marqués, et le cinquantième en liards et doubles liards; le tout sous les peines portées par l'article IV; mais on ne sera point obligé d'en recevoir une plus grande quantité sur lesdits paiemens.

Prions Messieurs les Officiers du Conseil Supérieur, de faire enregistrer la présente Ordonnance, laquelle sera lûe, etc.

Donné au Fort-Royal de la Martinique, le 2 juillet 1762. *Signé*, le Marquis de FENELON, et GUIGNARD.

Enregist. au Conseil Souverain.

(N°. 246.) *EDIT du Roi, qui ordonne la réformation dans la Monnaie de Paris, ou autre, jusqu'à concurrence de six cens mille livres en espèces de billon, pour, lesdites espèces, avoir cours dans les Colonies.*

Du mois de janvier 1763.

LOUIS, etc.; SALUT: Par notre Edit du

mois de juin 1721, nous avons ordonné une fabrication de 150,000 marcs d'espèces de Cuivre pour nos Colonies de l'Amérique, et par autre Edit du mois de décembre 1730, nous avions aussi ordonné une fabrication de 40,000 marcs d'espèces d'Argent, en pièces de douze et de six sols, pour nos Colonies des îles du vent: mais lesdites espèces se trouvant presque entièrement épuisés, et nos Colonies ayant besoin plus que jamais de menues Monnaies qui puissent fournir aux appoints des petits détails, nous avons résolu d'y en faire passer de billon, pour faciliter davantage le Commerce et procurer plus de soulagemens aux pauvres.

A CES CAUSES, etc.; statuons et ordonnons ce qui suit:

ART. 1er. Qu'il soit incessamment réformé dans notre Monnaie de Paris, ou autres qui seront par nous indiquées, jusqu'à concurrence de 600,000 livres en espèces de billon, dont la fabrication a été ordonnée par notre Edit du mois d'octobre 1738, lesquelles espèces seront seulement marquées sur l'un des deux côtés, d'un poinçon particulier qui sera gravé à cet effet par le Graveur général de nos Monnaies, suivant l'empreinte figurée, ci-attachée sous le contre-scel de notre présent Edit, pour, lesdites espèces, avoir cours dans nos Colonies.

II. Défendons à tous nos sujets, de quelque qualité et condition qu'ils soient, d'exposer lesdites espèces dans notre royaume; et à tous Capitaines, Officiers, soldats, matelots, facteurs, passagers et autres gens composant les équipages de nos vaisseaux, et de ceux de nos sujets, et à tous autres qui navigueront et commerceront dans nos îles de l'Amérique, de rapporter lesdites espèces en France, à peine contre les contrevenans, d'être poursuivis comme billonneurs et punis suivant la rigueur de nos Ordonnances.

III. Ordonnons qu'il sera tenu des Registres en bonne forme de la réformation desdites pièces de deux sols, en la manière portée par les anciennes Ordonnances et par l'Arrêt du Conseil en forme de réglement du 8 octobre 1690, tant par les Officiers que par les Directeurs de nos Monnaies; et que dans les Registres des délivrances, il sera fait mention de la quantité desdites espèces de billon réformées, qui, après leur réformation, seront rendues par lesdits Officiers pièce pour pièce.

IV. Voulons que les frais de ladite réformation de pièces de deux sols, soient passés sur le pied des Réglemens faits à ce sujet, nous réservant d'y pourvoir en cas d'insuffisance.

Si donnons en Mandement, etc.

Donnée à Versailles, au mois de janvier 1763. *Signé*, LOUIS; *et plus bas*, par le Roi, PHELYPEAUX.

(N°. 247.) *ARRET du Conseil Souverain, sur les amendes d'appel.*

Du 12 mars 1763.

LA Cour ordonne qu'à l'avenir toutes les consignations d'amendes en fait d'appel et autres, à la réserve des appels incidens qui pourront être formés sur le bureau se feront, savoir; celles du Fort-Royal, au Greffier en chef; celles

de la

de la Jurisdiction de St-Pierre, entre les mains de M^e. Malherbe de Contest, Greffier ordinaire; et celle de la Jurisdiction de la Trinité, entre les mains de M^e. Rochery, ou de tels autres que le Greffier en chef proposera à cet effet dans l'étendue de ladite Jurisdiction, tous lesquels commis seront tenus de se conformer à l'Arrêt de la Cour du 7 janvier dernier; en conséquence duquel établissement desdits commis, la Cour enjoint à tous les Procureurs des Jurisdictions du ressort, de ne poursuivre le jugement d'aucun appel ou demande susceptible de consignation d'amende, sans avoir joint à tous dossiers ou productions, les quittances desdites consignations, et les avoir fait signifier, à peine contre les Procureurs contrevenans, d'être condamnés en leurs propre et privé noms, et sans répétition contre leurs parties, en tels dommages qu'il appartiendra à la Cour d'arbitrer; ordonne que le présent Arrêt sera lu, etc.

(N°. 248.) *Arret en Réglement du Conseil Souverain, sur les Registres des Curés.*

Du 14 mars 1763.

La Cour ordonne que tous les Religieux et autres Prêtres desservant les différentes Paroisses de cette île rapporteront incessamment aux Greffes des Jurisdictions du ressort, des reconnaissances signées d'eux, des Registres tant anciens que nouveaux, qui sont actuellement entre leurs mains, dans laquelle reconnaissance ils seront tenus de faire mention de la perte des Registres qui pourraient avoir été perdus ou incendiés dans leurs paroisses depuis ce dernier tems, et lesdites reconnaissances seront registrées sans frais sur les Registres desdites Jurisdictions à la diligence des Substituts dudit Procureur-général, qui vérifieront si lesdites reconnaissances sont conformes aux procès-verbaux qui ont été dressés par les Juges des lieux, en exécution du Réglement du 13 mai 1758; au cas qu'il s'y trouvât quelque différence sur le nombre des anciens Registres, il en sera rendu compte par lesdits Substituts, audit Procureur général du Roi, qui en informera la Cour à la prochaine séance: ordonne que le présent Arrêt sera enregistré, etc.

(N°. 249.) *Reglement du Roi, concernant l'Administration générale de la Colonie de la Martinique.*

Du 24 mars 1763.

Sa Majesté voulant déclarer ses volontés sur le Service et l'Administration qu'Elle a résolu d'établir dans la Colonie de l'île de la Martinique, Elle a ordonné et ordonne ce qui suit.

Article Premier.

Gouvernement Militaire.

Le Gouvernement Militaire de cette Colonie sera composé à l'avenir:

D'un Gouverneur-général,

Un Commandant en second,

Un Aide-Major général d'Infanterie,

Un certain nombre de Bataillons,

Un Officier principal d'Artillerie, avec un détachement du Corps-Royal,

Un Directeur des Fortifications, et deux Ingénieurs ordinaires,

Un Officier de port,

Une Compagnie de Maréchaussée.

Gouvernement Civil.

II. Le Gouvernement Civil de la Martinique sera composé

D'un Intendant,

Un Subdélégué général qui sera en même tems Contrôleur et chargé du Domaine,

Un Commissaire-ordonnateur et un Commissaire ordinaire des Guerres,

Un Commissaire de Marine pour l'Arsenal et pour les Classes,

Deux Subdélégués,

Cinq Ecricains de Marine pour tous les différens détails,

Un Trésorier qui sera en même tems Receveur général du Domaine,

Quelques Commis ambulans et autres employés à ladite Recette,

Un Garde-magasin principal, et trois Gardes-magasins particuliers des vivres et autres effets destinés au besoin des troupes,

Un Garde-magasin de la Marine,

Un Médecin et un Chirurgien-major des Hôpitaux au Fort-Royal,

Un Médecin et un Chirurgien particulier dans chaque Hôpital Militaire.

Résidence des Chefs et autres Employés.

III. Le Gouverneur-général, l'Intendant,

l'Aide-major général de l'Infanterie, l'Officier principal d'Artillerie, le Directeur des Fortifications, le plus ancien Commissaire-ordonnateur des Guerres, l'Officier de Port, le Commissaire de la Marine ou des Classes, le Contrôleur, trois Ecrivains de la Marine, le Trésorier de la Colonie, le Garde-magasin principal d'Artillerie, celui des vivres et des effets destinés aux besoins des troupes, le Garde-magasin de la Marine, le Médecin et le Chirurgien major, feront leur résidence ordinaire au Fort-Royal.

IV. Le Commandant en second, le Subdélégué principal, l'autre Commissaire des Guerres, deux Ecrivains et un Commis pour les Classes, les personnes employées au Bureau du Domaine, et un Subdélégué, feront leur résidence ordinaire au Bourg St-Pierre; l'autre Subdélégué fera sa résidence à la Trinité et au Cul-de-Sac du Marin; et dans chacun des deux Bourgs il y aura un Commis préposé à la Recette du Domaine.

Les deux Ingénieurs ordinaires seront établis au Fort-Royal ou dans telle autre partie de la Colonie où leur présence sera jugée nécessaire.

Suppression des Milices.

V. S. M. voulant confier la défense de la Martinique à ses Troupes réglées, il n'y aura point de Milice générale ni particulière dans cette Colonie.

Résidence des Troupes.

Les Troupes seront disposées de manière y ait deux Bataillons à portée du Fort-

Royal, et deux autres à portée du Fort St-Pierre : ces Troupes, quoique séparées, seront censées, former une Brigade aux ordres du Commandant en second. On choisira pour l'emplacement de ces Bataillons, les lieux que l'on croira les plus salubres, et d'où chaque Bataillon fournira les détachemens nécessaires, soit pour le service ou les travaux de S. M. qu'il y aura à faire dans la Colonie.

Les deux Bataillons des environs du Fort-Royal, seront chargés de la garde particulière de ce Fort et de celle des Batteries du Cul-de-Sac du Marin, comme les deux Bataillons des environs du Fort St-Pierre, seront chargés de la garde de ce Fort, et de celle des Batteries du Cul-de-Sac de la Trinité.

VII. Le détachement du Corps-Royal sera établi le plus près qu'il sera possible du Fort-Royal, afin que restant toujours sous les yeux de l'Officier principal de l'Artillerie, il puisse être mieux entretenu dans l'habitude des différentes écoles et des exercices, et dans l'observation de la discipline la plus exacte.

Etablissement d'Hôpitaux.

VIII. Il sera établi à portée de chacun des Quartiers principaux des Troupes, un Hôpital militaire, pour y recevoir les Officiers et les Soldats qui tomberont malades : on établira de même à portée de chacun de ces Quartiers principaux, un magasin pour tous les besoins des Troupes.

De la Maréchaussée.

IX. Le Prévôt de la Maréchaussée restera

au Fort-Royal avec une partie de sa Compagnie, dont le reste sera détaché par Brigade par-tout où besoin sera.

Etablissement d'un Arsenal de Marine.

X. Le Port appellé le Carénage, près du Fort-Royal, sera destiné à servir d'Arsenal à la Marine de S. M. ; tous les autres Ports de la Colonie ne seront regardés que comme des Ports marchands.

De la Religion.

XI. La Hiérarchie et l'exercice de la Religion, pour ce qui concerne les Habitans, resteront comme elles sont, entre les mains des Religieux établis dans la Colonie; les Aumôniers des Troupes en seront chargés à l'égard des Corps auxquels ils seront attachés.

De la Justice.

XII. La Justice continuera d'être rendue par le Conseil Supérieur, dont le Siége sera au Fort-Royal, et par les différentes Jurisdictions qui en ressortissent, et que S. M. a jugé à propos d'établir ci-devant dans plusieurs parties de la Colonie.

Les trois Siéges particuliers de l'Amirauté resteront établis comme ils l'étaient depuis long-tems au Fort Royal, au Fort St-Pierre et à la Trinité, et leurs fonctions continueront d'y être les mêmes.

Chambre d'Agriculture.

XIII. S. M. ayant jugé à propos de supprimer la Chambre mi-partie d'Agriculture et de Commerce, qu'elle avait établie à la Martinique pour les îles du vent, par Arrêt de son Conseil du 10 décembre 1759, elle a estimé plus convenable pour le bien de l'administration et l'avantage de la Colonie, de la remplacer par une autre Chambre qui sera seulement d'Agriculture, laquelle ne sera composée à l'avenir que de sept Habitans créoles ou ayant habitation, lesquels seront nommés par S. M. à l'exclusion de toutes personnes choisies dans d'autres états.

XIV. On traitera dans cette Chambre toutes les matières qui concernent la population, les défrichemens, l'Agriculture, la Navigation, le Commerce extérieur, la communication avec l'intérieur de la Colonie par des chemins ou canaux à établir, les différens travaux à faire aux Ports, soit pour en former de nouveaux ou pour entretenir les anciens, la salubrité de l'air, la défense des côtes et de l'intérieur du pays, en un mot, tout ce qui sera le plus propre à contribuer à l'amélioration, au progrès et à la sûreté de la Colonie; mais la Chambre n'aura pas le pouvoir de faire à ces différens égards aucune représentation au Gouverneur ni à l'Intendant, ni au Secrétaire d'Etat ayant le département de la Marine; elle se bornera simplement à proposer au Gouverneur ou à l'Intendant, tout ce qu'elle imaginera sur ces différens objets, et à lui en remettre en même-tems un mémoire dont ladite Chambre enverra une copie au Secrétaire d'Etat de la Marine.

Quand le Gouverneur ou l'Intendant chacun dans sa partie, jugera le projet utile, il le fera exécuter pour ne pas perdre de tems ; mais s'il ne juge pas à propos de le faire, la Chambre d'Agriculture ne sera point en droit de lui en demander les raisons, et elle attendra que S. M. lui ait fait savoir ses intentions sur ce mémoire qui lui sera envoyé par le Gouverneur ou l'Intendant, avec des observations sur les motifs que l'un ou l'autre peut avoir eu de ne pas accorder la demande de la Chambre.

XV. Toutes les fois qu'un Gouverneur ou un Intendant mourra ou quittera sa place pour revenir en Europe, soit de sa propre volonté, soit qu'il ait été rappellé, la Chambre d'Agriculture sera tenue d'envoyer au Secrétaire d'Etat ayant le département de la Marine, son avis signé de tous ses membres, sur l'Administration du Gouverneur ou de l'Intendant qui sera mort ou parti pour l'Europe, et d'entrer dans le détail sur son caractère, ses talens, ses vues, sa probité, et le bien ou le mal qu'il aura produit pendant le tems de son Administration.

Ladite Chambre continuera à correspondre comme faisait l'ancienne, avec son Député à Paris, sur toutes les affaires de la Colonie qui intéresseraient son Commerce avec la France, afin que celui-ci soit en état d'en faire usage au Bureau du Commerce, toutes les fois qu'il sera question de discuter les matières qui seront relatives au Commerce de sa Colonie.

Service des Hôpitaux.

XVI. L'entreprise des Hôpitaux militaires de la Colonie restera entre les mains des

Frères de la Charité ; mais ils seront assujettis à tous les Réglemens que S. M. a rendus ou rendra concernant les Hôpitaux de ses Troupes en Europe, et à l'inspection du Médecin et du Chirurgien-major des Hôpitaux ; et il sera établi dans chaque Hôpital un Médecin et un Chirurgien séculiers pour y prendre soin des malades.

Parties de l'Administration communes au Gouverneur et à l'Intendant.

XVII. L'administration générale de la Colonie sera partagée entre le Gouverneur et l'Intendant ; ce dernier dépendra du premier dans toutes les parties relatives à toutes les opérations militaires, à la conservation et à la défense de la Colonie, comme l'Intendant d'une armée dépend du Général qui la commande ; mais avec cette différence que l'autorité du Gouverneur s'étendra pareillement sur toutes les parties militaires de la Marine.

XVIII. Dans toutes les autres branches de la Colonie, l'Intendant y aura le même pouvoir, que l'Intendant d'une généralité du Royaume en a dans son département, lorsque le Gouverneur de la Province y réside.

Quand aux autres objets qui peuvent être particuliers à l'Administration d'une Colonie ou à la Marine, les choses vont être réglées ci-après, de manière qu'il n'y en ait que le moins qui sera possible en commun entre le Gouverneur et l'Intendant ; que toutes leurs autres fonctions respectives soient bien distinctes, et qu'à cet égard il ne puisse y avoir entr'eux la moindre difficulté.

XIX. Tous les fonds que S. M. accordera chaque année pour les dépenses générales et particulières de la Colonie, seront distingués en trois classes; savoir, celle des fonds qui concerneront les Troupes, l'Artillerie et toutes les dépenses relatives à la partie militaire de terre; celle des fonds qui concerneront la Marine, et enfin, celle des fonds destinés au progrès de l'Agriculture et du Commerce et à tous les besoins civils de la Colonie: entend S. M. que l'on ne puisse jamais changer la destination de ces différentes parties de fonds, sans un ordre exprès de sa part, à l'exception cependant de quelque cas pressant où il serait nuisible d'attendre la réponse de S. M. et où le Gouverneur et l'Intendant seraient d'accord à cet égard.

XX. Tous les magasins seront aussi divisés en trois classes, dont une pour l'Artillerie, une autre pour les Troupes de terre, et la troisième pour la Marine.

XXI. La haute Police de la Colonie devant être commune entre le Gouverneur et l'Intendant, ils ordonneront ensemble de tout ce qui concernera les affaires de Religion, la Police extérieure du culte, et celle sur les personnes qui y sont attachées, tant à raison de leurs mœurs qu'à raison de leurs fonctions; les concessions à donner aux Habitans ou celles qui devront être reconcédées faute de culture; la Police des côtes, des ponts, bacs, passages de rivières et chemins, excepté dans les cas où il y aura contestation entre les particuliers ou communautés, qu'ils renverront aux Juges ordinaires; ils se concerteront entr'eux pour empêcher le Commerce de contrebande, tant des Etrangers que des Habitans, l'Intendant, en requérant le Gouverneur de lui prêter main-forte, et celui-ci en la lui accordant.

Toutes les lettres qui seront écrites sur ces différens objets au Secrétaire d'Etat ayant le département de la Marine, seront signées en commun par le Gouverneur et l'Intendant.

S'il arrive que le Gouverneur et l'Intendant ne se trouvent pas du même avis sur quelqu'un de ces objets, la voix du Gouverneur l'emportera et son avis sera exécuté.

XXII. Ils auront pardevers eux, copie des Instructions de tous les ordres que la Cour donnera à l'un et l'autre, pour qu'ils soient en état de s'avertir mutuellement toutes les fois qu'ils s'en écarteraient chacun dans sa partie: ils seront tenus d'écouter les représentations qu'ils pourront se faire réciproquement à ce sujet, soit par écrit ou de bouche, et même de recevoir tous les mémoires qu'il se donneront; celui qui ne voudra pas déférer à la représentation, sera obligé de mettre à côté desdits mémoires les motifs qui l'auront déterminé à n'y point avoir égard, et le tout sera envoyé au Secrétaire d'Etat ayant le département de la Marine; bien entendu que malgré toutes les représentations et l'envoi qui en sera fait audit Secrétaire d'Etat, les ordres de celui qui sera dans le cas d'en donner sur l'objet en question, seront exécutés.

XXIII. Lorsque la Chambre d'Agriculture présentera à l'un ou à l'autre un mémoire au sujet de quelque partie de l'Administration dont il peut disposer seul, s'il juge le projet de la Chambre utile, il le fera exécuter pour ne pas perdre de tems, et il enverra au Secrétaire d'Etat ayant le département de la Marine, la demande de cette Chambre, avec une copie des ordres qu'il aura cru devoir donner à l'occasion de cette demande : si au contraire il y trouve des difficultés, de l'impossibilité, et même de simples inconvéniens, il n'en acceptera pas moins le projet signé en bonne forme, mais sans s'arrêter à discuter la matière avec la Chambre, à qui il ne pourra jamais demander que des éclaircissemens sur le projet, sans entrer dans le détail des motifs d'opposition ; il répondra simplement qu'il va l'envoyer au Secrétaire d'Etat ayant le département de la Marine, qui décidera des inconvéniens et de l'utilité de ce projet ; approuvera le délai ou le blâmera, et fera savoir ensuite ses intentions aux uns et aux autres. Le Gouverneur et l'Intendant suivront en commun la même forme, lorsque le mémoire que présentera la Chambre d'Agriculture, regardera une des parties de l'Administration dont ils sont chargés en commun.

Ils formeront en commun à la fin de chaque année, l'état des demandes qu'ils auront à faire pour les besoins de l'année suivante, qui concerneront les parties de l'Administration générale dont ils sont chargés en commun ; quand à celles qui leur sont particulières, chacun formera seul cet état pour la partie qui le regarde.

XXIV. Ils pourront faire arrêter les malfaiteurs, Habitans, ou autres qui troubleront l'ordre public, et les faire punir, sauf, si le cas requiert que leur procès leur soit fait, à les remettre entre les mains de la Justice ordinaire, et à les dénoncer au Procureur-général qui ne pourra refuser de les poursuivre.

Ils seront pareillement autorisés à faire arrêter et à faire punir les hommes des équipages des vaisseaux de S. M. qui étant à terre feront des désordres, ou bien à les envoyer au Commandant de ces vaisseaux qui sera tenu de les faire punir à bord, d'après l'ordre du Gouverneur, auquel l'Intendant devra rendre compte lorsqu'il aura fait arrêter quelqu'un dans les parties d'Administration dont il est chargé.

Parties de l'Administration particulières au Gouverneur.

XXV. Le Gouverneur conservera le droit de préséance au Conseils Supérieur de la Colonie, et n'aura qu'une voix, laquelle sera prépondérante au cas de partage ; il y assistera pour y représenter la personne de S. M., voir si tout s'y passe en règle, et en rendre compte au Secrétaire d'Etat ayant le département de la Marine. Il ne pourra se mêler en rien de l'Administration de la Justice, et encore moins s'opposer aux procédures ni à l'exécution des Arrêts, à laquelle il sera tenu de prêter main-forte toutes les fois qu'il en sera requis.

XXVI. Il sera obligé de se conduire suivant les instructions et les ordres qu'il aura reçu de S. M., il sera néanmoins le maître d'y déroger dans les cas pressés et imprévus où il serait nuisible d'attendre la décision de S. M. mais il ne pourra le faire que pour des raisons très-fortes dont il sera responsable.

XXVII. L'autorité du Gouverneur sera

entière et sans partage sur le Militaire de terre et de mer, quand ce dernier sera à terre, ou qu'il y aura quelque opération utile à entreprendre pour la Colonie en tems de guerre.

XXVIII. Tous les vaisseaux et escadres du Roi qui seront dans les Ports de la Colonie, seront tenus d'exécuter les ordres que le Gouverneur leur donnera pour le bien de la Colonie, à moins que ces ordres ne fussent contraires aux instructions que S. M. aura donné aux Commandans de ses vaisseaux et de ses escadres; le cas sera prévu dans ces dernières instructions, et le Gouverneur en sera prévenu.

XXIX. Les Commandans de ces vaisseaux et de ces escadres ne pourront s'arroger, pendant leur séjour dans un port de la Colonie, aucune espèce d'autorité ni de Police particulière sur les Bâtimens qui seront dans ce port, que subordonnément au Gouverneur; et ils seront obligés, à leur retour en Europe, de convoyer les Bâtimens marchands, toutes les fois qu'ils en seront requis par lesdits Gouverneur et Intendant.

XXX. Le Gouverneur sera le maître d'établir dans tous les Ports autant de corps-de-garde à terre qu'il le jugera à propos pour la Police des gens de mer, tant des vaisseaux de S. M. que des Bâtimens particuliers.

XXXI. Son pouvoir, sera absolu sur les Troupes de terre, quant à leur distribution dans le pays, à leur service, à la destination des Officiers généraux et particuliers, tant des Troupes que de l'Artillerie et du Génie, et il veillera à faire observer par-tout la discipline la plus exacte.

XXXII. Il aura l'inspection et le commandement supérieur sur tout ce qui concerne les armes, les munitions de guerre, l'Artillerie, les Fortifications ou autres ouvrages à faire pour la défense de la Colonie, les approvisionnemens et l'emplacement de tous les magasins nécessaires à la subsistance des troupes et à la défense du pays.

XXXIII. Il pourra se faire remettre toutes les fois qu'il le jugera à propos, un inventaire de tous les magasins, pour connaître les approvisionnemens en tout genre ; l'intention de S. M. étant cependant qu'il ne se mêle en aucune manière de leur administration, quand les détails ne regarderont que l'Intendant ; mais celui-ci ne pourra disposer, sans la permission du Gouverneur, d'aucuns des magasins nécessaires à la subsistance des Troupes et à la défense du pays.

XXXIV. Il aura toute l'inspection sur les Hôpitaux militaires ; et l'Intendant sera tenu de lui rendre compte de l'ordre et de la tenue qui y seront observés.

XXXV. Il ne se mêlera en rien de tout ce qui concerne la Finance ni l'établissement de la levée et de la répartition des impôts ; et il sera obligé de prêter main-forte à l'Intendant, toutes les fois qu'il en sera requis par lui, pour l'exécution de ceux de ses Jugemens de Police qui regarderont les intérêts de S. M. telles que les décisions sur les Domaines de S. M., levées d'impositions, corvées, arrêts de Corsaires, empêchemens nécessaires de la contrebande, tant des Étrangers que des Habitans.

XXXVI. Il aura seul la Police pour la

sûreté des grands chemins et de l'intérieur des villes et habitations : il sera à cet effet établi une Compagnie de Maréchaussée dans l'île, et ledit Gouverneur lui donnera seul des ordres à cet égard.

XXXVII. Tout Militaire qui sera dans le cas de s'absenter de la Colonie pour ses affaires particulières, ne pourra en sortir sans la permission du Gouverneur ; et nul Capitaine de vaisseau ou Bâtimens marchands ne pourra en recevoir sur son bord pour le transporter ailleurs sans ladite permission.

XXXVIII. Le Gouverneur donnera ses ordres à l'Intendant sur ce qui concernera le logement des Militaires, dont l'Intendant conservera néanmoins tous les détails.

XXXIX. Il ne se mêlera en aucune manière de la solde des Troupes, ni des moyens de la leur procurer, cette partie devant dépendre en entier de l'Intendant ; s'il y arrivait de l'abus, le Gouvernenr se bornera à en rendre compte.

XL. Il aura le droit d'interdire provisoirement, jusqu'à la réception des ordres de la Cour, tout Commissaire-ordonnateur et ordinaire des Guerres et de la Marine qui se conduira mal, soit qu'il l'interdise de lui-même ou à la réquisition de l'Intendant.

XLI. Il répondra à S. M. du service, de la discipline, de la subordination, de l'ordre, de la tenue et de la conduite de toutes les Troupes employées dans la Colonie ; S. M. le faisant en cette partie, dépositaire de son autorité, et le laissant le maître de punir tous les Officiers qui seront à ses ordres, lorsqu'ils auront encourus les peines portées par les

Ordonnances

Ordonnances de S. M. selon les différens cas.

XLII. Il sera tenu de faire à cet effet tous les ans dans les saisons convenables, deux revues d'inspection desdites Troupes, et de les adresser ensuite au Secrétaire d'Etat ayant le département de la Guerre, et au Secrétaire d'Etat ayant le département de la Marine.

XLIII. La première de ces revues aura pour objet d'examiner si les réparations d'un Régiment ordonnées, par la dernière revue de l'année précédente, auront été bien faites; quelles ont été les pertes de ce Régiment par morts ou désertions; si les recrues de l'année sont belles ou médiocres; il examinera en même-tems le nombre et la qualité des hommes de ce Régiment; s'il est bien discipliné, bien tenu, s'il fait exactement son service; si la subordination y est bien établie, non-seulement du Soldat au bas Officier, mais encore de l'Officier subalterne au Capitaine, et de celui-ci aux Officiers supérieurs; quelles sont les bonnes ou les mauvaises qualités, les talens, la négligence ou l'application de ces Officiers supérieurs, de ceux de l'Etat-major, des Capitaines, des Officiers subalternes et même des bas Officiers; si l'on s'est attaché à ne composer que de sujets bien intelligens, cette dernière classe, aujourd'hui devenue si nécessaire; si l'on a suivi bien exactement tout ce qui a été prescrit par l'Ordonnance sur la formation de chaque Compagnie en Escouades, demi Sections, et Sections; en quel état sont les Caisses des différentes masses; si le Trésorier du Régiment est en règle avec le Trésorier-général de l'extraordinaire des Guerres, et celui de la Colonie;

s'il ne doit rien d'ailleurs, et de quelle manière chaque Officier est avec le Trésorier; enfin, il entrera dans le plus grand détail sur toutes les parties de l'habillement, de l'armement et de l'équipement, et sur celle du linge et de la chaussure.

XLIV. La seconde revue d'inspection embrassera les mêmes objets, et elle aura de plus ceux de faire congédier tous les bas Officiers et Soldats dont les engagemens seront expirés, au cas qu'ils ne veuillent pas les renouveller; d'arrêter l'état de ceux qui seront dans le cas de mériter et de demander l'hôtel des Invalides, ou d'autres grâces du Roi; de constater le nombre d'hommes de recrues, et la quantité d'habits, vestes, culottes et chapeaux dont on aura besoin pour l'hiver et pour l'été suivant, et d'ordonner toutes les mêmes réparations qu'il y aura à faire à l'habillement, à l'armement et à l'équipement.

XLV. Il sera tenu de faire pareillement chaque année une visite de tous les Ports et de toutes les Places et Quartiers de la Colonie où il y aura des Troupes, afin qu'en voyant tout par lui-même, il puisse maintenir le bon ordre par-tout, et rendre à S. M. le compte le plus exact dans lequel seront les Places et les Ports; de l'avancement des travaux et autres ouvrages ordonnés concernant l'Artillerie et les Fortifications; de la conduite et des talens des Officiers-généraux, de ceux du Génie, de l'Artillerie et de la Marine qui y seront employés, et des Commandans des différens Quartiers; de la manière dont les Troupes vivent avec les Habitans; de l'état dans lequel sont tous les magasins de l'Artillerie, des vivres et autres effets concernant les besoins des Troupes ou la défense du pays, et de la manière dont le service se fait dans les Hôpitaux ; en un mot, pour ne rien laisser ignorer à S. M. de tout ce qui pourraient tendre au bien de son service, ni de toutes les lumières qu'il acquerra sur les moyens qu'il y aurait de mettre en sûreté la Colonie.

XLVI. Le Gouverneur enverra un mémoire au Secrétaire d'Etat ayant le département de la Marine, sur l'espèce des Fortifications, des différentes Places ou Forts de la Colonie; sur celles dont elles seraient susceptibles pour la meilleure défense, et sur le nombre d'Ingénieurs qu'il y faudrait ; sur la quantité de Troupes qu'il conviendrait de mettre en cas de siége dans chacune de ces Places ; sur la quantité de canons, mortiers, affûts, boulets, bombes, grenades, balles, fer, charbons, poutres, planches, armes offensives et défensives, et autres effets qui seraient nécessaires dans chacune desdites Places, pour une défense plus ou moins longue ; sur le nombre d'Officiers et de Soldats d'Artillerie qu'il faudrait y placer, et sur le nombre de chevaux et équipages nécessaires à la manœuvre des pièces ; sur la quantité de grains et de farine qu'il conviendrait qu'il y eut en tout tems, eu égard à la grandeur, à l'étendue de ses ouvrages et au nombre de Troupes nécessaires à sa défense ; sur la quantité de bois qui serait convenable pour la cuisson du pain et autres besoins des troupes ; et enfin sur le nombre et l'espèce des moulins et des fours qui seront dans ladite Place, et sur le nombre de rations de pain qu'on pourrait y cuire en 24 heures ; sur la quantité de lits et de linge nécessaires dans chaque Place pour un Hôpital en cas de siége ; sur la quantité de denrées, remèdes et effets de toute espèce, qu'il faudrait y avoir eu égard à la durée de la défense, et au nombre de Troupes qui y seraient employées ; enfin sur le nombre d'Officiers de santé, Employés et domestiques qu'il conviendrait d'y tenir pour le service des malades et des blessés ; sur la quantité de bois, huile, chandelle, vinaigre, riz, légumes, viandes fraîche et salée, vin, eau-de-vie, sel et autres denrées qui seraient nécessaires dans lesdites Places, eu égard au nombre de Troupes qui devront les défendre, et au nombre de jours et de mois qu'elles pourront tenir.

XLVII. Il fera lever successivement une carte de toutes les parties de la Colonie, dont il enverra chaque année une partie à la Cour avec un mémoire détaillé sur la nature des côtes et celles de l'intérieur du pays ; il y discutera avec soin quelles sont les parties de la côte les plus susceptibles d'une descente ou d'un bombardement de la part des ennemis ; les raisons qu'on a eu de fortifier telle ou telle autre partie ; de-là parcourant l'intérieur du pays, il examinera le cours des rivières et des ruisseaux, leur volume d'eau, la nature de leurs fonds et de leurs bords ; l'étendue et la qualité des bois et des marais ; les positions avantageuses que l'on pourrait y trouver pour y construire une bonne Place, ou pour y former un bon camp retranché en état de couvrir une grande partie du pays ; les obstacles et les facilités à y marcher en tous tems; quelles ressources le pays fournirait en subsistances, pâturages, voitures, chevaux, travailleurs, etc.; quelle est la population; quels seraient les moyens de l'augmenter; quelle est la navigation des rivières et des canaux, les avantages qu'il y aurait à en établir de nouveaux; les obstacles et les facilités que l'on y recontrerait; en quel état sont les chemins, relativement à la partie Militaire; enfin tous les points par où la Colonie peut être attaquée; les moyens qu'il y aurait de la défendre efficacement, et combien il y faudrait de Troupes. Il entrera ensuite par ce mémoire, dans le détail des rapports que la Colonie peut avoir avec les autres Colonies étrangères de cette partie de l'Amérique; il commencera par examiner quels sont les rapports de la Colonie avec les autres Colonies de S. M., et celles des Espagnols; la protection qu'on peut en attendre; celle qu'elle est en état de leur donner; les facilités qu'il y aurait à réunir leurs forces, tant par rapport à la distance où elles sont les unes des autres, que par rapport à leur position, relativement au vent. Il finira par examiner ces mêmes rapports à l'égard des Colonies des Anglais, et de celles des Hollandais et des Danois, en discutant dans le plus grand détail, tout ce que la Colonie peut avoir à en craindre, et le mal qu'elle peut leur faire; il faut que ces mémoires qui traiteront de ces différens objets, contiennent deux projets; l'un défensif et l'autre offensif, et que tout y soit prévu sans absolument y rien omettre.

XLVIII. Au défaut du Gouverneur, le

Commandant en second employé dans la Colonie, en remplira toutes les fonctions et le remplacera dans tous ses droits, autorités, honneurs et prérogatives, tant pour le Civil que pour le Militaire de la Colonie, jusqu'à ce que le Gouverneur soit en état de reprendre ses fonctions, ou que le Roi lui envoie un successeur, et sans que ledit Commandant en second ait à cet effet besoin d'aucun autre ordre de S. M., que la présente Ordonnance.

Fonctions du Commandant en second.

XLIX. Tant que le Gouverneur sera en état de remplir ses fonctions dans la Colonie, le Commandant en second n'y aura aucune espèce d'autorité sur les Habitans, qu'en ce qui concerne la sûreté du pays, et il ne se mêlera en rien du gouvernement de la Colonie; mais il aura le droit de pouvoir, toutes les fois qu'il sera au Fort-Royal, assister au Conseil Supérieur, et y prendre séance avec voix délibérative, et immédiatement à la gauche du Gouverneur sur le même rang des autres Conseillers.

L. Il aura sur toutes les Troupes de la Colonie et sur les Commandans particuliers des Corps, Places et Quartiers, sur les Officiers d'Artillerie et du Génie qui seront détachés, toute l'autorité pour commander ces Troupes, les inspecter, faire la visite des Places et des différens Quartiers, et se faire rendre un compte exact de tout ce qui s'y passera, et il sera responsable envers le Gouverneur de tout ce qui concernera la discipline, le service, les exercices, la subordination, l'ordre, la tenue et la conduite de toutes les Troupes, de celle de tous les

Officiers qui lui seront subordonnés, et de l'exécution de tous les ordres du Gouverneur à cet égard qui lui seront tous adressés.

LI. Il sera tenu de faire tous les deux mois, une revue d'inspection de toutes les Troupes qui seront sous ses ordres : ces revues d'inspection embrasseront les mêmes objets que celles du Gouverneur, dont il a été parlé ci-dessus, avec cette différence qu'il ne pourra faire congédier aucun bas Officier ni Soldat, ce droit étant réservé au seul Gouverneur, ou Commandant en chef de la Colonie, ainsi que celui d'arrêter les différens états des hommes de recrues et de toutes les parties d'habillement, armement et équipement dont on aura besoin pour l'année suivante, et celui d'ordonner les réparations ; il enverra les revues au Secrétaire d'Etat ayant le département de la Guerre, au Secrétaire d'Etat ayant le département de la Marine, et au Gouverneur.

LII. Il sera en outre tenu de faire chaque année une visite de toutes les Places, Forts et Quartiers de son département où il y aura des Troupes, pour en visiter les Arsenaux, Salles d'armes et Magasins d'Artillerie, les Fortifications et tous les travaux ordonnés, afin qu'il puisse juger de leur avancement ; il verra en même-tems les Hôpitaux, pour y juger de la nature des alimens, et se faire rendre compte de la propriété et de l'espèce des remèdes, de l'expérience et de la capacité des Gens de santé : il examinera l'état de Magasins, des vivres ou autres effets destinés aux Troupes, pour juger de la bonté de la denrée, de celle des étoffes ou autres effets, et de l'exactitude des employés ; mais il se contentera de faire des observations sur toutes ces parties, sans pouvoir rien ordonner de lui-même à ces différens égards, et d'en faire un mémoire très-détaillé pour l'envoyer à la fin de chaque année au Gouverneur ; il y joindra un autre mémoire sur la nature du pays, et successivement de toutes les parties de son département, en y discutant les mêmes matières et les mêmes objets que l'on vient d'expliquer ci dessus, pour le mémoire que le Gouverneur sera tenu d'envoyer au Secrétaire d'Etat ayant le département de la Marine.

LIII. Il sera de plus obligé de rendre le premier de chaque mois, au Gouverneur, un compte exact de tout ce qui se sera passé dans la Colonie pendant le mois précédent ; il lui en rendra pareillement compte sur-le-champ, toutes les fois que le cas requerra un prompt remède ou une prompte décision.

Fonctions de l'Aide Major-général.

LIV. L'Aide Major-général prendra les ordres immédiatement du Gouverneur ou du Commandant en chef de la Colonie, pour tout ce qui concernera l'Infanterie, la discipline et le service des Places et des différens Quartiers où il y aura des Troupes.

LV. Il sera autorisé à veiller continuellement au maintien de la discipline, de la subordination, des exercices, de l'exactitude du service et autres détails relatifs à l'Infanterie et au service des Places ; en conséquence il sera tenu de faire tous les ans une revue d'inspection de toute l'Infanterie, et une visite des différentes Places et Quartiers de la Colonie où il y aura des Troupes ; les objets de sa revue d'inspection et de sa visite des Places et Quartiers, seront les mêmes que ceux que l'on a déja expliqué ci-dessus pour la revue d'inspection et la visite des Places du Commandant en second; il examinera de plus dans lesdites Places et Quartiers, si le service s'y fait exactement, et quelle est la manière dont les Commandans s'y conduisent, tant avec les Troupes qu'avec les Habitans, et dressera des mémoires très-détaillés sur toutes ces parties, et il les joindra à ses revues qu'il adressera au Gouverneur à mesure qu'il les fera.

LVI. Outre cette revue d'inspection il pourra, toutes les fois qu'il le jugera à propos, faire prendre les armes à chaque Régiment, en en demandant la permission au Commandant en second, soit pour exercer lui-même le Régiment, ou pour le faire exercer en sa présence, soit pour le passer une autre fois en revue, sans que le Colonel ou le Commandant du Corps puisse être en droit de le lui refuser.

LVII. Il sera de plus autorisé à se faire rendre à la fin de chaque mois, et même toutes les fois que cela sera nécessaire, par les Commandans des Corps et par ceux des différentes Places et Quartiers, un compte exact de tout ce qui s'y sera passé pendant le mois précédent, afin qu'il soit en état d'en rendre compte ensuite lui même.

Fonctions des Commandans des Places.

LVIII. Les Commandans des Places et ceux des différens Quartiers, n'auront d'autorité sur les Habitans, qu'à l'égard des choses qui pourraient intéresser la sûreté de la Place : ils ne se mêleront en rien de tout ce qui peut regarder l'Administration de la Justice, ou l'Administration civile de la Colonie ; mais ils seront tenus de prêter main-forte toutes les fois qu'ils en seront requis, pour l'exécution des jugemens de la Justice et de la Police, pour la levée des impôts et pour empêcher tout désordre et toutes espèces de contrebande.

LIX. Ils répondront au Commandant en second, de tous les ordres qui leur seront adressés concernant leur département particulier, de l'exécution de ces ordres, de la discipline et de la tenue des Troupes qui seront sous leurs ordres, et de la conduite qu'elles tiendront vis-à-vis des Habitans avec lesquels elles vivront en bonne discipline.

LX. Le premier de chaque mois ils rendront un compte exact de tout ce qui se sera passé pendant le mois précédent, dans leur Place, au Commandant en second ; et à l'Aide Major-général, ils en rendront pareillement compte sur-le-champ, si les circonstances l'exigent.

Fonctions des Commandans des Corps.

LXI. Les Commandans des Corps auront sur leur Régiment la même autorité qu'ils y ont en Europe, et telle qu'elle est ou sera réglée par les Ordonnances de S. M., concernant son Infanterie, et ils seront responsables envers le Commandant en second et envers le Commandant de la Place et du Quartier, de la discipline, de la subordination, de l'exactitude dans le service, des exercices et de la conduite de la Troupe dont ils auront le commandement ; ils leur répondront pareillement de l'exécution de tous les ordres qui seront donnés concernant cette Troupe et qui leur seront tous adressés.

LXII. Le premier de chaque mois ils rendront un compte exact audit Commandant en second, ainsi qu'à l'Aide Major-général, de tout ce qui se sera passé dans leur Troupe pendant le mois précédent.

Service des Troupes.

LXIII. Les Troupes feront le service dans la Colonie sur le pied qui sera réglé par le Gouverneur, et conformément à ce que S. M. a déja réglé ou réglera pour le service, la discipline, les exercices, la subordination, etc., concernant son Infanterie en Europe, soit pour le service des Places, soit pour le service de Campagne ; elles seront subordonnées au Gouverneur ou Commandant en second, aux Commandans des Places et à ceux des Quartiers.

Traitement des Troupes.

LIV. Le traitement desdites Troupes dans la Colonie, ainsi que le traitement particulier du Gouverneur et du Commandant en second, et des autres Officiers militaires, sera fixé par un Réglement particulier.

Honneurs à rendre par les Troupes.

LXV. Il ne sera rendu par les Troupes à terre aucune espèce d'honneurs qu'à ceux à qui il en sera dû conformément aux Ordonnances de l'Infanterie à cet égard.

LXVI. L'intention de S. M. est que les Gardes des Ports ne se mettent point en haie pour les Capitaines de Vaisseaux, ni pour les Colonels, auxquels cet honneur n'est dû que lorsqu'ils se trouvent commander en chef dans une Place ou dans un Poste.

LXVII. Les Chefs d'Escadres recevront les mêmes honneurs que ceux qui sont dus aux Commandans en second ; et les Lieutenans-généraux de la Marine seront traités comme ceux du service de terre. L'Intendant n'étant pas Militaire, il ne doit lui être rendu aucun honneur militaire ; il lui sera seulement fourni devant la porte de son logement, une sentinelle du poste le plus voisin, lorsqu'il y aura des Troupes dans le lieu où il sera.

LXVIII. Quant aux honneurs qui devront être rendus sur les Vaisseaux de S. M., on se conformera strictement aux Ordonnances de la Marine à cet égard, sans qu'il soit permis de rendre à qui que ce soit, d'autres honneurs que ceux qui leur sont fixés par lesdites Ordonnances.

Fonctions de l'Officier-principal du Corps Royal.

LXIX. L'Officier-principal du Corps Royal, recevra les ordres immédiatement du Gouverneur, ou à son défaut du Commandant en chef de la Colonie, pour tout ce qui concernera l'Artillerie, et il n'en rendra compte qu'au Gouverneur et au Secrétaire d'Etat ayant le département de la Guerre, et au Secrétaire d'Etat ayant le département de la Marine.

LXX. Il aura seul la direction, l'inspection et l'administration de tous les Arsenaux, Salles d'armes et Magasins d'Artillerie de la Colonie, dont il aura le pouvoir de proposer les Gardes-magasins.

LXXI Il commandera le détachement du Corps Royal, veillera sur la discipline, les exercices et les écoles ; en un mot, il aura sur ce détachement, la même autorité que le Commandant-général de l'Artillerie d'une armée a sur tout ce qui la compose ; il fera tous les deux mois une revue d'inspection de ce détachement telle qu'elle a été prescrite ci-dessus pour le Commandant en second, à l'égard de l'Infanterie : quant aux deux revues d'inspection qui doivent être faite de six mois en six mois, ainsi que celles de l'Infanterie, elles seront faites par le Gouverneur ; l'Aide Major-général pourra aussi inspecter ce détachement, comme faisant partie de l'Infanterie, sans pouvoir cependant entrer dans aucun détail sur ce qui ne regarde que l'Artillerie.

LXXII. Cet Officier principal d'Artillerie sera tenu de faire tous les ans la visite de toutes les Places et de tous les Ports où il y aura des Magasins, des Arsenaux ou des Salles d'armes d'Artillerie, pour juger du progrès des ouvrages ordonnés, ainsi que de la précision et de l'économie avec lesquelles on les exécute ; pour dresser le projet de tous les ouvrages à ordonner pour l'année suivante ; pour examiner par lui-même en quel état se trouveront l'Artillerie et les munitions des Places et des Ports, et ce qu'il serait à propos d'y changer, réparer ou augmenter ; enfin pour s'y faire rendre compte des talens, de la conduite particulière, de la négligence ou de l'application de tous les Officiers d'Artillerie qui seront sous ses ordres, et de l'exactitude, de l'intelligence ou du peu de vigilance et d'attention des différens Gardes-magasins, et pour dresser ensuite, d'après cette visite et examen, des états et des mémoires très-détaillés sur tous ces objets, les adresser au Gouverneur à mesure qu'il fera la visite des Places et des Ports, et les envoyer ensuite tous au Secrétaire d'Etat ayant le département de la Guerre, et au Secrétaire d'Etat ayant le département de la Marine.

Fonctions des Officiers particuliers d'Artillerie.

LXXIII. Les Officiers particuliers du Corps Royal qui seront détachés dans une Place ou dans un Port, y seront aux ordres de celui qui y commandera, et seront responsables de la discipline et de la bonne conduite des Officiers et soldats de leur détachement particulier; ils se conformeront d'ailleurs à tout ce qui est, ou sera prescrit en Europe, et seront fort exacts à rendre compte le premier de chaque mois à l'Officier principal de leurs Corps, de tout ce qui se sera passé pendant le mois précédent, concernant toutes les parties dont ils seront spécialement chargés; ils en rendront compte en même-tems au Commandant en second.

LXXIV. Ils ne pourront se dispenser de faire connaître audit Commandant en second et à l'Aide Major-général, toutes les fois qu'ils feront la visite des Places, les travaux ordonnés par S. M. ou par le Gouverneur, et même de leur donner la communication des plans, afin qu'ils puissent juger de leur avancement, bien entendu que ni ledit Commandant en second ni l'Aide Major-général ne pourront faire tirer copies de ces plans, et qu'ils seront obligés de les leur rendre avant le départ de la Place.

Fonctions du Directeur des Fortifications.

LXXV. Le Directeur des Fortifications recevra les ordres immédiatement du Gouverneur, ou à son défaut, de celui qui commandera en chef dans la Colonie, pour tout ce qui concernera le Génie et les Fortifications; ses fonctions seront les mêmes qu'en Europe, et il aura la même autorité sur les Ingénieurs ordinaires qui seront à ses ordres.

LXXVI. Il sera tenu de faire chaque année une visite de toutes les Places et de tous les Ports de la Colonie, pour examiner les dégradations que le mauvais tems ou la pluie peuvent avoir occasionnées tant aux Fortifications et autres ouvrages, qu'aux maisons et autres bâtimens appartenans à S. M.; quelles sont les réparations urgentes à y faire; à quel point d'avancement en sont les ouvrages ordonnés; les différens projets qu'il convient de former pour les réparations ou les augmentations d'ouvrages dont ces Places et ces Ports ont besoin; pour examiner en même-tems la conduite particulière des Ingénieurs ordinaires; quels sont leurs talens, leur zèle, etc., et faire ensuite des mémoires détaillés sur ces différentes parties et sur tout ce qu'il conviendrait de faire pour mettre chaque Place et chaque Port dans l'état le plus respectable, et envoyer ensuite ces mémoires au Secrétaire d'Etat de la Marine, et au Gouverneur.

Fonctions des Ingénieurs ordinaires.

LXXVII. Les Ingénieurs ordinaires seront aux ordres du Commandant en second et du Commandant de la Place, ou de celui du Quartier dans lequel ils résideront. Ils rendront, le premier de chaque mois audit Commandant en second et au Directeur des fortifications, un compte exact de tout ce qui se sera passé dans leur district pendant le mois précédent : ils ne pourront se dispenser, ainsi qu'il vient d'être expliqué pour les Officiers du Corps Royal, de faire connaître audit Commandant en second, et à l'Aide Major-général, lorsqu'ils feront la visite des Places, les travaux ordonnés, et même de leur en communiquer les plans, afin qu'ils puissent juger de leurs progrès.

Fonctions de l'Officier du Port.

LXXVIII. L'Officier du Port remplira dans la Colonie les mêmes fonctions que le Capitaine d'un Port du Royaume y remplit en Europe, et en conséquence il sera sous les ordres du Gouverneur et de l'Intendant, et sous ceux du Commandant de la Marine ou de l'Intendant du Port.

Parties de l'Administration, particulières à l'Intendant.

LXXIX. L'Intendant aura seul le droit de proposer à tous les emplois de Justice et Civils qui viendront à vaquer, soit dans le

Conseil

Conseil Supérieur ou dans les Juridictions particulières qui en ressortissent, soit dans le reste de la Colonie, en attendant que S. M. ait fait connaître ses intentions pour le remplacement de ces emplois vacans; et la commission qui sera donnée pour l'exercice par *interim* desdits employés, sera expédiée aux noms du Gouverneur et de l'Intendant, sans que le Gouverneur puisse le refuser.

LXXX. Toutes les matières concernant la Justice, la levée des Impositions, les Marchés à passer, les Paiemens à faire, les Fonds, les Comptes, la Solde des Troupes, les Classes, le Commerce, l'Agriculture, les Encouragemens à donner pour en accélérer les progrès, la Population de la Colonie, et les moyens d'y rendre les vivres abondans et à meilleur prix; la faveur à donner au travail des blancs en réduisant les nègres aux seuls travaux des habitations, seront absolument du ressort de l'Intendant, et le Gouverneur n'en prendra connaissance, que pour savoir, comme premier Chef de la Colonie, en quel état elle se trouve: les défrichemens seront aussi du ressort de l'Intendant; mais il n'en permettra aucun que de l'aveu du Gouverneur, qui jugera s'il ne peut pas nuire à la défense de la Colonie.

LXXXI. Son autorité s'étendra généralement sur tous les approvisionnemens dont il aura la direction et la manutention; sur tous les Magasins de terre et de mer, à l'exception de ceux d'Artillerie dont il ne se mêlera pas; sur toutes les fournitures à faire aux Troupes; sur la construction et l'entretien de tous les bâtimens servant à l'usage des Troupes et à celui des Magasins en tous genres; sur les Hôpitaux militaires et civils;

sur les Arsenaux de Marine qui seront établis dans la Colonie ; sur la police des Navires marchands ; et il ne sera tenu d'en rendre compte au Gouverneur, que dans les parties relatives à la subsistance et aux besoins des Troupes, ou à la défense de la Colonie.

LXXXII. Tous les Gardes-magasins, à l'exception, ainsi qu'il a été dit, de ceux d'Artillerie, ne dépendront que de lui seul, et il sera le maître de les interdire et de les remplacer toutes les fois qu'ils se conduiraient mal dans leurs fonctions ; mais s'il y avait une prévarication manifeste, il en instruira le Gouverneur pour les faire arrêter et les renvoyer en France, avec les pièces qui constateront ce délit, pour y être punis suivant l'exigence des cas.

LXXXIII. Ce sera à lui seul à régler toutes les dépenses et à passer les marchés dans la forme ordinaire, c'est-à-dire, pour ceux qui se feront sur les lieux, par des adjudications publiques au rabais ; ces marchés seront confirmés par le Secrétaire d'Etat ayant le département de la Marine, bien entendu que dans les choses instantes, l'exécution du marché aura son effet.

LXXXIV. Il ne pourra permettre à aucun Habitant de sortir de la Colonie, ni renvoyer en France aucunes personnes employées sous ses ordres, sans l'aveu du Gouverneur.

LXXXV. Il fera commander les équipages des Bâtimens de Commerce, ainsi que les Ouvriers et autres Habitans, relativement au service dont il est chargé ; il pourra même les faire punir en cas de désobéissance, en demandant, s'il est besoin, main-forte au Gouverneur, qui ne pourra la lui refuser sans de fortes raisons, dont il sera tenu de rendre compte au Secrétaire d'Etat ayant le département de la Marine.

LXXXVI. Il aura sur le Commissaire-ordonnateur, et sur le Commissaire ordinaire des Guerres, la même autorité que l'Intendant d'une armée a sur les Commissaires qui y sont employés.

LXXXVII. Il aura sur l'Officier de Port et sur le Commissaire, les Ecrivains, les Commis et autres Employés de la Marine, la même autorité que l'Intendant d'un port a sur ceux qui y sont employés; il aura enfin sur le Subdélégué-général, sur les deux Subdélégués ordinaires, et sur les Chefs civils des Villes et Bourgs, la même autorité qu'a l'Intendant d'une généralité du Royaume dans son département : il lui sera permis d'avoir auprès de sa personne, un ou deux hoquetons pour l'exécution des ordres qu'il aura à donner dans sa partie; mais les frais de leur entretien seront à ses dépens.

Fonctions du Subdélégué-général.

LXXXVIII. Au défaut de l'Intendant, le Subdélégué-général remplira toutes ses fonctions, et les Commissaires-ordonnateurs et ordinaires des Guerres et de la Marine lui seront subordonnés; mais il ne pourra prétendre à aucune supériorité sur eux, tant que l'Intendant sera dans la Colonie, quoiqu'étant hors d'état de remplir ses fonctions; le Subdélégué-général n'étant censé remplir sa place, qu'autant qu'il serait mort, ou qu'il se serait démis volontairement, ou qu'il aurait été rappellé.

LXXXIX. Le Subdélégué-général sera chargé immédiatement sous les ordres de l'Intendant, de tout ce qui aura rapport à l'Administration civile de la Colonie; mais en cette qualité il ne se mêlera en rien de tout ce qui concernera le Militaire de terre ou de mer, ou de la défense du pays.

XC. Le Subdélégué-général aura une attention particulière à veiller à l'approvisionnement général de tous les Magasins, tant pour les vivres que pour les autres effets destinés à l'usage des Troupes : il sera chargé, sous les ordres de l'Intendant, de la comptabilité des Gardes-magasins pour la recette et la dépense de tous les articles qu'il fera entrer dans lesdits Magasins, pour suivre le recouvrement de leur valeur; mais il ne se mêlera en aucune façon de l'exercice et de l'usage desdits Magasins, de la distribution et consommation des vivres, de leur inspection et visite, ainsi que de l'Administration et conduite des Gardes-magasins qui seront du ressort des Commissaires-ordonnateurs et ordinaires des Guerres, pour la partie Militaire : il se donnera aussi tous les soins possibles, pour que les Hôpitaux soient fournis de tout ce qui leur sera nécessaire pour la commodité et la guérison des malades, et pour constater la recette et la dépense desdits Hôpitaux, dont l'inspection et l'administration concernera les Commissaires des Guerres, qui en rendront compte à l'Intendant.

Le Subdélégué-général aura soin qu'on retienne le moins qu'on pourra dans les Ports de la Colonie, les Flûtes et autres Bâtimens chargés de vivres et autres effets pour le compte de S. M., et leur procurera des denrées à fret pour les charger à leur retour en France.

XCI. Les Officiers municipaux des villes et autres lieux lui seront subordonnés pour tout ce qui regardera la Police civile, l'Agriculture, le Commerce extérieur et intérieur, les Impositions, la levée des Octrois, les Corvées, le Commerce de la contrebande, en un mot il sera chargé des mêmes fonctions d'un Subdélégué-général dans une généralité du Royaume; il aura la même autorité et de plus l'administration et l'inspection relative au besoins civils de la Colonie.

XCII. Lorsque le Subdélégué-général réunira à sa place celle de Commissaire-ordonnateur des Guerres et de la Marine, il aura, sous les ordres de l'Intendant, la direction et la manutention de tout ce qui appartiendra à ces deux départemens.

XCIII. Le Subdélégué-général assistera au Conseil Supérieur de la Colonie, prendra séance à la droite de l'Intendant en qualité de premier Conseiller, et fera fonctions de Président en l'absence de l'Intendant.

XCIV. Les fonctions des deux Subdélégués seront les mêmes que celles d'un Subdélégué-ordinaire dans une Intendance du Royaume, et ils recevront en toutes choses les ordres de l'Intendant et du Subdélégué-général, auxquels ils rendront compte de leurs opérations et de l'exécution de tous les ordres qui leur seront adressés, concernant l'Administration civile de la Colonie: l'un de ces Subdélégués aura pour département toute la partie de l'Est de la Colonie, et l'autre toute la partie de l'Ouest.

Fonctions du Commissaire-ordonnateur des Guerres.

XCV. Le Commissaire-ordonnateur des Guerres aura sur le Commissaire ordinaire des Guerres, la même autorité que l'Intendant d'une armée a sur les Commissaires des Guerres qui y sont employés.

XCVI. Il recevra les ordres du Gouverneur et de l'Intendant, soit que le premier les lui donne lui-même, ou qu'il les lui fasse donner par le dernier; et il rendra compte à l'un et à l'autre des différentes parties qui les concernent chacun en particulier.

XCVII. Il passera lui-même en revue les Troupes, ou il les fera passer par le Commissaire, pour que ces revues servent au paiement des Troupes : il se conformera, à l'égard de ces revues, de l'expédition des congés absolus et limités, des billets d'hôpitaux, etc. ; à tout ce qui a été réglé ou le sera par la suite concernant les revues de l'Infanterie de S. M. en Europe.

XCVIII. Il aura inspection sur tous les Hôpitaux militaires; sur toutes les fournitures à faire aux Troupes; sur tous les approvisionnemens des Places et des différens Quartiers où il y aura des Troupes, et sur tous les Magasins relatifs tant à leur subsistance et à leurs autres besoins, qu'à la défense du pays, et il veillera sur la conduite des différens Magasins.

XCIX. Il sera d'ailleurs chargé de toutes les parties de l'Administration militaire dont les Commissaires des Guerres sont chargés dans les Armées et dans les Provinces du Royaume; mais il ne se mêlera en rien de tout ce qui regardera l'Administration civile de la Colonie.

C. Il sera tenu de faire chaque année une visite de toutes les Places et de tous les Quartiers où il y aura des Troupes, pour examiner par lui-même si le service s'y fait bien dans les Hôpitaux militaires; si les Troupes sont bien fournies; si le tout se passe en règle dans les Magasins, dans les distributions et ailleurs; si le Commissaire des

Guerres remplit exactement son devoir; quelle est sa conduite particulière; quels sont ses talens, etc. ; la qualité des différentes fournitures à faire aux Troupes; la situation de tous les Magasins de cette espèce; les mesures que l'on prend pour leur conservation et pour les approvisionnemens; enfin si les Habitans ne se plaignent pas des Troupes : il rendra compte de cette visite au Secrétaire d'Etat ayant le département de la Marine, au Gouverneur et à l'Intendant.

Fonctions du Commissaire ordinaire des Guerres.

CI. Le Commissaire ordinaire des Guerres sera exact à remplir dans son district particulier, toutes les mêmes fonctions dont les Commissaires sont ou seront chargés en Europe, et à rendre compte le premier de chaque mois, au Commissaire-ordonnateur et au Commandant en second, de tout ce qui se sera passé pendant le mois précédent dans son district, concernant ses fonctions particulières.

Fonctions du Commissaire de la Marine.

CII. Le Commissaire de la Marine aura sur les Officiers de Port, sur les Ecrivains, les Commis et les Gardes-magasins de Marine, la même autorité dont jouit un Commissaire de Marine dans un des Ports du Royaume; et en conséquence il aura, sous les ordres de l'Intendant, la direction et la manutention de tout ce qui appartiendra à la Marine et aux Classes, et il suivra avec la plus grande attention, le service des Arsenaux et celui des Commis des Classes dans les différens Quartiers de la Colonie.

Le Commissaire de Marine sera tenu de faire

chaque année, une visite de tous les Ports de la Colonie, où il y aura des établissemens de Marine, ou des Bureaux des Classes, pour y examiner par lui-même si tout s'y passe en règle, et en rendre compte à l'Intendant, ainsi que de la conduite, des talens, du zèle ou de la négligence des Ecrivains, des Commis et des différens Gardes-magasins de la Marine : il lui rendra pareillement compte le premier de chaque mois, et même plus souvent si les circonstances l'exigent, de tout ce qui se sera passé pendant le mois précédent, dans le Port de la carenne et dans tous les autres Ports de la Colonie. Les Ecrivains et les Commis de la Marine qui y seront détachés, seront également tenus de rendre compte audit Commissaire de la Marine.

Fonctions des Ecrivains et Commis des Classes.

CIII. Les Ecrivains de la Marine rempliront dans la Colonie les mêmes fonctions qu'ils exercent en Europe dans les Ports du Royaume ; et ils seront exacts à rendre compte au Commissaire de la Marine, de tout ce qui se sera passé dans toutes les parties dont ils seront chargés.

CIV. Le Commis des Classes résidera dans le Quartier qui lui aura été assigné, et il se conformera également à l'Ordonnance de la Marine, pour tout ce qui concernera son service ; mais il aura une attention particulière sur la discipline des Bâtimens de Commerce, pendant le tems qu'ils séjourneront dans le Port de son Quartier, autant pour empêcher la désertion et les contenir dans l'obéissance, que pour tenir la main à ce qu'il ne leur soit fait aucun tort de la part de leur Capitaine ; et il prendra garde en même-tems que

ces

ces Bâtimens ne soient retenns trop long-tems dans les Ports, soit par sa faute, soit par celle des Officiers de l'Amirauté.

Du Contrôleur de la Marine.

CV. Le Contrôleur de la Marine à la Martinique, remplira les mêmes fonctions que celles des Contrôleurs dans les Ports du Royaume.

Du Trésorier de la Colonie.

CVI. Le Trésorier de la Colonie ne dépendra du Gouverneur que dans les parties où un Trésorier d'une armée dépend du Général ; mais il ne recevra des ordres que de l'Intendant, tant pour les recettes qu'il fera dans sa Caisse, que pour les différens paiemens qu'il aura à faire ; cependant il sera tenu de remettre au Gouverneur le bordereau de sa Caisse, toutes les fois qu'il le lui demandera : il se conformera d'ailleurs aux Ordonnances de S. M., concernant le paiement des Troupes et ses fonctions, soit qu'elles concernent le Militaire, la Marine ou la Colonie en général.

Fonctions du Médecin et du Chirurgien-major.

CVII. Le Médecin et le Chirurgien-major auront sur tous les Hôpitaux militaires de terre et de mer de la Colonie, la même autorité et la même inspection que le Médecin et le Chirurgien-major d'une armée ont sur tous les Hôpitaux de l'armée.

Ils seront tenus d'en faire chaque année une visite, pour examiner la qualité des remèdes, et quels sont la conduite, les talens, l'application ou la négligence du Médecin ou du Chirurgien particulier de chaque Hôpital, desquels ils exigeront qu'ils leur rendent compte, le premier de chaque mois, de tout ce qui se sera passé dans ledit Hôpital pendant le mois précédent, afin qu'ils soient eux-mêmes en état d'en rendre compte ensuite au Gouverneur et à l'Intendant, relativement aux parties de l'Administration dont ils sont chargés.

Fonctions du Garde-magasin principal et des Gardes-magasins particuliers d'Artillerie.

CVIII. Le Garde-magasin principal ne recevra des ordres que de l'Officier-principal d'Artillerie et du Gouverneur, soit qu'il les lui donne lui même, ou qu'il les lui fasse passer par le moyen dudit Officier-principal ; et il ne rendra compte qu'à eux des choses qui auront été confiées à sa garde.

CIX. En conséquence des ordres qu'il recevra, il fera tous les envois que l'on jugera nécessaires pour les différens Magasins particuliers d'Artillerie, et il exigera des Gardes-magasins particuliers qui devront lui être subordonnés, qu'ils lui adressent le premier de chaque mois, un état de situation de leur Magasin particulier, et de la dépense et de la recette dudit Magasin pendant le mois précédent. Les Gardes-magasins particuliers seront tenus d'en rendre compte en même-tems à l'Officier du Corps Royal, dans le département duquel sera leur Magasin, afin qu'il puisse en rendre compte lui-même au Commandant en second, comme le Garde-magasin principal rendra compte de tout à l'Officier principal d'Artillerie de la Colonie, et celui-ci au Secrétaire d'Etat ayant le département de la Guerre, au Secrétaire d'Etat ayant le département de la Marine, et au Gouverneur.

CX. S'il arrivait que le Garde-magasin principal ou les Gardes-magasins particuliers se conduisissent mal dans leurs fonctions, le Gouverneur aura seul le droit de les interdire, soit de lui-même, soit à la réquisition de l'Officier principal d'Artillerie, et de pourvoir à leurs emplois sur la présentation qui lui sera faite par ledit Officier-principal de trois sujets propres à les remplir.

Fonctions du Garde-magasin principal et des Gardes-magasins particuliers des Vivres.

CXI. Il y aura un Garde-magasin principal au Fort-Royal, pour les vivres et autres effets destinés aux besoins des Troupes, et autant de Gardes-magasins particuliers qu'il y aura de garnisons établies dans les différens Quartiers. Le Garde-magasin principal ne recevra des ordres que de l'Intendant ou du Commissaire-ordonnateur des Guerres, soit que l'Intendant les lui donne lui-même ou qu'il les lui fasse passer par ledit Commissaire-ordonnateur des Guerres, il ne sera tenu de rendre compte qu'à eux de la distribution de tous les vivres et effets qui seront dans les Magasins particuliers, pour qu'ils soient fournis de toutes les choses que l'on y aura jugées nécessaires ; mais il sera comptable au Subdélégué-général du montant de sa recette et de sa dépense en vivres et autres effets.

CXII. Tous les Gardes-magasins particuliers lui seront subordonnés et lui adresseront le premier de chaque mois, un état exact de la situation de leur Magasin, de la recette et de la consommation dudit Magasin pendant le mois précédent : ils en rendront compte en même-tems, et toutes les fois que les circonstances l'exigeront, au Commissaire ordinaire des Guerres, dans le département duquel sera leur Magasin ; pour qu'il puisse en rendre compte au Commandant en second, sous lequel il sera détaché, comme le Garde-magasin principal rendra compte de tout au Commissaire-ordonnateur des Guerres, et celui-ci au Gouverneur et à l'Intendant.

CXIII. S'il y avait abus dans les Magasins, soit de la part du Garde-magasin principal ou de celle des Gardes-magasins particuliers, l'Intendant pourra, de son propre mouvement, à la réquisition du Subdélégué général ou du Commissaire-ordonnateur des Guerres, interdire les délinquans ou les renvoyer en France après les avoir remplacés, ainsi qu'il est expliqué à l'article LXXXII.

Fonctions du Garde-magasin de la Marine.

CXIV. Le Garde-magasin de la Marine ne recevra des ordres que du Commissaire de la Marine ou de l'Intendant, soit que celui-ci les lui donne lui-même, ou qu'il les lui fasse passer par le premier ; et il ne rendra compte qu'à eux de toutes les choses et de tous les effets qui auront été commis a sa garde, relativement au service de la Marine : il suivra les ordres qu'il recevra d'eux, soit pour la dépense ou pour la recette, et il remettra le premier de chaque mois, un état de la situation de son Magasin, au Commissaire de la Marine, qui en rendra compte ensuite lui-même à l'Intendant et au Gouverneur, pour les parties qui concernent le Militaire de mer, et en cas de malversation de sa part, il en sera usé, à son égard, ainsi qu'il a été dit au sujet des autres Gardes-magasins.

CXV. Immédiatement après la réception de la présente Ordonnance, le Gouverneur et l'Intendant rendront, chacun dans leur partie, des Ordonnances communes et particulières contenant des extraits séparés des fonctions qui sont attribuées par la présente Ordonnance aux personnes qui leur seront subordonnées, afin que chacun soit exactement instruit du service qu'il aura à remplir dans le poste ou l'emploi qui lui aura été confié.

Mande et ordonne Sa Majesté, etc.

Fait à Versailles, le 24 Mars 1763. *Signé*, LOUIS; *et plus bas*, par le Roi, le Duc de Choiseul.

Enregist. au Conseil Souverain.

(N°. 250.) *Ordonnance du Roi, concernant le traitement des Troupes qui iront servir dans les Colonies.*

Du 25 mars 1763.

Sa Majesté ayant par son Ordonnance du 10 décembre 1762, concernant l'Infanterie française, nommé les Régimens qui serviront à l'avenir dans ses Colonies, et fixé le traitement particulier qui leur sera fait pendant le tems qu'ils seront employés à ce service, elle a voulu par la présente Ordonnance, leur expliquer plus en détail en quoi consistera ce traitement.

Art. Ier. Les Colonels, Lieutenans-Colonels, Majors, Capitaines, Lieutenans, Commissaires des Guerres, Chirurgiens et Aumôniers à la suite des Régimens, ainsi que tous les bas-Officiers, Soldats et Tambours, jouiront, à compter du jour de leur embarquement dans un Port de France, pour passer dans les Colonies, et pendant tout le tems qu'ils serviront dans lesdites Colonies, jusqu'au jour de leur débarquement dans un Port de France, de la moitié en sus de leurs appointemens et de leur solde, laquelle moitié leur sera payée par les Trésoriers-généraux des Colonies, soit en France, soit dans la Colonie où ils serviront; et il sera également payé par les mêmes Trésoriers, pour chaque bas Officier et Soldat, 4 deniers par jour pour la moitié en sus du montant de leur retenue de 8 deniers, qui leur sera faite pour leur linge et chaussure, moyennant quoi la totalité de la paie du Soldat sera dans la Colonie de 7 sols 6 deniers, et d'un sol pour le linge et la chaussure.

II. Il sera payé en outre à chaque Officier qui s'embarquera avec sa Troupe, et non autrement, une gratification de 50 livres, pour le mettre en état de se procurer un lit de bord, laquelle gratification n'aura lieu qu'à l'embarquement dans les Ports du Royaume, lorsque les Régimens passeront dans les Colonies; et il sera donné à chaque bas Officier et Soldat, un hamac, tant pour la traversée que pour son usage dans la Colonie.

III. Il sera payé aux Troupes qui s'embarqueront pour les Colonies, trois mois d'avance de leur solde de France, par le Trésorier de l'extraordinaire des Guerres, et la moitié en sus de ladite solde par le Trésorier des Colonies, pour les mettre en état avant leur départ, de se procurer les menus approvisionnemens dont elles auront besoin. Lorsque les Troupes passeront d'une Colonie à l'autre, elles seront soldées dans les Colonies qu'elles quitteront, jusqu'au jour de leur départ, et continueront d'être payées à compter de ce jour, dans la Colonie où elles passeront, sans qu'il soit question pour ces passages intermédiaires, d'aucune avance ni gratification pour lits de bord aux Officiers, ni pour hamacs aux Soldats ; et à leur départ de la dernière Colonie qu'elles quitteront pour revenir en France, non-seulement elles seront soldées jusqu'au jour de leur départ, mais il leur sera donné de plus un mois d'avance, de manière qu'à leur arrivée en France, il ne leur restera dû que la solde qui aura couru au-delà d'un mois pour achever leur navigation.

IV. Le tems et le lieu du départ pour les Colonies, des différens Corps qui devront s'embarquer, étant fixé pour l'avenir, et tous les Officiers devant être suffisamment avertis d'avance pour faire leurs dispositions particulières et être rendus au Port de l'embarquement, S. M. veut que ceux de ses Officiers qui passeront dans les Colonies pour aller rejoindre leurs Corps, supportent les frais de passage sur ses Vaisseaux, Flûtes, Paquebots ou autres Bâtimens, à bord desquels ils s'embarqueront, à raison de 200 livres pour leur personne, et 100 liv. pour chaque domestique, en allant de France dans les Colonies, et de 300 liv. pour leur personne, et 150 liv. pour chaque domestique, en revenant des Colonies en France, le tout argent de France ; lesquelles sommes leur seront retenues sur leurs appointemens, à l'exception cependant des Officiers qui seraient obligés de passer pour le rétablissement de leur santé, ou pour causes concernant le service ; et à l'égard des Bâtimens marchands dont ils voudraient profiter pour leur passage, ils conviendront du prix de gré-à-gré avec le Capitaine ; mais S. M. défend absolument à tous Commandans de ses Vaisseaux et autres Bâtimens, ainsi qu'à tous Capitaines de Navires marchands, de recevoir aucun Officier ni Soldat sur son bord pour le porter dans les Colonies, sans un ordre ou une permission expresse de S. M., ni de le ramener des Colonies en France, sans une permission expresse du Gouverneur de la Colonie.

V. La cherté des denrées que les variations du Commerce causent souvent dans les Colonies, ayant fait connaître à S. M. la difficulté qu'auraient éprouvé ses Troupes à se procurer dans les Colonies les subsistances nécessaires, elle s'est déterminée à les leur faire fournir sur les lieux : pour cet effet, elle a fait donner ses ordres pour y faire passer annuellement les denrées nécessaires et y former des Magasins de Vivres suffisans, au moyen desquels l'Intendant de la Colonie fera donner à chaque bas Officier et Soldat effectif, moyennant la retenue de 4 sols 6 deniers, qui sera faite aux uns et aux autres, une ration composée d'une livre de Farine de France de la première qualité, de trois quarterons de Farine de Manioc ou l'équivalent en autres Vivres du pays, ou en quatre onces de Riz, et d'une demi-livre de Viande fraîche, ou à défaut, de même quantité de bœuf salé, ou de six onces de lard, et d'un huitième de pinte de Paris en Tafia. La cuisson de Pain qui sera faite de la livre de Farine de France seulement, sera à la charge de S. M., et moyennant l'introduction de la petite Monnaie que

que S. M. établira dans ses Colonies, les Soldats seront en état de se procurer plus facilement les menues légumes et autres articles nécessaires à leurs besoins.

VI. S. M. ayant ordonné par l'article précédent, que dans la ration du Soldat, il serait compris un huitième de pinte de Paris en Tafia, elle ordonne en conséquence au Gouverneur, à l'Intendant, au Commandant en second, au Subdélégué-général, aux Colonels et Majors des différens Corps, et à toutes autres personnes chargées de la discipline des Troupes, d'empêcher de tout leur pouvoir qu'aucun Cabaretier, Aubergiste et autre personne quelconque, ne vende, ni donne à boire aucune boisson aux Troupes, à peine d'une amende telle qu'elle sera arbitrée par le Gouverneur ou l'Intendant, pour la première fois, et sous peine de prison en cas de récidive. Veut et ordonne S. M., que sans avoir égard à l'usage où sont les Etats-majors d'avoir des cantines établies dans les Places de résidence, pour les Soldats qui y tiennent garnison, toutes cantines soient supprimées à l'avenir dans ses Colonies, et que sous quelque prétexte que ce puisse être, il n'y ait dans lesdites Colonies aucun lieu particulier et privilégié pour y donner à boire aux Soldats, sans une permission par écrit du Gouvernenr, qui ne l'accordera que dans le cas où les Soldats étant employés pour les travaux de S. M., lesdits Gouverneur et Intendant jugeraient que ce petit secours leur serait nécessaire.

VII. Il sera permis aux Gouverneurs, aux Intendans et à tous les Officiers indistinctement, ainsi qu'à toutes les personnes employées au service de S. M., de prendre dans les Magasins, des rations de Soldats, en les payant sur le pied de 6 sols, et dans le nombre que S. M. a fixé, suivant le grade et l'état de chacun.

SAVOIR:

	Rations.	
Au Gouverneur . . . . , .	20	
Aux Commandans en second, à chacun	12	
A l'Aide-major-général d'infanterie	10	
A un Brigadier	10	
A un Colonel non Brigadier employé extraordinairement .	10	Tant en leur qualité, qu'en celle de Capitaine devant avoir des Compagnies.
A un Colonel service ordinaire.	8	
A un Lieutenant-Colonel . .	6	
A un Major	5	
A un Capitaine	4	
A chaque Lieutenant et Sous-Lieutenant	3	
A un Officier principal d'artillerie	8	
A l'Ingénieur en chef . . .	8	
A chaque Ingénieur ordinaire .	4	
A un Officier de Port . . .	4	
A chaque Aide-major	4	
A chaque Sous-Aide-major . . .	3	
A chaque Trésorier	3	
A chaque Chirurgien	3	
A chaque Aumônier	3	
A chaque Quartier-Maître . . .	2	
A chaque Porte-Drapeau . .	2	
A l'Intendant	15	
Au Subdélégué-général . . .	10	
A chaque Subdélégué-principal.	5	
A chaque Commissaire-ordonnateur des Guerres et de la Marine	8	

	Rations.	
Au Contrôleur de la Marine . .	8	
A chaque Commissaire ordinaire des Guerres et de la Marine	6	
A chaque Ecrivain	4	
Au Médecin en chef	8	
A chaque Médecin ordinaire .	6	
A chaque Chirurgien-Major .	6	
A chaque Chirurgien en second	3	
A chaque Apothicaire . . .	4	
A chaque Aide-Apothicaire . .	3	
A chaque Sage-Femme . . .	4	On leur accordera en outre une ration pour leur mari et pour chaque enfant.
A chaque Elève de Sage-Femme	3	
Au Trésorier de la Colonie .	4	
Au Garde-Magasin principal .	4	
A chaque Garde-Magasin particulier	3	
A chacun des deux Maîtres d'ouvrages et de manœuvre entretenus à l'Arsenal . . .	3	

A l'Hôpital, autant qu'il y aura de Soldats et Ouvriers malades, suivant le certificat de l'Ecrivain ou Commis préposé à l'Hôpital, laquelle ration ne sera payée qu'au prix du Soldat.

VIII. Défend S. M. de délivrer un plus grand nombre de rations que celles spécifiées ci-dessus, à chacune des personnes qui y sont désignées par leurs grades ou par leurs emplois, sous peine par le Garde-magasin et autres personnes employées à la distribution, d'en supporter en leur propre nom la restitution envers S. M. pour la première fois, et d'être destitué de leur emploi en cas de récidive.

IX. Les articles nécessaires au petit habillement, ainsi qu'à la propreté des troupes, étant ordinairement d'un prix trop cher dans les Colonies, pour qu'elles puissent s'en pourvoir, S. M. fera établir des Magasins dans lesdites Colonies, dans lesquels on trouvera indépendamment des denrées pour la subsistance, tous les articles nécessaires aux Troupes, comme bas, souliers, chemises, mouchoirs, cols, chapeaux, culottes et vestes de toile, fil, savon, peignes, boucles, etc., le tout en quantité proportionnée à la garnison, et au nombre d'ouvriers que S. M. jugera à propos d'employer pour ses travaux. Le prix de tous ces effets sera inscrit sur un tarif affiché aux portes des Magasins, pour être lu de tous ceux qui se présenteront, et ce prix n'excédera celui qu'on en paierait en France, que d'un quart en sus des factures qui seront envoyées de France, pour tenir lieu de tout dédommagement pour frais de transport, avaries et autres.

X. Indépendamment du Registre de recette et de dépense que les Gardes-magasins tiendront de tous les effets ci-dessus, ils en tiendront un séparé des noms de chaque Soldat et Ouvrier auxquels ils en vendront, pour reconnaître s'ils n'abusent pas de cette facilité pour acheter des effets au-delà de leurs besoins, afin de les revendre avec profit aux Habitans ; et pour s'assurer encore mieux qu'il n'y aura aucun abus dans ces achats, S. M veut que lorsque les Soldats auront besoin de se procurer une partie des articles ci-dessus, le Garde-magasin n'en délivre aucun que sur la note ou le bordereau certifié du Major de chaque régiment ou de l'Officier chargé du détail dudit Régiment, et visé par l'Intendant ou par le Commissaire des Guerres : le Garde-magasin en usera de même à l'égard des ouvriers, auxquels il ne délivrera aucun effet que sur le certificat de la personne qui sera préposée à la conduite des ouvrages, lequel certificat sera également visé de l'Intendant ou du Commissaire.

XI. Défend pareillement S. M à tous Gardes-magasins, de donner ou vendre aucune des denrées ou des effets ci-dessus, aux Habitans du pays, à moins d'un ordre exprès, signé de l'Intendant, ni d'entreposer dans leurs Magasins aucunes denrées ou effets appartenans à des particuliers, ni de faire aucun commerce direct ni indirect des effets appartenans à S. M., même à son profit, afin que l'établissement desdits Magasins qui seront uniquement destinés à l'usage des Troupes et des Ouvriers employés à son service, ne puisse apporter aucun préjudice au Commerce de ses Sujets.

XII. Pour éviter le dépérissement des denrées appartenantes à S. M., l'Intendant ou son Subdélégué fera, à la fin de chaque mois, la visite des Magasins, pour s'assurer de l'état de ces denrées, et le constater par un procès-verbal : l'Officier commandant du Quartier, le Juge du lieu et deux des principaux Habitans seront appelés à cette visite et signeront le procès-verbal qui en sera fait. Le Garde-magasin pourra demander plus souvent cette visite, s'il reconnaît de l'altération dans la qualité des denrées et des autres effets qui seront dans le Magasin, faute de quoi il sera responsable du dépérissement ; et suivant le résultat du procès-verbal qui aura été dressé, l'Intendant ou le Subdélégué-général ordonnera la vente par adjudication des denrées qu'on aura reconnues devoir être vendues, pour être fait du produit de ladite vente, recette extraordinaire ; et tant desdits procès-verbaux que des états de vente, il en sera envoyé une expédition au Secrétaire d'Etat ayant le département de la Marine, et un double à l'Intendant de la Marine au Port de Rochefort,

XIII. Les Hôpitaux continueront d'être administrés par les mêmes personnes qui en ont été chargées jusqu'à présent ; mais attendu la facilité qu'auront ces Administrateurs de prendre dans les Magasins la ration du Soldat et de l'Ouvrier malade, sur le pied de 4 sols 6 den., l'Intendant de chaque Colonie aura soin de passer un nouveau traité avec eux pour les journées d'hôpitaux, à leur payer en sus de la ration, lesquelles doivent être d'un moindre prix relativement au meilleur marché des principales denrées provenant desdites rations qu'on procurera auxdits Hôpitaux : l'Intendant de la Colonie donnera la plus grande attention, en faisant les intérêts du Roi dans les articles du traité, de ne rien oublier de ce qui peut être nécessaire pour le soin, la nourriture et les médicamens à donner aux Malades, et il enverra un double du traité au Secrétaire d'Etat ayant le département de la Marine, pour être examiné et approuvé s'il y a lieu.

XIV. Il sera retenu à chaque bas Officier et Soldat, pendant le tems qu'il restera à l'Hôpital, 6 sols par jour sur sa solde ; savoir : 4 sols 6 deniers pour le prix de sa ration, qui sera donnée en nature à l'Hôpital, et 18 deniers en argent ; et lorsqu'il sortira de l'Hôpital il lui sera fait le décompte des 18 deniers par jour restans de sa solde, et des 12 deniers pour linge et chaussure, pendant tout le tems qu'il sera resté à l'Hôpital, et ainsi à proportion aux bas Officiers ; *S. M.* voulant par-là, nonobstant l'usage ordinaire, laisser aux Soldats le moyen de se procurer encore quelque soulagement à la suite des maladies qu'ils auront essuyées dans les Colonies.

XV. L'Intendant ou le Subdélégué général fera rendre compte tous les mois au Garde-magasin, du montant des ventes qu'il aura faites et des sommes qui en proviendront, pour être remises à la Caisse de la Colonie, et de la recette qu'il aura faite des effets arrivés de France, ou tirés de la Colonie qui seront entrés dans les Magasins, afin qu'il puissent connaître en tout tems leur situation par rapport aux besoins des Troupes et des ouvriers.

XVI. *S. M.* se proposant de faire passer une fois par an dans toutes ses Colonies, et plus souvent, si elle le juge à propos, des personnes capables de reconnaître l'état des Magasins, ainsi que de toutes les denrées et effets que S. M. y fera passer de France, des recettes et des consommations dans chaque Colonie, elle ordonne à ses Intendans et Commissaires des Guerres, de leur donner et faire donner une entière connaissance de la situation desdits Magasins et Hôpitaux, et de leur laisser prendre tels extraits et renseignemens qu'ils jugeront nécessaires pour se mettre en état de rendre un compte exact de leur commission dans toutes les parties dont *S. M.* les aura chargés, suivant les ordres dont ils seront porteurs ; voulant *S. M.* que lesdits Inspecteurs aient la liberté de faire dans chaque Colonie, tel séjour que les circonstances et leurs opérations pourront exiger.

XVII. *S. M.* fera donner aux Officiers et Soldats les logemens, soit dans les casernes, soit dans d'autres bâtimens ou maisons particulières, suivant les ordres qui seront donnés pour la distribution desdites Troupes dans toute l'étendue de chaque Colonie : *S. M.* leur fera également fournir la lumière et le bois, et le Gouverneur donnera ses ordres pour qu'il y ait toujours dans chaque quartier, un nombre de Soldats commandés pour aller prendre le bois dans les lieux où l'Intendant aura eu soin de le faire entreposer, et le plus à portée qu'il se pourra de chaque garnison.

XVIII. Défend *S. M.* à tous Soldats de ses Troupes, de travailler dans ses Colonies pour le compte des Habitans ou dans leurs habitations, sans une permission expresse, signée du Gouverneur ou des personnes qui le représenteront, lequel ne l'accordera qu'autant que *S. M.* n'aura pas besoin de ses Troupes pour les travaux concernant son service, et qu'il sera assuré que lesdits Habitans n'emploieront jamais lesdits Soldats, pour suppléer les nègres dans les gros travaux de la terre, mais seulement à des ouvrages et à des cultures convenables à leur état et à leur santé ; et lorsque *S. M.* jugera à propos de les employer à des travaux nécessaires pour son service, elle aura soin de faire assigner un prix convenable à leurs peines,

soit

soit par journées, soit par toise d'ouvrage, indépendamment de leur solde.

XIX. Pour assurer une plus prompte correspondance avec les Colonies, *S. M.* ayant fait établir des Paquebots à Rochefort, d'où il en partira un au commencement de chaque mois, *S. M.* veut que lorsqu'il se trouvera quelque Soldat qui ne pourra pas s'habituer au climat de la Colonie où il servira, et que son état aura été dûment constaté par les certificats des Médecins et des Chirurgiens, le Gouverneur lui permette de revenir en France, sur un de ces Paquebots, sans attendre l'arrivée des Vaisseaux de *S. M.*; et, en ce cas, il sera nourri aux dépens de S. *M.* pendant la traversée; et sa solde, ainsi que la moitié en sus, lui sera payée en France jusqu'au jour de son débarquement, dont il prendra un certificat du Commandant du Paquebot sur lequel il se sera embarqué.

XX. *S. M.* accordera le congé absolu à tout Soldat qui ayant servi dans ses Troupes, soit en France, soit dans les Colonies, pendant l'espace de six ans, voudra s'y marier, et *S. M.* lui accorde de plus, pendant la première année, de son mariage, la ration qu'il avait dans la Colonie, ou, à son choix, 4 sols 6 deniers par jour pour lui en tenir lieu, et la faculté de pouvoir se procurer des Magasins du Roi, les effets propres aux Soldats et au même prix pendant l'espace de six ans.

XXI. Le présent Réglement commencera à être exécuté dans tous ses articles, à commencer du 1er juillet prochain, et *S. M.* supportera, à compter de ce jour, la plus value des denrées et autres effets qui devront être délivrés de ses Magasins.

Enjoint Sa Majesté etc.

Fait à Versailles, le 25 mars 1763. *Signé*, LOUIS; *et plus bas*; par le Roi, le Duc de CHOISEUL.

(N°. 251.) *EXTRAIT de l'Ordre du Roi portant suppression des Places de Gouverneurs particuliers, Lieutenans de Roi, etc.*

Du 25 mars 1763.

TOUTES les Places de Gouverneurs particuliers, de Lieutenans de Roi, Majors, Aides-majors, Capitaines, Lieutenans et Enseignes des Troupes, ainsi que les deux Compagnies de Canonniers, Bombardiers et tous les Officiers qui faisaient ci-devant le service de l'Artillerie et du Génie auxdites îles, sont réformés.

Mande et ordonne Sa Majesté, etc.

Fait à Versailles, le 25 mars 1763. *Signé*, LOUIS; *et plus bas*; par le Roi, le Duc de CHOISEUL.

(N°. 252.) *ARRET du Conseil d'Etat du Roi, portant suppression de la Chambre Mi-partie Agriculture et Commerce, et Création de la Chambre d'Agriculture.*

Du 9 avril 1763.

LE Roi ayant, par Arrêt de son Conseil du 10 décembre 1759, établi aux îles du vent de l'Amérique, une Chambre Mi-partie d'Agriculture et de Commerce, séante à la Martinique, dont les membres devaient être composés et choisis entre les Habitans et les Négocians de cette Colonie, pour délibérer ensemble et proposer tout ce qu'il leur paraîtrait le plus propre à favoriser la Culture des terres et le Commerce des îles, avec la faculté d'avoir à Paris un Député à la suite du Conseil de S. M., elle aurait reconnu que la composition de ladite Chambre donnait lieu à des débats et à des discussions inutiles entre les Colons et les Négocians, sur les intérêts respectifs des uns et des autres; et que les Chambres de Commerce établies en France étaient suffisantes pour défendre par elles-mêmes et par leurs Députés au Bureau du Commerce, les intérêts de la France en général et celui des iles du vent en particulier, à l'effet de pouvoir déterminer en connaissance de cause, le parti le plus avantageux aux intérêts respectifs des Colons et des Négocians, *S. M.* aurait jugé nécessaire de réduire la composition de ladite Chambre à la seule classe des Colons, et d'en borner les fonctions à la seule Colonie de la Martinique, en établissant en même-tems une pareille Chambre à l'île Guadeloupe et dépendances. A quoi voulant pourvoir : ouï le rapport, le Roi étant en son Conseil, a ordonné et ordonne ce qui suit :

ART. Ier. La Chambre Mi-partie d'Agriculture et de Commerce établie par Arrêt du Conseil du 10 décembre 1759, aux îles du vent de l'Amérique, sera supprimée à compter du 1er juillet prochain.

II. A compter de la même époque, il sera

établi à la Martinique une nouvelle Chambre qui sera seulement d'Agriculture, laquelle ne sera composée à l'avenir que de sept Colons créoles, ou ayant habitations, lesquels seront nommés par *S. M.*, à l'exclusion de toutes autres personnes choisies dans d'autres états.

III. *S. M.*, en rendant particulière à la Martinique la nouvelle Chambre, a jugé à propos d'en créer dès-à-présent une pareille pour la Guadeloupe et ses dépendances, dont la composition et le choix des personnes qui devront y entrer, et qui seront pareillement nommées par *S. M.*, seront de même état que pour la Chambre de la Martinique.

IV. Lorsqu'un des Membres d'une Chambre viendra à mourir ou à se retirer pour infirmités, ou raison de ses affaires particulières, les six autres restans procéderont, à la pluralité des voix, à la nomination du nouveau Membre qui devra le remplacer, et ils seront tenus de faire part de son élection au Gouverneur et à l'Intendant de la Colonie, et d'en rendre compte au Secrétaire d'Etat ayant le département de la Marine.

V. *S. M.* confirme les dispositions contenues dans les articles V, X, XI, XII, XIII et XIV de l'Arrêt du Conseil du 10 décembre 1759, en tout ce qui concerne la nomination du Secrétaire que chaque Chambre doit avoir, le lieu où elle devra s'assembler, et qui sera réglé à la Guadeloupe par l'Intendant, et la nomination de leur Député à la suite du Conseil de *S. M.*; lequel Député sera seul pour les deux Chambres, et pour le remplacement duquel, en cas de mort, ou démission de sa part, elles présenteront chacune deux sujets au Secrétaire d'Etat ayant le département de la Marine, conformément à l'art. XI dudit Arrêt du 10 décembre 1759. La nouvelle Chambre de la Martinique continuera d'entretenir la correspondance ordinaire pour toutes les affaires relatives aux objets de ses délibérations avec le Député actuel, et la Chambre de la Guadeloupe s'adressera à lui pour le même objet.

VI. Lesdites Chambres se conformeront au surplus aux dispositions des articles du Réglement général de la Colonie de la Martinique et de la Guadeloupe, pour les nouvelles fonctions dont *S. M.* a jugé à propos de les charger, relativement au bien et à l'avantage de chaque Colonie, dérogeant à cet effet *S. M.* aux articles I, II, III, IV, VI, VII, VIII et IX dudit Arrêt du 10 décembre 1759. Veut Sa Majesté que le présent Arrêt, etc.

Fait au Conseil d'Etat du Roi, *S. M.* y étant, tenu a Versailles, le 9 avril 1763. *Signé*, LOUIS; *et plus bas;* par le Roi, le Duc de Choiseul.

Enregist. au Conseil Souverain.

(N°. 253.) *Extrait d'une Dépêche ministérielle du* Duc de Choiseul, *qui ordonne des Travaux au* Morne Garnier, *depuis* Fort Bourbon, *aujourd'hui* Fort Desaix.

Du 12 avril 1763.

N. B. Elle est adressée à M. Le Mercier de de la Rivière, Intendant; il y est joint copie des instructions données par le Roi à M. de

Rochemore, Directeur du Génie, auquel il est prescrit de se concerter avec M. l'Intendant pour tous les secours en ouvriers, voitures, outils et matériaux dont il aura besoin, et dont il fournira à l'avance des états détaillés.

(N°. 254.) *DECLARATION du Roi, concernant les Actes de Justice faits et passés aux îles Martinique et Guadeloupe, pendant le tems qu'elles ont été sous la domination anglaise.*

Du 18 avril 1763.

LOUIS, etc., SALUT : Nos îles de la Martinique et de la Guadeloupe étant tombées au pouvoir des Anglais pendant la dernière Guerre, et devant rentrer sous notre domination, conformément au traité de Paix fait avec notre bon frère le Roi de la Grande-Bretagne, il nous a paru nécessaire d'expliquer nos intentions sur tous les Actes de Justice faits et passés auxdites îles, pendant le tems qu'elles ont été gouvernées au nom des Rois George II et III de la Grande-Bretagne, afin d'assurer l'état de nos sujets qui sont dans le cas de s'en servir et de les faire valoir.

A CES CAUSES, etc., nous ordonnons :

ART. Ier. Tous les Actes faits et passés à la Martinique et à la Guadeloupe sous l'autorité des Rois George II et III de la Grande-Bretagne, soit par les Notaires ou les Huissiers, même les Jugemens rendus, tant en première instance que sur les appels au Conseil Supérieur, seront bons et valables, sauf aux parties à se pourvoir, s'il y a lieu, contre lesdits Actes et Jugemens, suivant nos Ordonnances.

II. Autorisons, tant les Juges ordinaires que les Conseils Supérieurs, et leur donnons pouvoir d'ordonner la validité des Actes desdits Notaires et Huissiers, autant qu'ils seront d'ailleurs conformes à nos Lois, Réglemens et Ordonnances.

III. N'entendons cependant confirmer par ces présentes, dans leurs charges et emplois de Judicature, ceux qui en auront été pourvus au nom desdits Rois de la Grande Bretagne, et seront lesdits pourvus, tenus de se retirer pardevant nos Gouverneurs, Lieutenans-généraux et Intendans desdites îles de la Martinique et de la Guadeloupe, pour avoir de nouvelles commissions, en attendant que sur le compte qui nous sera rendu, nous puissions leur faire expédier les provisions, commissions ou autres lettres sur ce nécessaires.

Mandons et ordonnons, etc.

Donné à Versailles, le 10 Avril 1763. *Signé*, LOUIS; *et plus bas*; par le Roi, le Duc de CHOISEUL.

Enregist. au Conseil Souverain.

(N°. 255.) *MEMOIRE du Roi, pour servir d'Instruction générale aux Gouverneurs et Intendans de ses Colonies, sur l'exportation des Sirops et Tafias de leur cru, en échange des Effets et Denrees spécifiées dans la présente Instruction.*

Du 18 avril 1763.

SA Majesté désirant de procurer à ceux de ses sujets qui habitent dans ses Colonies, les secours qu'ils ne peuvent pas se procurer du Royaume, tant pour leur subsistance, que pour les autres besoins de la vie; et considérant que l'abondance de ces secours est le moyen le plus sûr pour y réduire tant les dépenses de l'Administration, que celles des particuliers, à un taux convenable, elle a jugé à propos de permettre dans sesdites Colonies, l'importation des articles ci-après venant de l'étranger, pour les échanger avec les Sirops et Tafias dont ses Colonies abondent et qui ne peuvent être qu'en pure perte pour les Colons, ou préjudicier à la santé des Soldats.

Sur ces considérations, *S. M.* a décidé qu'à l'avenir et à commencer du premier Janvier mil sept cent soixante-quatre, il sera permis à tous les Etrangers d'introduire dans les Ports de ses Îles et Colonies les espèces de Marchandises qui seront ci-après détaillées et désignées par nature, en échange des Sirops et Tafias seulement, du cru de chaque Colonie, et qu'en conséquence tous Batimens étrangers qui y transporteront ces sortes de Marchandises, y seront déchargés sans qu'il puisse y être apporté aucun obstacle, ni aucun autre empêchement quelconque, non-plus qu'à leur rechargement en Sirops et Tafias, lesquels seront exempts de tous droits de sortie dans lesdites Colonies; mais sous la condition expresse toutefois que ces déchargemens et rechargemens ne pourront absolument être faits que dans les Ports et endroits seulement où il y aura amirauté, afin de prévenir par là, tous versemens frauduleux qui pourraient se faire dans lesdites Colonies, et auxquels, sans cette précaution, pourrait donner lieu la permission dont il s'agit.

Les articles de Marchandises qu'il sera permis aux

aux Etrangers de transporter, décharger et faire introduire dans chaque Colonie française en échange des Sirops et Tafias seulement, consisteront uniquement en Bœufs vivans, Cochons vivans, Moutons, Cabrits, Planches de toutes sortes, Solives, Soliveaux, Mâts, Bordages, Bled d'Inde ou d'Espagne, Avoine, Son, Merrains, Meules de cercles ou feuillards pour barriques, Bardeaux et Tuiles pour couvertures de maisons, Briques, Carreaux de terre et de faïence pour cheminées ou pour carrelage, Pierres de tailles, Calèches ou Cabriolets, Roues pour Voitures, Charrettes et Tombereaux, Armoires, grands et petits Bureaux à l'anglaise, Riz, Pois et légumes, et fruits verts de toutes espèces.

S'il arrive que malgré cette désignation, il soit transporté, déchargé et introduit par les Etrangers quelques Marchandises dans les Colonies françaises autres que celles seulement dénommées ci-dessus, et dans les Ports et endroits autres que ceux où il y a Amirauté établie, *S. M.* veut et entend qu'elles soient saisies et confisquées, ainsi que les Bâtimens qui les auraient transportés dans ses Colonies, et que la vente du tout en soit faite à son profit, en présence de l'Intendant et de celle du Contrôleur de chacune de ces mêmes Colonies, et le produit remis dans la Caisse du Domaine du même lieu où ces ventes se seront faites au plus offrant et dernier enchérisseur.

Et enfin pour prévenir encore davantage toutes ces sortes d'introductions en fraude, des Marchandises de la nature de celles qui devraient seulement se tirer du crû de France, *S. M.* veut qu'à l'arrivée de chaque Navire ou autre Bâtiment étranger dans chacun des Ports et autres endroits de ses Colonies où il y a Amirauté établie, il soit exigé par ses Intendans, ou en leur absence par ses Subdélégués-généraux, l'exhibition ou présentation de la facture de chargement de ces Navires et Bâtimens étrangers, et que visite et vérification en soit faite à bord, pour s'assurer s'ils ne seront véritablement chargés que des Marchandises de la seule et unique qualité de celles désignées par le présent Mémoire et dont *S M.* a bien voulu permettre l'introduction dans ses Colonies. Veut et entend pareillement *S. M.* que semblable visite soit faite à bord de ces mêmes Bâtimens étrangers avant leur sortie desdits Ports de ses Colonies, pour s'assurer également qu'ils ne seront chargés que des seuls articles des Sirops et Tafias, dont l'exportation desdites Colonies leur est permise, et que dans le cas de contravention, ces Bâtimens et la totalité de leur cargaison soient aussi saisis, confisqués et vendus à son profit, de la même manière expliquée ci-dessus pour les introductions frauduleuses.

Fait à Versailles, le 18 Avril 1763. *Signé*, LOUIS.

(N°. 256.) *ORDONNANCE du Roi, concernant les Jeunes Gens de mauvaise conduite, que Sa Majesté permet d'envoyer à l'île de la Désirade.*

Du 15 juillet 1763.

SA Majesté ayant jugé à propos de faire passer dans l'île de la Désirade les Jeunes gens de son Royaume, dont la conduite irrégulière aurait obligé les Parens à demander leur exportation dans les Colonies, sans leur ôter l'espérance d'un amendement et d'une meilleure conduite pour l'avenir ; *S. M.* a résolu d'expliquer ses intentions à ce sujet par la présente Ordonnance.

ART. Ier. Lorsque des Jeunes gens de famille seront tombés dans des cas de dérangement de conduite, capables d'exposer l'honneur et la tranquillité de leurs familles, ou pour lesquels ils auraient été repris de Police, sans cependant s'être rendus coupables de crimes dont les lois ont prononcé la punition, il sera permis à leurs Parens de demander au Secrétaire d'Etat ayant le département de la Guerre et de la Marine, leur exportation dans l'île de la Désirade, en lui adressant les preuves des motifs qui les obligent à faire cette demande; et, si ces preuves sont trouvées légitimes, il leur sera permis, en vertu d'un ordre de *S. M.*, qui leur sera remis à cet effet, de faire conduire, à leurs frais et dépens, lesdits Jeunes gens jusqu'au Port de Rochefort, où ils seront mis et détenus en prison, à la disposition du Commandant de la Marine audit Port, jusqu'au moment de leur embarquement, pour être conduits à l'île de la Désirade ; mais à compter du jour de leur arrivée à Rochefort, ils seront détenus et nourris aux frais de *S. M.*

II. Au départ de chaque Paquebot pour les îles du vent, il sera embarqué le nombre desdits Jeunes gens qui auront été amenés à Rochefort depuis le départ du précédent Paquebot; ils seront consignés, par le Commandant de la Marine à Rochefort, à l'Officier qui commandera le Paquebot, lequel répondra à S. *M.* de la garde desdits Passagers, en prenant pour cet effet toutes les précautions qu'il jugera à propos : il les fera nourrir à bord à la simple ration des Matelots, et à son arrivée à la Martinique, il les consignera au Gouverneur-général de cette île, pour ne pas se détourner de sa navigation, et il en retirera un reçu, qu'il adressera, à son retour en France, au Secrétaire d'Etat ayant le département de la Guerre et de la Marine, pour constater la remise qu'il aura faite audit Gouverneur-général desdits Passagers.

III. Aussitôt leur arrivée à la Martinique, ledit Gouverneur-général donnera ses ordres pour qu'ils soient mis et gardés en prison, jusqu'à ce qu'il se présente une occasion sûre de les faire passer à l'île de la Désirade, où il les fera remettre au Commandant de ladite île ; et, pendant leur séjour à la Martinique, il les fera nourrir à la ration de Soldat.

IV. A leur arrivée à la Désirade, le Commandant leur assignera un canton de l'île, dont le terrain soit bon et l'air sain. Il les fera loger dans de simples cases, qu'il fera construire à cet effet ; il leur interdira l'usage et le port de toutes sortes d'armes ; il prendra toutes les mesures possibles pour empêcher leur évasion de l'île, en leur défendant expressément de changer de nom et d'habit, de crainte qu'à la faveur de ce déguisement, ils ne se fassent passer pour Habitans ou pour Matelots, et comme tels ils ne trouvent le moyen de s'embarquer sur des bateaux et canots du pays, pour passer dans les îles voisines.

V. Lesdits Jeunes gens seront nourris, à la Désirade, à la simple ration de Soldat ; mais le Commandant leur assignera un terrain commun, où ils pourront travailler à la terre ; et le bénéfice qu'ils en pourront retirer, soit en subsistances ou en autres denrées du pays, sera à leur profit. Pour cet effet, il leur sera délivré *gratis*, de deux en deux, cinq outils propres à cultiver la terre, et une quantité de graines proportionnée au terrain qu'ils pourront ensemencer. A l'égard de leur habillement, il leur sera délivré tous les ans un gilet, une veste et deux culottes de toile treillis, trois chemises de Soldat, deux cols, deux paires de bas de fil, trois paires de souliers et un chapeau. Quand ils seront malades, ils seront reçus à l'Hôpital comme les Soldats. Veut *S. M.* que ledit traitement soit invariablement observé à l'égard de ces Jeunes gens.

VI. Le Commandant de la Désirade donnera une attention suivie à la conduite et au travail de ces Jeunes gens ; il les distinguera même par classes, à mesure qu'il reconnaîtra dans eux plus ou moins d'amendement ; et lorsqu'il lui apparaîtra que quelques-uns d'entr'eux méritent de rentrer dans l'ordre de la société, il en rendra compte au Gouverneur-général, résidant à la Guadeloupe, pour lui demander de leur concéder un terrain dans l'île de Marie-Galante, où ils pourront mettre à profit, pour eux, le genre de travail auquel ils se seront accoutumes ; et il en rendra compte en même tems au Secrétaire d'Etat ayant le département de la Guerre et de la Marine, afin qu'on puisse faire avertir les Parens du changement de conduite de ces Jeunes gens, et les engager à leur envoyer des secours, pour les mettre en état de pousser les travaux de leurs nouvelles habitations, ou à les rappeler dans leurs familles; et dans le cas où l'on s'appercevrait que les familles desdits Jeunes gens voudraient, malgré leur changement de conduite, les tenir éloignés, pour profiter de leurs biens, en tout ou en partie, il leur sera accordé toute protection par les Gouverneur et Intendant de la Guadeloupe, pour les mettre en état d'en poursuivre le recouvrement par les voies ordinaires de la justice, s'ils voulaient rester dans les Colonies, ou en leur laissant la liberté de repasser en France, après s'être assurés du changement de leur conduite,

VII. Veut *S. M.* que le Commandant de la Désirade rende tous les mois, au Gouverneur-général de la Guadeloupe, un compte détaillé de la conduite de ces Jeunes gens : veut aussi *S. M.* que ledit Commandant envoie tous les six mois, au Secrétaire d'Etat ayant le département de la Guerre et de la Marine, une liste de ces Jeunes gens, apostillée de l'état de leur santé, de leur conduite et de leurs autres qualités bonnes ou mauvaises, avec un état séparé de la dépense que leur entretien aura coûté pendant ce tems.

VIII. Pour mettre ledit Commandant de la Désirade en état de contenir ces Jeunes gens, *S. M.* donnera des ordres pour faire passer une compagnie d'Infanterie de plus dans ladite île, pour lui procurer main-forte en cas de besoin, et pour lui attacher quelques Officiers et Sergens de confiance, qui puissent inspecter de près la conduite de ces Jeunes gens; lui permettant *S M.* de les faire mettre en prison, et même au cachot, les fers aux pieds et aux mains, s'il s'en trouvait parmi eux qui lui donnassent lieu d'appréhender quelque mutinerie ou révolte de leur part.

Mande et ordonne Sa Majesté, etc.

Fait à Compiègne, le 15 juillet 1763. *Signé*, LOUIS; *et plus bas*, par le Roi, le Duc de CHOISEUL.

(N°. 257.) *ORDONNANCE de MM. les Général et Intendant, concernant les Artifices.*

Du 22 juillet 1763.

IL est défendu à toutes personnes, de quelque condition et qualité qu'elles soient, de tirer dans le Bourg de St-Pierre, ni fusées, ni aucun artifice, ni même de les préparer dans ledit Bourg, à peine de punition exemplaire, à moins d'en avoir préalablement obtenu de nous la permission.

Enjoignons aux Commissaires de Police, de tenir rigoureusement la main à l'exécution de la présente Ordonnance.

Donné à St Pierre, le 22 juillet 1763. *Signé*, le Marquis de FENELON, et DE LA RIVIERE.

(N°. 258.) *ORDONNANCE de MM. les Général et Intendant, concernant la levée d'une somme de 750,000 livres, argent des îles, sur la Colonie de la Martinique, pendant les six derniers mois de l'année 1763.*

Du 29 juillet 1763.

LE Roi, par Arrêt de son Conseil d'Etat, du 9 avril dernier, registré au Conseil Supérieur de la Martinique, le 12 de ce mois, ayant ordonné qu'il serait levé sur cette Colonie pour les six derniers mois de la présente année, une somme de 750,000 livres, argent des îles, et ayant jugé à propos de nous laisser la liberté de choisir la forme de cette imposition ; nous avons, conformément audit Arrêt du Conseil d'Etat, convoqué avec M. le Comte Delva, Commandant en second, et M. Guignard, Subdélégué-général, quatre notables Habitans avec lesquels nous avons délibéré sur le choix des moyens de faire le recouvrement de cette somme, de manière qu'il fût plus facile, plus prompt, plus certain et en même-tems moins dispendieux pour le Roi, et moins onéreux aux Habitans.

Nous avons considéré que les nègres de culture ne sont point un signe certain et uniforme du produit des habitations auxquelles ils sont attachés ; qu'il est des terres qui, avec très-peu de nègres, donnent beaucoup plus de productions que d'autres terres qui en exigent un plus grand nombre ; que cette augmentation de produit, jointe à la diminution des frais de culture, met une double différence entre les produits nets des bonnes terres et ceux des terres médiocres ; que d'ailleurs les accidens fréquens auxquels les cultures de nos Colonies sont sujettes, exposent les Habitans à éprouver, dans les productions de leurs terres, des diminutions si considérables, que si leur contribution était toujours la même, sans aucun égard à ces révolutions, il serait à craindre que le paiement de cette contribution ne les mît souvent dans l'impossibilité de réparer leurs pertes, et ne les obligeât, dans un très-petit nombre d'années, d'abandonner la culture de leurs terres, ce qui ne pourrait arriver sans faire réfléchir sur les autres Habitans, la cotisation des terres abandonnées; que la charge de l'imposition augmentant ainsi sur les Contribuables, à mesure que leur nombre diminuerait, elle viendrait au point de dévorer les produits nets, d'anéantir toute culture, toutes productions, et par conséquent tout commerce; qu'ainsi une imposition qui, étant toujours la même, ne serait répartie que par tête de nègres seulement, sans avoir égard ni à la qualité des terres auxquelles ils sont attachés, ni aux accidens qui surviennent aux récoltes, pour peu qu'elle fût considérable, serait absolument contraire à l'intérêt particulier de la Colonie et du Commerce, à celui de l'Etat en général et aux vues du Roi, pour l'accroissement de ses Colonies; que par conséquent il fallait, parmi les différentes formes d'imposition, donner la préférence à celle qui se trouverait toujours et naturellement proportionnée aux récoltes de chaque particulier.

Nous avons encore observé que quoiqu'il soit vrai que tout impôt, quelque déguisé et détourné qu'il soit, porte toujours ou médiatement ou immédiatement sur les propriétaires des productions de la terre, il en paraît néanmoins plus léger, et devient d'une perception plus douce et plus facile, lorsque l'on fait concourir un plus grand nombre de Contribuables, et que le paiement établi immédiatement sur la denrée, n'est exigé qu'au moment même où elle semble se convertir en argent.

Ces différentes considérations jointes à la briéveté du tems que nous avons pour asseoir l'imposition, et à l'impossibilité actuelle où nous sommes d'avoir des connaissances exactes et détaillées du véritable état de cette Colonie, nous ont fait préférer, pour cette fois, de lever la somme de 750.000 livres, une partie par la voie des droits qui seront établis sur la sortie des Denrées de la Colonie pour France et sur l'entrée des marchandises qui étaient assujetties déjà au droit d'un pour cent, une autre partie par le moyen d'une imposition sur les maisons des Villes et Bourgs de cette île, et sur tous les nègres autres que ceux attachés aux cultures du Sucre, Café et du Coton, et par une taxe de 72 000 livres sur l'industrie.

Par les évaluations que nous avons cru pouvoir faire, nous avons reconnu que la somme de 750,000 livres nous serait fournie par les moyens ci-dessus indiqués, à l'aide de ce qui reste de l'imposition établie sous le Gouvernement Anglais, tant en caisse, en argent, qu'en effets à vendre qui sont en magasin et en débets à recouvrer, et qu'ainsi nous pouvions affranchir la Morue et le Riz de tous droits d'entrée. Nous avons d'autant plus volontiers donné cette faveur à ces deux sortes de denrées, que ne pouvant pas espérer de voir le Bœuf salé abondant pendant cette présente année, et sachant à quel point la Farine de Manioc est rare et chère dans cette île, qui se trouve aujourd'hui privée des ressources qu'elle tirait ci-devant des autres îles, nous avons pensé que c'était venir au secours de tous les Habitans en général, que de faciliter, par la suppression de tous droits, l'entrée des secours dont on ne peut se passer pour la subsistance de la Colonie.

A CES CAUSES, Nous, en vertu du pouvoir à nous donné par le Roi, avons statué et ordonné, statuons et ordonnons ce qui suit :

ART. Ier. Tous les Sucres qui sortiront de la Colonie, paieront 6 pour 100 de droit de sortie ; savoir : un pour cent de droit de poids auquel ils étaient assujettis envers le Domaine, et 5 pour 100 de nouvelle imposition, pour tenir lieu de la contribution de chaque Habitant sucrier, au paiement de la somme de 750,000 livres demandée par le Roi.

II. Il sera aussi levé un droit de 5 pour 100 sur tous les Cafés sortant de cette Colonie, en sus de celui des 6 deniers pour livre déjà établi à la charge du Commerce, pour tenir également lieu de la contribution des Habitans caféïers.

III. Le Cacao, la Casse et le Coton, outre le droit d'un pour cent auquel ils ont toujours été assujettis, paieront pareillement 5 pour 100 de nouveau droit.

IV. Les gros Sirops et les Tafias ne seront plus sujets au droit de 3 pour 100 qu'ils payaient à la Ferme-générale, lorsqu'on en permettait la sortie pour l'Etranger ; mais il sera payé 40 sols pour les gros Sirops ou Mélasses, et 4 livres pour les Tafias, par chaque barrique qui sortira de cette Colonie, soit qu'elle passe dans une autre Colonie française, ou qu'elle soit envoyée à l'Etranger.

V. Au moyen de ces impositions qui auront lieu jusqu'au 1er janvier de l'année suivante seulement, en vertu de la présente Ordonnance, les Habitans sucriers, caféïers, et ceux qui n'ont d'autre culture que celle du Coton, Casse ou Cacao, seront déchargés de toute imposition pour leurs nègres, pendant la présent année, à la réserve de ce qui pourrait être dû à la Caisse de la Colonie, pour raison de l'imposition établie sous le Gouvernement Anglais, par l'Arrêt du Conseil Supérieur de cette île, en date du 20 mai 1762.

VI. Ceux des Habitans dont il vient d'être parlé dans l'article précédent, qui, quoiqu'ils aient une manufacture de Sucre, de Café, de Coton, de Casse ou de Cacao, cultivent cependant encore des Plantations de Manioc, la subsistance de leurs esclaves, ne seront point imposés pour raison de cette culture, si ce n'est dans le cas où leur récolte de Manioc serait une partie du revenu de leur habitation, par le Commerce qu'ils feraient habituellement de cette Denrée.

VII. Le Bœuf et Lard salé, la Farine, le Beurre, le Cordage, le Fer, la Chandelle, la Bougie, le Savon, les Matières d'Or et d'Argent, et généralement toutes les marchandises sujettes au poids, et qui sous cette dénomination étaient sujettes au droit de poids ou d'un pour cent, continueront à l'avenir, comme par le passé, à payer le même droit, jusqu'à ce qu'il en ait été autrement ordonné.

VIII. Déclarons néanmoins qu'en faveur de la cherté actuelle du Bœuf salé, du peu d'espérance que nous avons de le voir abondant pendant cette année, de la rareté, de la cherté excessive de la Farine de Manioc, la Morue et le Riz seront exempts de tous droits d'entrée, jusqu'à ce que leur rétablissement ait été ordonné.

IX. Les Liqueurs sur lesquelles on ne pourrait établir qu'un droit absolument onéreux, quelque modique qu'il fût en lui-même, et dans son principe, continueront à jouir de la franchise qu'il a plu au Roi de leur accorder.

X. Les Marchandises sèches autres que celles sujettes au poids, et dont une partie est un objet de luxe, sur-tout dans une Colonie, paraîtraient être susceptibles même d'une forte imposition; mais les difficultés insurmontables qui se rencontrent dans la perception d'un tel droit, sur-tout lorsque pour l'établir dans une juste proportion, on veut consulter les différentes qualités des Marchandises de la même espèce; la facilité de se soustraire aux droits en tout ou partie, les frais énormes de toutes les précautions inutiles qu'on prendrait pour empêcher les fraudes, les entraves onéreuses qu'on serait forcé de mettre au Commerce, et plus encore, la crainte d'excéder nos pouvoirs, en imposant sur la France même, dans les Denrées qu'elle envoie, des droits dont le Roi a voulu qu'elle fût affranchie, nous ont décidé à laisser les choses sur le pied où elles ont toujours été; en conséquence, Nous ordonnons que ces mêmes Marchandises continueront de jouir des exemptions qui leur ont été accordées dans tous les tems.

XI. Quelle que soit la convention que le Négociant fasse avec les Habitans auxquels il vendra les Marchandises d'Europe, ou desquels il achetera les Denrées de la Colonie, ce sera toujours lui qui sera tenu de payer les droits, tant d'entrée que de sortie, et qui sera garant vis-à-vis du Receveur : au moyen de quoi il sera tenu, lors de son arrivée dans cette île, de faire au Bureau du Domaine une déclaration exacte de sa Cargaison, tant de ce qu'il a chargé pour compte du Navire, que de ce qu'il a pris à frêt, et seront les droits réglés en la manière accoutumée, sur le prix courant desdites Marchandises d'entrée, sans qu'il puisse rien mettre à terre, qu'il n'en ait obtenu la permission du Directeur du Domaine.

XII. Seront tenus les Négocians, avant de commencer à charger leurs Navires pour retourner en France, de prendre un permis au Bureau du Domaine, où ils viendront déclarer qu'ils vont commencer à charger, afin que leurs opérations puissent être inspectées par les Visiteurs du Domaine. Et lorsque leur chargement sera fait, ils viendront audit Bureau du Domaine faire leur déclaration des Marchandises qui composent leur chargement, laquelle déclaration contiendra les noms et la demeure des Vendeurs, les quantités, qualités et prix des Marchandises ; et cette déclaration sera justifiée par les factures en règle qu'ils seront tenus de représenter, ainsi que leur Journal en cas qu'ils en soient requis par le Directeur du Domaine, ou par l'Employé qui le représentera en cette partie.

XIII. A défaut de la représentation desdites Factures en règle, ou du Journal au cas ci-dessus dit, les Denrées dont il s'agira de régler les droits, seront évaluées au plus haut prix, et les droits seront payés en conséquence, sans pour cela qu'il soit nécessaire d'une Ordonnance de l'Intendant pour fixer cette évaluation.

XIV. Les droits ayant été réglés au Domaine,

il en sera expédié un bordereau, sur lequel ils seront payés au Bureau de la Recette ; et les expéditions pour le départ des Bâtimens ne seront remises aux Capitaines des Navires, que sur la représentation de la quittance du paiement des droits, donnée par le Receveur.

XV. Les Négocians, Capitaines de Navire, Subrécargues, ou autres Gèreurs de Cargaisons, qui se trouveront avoir fait une fausse déclaration, soit sur la quantité, soit sur la qualité et le prix des Marchandises, ou le nom de leur Vendeur, seront condamnés à 1000 livres d'amende, et seront en outre les Marchandises faussement déclarées, confisquées, le tout au profit du Roi.

XVI. Voulons que dans le cas où les Marchands d'Europe acheteraient des Denrées de la Colonie des mains d'un Commissionaire, qu'ils ne se bornent pas à porter dans leur déclaration le nom de ce Commissionnaire, mais encore celui de l'Habitant pour le compte de qui ce dernier a vendu : enjoignons à tous Commissionnaires d'en faire mention dans les Factures des ventes qu'ils feront, à peine d'être condamnés en leur propre et privé nom, à l'amende de 1000 livres.

XVII. Les Bateaux caboteurs continueront de se conformer aux formalités ordinaires de départ et d'arrivée ; en conséquence, ils ne pourront partir de la rade où ils se trouveront, qu'ils ne soient expédiés au Bureau du Domaine du lieu ; ils seront pareillement tenus de faire audit Bureau leur déclaration pour leur arrivée, ainsi qu'ils ont fait ou dû faire précédemment : ordonnons en outre que dans leur déclaration d'ar-

pour procéder à la répartition de cette somme de 72.000 livres. En conséquence Nous avons nommé les Sieurs Lussy père, Diant frères, Larnac, Dutasta, Lœillart, Dupont et Pées, auxquels nous donnons pouvoir de dresser le rôle de la répartition à faire. Voulons que le rôle qui sera par eux ainsi dressé soit suivi dans tout son contenu, attendu que par la correspondance du Commerce et des affaires journalières, la situation des Contribuables dans les autres Quartiers doit leur être connue.

XXIV. Ne seront cependant pas compris, dans la taxe sur l'Industrie, les Cabaretiers ou Aubergistes vendant Vin, attendu que, par une Ordonnance particulière, leur état de Marchand de Vin est assujetti à une imposition. N'empêchons néanmoins que s'ils font un autre Commerce, ou s'ils exercent une autre profession, ils ne soient taxés pour raison de cette autre Profession ou de cet autre Commerce.

XXV. Déclarons que si ces diverses impositions réunies donnent plus que la somme demandée de 750,000 livres, il sera tenu compte à la Colonie de l'excédent qui sera imputé à sa décharge, sur l'imposition à établir pour l'année prochaine, comme aussi elle tiendra compte du déficit, s'il s'en trouve dans la Recette. Ordonnons en outre que l'imposition, tant sur les Maisons, que sur les Blancs non créoles, les Nègres et l'Industrie, sera payée moitié dans les quinze premiers jours de septembre prochain, et l'autre moitié dans les quinze derniers jours d'octobre suivant ; à défaut de quoi les Redevables seront contraints par toutes voies dues et raisonnables, même par corps et par la saisie et vente de leurs Nègres, sans distinction des Nègres de jardin.

XXVI. Déclarons en outre, qu'au moyen desdites impositions et de celles qui seront établies pour les autres années, les Habitans de cette Colonie seront déchargés de toutes Corvées de Nègres et de Bestiaux pour les fortifications et autres travaux du Roi.

Donné à la Martinique, le 29 juillet 1763. *Signé*, le Marquis de FENELON, et DE LA RIVIERE.

(N°. 259.) *ARRET du Conseil d'Etat du Roi, portant Réglement sur les Procédures dans les Affaires qui sont de nature à être portées au Conseil, par les Habitans de la Martinique.*

Du 30 juillet 1763.

LE Roi étant informé que le grand éloignement et les difficultés de la correspondance, privent souvent les Habitans de la Martinique de l'avantage des Règles que *S. M.* a établies pour la plus prompte expédition des affaires de ceux qui sont obligés de se pourvoir en son Conseil, elle aurait jugé à propos de faire examiner par les Commissaires de sondit Conseil députés par l'Arrêt du 19 décembre dernier, les moyens qui pourraient être employés pour procurer auxdits Habitans la facilité d'avoir plus promptement les Pièces et Instructions qui leur sont nécessaires, pour mettre *S. M.* en état de prononcer sur leurs Demandes et Contestations, et de faire cesser ainsi cette incertitude dans laquelle elles jettent les Propriétaires, qui est aussi contraire à la tranquillité du Colon, qu'au bien général de la Colonie ; et *S. M.* voulant témoigner auxdits Habitans qu'elle ne les a pas moins en considération que ses autres sujets, elle aurait jugé à propos d'expliquer ses intentions à cet égard, en attendant qu'elle puisse les faire connaître plus précisément, par les Réglemens qu'elle s'est proposée de faire pour tout ce qui peut intéresser leur bonheur et leur tranquillité.

A quoi voulant pourvoir ; ouï le rapport, et tout considéré : le Roi étant en son Conseil, a ordonné et ordonne ce qui suit :

ART. 1er. Dans tous les cas où les Habitans de la Martinique auront à se pourvoir au Conseil de *S. M.*, soit en matière d'évocation de Réglemens de Juges, de contrariété d'Arrêts d'appels, d'Ordonnances et Jugemens, et en toutes les Affaires contentieuses, autres néanmoins que les Demandes en cassation, le Demandeur fera signifier à la Partie adverse, à son Domicile, un Mémoire signé de lui ou du Fondé de sa procuration, passée pardevant Notaire, et dont il restera minute, contenant la Demande qu'il entend former au Conseil de *S. M.*, les moyens et les pièces sur lesquelles elle est fondée, et d'y joindre lesdites pièces en copies bien et dûment collationnées.

II. La Partie à laquelle ledit Mémoire aura été signifié, fera signifier audit Demandeur, dans un mois pour tout délai, à compter du jour de ladite signification, un Mémoire en réponse, signé d'elle ou de son Fondé de procuration, passée en la forme portée par l'article précédent, contenant ses demandes, ses moyens et l'énonciation des pièces qu'elle y joindra, en la forme susdite.

III. En cas que ladite Partie ne juge pas à propos de faire signifier ledit Mémoire, elle le déclarera au Demandeur, par un Acte signé d'elle ou de son Fondé de procuration, passée en la forme susdite; lequel Acte sera signifié au Domicile dudit Demandeur.

IV. Quinzaine après la signification dudit Mémoire, le Demandeur pourra y répondre par un Mémoire signifié, auquel il pourra joindre de nouvelles pièces ou copies dûment collationnées.

V. Le Défendeur pourra répondre audit second Mémoire, par un Mémoire pareil, accompagné des pièces dûment collationnées qu'il voudra y joindre; lequel sera signifié dans la quinzaine du jour de la signification qui lui aura été faite dudit second Mémoire.

VI. Après l'expiration des délais portés par les deux articles précédens, lesdits seconds Mémoires ne pourront plus être signifiés.

VII. En cas que la collation de quelques-unes des pièces jointes aux Mémoires se trouvât contestée, la vérification en sera poursuivie en la manière accoutumée, devant les Juges des lieux, et ce dans les délais prescrits pour la signification desdits Mémoires, ou dans la quinzaine de la signification du second Mémoire dudit Défendeur, passé lesquels délais, elles n'y seront plus reçues, et lesdites pièces seront tenues pour reconnues.

VIII. La signification du premier Mémoire de chacune desdites Parties ou de l'Acte porté par l'article III, contiendra élection de Domicile en la ville de Paris, chez telle personne qu'ils voudront choisir, avec un pouvoir à ladite personne de constituer un Avocat ès Conseils de *S. M.*, pour y instruire la contestation jusqu'au Jugement définitif inclusivement, et de lui en substituer un autre à même fin, s'il était nécessaire.

IX. Dans tous les cas où il est permis par la Déclaration du 17 juillet 1743, d'interjeter, par un simple Acte, appel des Ordonnances et Jugemens rendus par les Gouverneur et Intendant, et Commissaires départis dans la Martinique ; ledit Acte contiendra élection de Domicile, ainsi qu'il est porté par l'article précédent, à peine de nullité, et seront au surplus observées les dispositions du présent Arrêt concernant les significations et envois des Mémoires et Pièces, et la vérification desdites Pièces.

X. Quinzaine après la signification des Mémoires ci-dessus portés, chacune des Parties les remettra avec les Pièces y jointes, ainsi que les Mémoires, Pièces ou Actes à elles signifiés par la Partie adverse, au Greffe des Amirautés suivantes ; savoir : pour l'île Saint-Domingue, à celui de l'Amirauté du Cap, lorsque le Défendeur sera domicilié dans le ressort du Conseil Souverain dudit Cap, et au Greffe de celles des Amirautés de Saint-Marc, du Port-au-Prince, du Petit-Goave et de Saint-Louis, les plus proches du Domicile du Défendeur, quand il sera domicilié dans le ressort du Conseil Supérieur du Port-au-Prince ; comme aussi aux Greffes des Amirautés du Fort-Royal et du Fort Saint-Pierre de la Martinique, les plus proches du Domicile du Défendeur ; au Greffe de l'Amirauté de la Guadeloupe, lorsque le Défendeur sera domicilié dans ladite île ; et au

Greffe de l'Amirauté de Cayenne, lorsque le Défendeur sera domicilié dans l'étendue du Gouvernement de la Guiane française, le tout si mieux n'aiment lesdites Parties, pour une plus prompte expédition, convenir par écrit de les remettre au Greffe d'une autre Amirauté.

XI. Le Greffier dudit Siége tiendra un Registre particulier, paraphé par le premier Officier du Siége, dans lequel il portera le titre et la date desdites Pièces et Mémoires, et significations d'iceux, et il en donnera son récépissé aux Parties, au pied d'un état sommaire; lui défend néanmoins *S. M.* de recevoir aucune desdites Pièces, si les significations portées par les art. I, II et III ci-dessus, ne contiennent pas élection de Domicile à Paris, ainsi qu'il est porté par les articles VIII et IX.

XII. Le récépissé porté par l'article précédent, sera signifié à la Partie adverse, et l'original de ladite signification ou copie collationnée, sera remis audit Greffier par la Partie qui l'aura fait faire.

XIII. Les Mémoires, Pièces ou Actes qui auront été remis au Greffe par les Parties, seront mis par le Greffier, dans un ou plusieurs sacs scellés du sceau de l'Amirauté, sur lesquels seront écrits les noms des Parties, et l'adresse de celui chez lequel elles auront élu Domicile à Paris.

XIV. Quinzaine après la signification du récépissé, portée par l'art. XI, lesdits sacs seront remis par le Greffier, au premier Capitaine de Vaisseau marchand qui fera enregistrer son congé audit Greffe, et ledit Capitaine reconnaîtra dans l'acte d'enregistrement, qu'il s'est chargé desdits sacs, avec soumission de les remettre au Greffe de l'Amirauté du Port de son debarquement. Enjoint *S. M.* audit Capitaine, ainsi qu'auxdits Greffiers, de se conformer aux dispositions du présent article, à peine de répondre par eux des dommages et intérêts des Parties.

XV. Dans tous les délais portés par les articles précédens, ne sera compris le tems nécessaire pour porter les significations sur les lieux, lequel sera compté à raison d'un jour pour dix lieues.

XVI. Le Greffier de l'Amirauté du Port dudit débarquement, sera tenu de faire mention dans l'expédition du rapport desdits Capitaines, que lesdits sacs lui ont été remis en bon état; lui fait défenses *S. M.* de livrer ladite expédition, sans ladite mention, et ce sous les peines portées par l'article III.

XVII. Les sacs ainsi remis par lesdits Capitaines, seront envoyés par lesdits Greffiers sur-le champ, aux personnes chez lesquelles les Parties auront élu leur Domicile, suivant l'adresse qui en aura été mise sur lesdits sacs, ainsi qu'il est porté en l'article XIII, à peine de répondre par eux, des dommages et intérêts qui résulteraient du retard dudit envoi.

XVIII. Il sera payé par chaque partie, la somme de 24 livres pour tous frais de remise, dépôt et envoi desdits Mémoires et Pièces, comme aussi celle de 24 livres pour le frêt, et celle de 9 livres pour le Greffier de l'Amirauté du lieu du débarquement en France; le tout monnaie d'Espagne.

XIX. Lesdites sommes seront remises au Greffier de l'Amirauté desdites Colonies, à

l'effet

l'effet d'être par lui délivré celle de 33 livres audit Capitaine, qui lui en donnera son récépissé ; sur laquelle somme de 33 livres, ledit Capitaine remettra celle de 6 liv., monnaie de France, au Greffier de l'Amirauté du lieu de son débarquement ; et seront lesdites sommes comprises dans l'exécutoire des dépens, qui sera délivré au Conseil contre la partie qui succombera, ainsi que les frais de procédures ci-dessus prescrites.

XX. En cas de perte du chargement entier par naufrage, échouement de Navire ou autrement, le Capitaine et l'Armateur seront tenus d'en justifier en la manière accoutumée, sinon ils demeureront responsables desdits sacs envers les Parties intéressées, sans qu'en aucun cas ils puissent être reçus à alléguer le jet des papiers à la mer.

XXI. Faute par le Défendeur d'avoir remis au Greffe de l'Amirauté les Mémoires et Pièces ou l'Acte prescrit par l'article III dans le délai porté par l'article X, ledit Greffier sera tenu d'envoyer les Mémoires et Pièces du Demandeur, ainsi qu'il est porté par les articles précédens, et d'y joindre son certificat, qu'il ne lui a rien été remis de la part du Défendeur ; et si les Demandes se trouvent suffisamment justifiées, elles seront adjugées par un Arrêt rendu sur sa simple requête et sur le vu dudit certificat ; lequel Arrêt sera exécuté par provision et nonobstant toutes oppositions, jusqu'à ce qu'il en ait été autrement ordonné.

XXII. Lorsque les Parties auront élu Domicile en la ville de Paris, conformément à ce qui est porté par les articles VIII et IX du présent

Arrêt, les assignations au Conseil de *S. M.*, ne pourront être données et les significations des Arrêts de communiqué faites, qu'au Domicile élu, ainsi que toutes autres significations qui seraient de nature à être faites à Domicile.

XXIII. Les délais prescrits par l'article XI du titre II de la IIe partie du Réglement du Conseil, pour se pourvoir par restitution contre les Arrêts rendus par défaut contre les Parties domiciliées dans les Colonies, auront lieu pareillement à l'égard des Arrêts rendus par défaut, sur les assignations et significations portées par l'article précédent, et les délais ne courront que du jour que l'Arrêt par défaut aura été signifié à la personne ou au Domicile du Défaillant dans la Colonie.

XXIV. Seront au surplus observées les règles et formalités prescrites par le Réglement du Conseil, pour l'introduction et le jugement des instances.

XXV. En cas que la Demande formée au Conseil de *S. M.* se trouve de nature à être portée au Conseil qu'elle tient pour les Dépêches, elle y sera instruite en la manière accoutumée, par simples Mémoires, signés des Avocats constitués par les Fondés de procuration du Demandeur.

XXVI. Le présent Réglement sera observé à la Martinique, par provision seulement, et jusqu'à ce qu'il en ait été autrement ordonné par *S. M.*

Fait au Conseil d'Etat du Roi, Sa Majesté y étant, tenu à Compiegne, le 30 juillet 1763. *Signé*, le Duc de CHOISEUL.

Enregist. au Conseil Souverain.

(N°. 260.) *Memoire du Roi, pour servir d'instruction aux Gouverneur Lieutenant-général et Intendant de la Martinique.*

Du 15 août 1763.

SA Majesté desirant de procurer aux Habitans des îles du vent les secours dont ils ont besoin, et que le Commerce de France ne peut leur fournir, elle aurait jugé à propos, en attendant que la nouvelle Colonie de Cayenne soit en état d'y pourvoir, de permettre que les secours soient portés par des Bâtimens étrangers à Ste-Lucie, pour être versés ensuite dans les autres îles du vent ; de régler en même-tems la manière dont ce Commerce doit être fait ; limiter les articles qu'il sera permis d'introduire, pour prévenir qu'il ne soit fait, au préjudice du Commerce de France, aucune introduction frauduleuse d'Effets ou Marchandises autres que ceux compris dans le présent Mémoire.

Art. 1er. Il sera permis à l'avenir, et jusqu'à nouvel ordre, à tous Etrangers d'introduire au Port seulement du Carénage de Sainte-Lucie, des Bœufs, Cochons, Moutons, Cabris, pourvu qu'ils soient vivans, Volailles de toute espèce, Chevaux, Mulets, Planches, Solives, Soliveaux, Mâts, Cordages, Merrains, Bardeaux, Blé d'Inde ou d'Espagne, Avoine, Son, Meules de Cercles ou Feuillards pour barriques, Briques, Tuiles, Carreaux de terre et de faïence, Pierres de taille, Calèches et Cabriolets, Roues pour voitures, Charettes et Tombereaux, Armoires grandes et petites, Bureaux à l'anglaise, Riz, Pois, Légumes et Fruits verts de toute espèce ; et seront lesdits articles exempts de tous droits d'entrée à Sainte-Lucie.

II. Tout Capitaine de Navire étranger qui abordera au Carénage, sera tenu de faire la déclaration du chargement de son Navire, et de l'affirmer devant l'Intendant de Sainte-Lucie, qui en fera faire la visite avant l'ouverture de sa vente.

III. Si après la déclaration faite par les Capitaines, il se trouvait dans leurs Bâtimens des Effets et Marchandises autres que ceux compris dans l'article Ier, veut *S. M.* que le tout soit saisi et confisqué, ainsi que les Bâtimens qui les auraient apportés, et que la vente du tout en soit faite à son profit, au plus offrant et dernier enchérisseur, et le produit remis dans la Caisse du Domaine.

IV. Lorsque les Bâtimens étrangers auront fait, à Sainte-Lucie, la vente des Cargaisons qu'ils y auront introduites, il leur sera permis d'y prendre en retour des Sirops et Tafias, Vins, Liqueurs et toutes sortes de Marchandises qui y seront apportées de France ; mais ils ne pourront charger ni Sucres, ni Cafés, ni Cotons, à peine de confiscation du tout, et en sera usé à cet égard comme il est dit à l'article suivant.

V. Ordonne *S. M.*, que sur le procès-verbal de visite qui sera fait de chacun desdits Bâtimens étrangers, lequel sera communiqué au Receveur du Domaine, pour demander s'il y a lieu à la confiscation desdits Bâtimens et de leurs Cargaisons, et les réponses qui y seront faites par les Capitaines desdits Bâtimens, que le tout soit débattu par le Contrôleur de la Marine, et que sur cette procédure il soit rendu par le Sieur Intendant de Sainte-Lucie, un Jugement dont l'appel sera porté au Conseil de *S. M.*

VI. Il sera perçu à la sortie, sur les Sirops et Tafias, et autres Denrées et Marchandises dont l'exportation est permise, un pour cent de leur valeur, et sera le produit dudit droit, employé aux dépenses de la Colonie.

VII. Les Bestiaux, Denrées et Marchandises qui seront introduits à Sainte-Lucie, soit par des Bâtimens étrangers, soit sur des Bâtimens français, ne pourront en être exportés, pour être ensuite envoyés aux autres îles françaises du vent, que par des Bâtimens appartenant à des Français; *S. M.* voulant que les Lettres-patentes du mois d'octobre 1727, soient exécutées selon leur forme et teneur, en ce qui ne concerne pas l'île de Sainte-Lucie, et en ce qui n'y est pas dérogé par le présent Mémoire.

Veut Sa Majesté que le présent Mémoire soit enregistré au Greffe du Conseil Supérieur de la Martinique, pour être exécuté jusqu'à nouvel ordre de *S. M.*

Fait à Compiegne, le 15 août 1763. *Signé*, LOUIS; *et plus bas*; par le Roi, le Duc de Choiseul.

Enregist. au Conseil Souverain.

(N°. 261.) *Ordonnance de M. l'Intendant, concernant la Navigation, le Commerce et le Cabotage de la Martinique.*

Du 16 août 1763.

La perception des droits, tant à la sortie des Denrées de la Colonie pour France, qu'à l'entrée de celles de France dans la Colonie, demande une police d'autant plus exacte, que la fraude en cette partie, est un vol fait sur les Contribuables tenus de remplir l'imposition ordonnée par le Roi, et qui, nous dérobant la connaissance exacte du produit des cultures et des consommations, nous met hors d'état de prendre les mesures nécessaires pour procurer les secours dont diverses parties pourraient avoir besoin. La proximité du Port neutre de Sainte-Lucie, et des îles anglaises de la Dominique et de Saint-Vincent, offrant des facilités pour le Commerce interlope, l'intérêt du Commerce de France se trouve ici réuni à celui des Habitans, pour exiger que nous prenions toutes les précautions possibles, afin d'éviter les contraventions en cette partie : c'est pour y parvenir que nous avons cru devoir faire publier de nouveau les dispositions portées, tant dans notre Ordonnance commune du 29 juillet dernier, que dans l'Ordonnance du Roi concernant les Droits des Fermes, du mois de février 1687, afin que personne n'en puisse prétendre cause d'ignorance, et y ajouter quelques Réglemens particuliers que le local semble exiger.

A CES CAUSES, etc., avons statué et statuons ce qui suit :

ART. Ier. Dans l'espace de huit jours, pour ceux qui sont dans la Rade de Saint-Pierre ou du Fort-Royal, et d'un mois pour ceux qui sont en voyage, à compter du jour de la publication de la présente Ordonnance, tous Propriétaires de Bateaux, Goëlettes, Pirogues pontées ou non pontées et autres Bâtimens de Cabotage, seront tenus de venir au Domaine donner la déclaration du nom et du port de leurs Bâtimens, à peine de confiscation au profit du Roi.

II. Comme il est nécessaire que nous soyons instruits de ce que ces Bâtimens sont devenus, aucun d'eux ne pourra être dépecé, qu'au préalable il n'en ait préalablement été fait déclaration au Bureau du Domaine, ni être vendu sans que semblable déclaration soit faite audit Bureau par l'Acquéreur, à peine de confiscation du Bâtiment au dernier cas, et d'une amende arbitraire au premier cas, laquelle ne pourra être moindre que la valeur d'un semblable Bâtiment qui serait en état de naviguer.

III. Tous Capitaines et Commandans des Bâtimens, Caboteurs arrivant dans une Rade de cette île, seront tenus, dans les vingt-quatre heures de leur arrivée, de faire leur déclaration au Bureau du Domaine, dans le lieu le plus prochain de celui où ils auront mouillé, de la nature, quantité et qualité des Marchandises dont ils sont chargés, de celui qui les a chargées, ou à qui elles sont adressées : leur défendons de rien débarquer desdits Bâtimens, qu'ils n'en aient préalablement obtenu le permis ou congé du Bureau du Domaine, à peine de 500 livres d'amende contre les Capitaines ou Maîtres des Bâtimens caboteurs, et d'être déclarés incapables de commander à l'avenir aucun Bâtiment, ainsi qu'il est porté dans l'article XVII de notre Ordonnance du 29 juillet ; et seront en outre, les Marchandises non déclarées ou déchargées sans le congé du Domaine, confisquées au profit du Roi, ainsi que le Bâtiment caboteur, conformément aux dispositions du titre II de l'Ordonnance du Roi du mois de févr. 1687.

IV. Seront exécutés selon leur forme et teneur, les articles XI, XII, XIII et XIV de notredite Ordonnance du mois de juillet dernier, ainsi que les titres I et II de l'Ordonnance du mois de février 1687 : en conséquence, aucun Capitaine ou autre Commandant un Bâtiment venant de long cours, ne pourra rien décharger de son bord, ni même reverser de bord à bord, qu'après sa déclaration au Domaine, qui doit être faite dans les vingt-quatre heures de son arrivée, et en avoir obtenu le congé : ne pourra pareillement charger sur son Bâtiment aucune Marchandise, sans avoir aussi obtenu le congé du Domaine, et sera tenu de justifier ses déclarations par les factures, connaissemens, livres et journaux de bord, ainsi qu'il est porté dans les dernières Ordonnances, le tout à peine de 500 livres d'amende et de confiscation du Bâtiment et des Marchandises.

Voulons que lorsque les Bâtimens pourront charger plusieurs rangs de barriques, on avertisse au Bureau avant de commencer le second rang, et il en sera ainsi du troisième : ordonnons qu'à défaut de cet avertissement, le Bâtiment, pour être visité, sera déchargé aux frais du Capitaine.

V. Aucun Bâtiment caboteur ne pourra partir pour aller d'un lieu à un autre dans cette île, qu'il n'ait fait ses déclarations et pris ses expéditions au Bureau du Domaine le plus voisin, lesquelles il sera tenu de représenter, lorsqu'il ira faire sa déclaration d'arrivée.

VI. Tout Bâtiment caboteur qui sera expédié pour une de nos îles françaises, sera tenu de rapporter des expéditions en règle du Bureau

de

de ladite île, à l'effet de constater qu'il y a déposé son chargement; quelles sont les Marchandises dont il a été chargé en retour, le tems de son arrivée en ladite île, de son départ pour revenir à la Martinique, et généralement toutes les circonstances qu'il est tenu de déclarer, suivant les Ordonnances ci dessus mentionnées; à défaut de ces pièces en forme, il sera poursuivi comme pour Commerce étranger, et puni suivant la rigueur des Ordonnances rendues à ce sujet.

VII. Les secours dont les autres îles françaises peuvent avoir besoin, se trouvant au Fort-Royal ou à Saint-Pierre, et non dans les autres Ports ou Rades de cette île, il sera permis d'expédier pour lesdites îles dans les Bureaux seulement du Fort-Royal et de Saint-Pierre : ne pourront aussi les Bâtimens caboteurs à leur retour, ni même ceux expédiés desdites autres îles françaises, être admis dans aucun autre lieu que dans ceux des deux Bureaux ci-dessus dits : défendons aux Directeurs des autres Bureaux de les recevoir ni expédier, à moins quils ne soient porteurs d'une Permission signée de nous, ou de notre Subdélégué-général; et seront lesdits Bâtimens ainsi trouvés hors les lieux où sont établis les deux Bureaux ci-dessus dits, confisqués avec les Marchandises dont ils se trouveront être chargés, et les Capitaines ou autres qui les commandent, condamnés à l'amende de 500 liv.

VIII. Tout Bâtiment qui se dira expédié de Sainte-Lucie, de la Guadeloupe ou de Marie-Galante, sans être porteur d'expéditions prises au Bureau du Domaine du lieu d'où il prétendra être parti, sera réputé de droit naviguer en interlope, et seront ledit Bâtiment et les Marchandises sujets à la confiscation, sauf à procéder contre le Capitaine et les équipages, par la voie ordinaire, si lieu il y a, pour raison du Commerce étranger.

IX. Déclarons encore sujet à l'amende de 500 liv., et à la confiscation du Bâtiment et des Marchandises, tout Capitaine ou Maître qui, après avoir fait sa déclaration au Domaine, se trouvera avoir dépassé le lieu pour lequel il avait été expédié, et ce conformément à l'article II du titre II de l'Ordonnance de 1687. Seront pareillement condamnés aux mêmes peines, ceux qui ayant été expédiés dans un de nos Bureaux, pour quelque Port et Rade de cette île, seraient arrêtés faisant route pour Sainte-Lucie, ou faisant toute autre route que celle requise pour sa destination connue par sa déclaration.

X. Le Port de Ste-Lucie étant un port franc, où tous les Vaisseaux étrangers sont admis, et l'île de Sainte-Lucie ne pouvant, quant à présent, produire des objets d'un commerce respectif bien considérable entr'elle et la Martinique, nous déclarons que ceux qui, n'ayant point pris une expédition du Domaine, seraient trouvés allant à Sainte-Lucie, ou à leur retour convaincus d'y avoir été, seront poursuivis comme pour raison de Commerce étranger : ordonnons en outre que ceux dont les expéditions seraient en règle, mais qui seraient trouvés portant à Sainte-Lucie des Denrées du crû de la Martinique, autre que le Tafia, ou rapportant de Ste-Lucie des Marchandises sèches, quand même elles seraient réputées françaises ; seront pareillement poursuivis comme faisant le Commerce avec l'étranger, déclarant que le Commerce d'exportation de la Martinique à Sainte-Lucie, ne peut et ne doit être que du Tafia, des Vivres et des Marchandises de France, et celui d'importation de Sainte-Lucie à la Martinique, des Denrées que Ste-Lucie peut tirer de son propre fonds, comme Café, Coton, Riz, Manioc, Légumes secs et verts, Bestiaux, Volailles, Bois de toute espèce ; toute autre sorte de Marchandises devant être réputée provenir de son Commerce avec l'étranger, et par conséquent être Marchandises étrangères et prohibées pour la Martinique.

XI. Nul Bâtiment, soit de long cours, soit de cabotage, de quelque espèce qu'il soit, à la réserve des Canots passagers, ne pourra appareiller de nuit, encore qu'il ait eu ses expéditions du Domaine ; et seront les Contrevenans au présent article, condamnés à une amende de 1,000 liv.

XII. Les Canots passagers chargés de Sucre, de Café ou autres Denrées de la Colonie, ainsi que ceux chargés de Vivres, seront tenus de faire leur déclaration au Domaine, à leur départ et à leur arrivée, en cas qu'il y ait un Bureau de Domaine dans le lieu d'où ils partiront, ou pour lequel ils auront été expédiés.

XIII. Seront au surplus exécutés selon leur forme et teneur, les Lettres-patentes du mois d'octobre 1727, concernant le Commerce étranger ; en conséquence, tout Bâtiment étranger naviguant à une lieue de cette île, sera sujet à confiscation ; et il en sera de même de tous les effets qui seront trouvés à terre venant de l'étranger, ou de tous Bâtimens étrangers qui seraient trouvés mouillés dans les Ports ou Rades de cette île, hors le cas de relâche forcé, dont par eux sera justifié en la manière ordinaire et prescrite par nos Ordonnances.

Prions Messieurs du Conseil Supérieur de faire enregistrer les présentes par-tout où besoin sera.

Donné à la Martinique, le 16 août 1763. *Signé*, De la Riviere.

Enregist. au Conseil Souverain.

(N°. 262.) *Ordonnance de MM. les Général et Intendant, concernant les Jeux et les Cabarets dans l'île Martinique.*

Du 16 août 1763.

Les désordres que les Jeux publics et les Cabarets occasionnent, ne pouvant être réprimés avec trop de sévérité, nous avons résolu de donner à une partie si essentielle de la Police, toute l'attention qu'elle exige; en conséquence, nous avons statué et ordonné, statuons et ordonnons ce qui suit :

Art. Ier. Le nombre de Cabaretiers demeurera fixé, jusqu'à ce qu'il en soit par nous autrement ordonné, à douze pour la ville du Fort-Royal, à quarante pour le Bourg St-Pierre, à six pour la Trinité, et dans les autres Bourgs de l'île, à proportion.

II. Nul ne pourra tenir Cabaret qu'il n'en ait préalablement obtenu de l'Intendant de la Colonie, ou de son Subdélégué-général ou particulier, une permission qui y sera enregistrée au Domaine et au Greffe de la Juridiction du lieu où le Cabaretier voudra s'établir ; pour lequel enregistrement sera payé 3 livres au Greffier de ladite Juridiction seulement, et rien au Bureau du Domaine ; ne sera ladite permission délivrée, que sur la quittance du Receveur-général ou particulier des droits du Roi, pour le paiement d'un quartier d'avance des droits auxquels seront imposées les permissions de tenir Cabaret ; et ceux qui seraient trouvés débitant Vin et autres Liqueurs sans ladite permission, seront, outre la confiscation de leurs Marchandises, condamnés à 500 liv. d'amende pour la première fois, et au double en cas de récidive et bannis de la Colonie ; ladite amende, ainsi que celles ordonnées ci-après, applicables aux travaux publics et suivant qu'il en sera ordonné, et seront au paiement d'icelles, les Délinquans, contraignables par corps.

III. Ceux qui auront obtenu permission de tenir Cabaret, ne pourront vendre et détailler que du Vin, du Cidre, de la Bière ; leur défendons toute vente et distribution de Tafia, à peine d'être déchus de leur permission, et de 300 liv. d'amende, payable et applicable comme il est dit ci-dessus ; et si, au mépris de la présente défense, la vente se trouve avoir été faite à des Soldats, ladite amende sera de 500 liv.

IV. Ne pourront les Cabaretiers tenir leurs Cabarets ouverts ni donner à boire à huis clos, après neuf heures du soir, à quelque personne que ce soit, ni aux Soldats après la retraite battue ; ne pourront encore recevoir dans leurs Cabarets, ni de jour ni de nuit, aucuns Nègres autres que leurs propres Domestiques, soit pour les loger, soit pour leur donner simplement à boire : le tout sous les peines portées par l'article précédent.

V. Ordonnons sous la même peine de 300 l. d'amende, à tous les Aubergistes et Cabaretiers du Fort-Royal, de Saint-Pierre, de la Trinité, du Marin et autres lieux voisins des Bourgs, de donner au Commissaire de police du quartier dans lequel ils seront établis, le nom, surnom, l'état et le signalement de ceux qu'ils logeront chez eux, et cela dans les vingt-quatre heures du jour où ils auront reçu lesdits particuliers.

VI. Seront tenus lesdits Commissaires de police de donner, au Bureau des Classes ou à l'Ecrivain du Roi, chargé dans leur quartier du détail de la Marine, une note de tous les gens de mer, dont il leur sera fait déclaration, et de leur communiquer, toutes les fois qu'ils en seront requis, les Registres de police qu'ils seront tenus d'avoir à l'effet d'y porter les enregistremens ci-dessus ordonnés.

VII. Les droits pour la permission de tenir Cabaret, seront fixés à 800 liv. pour ceux résidans au Fort-Royal et au Lamentin ; à 1,200 l. pour ceux résidans à Saint-Pierre ; à 400 liv. pour ceux résidans à la Trinité ; à 200 liv. pour ceux résidans au Marin ; à 300 liv. pour ceux résidans au Prêcheur et au Carbet, et à 150 liv. pour tous ceux résidans dans les autres Bourgs de cette île ; ne seront point cependant imposés comme Cabaretiers, les Aubergistes-traiteurs, qui ne faisant que donner à manger, ne vendent et ne débitent chez eux ni Vin, ni autre Boisson forte ou spiritueuse.

VIII. Les Aubergistes ou Cabaretiers qui se proposent de cesser de tenir Auberge ou Cabaret, seront tenus d'en faire leur déclaration au Bureau-général du Domaine à Saint-Pierre, ou à celui du département où ils seront établis, huitaine avant le commencement du quartier qui suivra celui qu'ils auront payé, à peine contre les Contrevenans, d'être contraints au payement du quartier qui aura commencé à courir, faute par eux d'avoir fait ladite déclaration.

IX. Les Aubergistes ou Cabaretiers qui auront obtenu des permissions, seront tenus d'exploiter par eux-mêmes les Auberges ou Cabarets, sans qu'ils puissent céder leurs permissions, sous les peines portées par l'article II.

X. Faisons défenses à toutes personnes de quelque qualité et condition qu'elles soient, de détailler ou faire détailler par petites mesures dans les Villes et Bourgs, Places et autres lieux publics, des Vin, Tafia et autres Liqueurs de cette espèce, à peine de confiscation desdites Liqueurs et de 300 liv. d'amende.

XI. Faisons aussi défenses aux Aubergistes et Cabaretiers de tenir plusieurs Cabarets, ni faire vendre du Vin et autres Liqueurs en d'autres maisons que celles par eux occupées et déclarées, et ce, sous les mêmes peines.

XII. Faisons défenses à toutes personnes de quelque qualité et condition qu'elles soient, de donner à jouer les Jeux de hasard, de Cartes ou de Dés, et tous autres du nombre de ceux qui sont défendus ; ne permettons que les Jeux connus sous le nom de Jeux de commerce, à peine contre les Contrevenans, d'être condamnés à une amende de 2.000 liv., et d'être en outre bannis de la Colonie; et à l'égard des Jeux de billard, il n'en pourra être tenu aucuns sans la même permission que celle établie ci-devant pour les Cabarets.

XIII. Pour lever tout équivoque sur la désignation des Jeux défendus, nous déclarons que ceux qu'on doit entendre sous cette dénomination, sont la Bassette, le Pharaon, le Lansquenet, le Hoca, le Quinquenove, Biribi, Masse-au-dés, Tope et Tingue, Passe-dix, les deux ou les trois Dés, la Dupe, le Quinze, la Roulette, les petits Paquets et autres Jeux de la même nature, sans qu'ils puissent être déguisés sous une autre forme, ou sous une autre dénomination.

XIV. Ordonnons qu'à l'avenir lesdites contraventions pourront être poursuivies à la requête des Procureurs du Roi, pardevant les Juges ordinaires et en la manière accoutumée; et seront les sentences rendues par eux à ce sujet, exécutées par provision, nonobstant l'appel au Conseil Supérieur.

Prions Messieurs les Officiers du Conseil Supérieur d'enregistrer la présente Ordonnance, etc.

Donné à la Martinique, le 16 août 1763. *Signé*, le Marquis de FENELON, et DE LA RIVIERE.

Enregist. au Conseil Souverain.

(N°. 263.)

(N°. 263.) *Ordonnance de MM. les Général et Intendant, concernant les Droits sur les Sucres vendus en détail.*

Du 18 août 1763.

Nous ayant été représenté que plusieurs Habitans sucriers des environs du Fort-Royal, de Saint-Pierre et de la Trinité, vendaient leur Sucre en forme pour la consommation journalière desdits lieux, et qu'ainsi leurs Denrées se trouveraient dans le fait affranchies des droits que celles des autres Habitans paient à leur sortie de la Colonie pour France, en vertu de notre Ordonnance du 29 juillet dernier; que cet affranchissement ferait un vide dans la recette au préjudice des autres Contribuables, à quoi il était juste de pourvoir : nous avons considéré que d'un côté cette façon de débiter ses Denrées n'était pas susceptible de contrainte, tant à raison de l'utilité publique, qu'à raison de celle des particuliers vendeurs; que d'ailleurs le petit nombre, et plus encore le genre des personnes qui sont dans le cas de vendre ainsi leurs Sucres, nous autorisait à ne pas chercher à prendre à ce sujet toutes les précautions qui, en matière d'imposition, seraient nécessaires vis-à-vis d'un public entier; que nous devons présumer qu'aucune d'elles ne chercheraient à s'approprier, pour ainsi dire, les fonds d'autrui, en se déchargeant au préjudice des autres de la partie pour laquelle elles doivent entrer dans la contribution générale; qu'ainsi, pour faire rendre de leur part la Justice qu'on demande et qu'on attend d'elles, il serait suffisant de les assujettir à des déclarations revêtues d'un caractère qui ne permette pas de douter de leur sincérité.

A CES CAUSES, etc.. avons ordonné et ordonnons que tous les Habitans sucriers qui sont dans les environs du Fort-Royal, de St-Pierre, de la Trinité, et qui vendent en détail et en forme leurs Sucres en tout ou en partie, seront tenus, au 1er octobre prochain, de se rendre pardevant M. Guignard, Subdélégué-général et Inspecteur-général du Domaine, pour ceux qui sont dans l'arrondissement de Saint-Pierre; pardevant M. Rampon, Procureur-général du Conseil Supérieur et Subdélégué particulier du département du Fort-Royal, pour ceux qui sont dans son arrondissement; pardevant le Subdélégué particulier de la Trinité qui y sera établi, ou à son défaut, pardevant le Juge du lieu, pour ceux qui sont voisins dudit bourg de la Trinité; à l'effet de faire et d'affirmer par serment une déclaration contenant la quantité et le prix des Sucres qu'ils ont ainsi vendus au détail, depuis la publication de notre Ordonnance du 29 juillet, jusqu'au jour 1er octobre; après laquelle déclaration qui sera déposée et enregistrée au Contrôle de la Marine, les droits seront par eux payés entre les mains du Receveur-général ou particulier desdits lieux; et sera, au 1er janvier 1764, faite par eux semblable déclaration assermentée, pour le paiement des droits sur les Sucres qu'ils auront vendus dans le courant des trois derniers mois de la présente année; et, en cas de retard de la part desdits Habitans, pour venir faire la déclaration ci-dessus dite, nous voulons qu'ils se tiennent pour suffisamment avertis par un simple avis à eux envoyé par le Subdélégué-général, ou par le Subdélégué-particulier du lieu, ou par le Juge de la Trinité, en cas que le Subdélégué de ce département n'y soit pas encore établi.

Déclarons que, pour éviter les frais, cet avis vaudra sommation juridique, à l'effet de contraindre ceux qui les recevront, à venir faire leur déclaration, dans le cas même où ils n'auraient encore rien vendu, attendu qu'il est nécessaire de le constater d'une manière authentique, pour établir la justice et la régularité de cette opération vis-à-vis de tous les Contribuables.

Donné à la Martinique, le 18 août 1763. *Signé*, le Marquis de FENELON, et DE LA RIVIERE.

(N°. 264) *COMMISSIONS et Etablissement des Commissaires de Paroisses, et Lettre d'envoi desdites Commissions par MM. les Général et Intendant.*

Du 23 août 1763.

AYANT jugé qu'il était utile au service du Roi, dans cette Colonie, d'établir dans chaque Paroisse des Commissaires chargés de veiller à la tranquillité publique, d'y faire exécuter les différens Ordres que nous serions dans le cas de leur adresser, et de nous rendre compte des événemens qui pourraient survenir, et dont il serait à propos que nous fussions instruits, nous avons cru ne pouvoir mieux faire que de continuer dans l'exercice des susdites fonctions ceux qui ont été déjà établis en cette qualité par le vœu unanime des Habitans. En conséquence, nous avons institué et instituons pour Commissaire de la Paroisse de . . . . . M. . . . . . auquel nous donnons pouvoir de faire arrêter les malfaiteurs et autres perturbateurs du repos public, de les faire conduire dans les prisons royales les plus voisines, à la charge de nous en rendre compte dans les vingt-quatre heures, comme aussi de veiller à ce que nos Réglemens de Police, de Commerce et de Navigation soient ponctuellement exécutés, et à ce que les dénombremens soient fidèlement fournis par les Habitans, suivant ce qui sera par nous ordonné à ce sujet.

Donné à la Martinique, le 23 août 1763. *Signé*, le Marquis de FENELON, et DE LA RIVIERE.

(Suit la Lettre d'envoi.)

Martinique, ce 23 août 1763.

MONSIEUR,

« La façon dont vous avez rempli les fonctions de Commissaire de « Paroisse dans le Quartier où vous demeurez, nous a déterminés à « desirer que vous continuiez de vous charger des mêmes fonctions. « En conséquence, nous vous en envoyons la Commission, persuadés « que vous n'aurez aucun obstacle à opposer à votre bonne volonté, « nous nous proposons de vous renvoyer la connaissance de mille petits « différends qui pourraient survenir entre les Habitans de votre Paroisse, « quoique cela ne soit pas énoncé dans votre Commission. Votre intégrité, « jointe à la connaissance que vous avez du local et des personnes, vous « met à portée de les terminer comme ils doivent l'être.

« Nous sommes, Monsieur, etc.

« *Signé*, le Marquis de FENELON, et DE LA RIVIERE. »

(N°. 265.) *LETTRES-PATENTES concernant les Préfets Apostoliques.*

Du 29 août 1763.

LOUIS, etc., SALUT : Par l'établissement de la commission que nous avons formée, par Arrêt de notre Conseil du 19 décembre 1761, nous nous sommes proposés de rétablir dans nos Colonies, le bon ordre et le maintien d'une exacte discipline, d'où dépendent le bonheur de nos Sujets au-dedans et leur sûreté au dehors ; mais un projet si étendu exigeant du tems pour son exécution, nous avons cru ne pas devoir différer d'expliquer nos intentions sur un objet d'autant plus pressant, qu'il intéresse la Religion, l'Instruction de nos Sujets, la sûreté des Familles et l'état des Citoyens. Nous avons été informés que les Préfets Apostoliques exercent leurs fonctions dans l'étendue de nos Colonies, sans que les Règles prescrites dans notre Royaume aient été observées jusqu'ici, et que ceux qui y desservent les Paroisses entrent en fonctions sans que leurs pouvoirs aient été connus de leurs Paroissiens et des Juges des lieux ; en sorte que l'incertitude qui pourrait en résulter sur leur état, pourrait aussi influer sur celui de leursdits Paroissiens ; et comme nous ne pouvons trop promptement remédier à de pareils inconvéniens, il nous a paru nécessaire de faire connaître par provision nos intentions à ce sujet, en attendant que nous les rendions définitives par ces Réglemens généraux dont nous nous occupons actuellement.

A ces causes, etc. voulons et nous plaît ce qui suit :

Art. 1er. Les fonctions de Préfet Apostolique ne pourront être exercées dans nos Colonies que par un Ecclésiastique séculier ou régulier, né français et domicilié dans nos Etats.

II. Ceux desdits Ecclésiastiques qui auront été commis par le St-Siége pour exercer lesdites fonctions, seront tenus de prendre nos Lettres d'attache sur les pouvoirs à eux donnés à cet effet, et elles seront enregistrées sur leur requête en nos Conseils Supérieurs, dans le ressort desquels ils doivent exercer leursdites fonctions.

III. Permettons néanmoins aux Préfets Apostoliques qui sont actuellement établis dans lesdites Colonies, d'y continuer l'exercice de leurs fonctions comme par le passé, à la charge toutefois de faire enregistrer leurs pouvoirs en nosdits Conseils Supérieurs, aussitôt après l'enregistrement et publication de nos présentes Lettres, lesquels pouvoirs y seront enregistrés sur leur simple requête, sans qu'ils soient obligés de prendre des Lettres d'attache sur iceux, dont nous les dispensons pour cette fois seulement, et sans tirer à conséquence.

IV. Les Vice-Préfets Apostoliques que lesdits Préfets auront substitués à leur place, pour remplir leurs fonctions dans toute l'étendue de la Mission ou dans une partie seulement, ne pourront les exercer qu'en faisant enregistrer dans nosdits Conseils Supérieurs, en la forme portée par l'article précédent, les Commissions qui leur auront été données par les Préfets Apostoliques.

V. Les pouvoirs donnés aux Supérieurs ou Vicaires-généraux des Missions desdites Colonies, ou à ceux qui leur sont substitués en cas d'absence ou de décès, seront enregistrés en la forme portée par l'article III de notre présente Déclaration, avant qu'ils en puissent faire aucune fonction.

VI. Les enregistremens portés par les articles précédens seront faits sur les conclusions de nos Procureurs-généraux et sans frais; et il sera délivré gratuitement par le Greffier du Conseil Supérieur, une expédition en forme à ceux qui les auront requis.

VII. Le Supérieur ou Vicaire-général sera tenu de donner aux Réguliers qu'il choisira pour la desserte des Eglises Paroissiales ou Succursales, situées dans le district de la Mission, ainsi qu'à ceux qu'il jugera nécessaire de choisir pour faire auprès d'eux les fonctions de Vicaires, une Commission en bonne forme pour remplir lesdites fonctions, sauf à lui à nommer, au cas de nécessité, des Ecclésiastiques séculiers, en sa qualité de Préfet Apostolique.

VIII. Ledit Supérieur général sera tenu d'avoir un Registre, coté et paraphé par le Juge du lieu où il sera établi, à l'effet d'y transcrire lesdites Commissions avant de les délivrer.

IX. Lesdits Desservans seront tenus, avant qu'ils puissent exercer leurs fonctions, de se faire installer par le premier Officier de Justice, ou Notaire à ce requis, et ce, en présence des Marguilliers en charge, et des Paroissiens qui seront assemblés à cet effet en la manière accoutumée, et sera l'acte d'installation signé, tant par ledit Officier ou Notaire, que par les Marguilliers en charge, et inscrit sur les Registres des Baptêmes, Mariages et Sépultures de ladite Paroisse, ainsi que la Commission portée par l'article précédent.

X. Lesdits Desservans et Vicaires continueront d'être amovibles, et pourront être révoqués par lesdits Supérieurs ou Vicaires-généraux, ainsi qu'il s'est pratiqué jusqu'à présent, sans qu'il puisse leur être apporté aucun empêchement à cet égard.

XI. Enjoignons au surplus très-expressément auxdits Desservans et Vicaires de se conformer exactement à notre Déclaration du 9 avril 1736, par rapport aux Registres de Baptêmes, Mariages et Sépultures, et de remettre annuellement lesdits Registres au Greffe de la Juridiction du lieu, ainsi qu'il y est porté.

Si donnons en mandement, etc.

Donné à Compiègne, le 31 juillet 1763. *Signé*, LOUIS ; *et plus bas*, par le Roi, le Duc de CHOISEUL.

Enregist. au Conseil Souverain.

(N°. 266.) *ORDONNANCE de MM. les Général et Intendant, concernant les Bouchers.*

Du 1er. septembre 1763.

ETANT nécessaire de réprimer les fréquens abus des Bouchers, et d'établir sur cet objet un ordre fixe et certain, nous, en vertu du pouvoir à nous donné par *S. M.*, avons ordonné et statué, ordonnons et statuons ce qui suit :

ART. Ier. Personne ne pourra à l'avenir faire le métier de Boucher dans cette île, sans avoir auparavant obtenu la permission de l'Intendant ou de ses Subdélégués, laquelle permission il fera enregistrer au Greffe de la Juridiction du lieu de sa résidence ordinaire, à peine de 500 l. d'amende et de confiscation des Viandes, Bestiaux et autres Ustensiles de Boucherie qui seront trouvés chez les Contrevenans.

II. Tout Boucher sera tenu, sous les mêmes peines, d'informer l'Officier de police qui sera préposé a cet effet, des lieux où il se propose

de

tuer, étaler et débiter, ainsi que du nombre, espèce et qualité des Bestiaux destinés pour sa Boucherie.

III. Défendons aux Esclaves de faire le métier de Boucher, ni de revendre la Viande qu'ils pourraient avoir achetée des Bouchers, à peine du fouet et du carcan, et en outre de confiscation de l'Esclave au profit du Roi, s'il est prouvé que le Maître l'ait autorisé à faire ce trafic : n'empêchons néanmoins qu'ils ne puissent continuer à l'avenir, comme par le passé, de vendre et débiter le Cochon dans les Places publiques, en la manière accoutumée et au prix ci-dessous fixé.

IV. Autorisons, quant à présent, les Bouchers, et jusqu'à nouvel ordre, à vendre le Bœuf, le Veau, le Mouton sur le pied de 22 sols 6 deniers la livre, et le Cochon sur le pied de 15 sols la livre : leur défendons d'en vendre à plus haut prix, quand même ils seraient d'accord avec les Acheteurs, ni de mêler dans leurs pesées, les machoires, pieds et entrailles des animaux, sous prétexte de compléter le poids ou autrement, le tout à peine de 500 l. d'amende.

V. Leur enjoignons, sous les mêmes peines, d'avoir des poids justes et de les faire étalonner chaque année, conformément aux Réglemens.

Prions Messieurs du Conseil Supérieur de cette île, et mandons aux Officiers des Juridictions royales, de tenir la main à l'exécution, etc.

Donné à la Martinique, le 1er. septembre 1763. *Signé*, le Marquis de Fenelon, et De la Riviere.

Enregist. au Conseil Souverain.

(N°. 267.) *Ordonnance de MM. les Général et Intendant, concernant les Boulangers et la Vente des Farines.*

Du 1er. septembre 1763.

Les remontrances que nous recevons fréquemment de la part des Boulangers, pour nous engager à diminuer le poids du pain, dont le prix est fixé à 7 sols 6 deniers la livre, nous ont déterminé à prendre les mesures les plus justes, pour nous mettre toujours en état de statuer sur leurs demandes avec connaissance de cause.

Le prix auquel le Pain est fixé dans cette Colonie pour les tems ordinaires, doit être considéré comme étant convenable au Commerce de France et à la Colonie, et les variations sur ce prix sont ce que nous devons principalement nous proposer d'éviter ; cependant comme il faut concilier la liberté du Commerce dans les ventes de ses Denrées, avec le prix auquel le Pain peut être fixé en raison de celui de la Farine ; que d'un côté il est en cette partie des révolutions qui mettent une grande différence entre le prix des choses vendues, et que d'un autre côté il ne serait pas juste que les ventes à bas prix tournassent en entier au profit des Boulangers, tandis que celles à haut prix seraient entièrement à la charge du public, qui ne pourrait ainsi qu'être surchargé par ces mêmes révolutions, dont aucune ne serait en sa faveur, nous avons cherché les moyens de parvenir aisément et d'une manière toujours sûre, à fixer en tout tems le véritable prix du Pain, de façon à rendre justice à ceux qui le fabriquent et à ceux qui le consomment.

A CES CAUSES, etc., nous avons ordonné et ordonnons :

ART. Ier. Que nul ne pourra exercer dans cette Colonie, le métier de Boulanger, sans en avoir préalablement obtenu la permission de l'Intendant ou de ses Subdélégués, laquelle il sera tenu de faire enregistrer au Greffe de la Jurisdiction du lieu de son domicile.

II. Voulons que les Boulangers remettent au Subdélégué dudit lieu, tous les 15 jours, un état contenant la quantité, la qualité et le prix des Farines achetées par eux depuis leur dernière déclaration, et ainsi de quinzaine en quinzaine, ensemble le nom des Marchands ou Négocians de qui ils les ont achetées.

III. Ordonnons en outre que tous les Négocians, Marchands, Capitaines de Navire, et autres Vendeurs de Farine, fourniront pareillement tous les mois au même Subdélégué, l'état de celles qu'ils ont vendues dans le mois, avec désignation du nom de celui qui les a achetées, et de leur prix et qualité; et faute par lesdits Boulangers ou par lesdits Négocians, Marchands ou autres, de faire lesdites déclarations exactes, et dans les tems prescrits, ils seront condamnés en 500 livres d'amende : déclarons que si les contrevenans sont Boulangers, ils seront en outre déchus de leur permission.

Prions Messieurs du Conseil Supérieur, etc.

Donné à la Martinique, le 1er. septembre 1763. *Signé*, le Marquis DE FENELON, et DE LA RIVIERE.

Enregist. au Conseil Supérieur.

(N°. 268.) *Discours de M. l'Intendant, Président du Conseil Supérieur, et Arrêt de la Cour, sur le Paiement des Billets à ordre, Billets au Porteur, Mandats acceptés, et tous Papiers de Commerce.*

Du 6 septembre 1763.

« Messieurs,

« L'attention particulière avec laquelle le « Roi nous a chargé de veiller à tout ce qui « peut concourir à l'accroissement de cette Co- « lonie, qui, par sa situation, et par la nature « de son sol, pourrait doubler, pour ainsi dire, « la population de ses Nègres et de ses Cul- « tures, nous a fait prendre la résolution d'écar- « ter un des principaux obstacles qui pourrait « s'opposer au dessein que nous avons formé de « lui procurer tous les secours dont elle peut « avoir besoin.

« Les augmentations prodigieuses qui, dans « le cours des quatre dernières années de la « Guerre, sont survenues à la Guadeloupe dans « le nombre de ses Esclaves, dans celui de ses « Manufactures, dans ses Plantations et ses Pro- « ductions en tout genre, rapprochées du petit « nombre de Nègres que la Martinique a pu se « procurer pendant seize mois, dans des cir- « constances qui semblaient faciliter et provo- « quer ses achats, achèvent de mettre dans la « dernière évidence les inconvéniens d'une Loi, « qui, par elle-même, est exclusive de toute « confiance, de tout crédit, bannit ainsi de « cette Colonie l'usage des ressources et des faci- « lités que le Commerce a établies et pratique

" par-tout ailleurs pour l'intérêt commun de " ceux qui les donnent et de ceux qui les " reçoivent ; met par conséquent les Habitans " en général dans l'impossibilité de trouver au- " cun secours pour réparer les pertes auxquelles " ils sont exposés par les fléaux dont leurs Cul- " tures, leurs Nègres et leurs Bestiaux sont sus- " ceptibles dans ces îles.

" La défense de saisir les Nègres de Jardin, " autrement que par la voie de la saisie-réelle " du Fonds, jointe aux formalités, impraticables " dans une Colonie, dont on a chargé les sai- " sies-réelles, est cette Loi qu'on a cru favo- " rable à la Culture, et qui est devenue le prin- " cipe de sa destruction : en effet, cette Loi n'a " envisagé que l'action de payer, et nullement " celle d'acheter ; elle n'a pas considéré qu'au- " tant elle augmenterait les facilités pour ne " pas payer, autant aussi elle augmenterait les " difficultés d'acheter de toute autre manière " qu'en argent comptant.

" Il est vrai qu'il paraît être avantageux au " Cultivateur qu'on ne puisse lui enlever les " Instrumens de sa Culture, lorsqu'ils sont dans " ses mains ; mais cet avantage spécieux en sup- " pose nécessairement un premier, sans lequel " il n'est plus rien. Avant que le Cultivateur " puisse jouir du privilége de conserver les Ins- " trumens de sa Culture, il faut qu'il puisse se " les procurer ; et si la Loi qui les lui con- " serve, est telle qu'elle l'empêche de les acqué- " rir, elle est alors contradictoire avec l'objet " qu'elle se propose ; elle devient nécessaire- " ment le fléau de la Culture, au lieu d'en être " le soutien. Tel est cependant l'effet de la Loi

“ qui défend de saisir les Nègres de Jardin,
“ comme les autres effets mobiliers : elle est
“ inutile à tous ceux qui ont la faculté d'acheter
“ au comptant, et elle est, pour tous les autres,
“ exclusive des crédits dont ils ont besoin pour
“ réparer les échecs qu'ils éprouvent dans leur
“ fortune.

“ La confiance, premier germe de tous les
“ engagemens conformes aux Lois de la Justice,
“ ne peut jamais présider à ceux dont l'exécu-
“ tion dépend en quelque sorte de la volonté
“ d'une des parties contractantes : un tel contrat
“ n'est point un contrat ; il est dans l'ordre de
“ mille opérations hasardées, aux risques des-
“ quelles on ne s'expose qu'autant qu'on y est
“ invité par un intérêt proportionné à ces
“ mêmes risques. De là l'excessive cherté des
“ crédits ; de là l'impossibilité de remplir ses
“ engagemens sans se ruiner ; de là la résolution
“ que prennent beaucoup de Débiteurs obérés
“ et décrédités de ne plus s'occuper de leurs
“ dettes, et de ne songer qu'à pourvoir à leur
“ propre subsistance ; de là la ruine d'un grand
“ nombre d'Habitations qui seraient aujour-
“ d'hui florissantes, si leurs Propriétaires n'a-
“ vaient été contraints de suracheter de faibles
“ crédits, qui n'ont pu produire d'autres effets
“ que celui de concourir à accélérer leur perte.

“ Des inconvéniens si monstrueux semblent
“ révolter encore plus, lorsqu'on les rapproche
“ des avantages que la sûreté des engagemens
“ fait naître par-tout ailleurs.

“ La confiance est un fonds réel qui tient lieu
“ des facultés pécuniaires, lorsqu'elles manquent
“ au moment du besoin ; par-tout où elle se

“ trouve placée entre le Vendeur et l'Acheteur ; “ elle conclut et solde elle-même, sans nulle “ difficulté, les engagemens respectifs ; elle “ convertit en monnaie courante, un papier “ qui sans elle n'aurait aucune valeur ; elle rap- “ proche ainsi des termes fort éloignés qu'on “ serait forcé d'attendre pour agir, et pendant “ lesquels, sans son secours, on supporterait “ des pertes considérables. Etablir dans cette “ Colonie la sûreté des engagemens et la con- “ fiance, c'est donc créer des Richesses pour les “ Habitans ; c'est accélérer leurs Récoltes par “ des moyens qui en augmentent encore les pro- “ duits ; c'est leur mettre en main des fonds à la “ faveur desquels ils peuvent contracter des enga- “ gemens avantageux pour eux, et leur imposer “ l'heureuse obligation de n'en pouvoir con- “ tracter d'une autre espèce ; ainsi c'est donner “ du ressort et de la vigueur à toutes les opé- “ rations du Commerce et de l'Agriculture ; “ c'est faire le bien de cette Colonie, celui du “ Commerce et de l'Etat entier.

“ Mais, Messieurs, un avantage particulier “ que nous envisageons encore, c'est qu'à l'aide “ des secours qui seront offerts à la Colonie, et “ des facilités que la sûreté des engagemens lui “ donnera pour en profiter, nous serons en état “ dans un très-petit nombre d'années, de distin- “ guer clairement parmi les Habitans, ceux “ dont la négligence ou la mauvaise foi sont “ aussi contraires à l'intérêt public qu'à l'intérêt “ particulier de leurs Créanciers ; et ceux qui, “ pour faire honneur à leurs dettes, faisant tout “ ce qui est en leur pouvoir, méritent d'être pro- “ tégés par le Gouvernement dans leurs travaux, “ et dans les efforts qu'ils font pour se libérer.

“ L'état actuel de la Colonie, Messieurs,
“ vous est connu : vous voyez comme nous,
“ que le désordre que je viens de crayonner ici,
“ en est une des principales sources. Le mal est
“ urgent, et on ne peut y apporter des remèdes
“ trop prompts et trop efficaces. Nous estimons
“ qu'il n'en est qu'un duquel on puisse attendre
“ tout l'effet qu'on se propose ; il nous est indi-
“ qué déjà par le vœu du public, du moins par
“ celui de tous les Habitans dont la bonne vo-
“ lonté est enrayée par une suite nécessaire du
“ discrédit général résultant d'une Loi qui éteint
“ le germe de la confiance.

“ Ce remède se trouverait dans l'usage des
“ jugemens consulaires pour tous les actes qui
“ sont en France du ressort des Consuls, et dans
“ l'établissement d'une Loi qui permettrait que
“ tous les Nègres d'un débiteur, sans aucune
“ distinction, ainsi que ses Bestiaux, puissent
“ être saisis pour raison des engagemens qui se-
“ ront contractés à l'avenir. L'autorité législative
“ étant une portion de la souveraineté, celle qui
“ qui nous est confiée ne s'étend pas jusqu'à
“ pouvoir donner cette Loi nouvelle ; et c'est
“ pour trouver les moyens de suppléer dès à
“ présent à une Loi si nécessaire, que nous
“ avons cru devoir vous proposer d'en déli-
“ bérer. „

Suit l'Arrêt de la Cour :

La Matière mise en délibération, ouï M. le Procureur-général du Roi en ses conclusions, la Cour a ordonné et ordonne qu'il sera fait registre du Discours de Monsieur l'Intendant ; et attendu qu'il est généralement reconnu que la Colonie

Colonie ne peut se rétablir sans le secours des crédits, et que les crédits ne peuvent avoir lieu tant qu'on n'établira point dans la Colonie la sûreté dans l'exécution des engagemens, il a été arrêté que M. le Général et M. l'Intendant seront priés d'écrire à M. le Duc de Choiseul, pour lui demander, au nom de la Colonie, qu'il veuille bien s'employer auprès du Roi, pour en obtenir une nouvelle Ordonnance qui, en dérogeant aux anciennes, accorde la permission de saisir les Bestiaux et les Nègres des Débiteurs, sans aucune distinction, pour l'exécution des engagemens qui seront contractées à l'avenir, non-seulement en vertu de titres authentiques, mais même par permission des Juges, sur les demandes formées par les Négocians, sur les relevés de leurs livres en règle, encore qu'ils n'aient point de comptes arrêtés par leurs débiteurs; qu'il soit permis d'en poursuivre la saisie et exécution en vertu des sentences rendues par les premiers Juges, nonobstant l'appel, en donnant seulement caution suffisante par le saisaissant; qui établisse l'usage et la rigueur des Jugemens consulaires dans cette Colonie, pour tous Billets à ordres, Billets au porteur avec dénomination d'un premier propriétaire, tous Papiers connus sous le nom de Papiers de Commerce, et spécialement les Mandats des Habitans sur leurs Commissionnaires, lorsqu'ils auront été par eux acceptés, étant naturel que leur acceptation les rende personnellement et par corps responsables du paiement desdits Mandats, qui ne sont reçus que sur la foi seulement de cette acceptation; cette contrainte par corps étant même souvent la seule voie dont on puisse se servir contre les Commissionnaires, vis-à-vis desquels seulement on en demande l'établissement pour cet objet.

Et attendu que la Cour ne s'assemble que tous les deux mois, et qu'ainsi en faisant défaut à la première séance, il serait facile de se procurer un délai de 4 mois, avant qu'il pût être rendu un Arrêt définitif, il est à desirer que cette nouvelle Ordonnance accorde l'exécution des sentences consulaires par provision, et nonobstant l'appel qui ne pourra être reçu, qu'en justifiant du paiement des condamnations, ou que le montant en a été consigné; et ce, sans que la contrainte par corps puisse nuire ni préjudicier à la saisie des Nègres, telle qu'elle est ci-dessus proposée.

A été arrêté en outre, qu'un article sur lequel M. le Général et M. l'Intendant seront priés d'insister singulièrement auprès du Ministre, c'est que ne pouvant faire usage trop promptement d'un remède si salutaire et si desiré, il veuille bien faire en sorte que l'Ordonnance qui est demandée par la Cour, ait un effet rétroactif, et annonce expressément elle-même qu'elle aura son exécution du jour du présent Arrêté; et comme il y a lieu d'attendre de la protection que le Roi a bien voulu accorder à cette Colonie, que ledit Seigneur Roi ne lui refusera point le secours qu'elle peut retirer de la Loi dont il s'agit, dès qu'il en aura reconnu la nécessité, afin que personne ne puisse en prétendre cause d'ignorance, ni alléguer aucune exception contre l'effet rétroactif de cette Loi, la Cour a ordonné et ordonne que le Discours de M. l'Intendant et le présent Arrêté, seront imprimés, publiés et affichés dans toutes les Paroisses de la Colonie ; au moyen de quoi cette publication sera regardée comme un avertissement suffisant pour tous ceux qui, à compter de ce jour, voudraient contracter de nouveaux engagemens pour raison de ventes et achats.

Délibéré au Conseil Supérieur de la Martinique, ce 6 septembre 1763 *Signé*, BOURDIN.

(No. 269.) *LETTRE du Roi, qui autorise MM. les Général et Intendant à commuer les peines capitales prononcées contre les esclaves.*

Du 23 septembre 1763.

MONS. le Marquis de Fenelon et Mons. Le Mercier de la Rivière, j'ai ci devant accordé à mes Gouverneur Lieutenant-général et Intendant de ma Colonie de St.-Domingue, la permission de commuer la peine des galères prononcée contre les Nègres esclaves dans les cas où ils doivent y être condamnés, et même celle de mort contre les Nègres marrons et fugitifs, en celle d'être marqués d'une fleur de lys à la joue, enchaînés et employés à perpétuité ou pour un tems, suivant les différens cas, aux Fortifications ou autres travaux ordonnés dans cette Colonie : les avantages qui en sont résultés, non-seulement par la conservation de ces Nègres et par l'utilité qu'on en a retirée, m'ont fait penser qu'en vous accordant le même pouvoir on en tirerait dans ma Colonie de la Martinique, de grands secours dans les circonstances présentes, où il est question de travailler aux Fortifications de cette île. Je n'ai cependant pas voulu rendre tout de suite une Déclaration pour ordonner cette commutation de peine, mais par la confiance que j'ai en votre prudence et en votre zèle, je me suis déterminé à vous autoriser par ma présente Lettre à suspendre l'exécution de tous les Jugemens qui seront rendus par mes Juges, dans ladite Colonie de la Martinique, en condamnation des galères à vie ou à tems, contre les Nègres qui seront dans le cas, et même de ceux qui porteront condamnation contre les Nègres marrons et fugitifs pour la troisième fois, suivant l'article XXVIII du Code noir, pour ensuite faire marquer tous les Nègres ainsi condamnés, d'une fleur de lys à la joue, les faire enchaîner et employer pour toujours ou pour un tems, aux Fortifications ou autres travaux qui se feront par mes ordres dans ladite Colonie de la Martinique : vous pourrez pareillement pourvoir, de la manière qui vous paraîtra la plus convenable, à la nourriture, au vêtement, à la discipline et à la destination de ces Nègres, et lorsque par les effets que produiront les arrangemens que vous ferez en conséquence du pouvoir que je vous donne, vous serez en état de juger et de m'assurer qu'on y trouvera les avantages qu'on doit en attendre, je leur donnerai une forme plus authentique : si cependant vous y rencontriez quelqu'inconvénient qui dut en arrê-l'exécution, vous aurez attention de vous en abstenir et de m'en rendre compte. Sur ce je prie Dieu, Mons. le Marquis de Fenelon et Mons. Le Mercier de la Rivière, qu'il vous ait en sa sainte garde.

Ecrit à Versailles, le 23 septembre 1763. *Signé*, LOUIS ; *et plus bas*, par le Roi, le Duc de CHOISEUL.

(N°. 270.) *Extrait d'une Dépêche ministérielle de M.* le Duc de Choiseul, *sur la commutation de la peine de mort, contre les Esclaves, en celle des galères de terre.*

Du 23 septembre 1763.

Le Ministre adresse à MM de Fenelon et De la Rivière, Général et Intendant de la Martinique, une Lettre du Roi, qui leur donne le pouvoir nécessaire pour prononcer eette commutation. Les motifs qui ont déterminé S. M. à cette mesure, sont, 1°. le besoin que l'on a de se procurer des bras les moins dispendieux possibles, pour les travaux des Fortifications; 2°. l'espoir par ce moyen, de conserver à la Colonie des individus qui eussent été entièrement perdus pour elle, et moins punis peut-être par la mort.

Mais le Ministre recommande en même tems de prendre les plus grandes précautions pour que ces esclaves soient tenus si sévèrement qu'il n'en résulte aucun inconvénient, ni pour le public en général, ni pour les maîtres de ces esclaves en particulier.

(N°. 271.) *Ordonnance de MM. les Général et Intendant, qui augmente le prix du Pain.*

Du 24 septembre 1763.

Le prix actuel de la Farine de Froment mettant les Boulangers dans l'impossibilité de fournir au public le Pain dont le prix est fixé à 7 sols 6 deniers la livre, au poids ordinaire de 16 onces, nous ordonnons qu'à compter de ce jour, lesdits Boulangers ne seront tenus de fournir leur

Pain que du poids de 14 onces, pour le prix fixé de 7 sols 6 deniers, et ce, jusqu'à ce qu'il en soit autrement par nous ordonné : sera au surplus notre Ordonnance du 1er Septembre dernier, exécutée selon sa forme et teneur.

Mandons aux Procureurs du Roi des Jurisdictions, etc.

Donné à la Martinique, le 24 septembre 1763. *Signé*, le Marquis de FENELON, et DE LA RIVIÉRE.

(N°. 272.) *ORDONNANCE de MM. les Général et Intendant, concernant les Cochons.*

Du 25 septembre 1763.

SUR les remontrances qui nous ont été faites de la part des Procureurs du Roi et des Commis à la police des Villes et Bourgs de cette île, de l'abus qui s'y est introduit de tolérer que les Particuliers desdites Villes et Bourgs y élèvent des Cochons dans leurs maisons, ce qui occasionne le mauvais air et la malpropreté des rues.

Nous, etc. faisons très-expresses inhibitions et défenses à toutes personnes de quelque qualité et condition qu'elles soient, et sous quelque prétexte que ce puisse être, de nourrir et élever dans l'enceinte des Villes et Bourgs de cette île, aucun Cochon, à peine de confiscation au profit des Hôpitaux, et de 200 liv. d'amende applicables à la Caisse du Roi.

Mandons aux Procureurs des Jurisdictions royales de faire lire, etc.

Donné à la Martinique, le 25 septembre 1763. *Signé*, le Marquis de FENELON, et DE LA RIVIERE.

(N°. 273.) *Extrait d'une Dépêche ministérielle de M.* le Duc de Choiseul, *sur l'Importation et l'Exportation des Denrées de la Martinique à la Guadeloupe.*

Du 11 octobre 1763.

Le Ministre mande à MM. de Bourlamaque et de Peynier, Général et Intendant de la Guadeloupe, que le Roi a approuvé que ces Messieurs aient pris sur eux de défendre a l'avenir l'exportation des Denrées de la Guadeloupe à la Martinique, et l'introduction des Marchandises d'Europe à la Guadeloupe par la voie de la Martinique, ce qui avait l'inconvénient de procurer aux Commissionnaires de la Martinique les moyens de gagner tout-à-la-fois sur l'Habitant de la Guadeloupe et sur le Négociant de France. Ces mesures ont été prises d'après les réclamations très-justes des Habitans et Négocians de la Guadeloupe, dont les mémoires ont été adressés au Ministre par MM. les Administrateurs de cette Colonie.

(N°. 274.) *Ordonnance de MM. les Général et Intendant, concernant les Terreins à bâtir dans le Bourg de Saint-Pierre.*

Du 14 octobre 1763.

Le nombre des Maisons bâties jusqu'à ce jour dans le Bourg de St-Pierre de cette île, étant plus que suffisant pour l'objet de son Commerce, nous avons jugé que les accroissemens ou augmentations en Maisons qui pourraient s'y faire à l'avenir, de quelque nature qu'ils fussent, deviendraient également préjudiciables au bien du Commerce et au vrai intérêt de la Colonie.

Ces accroissemens ou augmentations seraient très-nuisibles à la sûreté même dudit Bourg Saint-Pierre, dont la défense en tems de guerre n'est déjà que trop difficile, par la multiplicité des objets à conserver ou à protéger ; d'ailleurs ils ne peuvent se faire qu'au détriment des autres Villes et Bourgs de cette île, qui resteraient déserts, et qu'il est très-intéressant de peupler conformément aux intentions de S. M.

A CES CAUSES, etc.; nous faisons très-expresses inhibitions et défenses à toutes personnes de quelque qualité et condition qu'elles soient et sous quelque prétexte que ce puisse être, d'élever ou construire aucun nouveau Bâtiment sur les terreins dudit Bourg St-Pierre, sur lesquels il n'a point encore été bâti jusqu'à ce jour, à peine, contre les Contrevenans, de démolition desdits Bâtimens, confiscation des matériaux et de 1000 l. d'amende. Faisons pareilles défenses, et sous les mêmes peines, à tous Entrepreneurs, Maçons, Charpentiers et autres d'en construire.

Prions Messieurs les Officiers du Conseil Supérieur de cette île de faire enregistrer les présentes, etc.

Donné à la Martinique, le 14 octobre 1763. *Signé*, le Marquis de FENELON, et DE LA RIVIERE.

Enregist. au Conseil Souverain.

(N°. 275.)

(N°. 275.) *Ordonnance de MM. les Général et Intendant, concernant les Arpenteurs.*

Du 15 octobre 1763.

Les plaintes fréquentes qui nous parviennent sur la façon dont un grand nombre d'Arpenteurs particuliers se conduisent dans l'exercice de leurs fonctions, les procès et les frais qui sont occasionnés, ou multipliés par une suite de leurs opérations, l'intérêt public, en un mot, joint aux ordres qui nous ont été donnés par le Roi, de remédier incessamment aux différens abus qui pourraient s'être introduits à plusieurs égards, et singulièrement dans ce qui concerne la profession d'Arpenteur, l'intention de S. M. étant qu'à l'avenir aucun ne puisse en exercer les fonctions sans une commission émanée d'elle, approuvant seulement qu'en cas de besoin, nous y commettions par *interim*, en attendant qu'il lui ait plu de faire expédier lesdites commissions à ceux qu'elle jugera à propos d'en pourvoir.

Nous, en vertu du pouvoir, etc., avons ordonné et ordonnons que tous les Arpenteurs pourvus de commissions particulières émanées de nos prédécesseurs, aient à les remettre entre les mains de l'Intendant, pour en recevoir de nouvelles de nous, si lieu y a : déclarons que du jour de la publication de la présente Ordonnance, lesdites commissions seront de nulle valeur, et que ceux qui en sont pourvus, sont sans fonctions en cette partie ; permettons seulement qu'ils puissent achever les Arpentages qui auraient été commencés par eux, et auxquels ils auraient été commis par Jugement ou Ordonnance, ou par conventions entre les parties.

Voulons que les fonctions d'Arpenteur ne puissent plus être exercées à l'avenir que par ceux qui auront obtenu une commission du Roi, ou de Nous par *interim*, conformément à l'Ordonnance du Roi, du 24 mars dernier, registrée au Conseil Supérieur de cette île, le 11 juillet suivant.

Prions Messieurs du Conseil Supérieur, etc,

Donné à la Martinique, le 15 octobre 1763. *Signé*, le Marquis de FENELON, et DE LA RIVIERE.

Enregist. au Conseil Souverain.

(Nº. 276.) *ORDRE de MM. les Général et Intendant, qui remplace, par une Regie au compte du Roi, les* Frères de la Charité, *établis à l'Hôpital du Fort-Royal.*

Du 15 octobre 1763.

LE Supérieur de l'Hôpital de la Charité, établi au Fort-Royal de cette île, nous ayant déclaré qu'il ne pouvait soutenir son Hôpital au-delà du présent mois, quoique M. l'Intendant eût consenti un traité bien plus avantageux pour cette Maison que celui qu'elle avait demandé en France, et lui eût accordé 46 sols, argent des îles, avec la ration du Soldat, estimée 14 à 15 sols, par chaque journée de Soldats ou Ouvriers malades; en outre se chargeant de payer, nourrir et loger le Médecin, les Chirurgiens et l'Aumônier pour le service de l'Hôpital, et d'entretenir un Commis pour tenir les Registres de l'entrée et de la sortie des Malades et des Morts; eût accordé la continuation de 4,200 liv. de pension sur l'état du Roi, de l'exemption de la capitation, dont les nègres et les personnes attachées à l'hôpital ont joui précédemment, et de quelques autres exemptions de droit accordées à cette Maison ; eût promis de prêter de ses deniers 6,600 liv., argent des îles, sur les sommes anciennement dues à cet Hôpital par le Roi, lesquelles allaient être remboursées en Lettres-de-change de 1759, consentant de ne reprendre cette somme de 6,600 l. qu'en France, lorsqu'on y aurait fait la négociation desdites Lettres ; enfin, qu'il prêtât encore à cette Maison 100 Lits garnis, qu'il avait fait faire en attendant l'arrivée des Religieux et de leurs ustensiles.

Considérant d'ailleurs que quatre Religieux sont absolumens insuffisans pour tenir cet Hôpital, qui contient actuellement et tous les jours 180 à 200 Malades, et dont le nombre ne peut qu'accroître par l'augmentation des Troupes, des Ouvriers et des Travaux ; enfin l'espèce de Religieux que ce Supérieur avait amenée avec lui, paraissant très-peu propres à leur profession, et ayant occasionné des plaintes vives et réitérées de la part des Officiers et du Commissaire-ordonnateur des Guerres ; nous avons résolu de prendre l'Hôpital du Fort-Royal pour le compte du Roi, et d'y établir des Régisseurs.

En conséquence, il est ordonné au Supérieur de ladite Maison de remettre, entre les mains de M. Capet, Commissaire-ordonnateur des Guerres, et de l'Administrateur qui sera par nous établi sous ses ordres, ladite Maison de l'Hôpital et dépendances, avec tous les effets et ustensiles qui concernent son service, et que du tout il soit dressé procès-verbal, pour être pourvu au remboursement du prix desdits effets : quoi faisant les Religieux de la Charité attachés à cette Maison, demeurent déchargés de toutes les obligations qu'ils avaient contractées envers le Roi.

Et sera le présent Ordre enregistré au Contrôle de la Marine, à l'effet de servir de pièce fondamentale pour les dépenses que la nouvelle Régie pourra occasionner.

A la Martinique, le 15 octobre 1763. *Signé*, le Marquis de FENELON, et DE LA RIVIERE.

(N°. 277.) *ORDONNANCE de MM. les Général et Intendant, sur les fonctions de la Marechaussée.*

Du 18 octobre 1763.

LE Roi par son Ordonnance du 25 mars dernier, registrée au Conseil Supérieur de cette île, le 11 du mois de juillet, ayant ordonné qu'il serait établi à la Martinique une Maréchaussée, sous les ordres de son Lieutenant-général, Gouverneur de ladite île, et nous ayant laissé le soin d'en régler les fonctions, Nous, etc., avons ordonné et ordonnons ce qui suit :

ART. Ier. Les Brigades de la Maréchaussée telles que le Gouverneur-général aura jugé à propos de les composer, seront distribuées dans les principaux lieux de cette île; et chacune de ces Brigades étant commandée par un Officier blanc, sera tenue de veiller à ce qu'il ne se passe dans le département du lieu de sa résidence, rien de contraire à l'ordre public, et aux Réglemens de Police concernant les Jeux, les Cabarets, les Marchés publics et les Nègres.

II. Pour éviter que l'article précédent ne puisse occasionner des abus, nous déclarons que les Archers de la Maréchaussée ne pourront arrêter aucun Esclave non dénoncé par son Maître pour marronnage ; ni saisir aucune Marchandise transportée par des Esclaves qui n'auraient point de billets de leurs Maîtres ; ni visiter aucune maison sous prétexte qu'on y donne à jouer ou à boire aux Nègres, ou par quelqu'autre motif que ce puisse être ; en un mot, faire aucune fonctions de leur ministère, à moins qu'ils ne soient commandés par l'Officier blanc qui est en chef dans le lieu de leur résidence.

III. Les Officiers de la Maréchaussée seront tenus d'exécuter les ordres qui leur seront donnés par l'Intendant ou par ses Subdélégués, concernant la Police publique, la Police particulière des Classes et du Commerce ; en conséquence ils arrêteront ceux qui leur seront désignés par lesdits ordres ; seront pareillement tenus de donner main-forte aux Juges, aux Commissaires de Police et aux Préposés à la Direction des Droits du Roi.

IV. Lorsque les Officiers de la Maréchaussée auront été requis par le Procureur du Roi, pour arrêter quelque accusé, il sera suffisant que leurs Archers soient assistés de l'Huissier porteur de l'Ordre ou du Jugement.

V. Lorsque les Archers de la Maréchaussée seront donnés comme main-forte aux Commissaires de Police qui les auront requis, il ne sera point nécessaire qu'ils soient commandés par leur Officier, le Commissaire de Police étant alors seul responsable de son opération.

VI. Dans les lieux autres que ceux de la

résidence du Gouverneur-général et de l'Intendant, les Officiers de la Maréchaussée seront tenus de donner main-forte aux Commissaires de Paroisses, lorsque ceux-ci le requerront.

VII. Tout Archer de la Maréchaussée qui aura connaissance d'un Esclave marron dénoncé par son Maître, pourra l'arrêter si le cas y échet, et le conduire en prison; auquel cas la prise lui sera payée, et sera à son profit sans partage.

VIII. La prise des Esclaves marrons qui seront arrêtés dans les Bourgs, ou aux environs des Bourgs du domicile de leurs Maîtres, sera payée 6 liv.; celle desdits Esclaves faite dans la Campagne ou dans les Bourgs éloignés de leur résidence, sera payée 12 liv.; et 24 liv. lorsqu'elle sera faite dans les grands Bois; dérogeons à cet effet à tous Réglemens à ce contraires.

IX. La Ville du Fort-Royal, le Bourg de la Trinité, et principalement celui de St.-Pierre étant la retraite la plus commune d'un grand nombre d'Esclaves marrons qui se louent pour gagner leur vie, nous ordonnons que ceux qui étant marrons seront reconnus et arrêtés travaillant ainsi à quelque mêtier que ce soit, seront payés à raison de 30 liv., dont la moitié par le Propriétaire dudit Esclave, s'il n'a pas été dénoncé, et l'autre moitié par celui qui l'aura pris à loyer; voulons que dans le cas où ledit Esclave aurait été dénoncé par son Maître, ladite somme de 30 liv. soit payée en entier par celui qui le tient à loyer.

X. Interprétant en tant que de besoin l'art. IX ci-dessus, nous déclarons que les Esclaves qui seront arrêtés dans les Villes et Bourgs du domicile de leurs Maîtres ou voisins dudit domicile, soit de jour, soit de nuit, ne seront point réputés marrons, s'il n'y a aucune dénonciation préalablement faite par leurs Maîtres, ou, si à défaut de ladite dénonciation, les Maîtres ne les reconnaissent pas après la prise pour avoir été marrons; et attendu que la déclaration des Maîtres est la seule chose qu'on demande d'eux pour faire connaître l'état de l'Esclave, nous ordonnons que ceux qui seraient convaincus d'avoir fait une fausse déclaration, seront condamnés à une amende de 300 liv., applicable au profit de la Maréchaussée.

XI. Tous Esclaves arrêtés de nuit dans les Villes et Bourgs distans de trois lieues du domicile de leurs Maîtres, seront réputés marrons, et leur prise sera payée à raison de 12 liv., ainsi qu'il est porté à l'article IX; et pourront ainsi être arrêtés les Esclaves étrangers qui se trouveront allant et venant dans lesdits Bourgs et aux environs, après 9 heures du soir, sans un billet de leurs Maîtres qui indique la mission dont lesdits Esclaves ont été chargés.

XII. Les Officiers blancs de la Maréchaussée qui rencontreront sur les Chemins hors des Villes et Bourgs, des Esclaves portant quelques Denrées ou Marchandises, sans un billet du Maître qui les a chargé de les vendre, feront arrêter lesdits Esclaves avec lesdites Denrées ou Marchandises, et les feront conduire dans les prisons; ils en donneront avis sur-le-champ à l'Intendant ou à son Subdélégué sur les lieux.

XIII. Ne pourront cependant lesdits Officiers blancs de la Maréchaussée, exercer aucune police dans les Marchés, ni dans l'intérieur desdites Villes et Bourgs en ce qui concerne les Cabarets, si ce n'est en cas de tapage ou d'attroupement, de circonstances équivalentes, ou de Jeux défendus ; pourront seulement hors desdites Villes et Bourgs, visiter tant de jour que de nuit les Cabarets, et arrêter ceux, blancs ou noirs, qui se trouveront en contravention aux Réglemens de Police concernant les Cabarets.

XIV. Tous Esclaves qui seront trouvés après 9 heures du soir hors de chez leurs Maîtres, sans un billet desdits Maîtres, seront arrêtés et conduits en prison ; mais ceux qui ne seront pas dans les cas énoncés dans l'article précédent, seront relâchés selon qu'il en sera ordonné, sans que pour raison de leur capture, il soit payé autre chose que les frais de la Geole, suivant les Réglemens faits à cet égard.

Prions Messieurs du Conseil Supérieur, etc.

Donné à la Martinique, le 18 octobre 1763. *Signé*, le Marquis de FENELON et DE LA RIVIERE.

Enregist. au Conseil Souverain.

(N°. 278.) *ORDONNANCE de MM. les Général et Intendant, sur les fonctions des Commissaires des Paroisses.*

Du 19 octobre 1763.

LE maintien de l'ordre et de la police publique ayant exigé de nous l'établissement des Commissaires particuliers des Paroisses, nous avons cru devoir confier ces fonctions à ceux que les Habitans avaient eux-mêmes choisis parmi eux, pour les remplir sous le Gouvernement anglais ; mais voulant rendre aujourd'hui nos intentions plus publiques, de façon que personne n'en n'en puisse prétendre cause d'ignorance, nous, etc. avons ordonné et ordonnons ce qui suit :

Art. Ier. Il y aura dans chaque Paroisse de cette île un Commissaire, qui aura sous lui un Lieutenant ; il sera chargé de veiller au maintien de l'ordre et de la police publique ; d'empêcher les voies de fait ; de faire arrêter les Malfaiteurs, les Vagabonds, les Gens sans aveu, les Marchands colporteurs de quelque état, couleur et condition qu'ils soient, s'ils ne sont autorisés par le Gouvernement ; en un mot, d'arrêter tout ce qui se trouverait contraire aux Réglemens concernant la Police, le Commerce et les Droits du Roi.

II. Lesdits Commissaires des Paroisses et leurs Lieutenans seront chargés de l'exécution des ordres du Gouvernement, qui leur seront adressés, ou par le Général et l'Intendant en commun, ou par l'un des deux en particulier, suivant l'exigence des cas ; et seront obligés les Habitans de leur Paroisse de leur prêter main-forte au besoin.

III. Seront pareillement tenus lesdits Commissaires et leurs Lieutenans, de faire fournir les Dénombremens et les Recensemens qui seront demandés aux Habitans de leur Paroisse ; voulons que désormais lesdits Dénombremens et Recensemens soient signés desdits Commissaires ou de leurs Lieutenans, afin d'en assurer la sincérité.

IV. Dans tous les cas où lesdits Commissaires et leurs Lieutenans auraient besoin de main-forte, soit pour arrêter un Coupable, soit pour le faire conduire dans les Prisons, ils pourront commander les Nègres ou Mulâtres libres de leur Paroisse, et ceux-ci seront tenus d'exécuter les ordres desdits Commissaires ou de leurs Lieutenans.

V. Pourront aussi lesdits Commissaires ou leurs Lieutenans, demander main-forte à l'Officier qui, dans leur Quartier, commandera les Troupes du Roi, ou au Commandant de la Brigade de la Maréchaussée qui sera la plus voisine, et main-forte leur sera donnée sur leur réquisition.

VI. Lorsque lesdits Nègres libres ou autres seront employés à conduire un Accusé dans les Prisons, ils seront payés de leur voyage suivant la taxe qui en sera faite par l'Intendant ou par les personnes commises à ce sujet.

VII. Dans les lieux autres que ceux de la résidence du Général, de l'Intendant ou de ses Subdélégués, les Commissaires de la Police seront tenus de rendre compte auxdits Commissaires, ou, dans leur absence, à leurs Lieutenans, de ce qu'ils découvriraient de contraire aux Réglemens concernant l'ordre et la police publique, et de concerter avec eux, si besoin est, les moyens de remédier aux abus dont il serait question.

VIII. Nous ordonnons qu'en attendant qu'il ait plu au Roi d'accorder auxdits Commissaires des Paroisses d'autres marques de distinction, ils jouiront à l'avenir des Droits honorifiques dans leurs Paroisses, tels qu'en ont joui ou dû jouir les Capitaines de Milice qui étaient Commandans de Quartier.

IX. Pourront lesdits Commissaires ou leurs Lieutenans, dans tous les lieux où il n'y a ni Jurisdiction ni Subdélégués, connaître de toutes les affaires sommaires et qui demandent célérité, lorsqu'elles seront portées devant eux, comme plaintes pour voïes de fait, tant en matière civile qu'en matière de petits criminels ou autres affaires contentieuses, pour lesquelles les Parties se seraient volontairement pourvues pardevant eux : et seront leurs Ordonnances exécutées par provision, jusqu'à ce qu'il en ait été par nous autrement ordonné, ou par les Juges ordinaires, selon qu'il y aura lieu de se pourvoir.

Prions Messieurs du Conseil, etc.

Donné à la Martinique, le 19 octobre 1763. *Signé*, le Marquis de FENELON, et DE LA RIVIERE.

Enregist. au Conseil Souverain.

(N°. 279.) *CONSIGNE générale, donnée par MM. les Général et Intendant, pour tous les Ports et Rades de la Martinique.*

Du 20 octobre 1763.

LA sûreté des Ports et Rades de cette île, dépendant de l'exacte police qui s'y doit observer, nous, etc., statuons et ordonnons ce qui suit :

Port et Rade du Fort-Royal.

ART. Ier. Le Capitaine de Port au Fort-Royal prendra tous les jours les ordres du Général et de l'Intendant, ou en leur absence, du Commandant de la Place et du Commissaire de la Marine qui les représenteront, et leur rendra un compte exact de tout ce qui se passera dans la Rade et Bassin dudit Port, concernant son emploi.

II. Il ne pourra s'absenter sans avoir obtenu la permission du Général et de l'Intendant, ou des Officiers qui les représenteront en cas d'absence.

III. Il aura le plus grand soin d'établir l'ordre convenable dans la Rade et Bassin dudit Port; de veiller à l'arrangement des Vaisseaux, Navires et autres Bâtimens qui y seront mouillés; d'indiquer aux Capitaines la place que leursdits Bâtimens doivent occuper ; et aura la plus grande attention à ce qu'ils soient placés de façon à ne se point gêner ou incommoder réciproquement, et à ne se causer aucune avarie en cas de gros tems.

IV. Les Capitaines de Navires et Maîtres de Bâtimens seront tenus, au moment de leur arrivée, de se rendre chez le Capitaine de Port, ou chez l'Officier de Port qui en fait le service en son absence, pour se conformer à ce qu'il leur prescrira pour la place que doivent occuper leurs Bâtimens ; et ne les pourront faire mouiller dans une autre place que celle qu'il leur aura indiquée, à peine de 500 l. d'amende, applicables à l'entretien du Port.

V. Le Capitaine de Port recommandera très-expressément à tous Capitaines et Maîtres de Bâtimens, d'avoir toujours de bons cables et de bonnes ancres en état, ainsi que des orins et bouées suffisans pour se soutenir, et ne point s'exposer à aller en dérive : aura également soin de leur indiquer l'endroit où il est à propos qu'ils déchargent leur lest. Faisons très-expresses inhibitions et défenses à tous Capitaines et Maîtres de Bâtimens, de décharger leur lest ailleurs qu'à l'endroit qui leur sera indiqué par le Capitaine de Port, à peine de 1000 livres d'amende.

VI. Il aura également la plus grande attention à ce que les Capitaines et Maîtres de Bâtimens tiennent leurs Bâtimens propres ; qu'ils aient soin de les faire pomper matin et soir, et précisément à l'heure qui sera fixée, sur tout dans le Bassin dudit Port, où la mauvaise odeur des eaux pompées incommode la Forteresse.

VII. Etant d'usage que le Capitaine le plus ancien fasse fonction de Commandant de la Rade, à moins qu'il ne s'y rencontre des Vaisseaux commandés par des Officiers de S. M., le Capitaine désigné pour Commandant, portera la flamme pour être reconnu ; il mettra la flamme d'ordre toutes les fois que le service du Port l'exigera, et fera fournir exactement par chaque Navire, à tour de rôle, un Canot de ronde pour le service.

VIII. Quand le Commandant de la Rade aura mis flamme d'ordre, tous les Navires qui y sont mouillés, seront tenus d'envoyer sur-le-champ à son bord un Canot et un Officier pour prendre l'ordre et exécuter ce que leur prescrira le Commandant, à peine de 100 liv. d'amende contre les contrevenans pour chaque fois qu'ils auront manqué de se rendre à l'ordre.

IX. La ronde se fera par un Officier du Navire désigné par le Commandant de la Rade, régulièrement trois fois par chaque nuit ; savoir, le soir au coup de canon de retraite, à minuit et à quatre heures du matin.

X. Lorsque l'Officier de ronde dans la Rade, passera près d'un Navire pendant la nuit, et qu'il aura hélé, si personne ne lui répond à bord du Bâtiment qu'il côtoyera, il montera à bord de ce Bâtiment, et y ayant fait prendre le matelot qui doit être de quart, il ira le remettre à bord du Commandant, pour le faire punir suivant l'exigence du cas et la décision de MM. les Général et Intendant ou leurs représentans, auxquels il en sera rendu compte.

XI. L'Officier de ronde ira à bord de tous les Bâtimens qui entreront la nuit dans la Rade ou Bassin du Port, pour en rendre compte le lendemain matin au Capitaine de Port.

XII. Le Navire chargé de la ronde sera tenu d'envoyer à terre sa Chaloupe ou Canot, toutes fois et quantes il le requerra pour le service.

XIII. Le Capitaine de Port se fera rendre compte, par l'Officier de ronde de la Rade, de tout ce qui s'y sera passé, pour en faire son rapport chaque jour au Général ou à l'Intendant, ou leurs représentans en cas d'absence.

XIV. Lorsqu'il appercevra à l'une des pointes de la Rade, quelque Bâtiment faisant signal d'incommodité, il avertira le Commandant de la Rade pour hisser flamme d'ordre, et il ira en personne avec la chaloupe de ronde et celles des autres Navires, ou Canots les plus à la portée, pour porter secours au Navire incommodé.

XV. Il veillera à ce que le bon ordre et l'exacte police s'observe le long du bord de la mer, et à l'ouverture des principales cales où se font les embarquemens et débarquemens; empêchant que le bord de la mer et cales soient embarrassés de façon à gêner le public : il tiendra particulièrement la main, avec les Officiers de police, à l'entretien, netteté et propreté des cales, et rendra compte de tous ces objets au Général et à l'Intendant ou leurs représentans :

il aura pareillement attention à ce que les Capitaines de Navires, à leur départ, lèvent exactement leurs ancres, pour ne point embarrasser la Rade : et dans le cas où ils seraient forcés de les laisser, il les obligera à marquer, par une bouée, l'endroit où elles restent, pour pouvoir les faire relever.

XVI. Il aura le plus grand soin d'empêcher que les Bâtimens qui seraient condamnés soient échoués dans la Rade, en d'autres lieux que ceux qu'il indiquera; et fera relever les carcasses des Bâtimens échoués, ou les fera dépecer aux frais du Propriétaire. Défendons à toutes personnes de faire échouer aucuns Bâtimens de façon à gêner la Rade et sans la permission du Capitaine de Port, à peine de confiscation du Bâtiment, et de 500 liv. d'amende.

XVII. En l'absence du Capitaine de Port, son Lieutenant ou tout autre Officier du Port feront les fonctions ci-dessus en sa place, et se conformeront exactement à tout ce qui est prescrit ci-dessus pour le Capitaine de Port.

Port et Rade Saint-Pierre, la Trinité et autres de la Martinique.

XVIII. Le Lieutenant de Port, Aides, Maîtres ou autres Officiers de Port du Fort Saint-Pierre, la Trinité, le Marin et autres Ports et Havres de cette île, se conformeront, chacun en droit soi, à tout ce qui est prescrit par la Consigne générale, qui sera exécutée selon sa forme et teneur.

Recommandons à tous Commandans de place, Commissaires et autres Officiers par nous préposés dans l'étendue de cette île, de tenir la main à l'exécution de la présente Consigne.

Mandons aux Officiers de l'Amirauté, etc.

Donné à la Martinique, le 20 octobre 1763. *Signé*, le Marquis de FENELON, et DE LA RIVIERE.

(N°. 280.) *ORDONNANCE de MM. les Général et Intendant, qui impose* 12 *liv. par tête de Nègre des Ville et Bourgs, pour tenir lieu de Taxe sur l'industrie.*

Du 26 octobre 1763.

EN exécution de l'Arrêt du Conseil d'Etat du Roi, du 9 avril dernier, registré au Conseil Supérieur de la Martinique le 12 juillet suivant, qui ordonne la levée d'une somme de 750,000 livres, argent des îles, sur la Martinique, nous avons convoqué M. le comte d'Elvas, Commandant en second, M. Guignard, Subdélégué-général, MM. Perrinel Dumay, Dubuc de Ste.-Preuve, Lussy père et Larnac, avec lesquels ayant délibéré sur les moyens de lever ladite somme de 750,000 liv., il a été unanimement fait choix de ceux qui ont été établis par notre Ordonnance du 29 juillet 1763; et comme parmi les dispositions qu'elle renferme, il est dit aux articles XXII et XXIII, qu'il sera levé sur les Ville et Bourgs de cette île, une somme de 72,000 liv., comme taxe sur l'Industrie, dont la répartition sera faite par huit Commissaires, savoir, MM. Lussy père, Diant frères, Larnac, Dutasta, Lœillard, Dupont et Pees; lesdits Commissaires se sont assemblés plusieurs fois, et après

après de mûres délibérations ils nous ont déclaré par un acte signé d'eux qu'il leur était impossible de procéder à cette répartition, à raison des facultés de chaque contribuable; que cet objet est absolument inconnu; qu'en général ceux qui habitent les Ville et Bourgs, font par le moyen de leurs Esclaves, un revenu tout-à-fait distinct de ceux de leurs biens-fonds, et qui doit être placé dans la Classe des articles sujets à la taxe sur l'Industrie; qu'étant impossible d'apprécier avec quelque sorte de précision ces différens produits, il leur paraissait plus simple d'augmenter la Capitation des Nègres des Bourgs, et qu'en conséquence leur avis tel qu'ils nous le proposaient, était de régler cette augmentation relativement à la somme de 72,000 liv. qu'il est question de répartir.

D'après cet avis en forme, et connaissant par les dénombremens que le nombre des Nègres qui sont dans les Ville et Bourgs, monte à 6000 Nègres ou environ, Nous, etc., ordonnons qu'il sera levé une somme de 12 liv. par tête de Nègres demeurans dans les Ville et Bourgs de cette île, laquelle somme sera payée dans le courant du mois de novembre prochain : déclarons que conformément à l'article XXV de notre Ordonnance du 29 juillet dernier, il sera compté du produit de cette somme, ainsi que de celui des autres Droits, pour qu'il soit tenu compte par la Colonie du *déficit*, s'il y en a dans le recouvrement des 750,000 liv. ordonnées par le Roi, ou que le surplus desdits produits, s'ils excèdent ladite somme de 750,000 liv., soit précompté à la décharge de l'Imposition de l'année prochaine.

Prions Messieurs du Conseil Supérieur d'enregistrer, etc.

Donné à la Martinique, le 25 octobre 1763. *Signé*, le Marquis DE FENELON, et DE LA RIVIERE.

Enregist. au Conseil Supérieur.

(N°. 281.) *ORDONNANCE de MM. les Général et Intendant, concernant les Déclarations à fournir par les Habitans.*

Du 17 octobre 1763.

L'IMPOSITION faite sur les Denrées de la Colonie, exigeant les précautions les plus exactes pour en assurer le recouvrement, par la fidélité des déclarations des Habitans, nous croyons ne pouvoir donner à ces déclarations une forme trop authentique pour prévenir tous abus :

A CES CAUSES, sur les représentations qui nous ont été faites par Messieurs de la Chambre d'Agriculture, en conséquence de leur délibération du jour d'hier, Nous, etc., statuons et ordonnons qu'à l'avenir et dans huitaine du jour de la publication des présentes, chaque Habitant sera tenu de remettre au Commissaire de la Paroisse, dans l'étendue de laquelle est son domicile, la déclaration exacte par écrit et signée de lui, de toutes les Denrées par lui vendues depuis le 29 juillet de la présente année, laquelle contiendra les quantités vendues, le nom de l'acheteur, le prix de la vente, et le nom du Maître de Bateau, Marchand ou Commissionnaire à qui il aura livré les Denrées, le tout par ordre de dates.

Enjoignons à l'avenir à tous Habitans de quelque qualité et conditions qu'ils soient, de continuer par la suite à donner à la fin de chaque mois de pareilles déclarations auxdits sieurs Commissaires, et ce, tant que l'imposition sur la Denrée aura lieu.

Lesdites déclarations seront par lesdits sieurs Commissaires envoyées incessamment au Secrétaire de la Chambre d'Agriculture, lequel en fournira un extrait à M. l'Intendant, à l'effet d'en faire la vérification sur les Registres du Domaine. Et pour parvenir plus sûrement à procurer sur cette partie tous les éclaircissemens nécessaires, Nous ordonnons que les Registres du Domaine seront communiqués à Messieurs de la Chambre d'Agriculture, toutes fois et quantes le cas le requerra. En cas de retard, ou refus de fournir les susdites déclarations et dans le tems par nous fixé, seront les délinquans punis ainsi qu'il sera par nous ordonné, suivant l'exigence des cas.

Seront les présentes lues, etc.

Donné à la Martinique, le 17 octobre 1763. *Signé*, le Marquis de FENELON, et DE LA RIVIERE.

(N°. 282) *ARRET en Réglement du Conseil Souverain, sur les faiseurs de Mémoires.*

Du 10 novembre 1763.

LA Cour, etc., fait nouvelles défenses à toutes personnes de quelque qualité et condition qu'elles soient, de composer à l'avenir pour les particuliers aucuns Mémoires, Requêtes ou Ecrits de telle espèce que ce soit, si lesdits compositeurs ne sont pourvus de commissions et n'ont prêté serment à cet effet en la Cour ; le tout à peine d'être poursuivis extraordinairement comme perturbateurs du repos public, à la requête du Procureur-général du Roi, et d'être punis rigoureusement et chassés de l'île.

Fait aussi défenses à tous les Procureurs des Jurisdictions du ressort, de recevoir, signer et faire usage dans leurs causes, instances ou procès, des Ecrits, Mémoires ou Requêtes qui pourraient leur être remis par leurs parties et qui auraient été faits par des compositeurs non autorisés, et ce, à peine d'y être pareillement pourvu suivant l'exigence des cas, à la requête du ministère public.

Et sera le présent Arrêt, etc.

Fait au Conseil Supérieur de la Martinique, le 10 novembre 1763.

(N°. 283.) *Instruction de M. l'Intendant, pour MM. les Commissaires des Paroisses, sur la façon dont ils doivent recevoir les Déclarations des Habitans pour leurs Dénombremens.*

Du mois de décembre 1763.

Art. Ier. Sitôt que les copies des derniers Dénombremens fournis par chaque Habitant, seront parvenues aux Commissaires de Paroisse, ils feront afficher ou publier, à la sortie de la Messe paroissiale, que chaque Habitant ait à se présenter dans une maison du Bourg qui sera indiquée, pour y prendre son Dénombrement.

II. Ils avertiront chaque Habitant, qu'ils doivent ajouter à la feuille de leur Dénombrement les têtes survenues depuis leur dernière déclaration, et biffer celles mortes ou vendues depuis la même époque, en observant d'apostiller le cas qui les a fait biffer.

III. Les Habitans ou autres Particuliers domiciliés dans les Bourgs seront tenus d'ajouter à la suite de leurs noms, de même qu'à la suite des noms de leur femme et enfans, s'ils sont créoles ou européens.

IV. Les Commissaires observeront de marquer sur chaque Dénombrement la qualité de l'Habitant, c'est-à-dire, s'il est Sucrier, Caféïer, Cotonnier, Caçaoïer ou Maniocquier; et si c'est un Particulier résidant dans le Bourg, qui n'ait point d'habitation, il marquera seulement, *domicilié dans le Bourg*.

V. Chaque Habitant ou Particulier, après avoir ajouté et diminué ses têtes de Nègres sur son Dénombrement, le signera pour être envoyé par le Commissaire de Paroisse, au Bureau-général du Domaine, et le double de ce Dénombrement sera signé du Commissaire pour être remis à l'Habitant.

VI. Lesdits Commissaires de Paroisse porteront sur les feuilles en blanc qui leur seront envoyées, les Déclarations des Habitans qui pourraient s'être établis dans leurs Quartiers, depuis la levée du dernier Dénombrement.

VII. Ils apporteront toute l'exactitude et la célérité possible, à l'opération dont il s'agit, afin d'être en état d'envoyer les Dénombremens au tems qui leur sera prescrit.

VIII. Au cas qu'il y eût quelques Habitans qui n'eussent pas remis leur Dénombrement à tems pour être envoyé au tems prescrit, les

Commissaires de Paroisse les avertiront de les remplir et de les porter incessamment au Bureau du Domaine de leur Département ; faute de quoi, ils seront poursuivis à la confiscation des Negres qui n'auront point été déclarés, et les Propriétaires d'iceux condamnés à 500 livres d'amende, conformément aux articles XIII et XIV de la Déclaration du Roi du 3 octobre 1730. *Signé*, DE LA RIVIERE.

(N°. 284.) *ORDONNANCE de MM. les Général et Intendant, concernant les Recensemens.*

Du 5 décembre 1763.

L'INTENTION où nous sommes de procurer à cette Colonie, les secours en tout genre qui pourront dépendre de nous, ne pouvant être pleinement remplie, qu'autant que nous serons parfaitement instruits de tout ce qui concerne l'état et la fortune de chaque Habitant, il est indispensable que nous ayons sous les yeux un tableau exact et fidèle de leurs Biens et Possessions, tant en Esclaves qu'en Bestiaux, et des productions de leurs cultures :

A CES CAUSES, etc., statuons et ordonnons que dans huitaine du jour de la publication des présentes, il sera fait par chacun des Commissaires de Paroisse de cette île, un Recensement exact de l'état de sa Paroisse ; en conséquence chaque Habitant, outre le Dénombrement qu'il doit fournir au Domaine du Roi, pour l'assiette de la Capitation, sera tenu de remettre entre les mains du Commissaire de la Paroisse où il est domicilié, l'état exact, certifié de lui, du nombre de ses Esclaves, de la quantité de Terre qu'il possède, du nombre de ses Bestiaux de chaque espèce, et du nombre de carrés de Terre employés à chaque nature de culture, et ce, dans le susdit délai de huitaine, à compter du jour de la publication des présentes, à peine de désobéissance contre les délinquans, et d'y être contraints par Corps.

Lesdits états de Recensemens seront remis sans délai au Gouvernement, par les Commissaires de Paroisses, d'eux visés et apostillés des notes qu'ils jugeront convenables.

Et sera notre présente Ordonnance, etc.

Donné à la Martinique, le 5 décembre 1763. *Signé*, le Marquis de FENELON, et DE LA RIVIERE.

(N°. 285.) *COMMISSION des Lieutenans Commissaires dans les Paroisses de l'Isle.*

Du 5 décembre 1763.

ETANT utile au service du Roi dans cette Colonie d'établir dans chaque Paroisse des Lieutenans de Commissaires pour aider les Commissaires par nous nommés, dans leurs fonctions, et les représenter en cas d'absence ou autres cas, et sur la connaissance que nous avons des talens et capacité du sieur . . . . . . nous l'avons institué et instituons pour Lieutenant de Commissaire de la Paroisse d . . . . . . de cette île, et lui donnons pouvoir en cette qualité d'aider le sieur Commissaire de ladite Paroisse dans ses fonctions, toutes fois et quantes le service l'exigera, veiller à la tranquillité publique, faire arrêter les malfaiteurs et autres perturbateurs du repos public, veiller à l'exécution de nos Ordres et de nos Ordonnances et Réglemens concernant la Police, le Commerce et la Navigation, et généralement faire tout ce qui concerne le service dudit sieur Commissaire, en cas d'absence, ou autres cas, selon que l'exigeront les circonstances, le représentant à cet effet toutes fois et quantes; et sera tenu de rendre compte de tout audit sieur Commissaire ou à nous directement quand le cas l'exigera.

Prions ledit sieur Commissaire de la susdite Paroisse de le faire reconnaître en ladite qualité.

Donné à la Martinique, le 5 décembre 1763. *Signé*, le Marquis de FENELON, et DE LA RIVIERE.

(N°. 286.) *ORDONNANCE de MM. les Général et Intendant, portant Réglement sur la Maréchaussée.*

Du 14 décembre 1763.

POUR prévenir que quelques-uns de ceux qui composent la Maréchaussée exigent au-delà de ce que nous avons fixé pour le prix des courses et des exécutions, et voulant empêcher un abus aussi dangereux et aussi contraire à l'esprit de l'établissement de ladite Maréchaussée : nous, etc. statuons et ordonnons ce qui suit :

ART. Ier. Aucun Brigadier ou Sous-Brigadier ne pourra exiger au-delà du prix de 12 liv. par jour, pour ses frais de course et de transport, pour l'exécution de nos ordres, ou de ceux de quelqu'autre ayant pouvoir ; et aucun Archer ne pourra semblablement exiger au-delà de 6 liv.

par

par jour, sous peine, contre les uns et les autres, de cassation d'emploi et de trois mois de prison; renvoyant, pour le prix fixé pour la prise des Nègres marrons, à l'article VIII de notre Ordonnance commune du 18 octobre dernier.

II. Il sera formé une masse particulière entre les mains du Prévôt-général, de tout ce qui proviendra pour le prix des courses et des prises de Nègres; à laquelle masse chaque Officier et Archer seront tenus de rapporter ce qu'ils auront reçu, dont tiendra registre ledit Prévôt-général, pour par lui la répartition et distribution en être faites ainsi qu'il conviendra.

III. Faisons très-expresses inhibitions et défenses à tous Officiers et Archers de rien recevoir, en aucune manière et sous quelque titre que ce puisse être, de ceux près desquels ils auront des ordres à exécuter.

IV. Faisons de même très-expresses inhibitions et défenses à tous Officiers et Archers, de frapper ou injurier les personnes qu'ils auront ordre d'arrêter, sous peine de cassation, dans le cas où ils auraient frappé, et en outre pour les Archers, d'être renvoyés à la justice ordinaire.

V. Mandons et ordonnons au Prévôt-général, ses Lieutenans, Exempts et autres Officiers qu'il appartiendra, de faire lire et publier les présentes à la tête de leur Troupe, etc.

Prions Messieurs du Conseil Supérieur d'enregistrer, etc.

Donné à la Martinique, le 14 décembre 1763. *Signé*, le Marquis de FENELON, et DE LA RIVIERE.

Enregist. au Conseil Souverain.

(N°. 287.) *Arret du Conseil Souverain, sur les Huissiers de l'Amirauté.*

Du 2 janvier 1764.

La Cour, etc., ordonne que les Déclarations du Roi, et Arrêts du Conseil d'Etat, seront exécutés selon leur forme et teneur; en conséquence a maintenu et réintégré les Supplians dans le droit et possession de faire seul tous les Actes Judiciaires de quelque sorte et nature qu'ils puissent être, qui sont du ministère des Huissiers au Siége de l'Amirauté de St.-Pierre.

Fait très-expresses inhibitions et défenses à tous Huissiers et Sergens de la Jurisdiction dudit Bourg, d'instrumenter à l'avenir pour ledit Siége d'Amirauté, et d'y faire aucuns exploits de première demande, d'instructions de procédures, saisies et ventes d'effets, soit volontaires ou forcées sur les débiteurs domiciliés ni autres, saisies arrêts, commandemens, sommations, significations de Jugemens, ni aucuns autres Actes Judiciaires du ministère des Huissiers dudit Siége d'Amirauté, de quelque nature et sous quelque prétexte que ce puisse être généralement quelconque, à peine de nullité de ce qui pourrait être par eux fait, et de 500 liv. d'amende, qui sera et demeurera encourue contre chaque contrevenant, au profit de M. l'Amiral, sauf aux Supplians à se pourvoir ainsi qu'ils aviseront, envers lesdits Huissiers et Sergens royaux, en rapport des vacations et émolumens par eux faits et perçus audit Siége d'Amirauté, depuis la notification du 16 novembre dernier, jusqu'au jour du présent Arrêt, les défenses réservées au contraire, si aucunes y a, ...

Mandons au premier Huissier ou Sergent sur ce requis, etc.

Fait en notredite Cour, tenue au Fort-Royal, le 2 janvier 1764.

(N°. 288.) *Ordonnance de MM. les Général et Intendant, portant Commutation des peines de mort.*

Du 3 janvier 1764.

Le Roi ayant considéré que la condamnation aux galères, soit à tems, soit à perpétuité, ne pouvait pas être envisagée comme une peine pour les Nègres esclaves, et que la peine de mort prononcée contr'eux pour le crime de marronnage au troisième cas, ne produisait pas tout l'effet qu'on aurait dû en attendre; qu'il serait plus utile à la Colonie, au bien du service du Roi, et à la discipline qui convient à des Esclaves, de changer ces condamnations de mort et des galères, en une sorte de peine qui permit de retirer des services de ceux qui seraient dans le cas de subir lesdites condamnations. S. M., en conséquence, nous ayant adressé ses intentions, et donné toute autorité nécessaire pour les mettre à exécution, par une Lettre en date du 23 septembre dernier: Nous, etc., statuons et ordonnons ce qui suit:

Art. Ier. La peine de mort pour crime de marronnage au troisième cas, et celle des galères, soit à tems, soit à perpétuité, pour tous les cas qui pourraient y donner lieu, seront désormais et pour toujours, jusqu'à ce qu'il ait plu au Roi d'en ordonner autrement, commuées en condamnation à la chaîne; à l'effet de quoi, les Esclaves ainsi condamnés, seront enchaînés séparément et deux à deux, selon l'exigence des cas, pour, en cet état, être employés aux travaux du Roi, et à leur défaut, aux réparations des chemins, ou autres travaux publics de la Colonie.

II. Ne pourront les Esclaves être condamnés à la chaîne qu'à perpétuité, soit pour crime de marronnage au troisième cas, soit pour autres crimes, qui, suivant nos Lois, seraient punis de la peine des galères, à tems ou à perpétuité.

III. Les Esclaves ainsi condamnés à la chaîne, seront payés aux Maîtres qui les auront dénoncés, suivant l'appréciation qui en sera faite en la manière ordinaire, par le Conseil Supérieur de cette île, et ce, sur les fonds qui seront faits à cet effet par la Colonie, ainsi que cela s'est pratiqué jusquà ce jour, en vertu des Ordonnances du Roi.

IV. Les Esclaves ainsi condamnés à la chaîne, seront nourris et entretenus aux frais du Roi en tout tems, à la réserve de celui pendant lequel ils seraient employés à des travaux publics de la Colonie, comme à la réparation des chemins ou autres ouvrages à sa charge; auxquels cas lesdits travailleurs seront nourris par ceux qui seraient obligés de contribuer aux dépenses desdits travaux.

V. Lorsque lesdits Esclaves seront employés aux travaux propres à la Colonie, ils y seront sous la garde d'un Soldat, Sergent ou autre personne de cette espèce, ou de plusieurs, si besoin est, suivant le nombre des travailleurs; et seront lesdits gardiens, payés par les intéressés auxdits travaux, à raison de 4. liv. par jour argent des îles, sans qu'ils puissent exiger ni subsistances, ni aucunes autres rétributions desdits intéressés.

VI. Pourront pareillement être mis à la chaîne, sans cependant être marqués, comme il sera dit ci-après, et sans être confondus avec les condamnés, les Esclaves mauvais sujets, auxquels il serait difficile de faire faire le procès faute de preuves; mais dans ce cas, cette correction ne sera mise en pratique que du consentement des Maîtres desdits Esclaves, et leur dédommagement, si lieu y a, sera réglé à l'amiable entre eux et l'Intendant de la Colonie.

VII. Les Esclaves condamnés à la chaîne seront, conformément aux intentions du Roi, insérées dans sa Lettre ci-dessus référée, marqués à la joue gauche, d'une fleur de lis, afin qu'en cas d'évasion, ils puissent être facilement reconnus.

Prions Messieurs du Conseil Supérieur, d'enregistrer, etc.

Donné à la Martinique, le 3 janvier 1764. *Signé*, le Marquis de Fenelon et De la Riviere.

Enregist. au Conseil Supérieur.

(N°. 289.) *Ordonnance de MM. les Général et Intendant de l'île Guadeloupe, concernant le Commerce et le Cabotage avec les îles françaises de cet Archipel.*

Du 13 janvier 1764.

Etant persuadés que le Commerce direct avec la France est le seul moyen de procurer à cette Colonie (la Guadeloupe), l'accroissement dont elle est susceptible; et desirant satisfaire au vœu général de ses Habitans et des Commerçans qui y sont établis, constaté par les mémoires qu'ils nous ont présentés sur cet objet, nous nous sommes efforcés jusqu'ici d'éloigner par la voix de la persuasion, tout ce qui pourrait nuire à l'établissement de ce Commerce direct avec la France. Mais nous étant apperçus que l'intérêt particulier de quelques personnes mal intentionnées, nuisait aux vues que nous avions pour le bien général de cette Colonie, et desirant reprimer des abus qui la feraient bientôt tomber dans le dépérissement, qui facilitent le Commerce étranger, et qui sont directement contraires à la volonté expresse du Roi; Nous avons cru devoir, en attendant qu'il ait plu à S. M. de faire un Réglement général pour le Commerce de ses Colonies, prendre des mesures assurées pour empêcher que les Denrées de la Guadeloupe et des îles qui en dépendent, passent dans les autres îles de la domination du Roi; et pour empêcher en même-tems que les Denrées et Marchandises de France ne passent à la Guadeloupe et aux îles qui en dépendent, par la voie des autres Colonies françaises, sans une nécessité indispensable : en conséquence et en vertu du pouvoir à nous donné par S M., nous avons ordonné et ordonnons ce qui suit :

Art. Ier. Les Denrées provenant du cru de cette Colonie et des îles qui en dépendent, à l'exception des Sirops et Tafias, ne pourront en être exportés que sur les Navires expédiés directement pour les Ports du Royaume. Les Bâtimens du pays, Caboteurs, Canots et Pirogues ne pourront à l'avenir transporter aucune de ces Denrées dans les autres Colonies françaises, sous tel prétexte que ce puisse être.

II. Les Denrées et Marchandises de France ne pourront être introduites dans cette Colonie et dans les îles qui en dépendent, que par les Navires qui les auront apportées directement des Ports du Royaume, à moins d'une permission particulière de l'Intendant. Il ne pourra non plus être exporté des îles de ce Gouvernement, aucunes Denrées ni Marchandises de France, pour les autres îles françaises, sans une permission particulière de l'Intendant : ces permissions ne seront accordées que dans le cas où il jugera nécessaire de tirer des secours des autres Colonies de S. M., ou de leur en procurer.

III. Nul Bâtiment du pays, Caboteur, Canot ou Pirogue, ne pourra aller même sur son lest, dans les autres îles de la domination du Roi, sans une permission de l'Intendant, ou de quelqu'un de ses Subdélégués.

IV. Les Bâtimens Caboteurs, Canots ou Pirogues des îles françaises qui ne sont pas de la dépendance de la Guadeloupe, ne pourront, à commencer du 10 Février prochain, introduire dans ce Gouvernement, aucune Denrée ni Marchandise de France, sans une permission particulière de l'Intendant.

V. Les Directeurs et autres Employés du Domaine de la Guadeloupe et des îles dépendantes, visiteront exactement les Bâtimens Caboteurs des autres îles de S. M., qui viendront dans celle-ci ; et dans le cas où ils apporteraient des Denrées et Marchandises de France, sans être munis d'une permission, ils les feront repartir sur-le-champ, sans leur permettre de les débarquer. Leur enjoignons aussi de visiter exactement ceux qui seraient munis d'une permission de l'Intendant, de telle île qu'ils puissent être, pour s'assurer si le chargement n'excéderait pas la permission.

Les Commissaires des Paroisses où il n'y aura point de Bureau du Domaine, feront faire cette visite par les Commis à la Police, et feront exécuter cet article exactement.

VI. Les Bâtimens armés pour la garde des côtes, seront tenus d'arrêter tous Caboteurs, Canots ou Pirogues de la Guadeloupe et des îles dépendantes, qu'ils trouveraient allant aux autres îles françaises, ou en revenant sans permission.

VII. Les Bâtimens Caboteurs qui feront les transports des Denrées du pays, d'un lieu à un autre, dans l'intérieur du Gouvernement, seront tenus de prendre au lieu de départ, une expédition du Bureau du Domaine, qui spécifiera l'espèce et la quantité de leurs chargemens, ainsi que le jour de leur départ; laquelle expédition ils seront obligés de représenter au Bureau du Domaine du lieu où ils porteront leurs Denrées: et dans les lieux où il n'y aura point de Bureau du Domaine, ils se feront donner une pareille expédition par le Commissaire de la Paroisse, son Lieutenant ou le Commis à la Police.

VIII. Tous les Bâtimens des îles de la Guadeloupe et dépendances, qui seront trouvés en contravention aux articles ci-dessus, seront jugés par l'Intendant, et condamnés à 500 livres d'amende; les Marchandises trouvées dans les Bâtimens en contravention saisies et confisquées pour être vendues, et l'argent qui en proviendra ainsi que l'amende ci-dessus, remis à la Caisse de la Colonie, pour être employés à la décharge de l'imposition l'imposition courante, ou à d'autres usages utiles au bien public.

Et sera la présente Ordonnance, etc.

Donné à la Guadeloupe, le 13 janvier 1764. *Signé*, DE BOURLAMAQUE et le Président DE PEINIER.

(N°. 290.) *ORDONNANCE de MM. les Général et Intendant, concernant les Vagabonds et Gens sans aveu.*

Du 12 février 1764.

NOUS sommes instruits qu'il se répand dans l'intérieur de cette Colonie nombre de gens de toute espèce, qui ne sont ni connus, ni avoués du Gouvernement et qui, sous différens prétextes, parviennent à se faire recevoir et à rester sur les habitations.

L'usage abusif où sont les Habitans de retirer et d'employer sur leurs biens des Blancs, dont l'arrivée dans cette île est souvent ignorée de ceux qui en devraient être les premiers instruits, est un désordre intolérable qui favorise la désertion des Soldats, des Matelots, des Ouvriers engagés au service du Roi; qui procure à des criminels des ressources et un asile assuré contre les poursuites de la Justice; qui compromet enfin la sûreté publique, par les facilités qu'il donne aux mauvais sujets et même à des gens de nation étrangère, de pénétrer dans l'intérieur de cette Colonie et d'y rester impunément. Les Habitans qui sont dans ce cas peuvent donc se regarder comme coupables d'un délit contre l'ordre et l'intérêt public; délit qui les expose même à des peines très-graves, telle que celle des galères, que les Ordonnances ont prononcée contre ceux qui récèlent des Déserteurs.

Un tel abus n'aurait jamais dû s'introduire, par la raison que chaque Habitant doit penser qu'un homme dont le séjour en cette île n'est pas avoué du Gouvernement, est un homme qui a des raisons pour rester inconnu, et par conséquent ne peut être reçu sans quelque danger. On ne peut donc réprimer trop promptement et trop sévérement un désordre si dangereux, et c'est pour y parvenir, que nous avons statué et ordonné, statuons et ordonnons:

Art. Ier. Qu'à l'avenir aucun Blanc non créole de cette île, s'il n'y est domicilié depuis un tems suffisant, pour y avoir acquis domicile, ne pourra plus y demeurer qu'il n'en ait préalablement fait sa déclaration au Bureau des Classes du Fort-Royal ou de Saint-Pierre, et qu'il n'en ait obtenu un passe-port ou congé, qui contiendra son signalement, au moyen duquel passe-port ou congé, dont il sera porteur, il pourra être reçu par les Habitans ou autres domiciliés dans les Ville et Bourgs, chez lesquels il se présentera pour travailler; et, à défaut d'un tel passe-port ou congé, permettons, enjoignons même à tous les Habitans de faire arrêter les Gens inconnus et de les faire conduire en prison aux frais du Roi. Voulons aussi que les Porteurs desdits congés ou passe-ports ne puissent se fixer dans aucune Paroisse de cette île, qu'ils ne les aient fait viser par le Commissaire de la Paroisse où ils voudront demeurer.

II. Ordonnons à tout Habitant et à tout domicilié dans les Ville et Bourgs, qui ont chez eux des Blancs étrangers employés à leurs travaux, de les envoyer incessamment au Bureau des Classes du Fort-Royal ou de Saint-Pierre, à l'effet d'y faire la déclaration et d'y prendre le passe-port ci-dessus dit.

III. Ordonnons en outre que tout Habitant ou tout domicilié dans les Ville et Bourgs de cette île, qui, huit jours après la publication de la présente Ordonnance, se trouvera avoir sur son habitation ou dans sa maison, un Blanc non créole de cette île, ou non domicilié dans cette Colonie depuis un tems suffisant pour y être bien connu, s'il n'est porteur du passe-port ou congé du Bureau des Classes, sera condamné pour la première fois à 600 liv. d'amende, par chaque tête de Blancs ainsi retirés, et au quadruple en cas de récidive ; et ce, indépendamment des autres peines, et des dommages et intérêts qui pourraient avoir lieu dans le cas où lesdits Blancs se trouveraient être Déserteurs des Troupes, des Travaux, des Vaisseaux du Roi ou des Navires marchands ; voulons qu'en cas de dénonciation, la moitié de l'amende soit dévolue aux Dénonciateurs.

IV. Enjoignons au Prévôt, Lieutenant et autres Officiers de la Maréchaussée, d'arrêter et faire conduire en prison tous Blancs étrangers et inconnus qu'ils trouveront dans l'intérieur de cette Colonie, de quelque profession qu'ils soient, s'ils ne sont porteurs d'un permis particulier du Général ou de l'Intendant, ou d'un congé du Bureau des Classes, comme il est dit ci-dessus, ou enfin d'un certificat de l'Habitant qui les emploie chez lui ; lequel certificat contiendra le signalement de celui qui en est porteur, et fera mention du passe-port du Bureau des Classes.

Recommandons aussi aux Commissaires des Paroisses de tenir exactement la main à l'exécution de la présente Ordonnance, qui sera lue, etc.

Donné à la Martinique, le 12 février 1764. *Signé*, le Marquis de FENELON, et DE LA RIVIERE.

(N°. 291.) ARRET *du Conseil d'Etat du Roi, qui règle le taux des Impositions de toute nature à percevoir dans la Colonie de la Martinique, à dater de la présente année* 1764.

Du 25 février 1764.

LE Roi, étant en son Conseil, s'étant fait représenter les opérations qui ont été faites à la Martinique, pour parvenir à l'établissement d'une Imposition qui, en fournissant une somme suffisante, pour subvenir aux dépenses indispensables à cette Colonie, fût la plus facile dans la perception et la plus exacte dans la répartition sur les Contribuables, *S. M.* se serait déterminée à établir cette Imposition, de manière qu'elle ne porte aucun préjudice aux Cultures des Habitans et qu'elle puisse, au contraire, augmenter en proportion de leur accroissement. Vu, sur ce, l'avis des Sieurs Gouverneur Lieutenant-général et Intendant de ladite île Martinique : ouï le rapport,

Le Roi, étant en son Conseil, a ordonné et ordonne, qu'à l'avenir, il sera payé ; savoir : par tous les Habitans de la Martinique, par chaque année à compter de la présente, une somme de 24 liv., argent des îles, par tête de Nègres esclaves en âge de payer droits, quelques soient les Denrées qu'ils cultivent; 25 liv. par tête de Nègres Ouvriers, Journaliers, Domestiques et autres Esclaves demeurant dans les Ville et Bourgs de ladite île; 12 liv. par tête de Mulâtres et Mulâtresses, Nègres et Négresses, et autres Gens de couleur libres, ayant pareillement l'âge requis par nosdites Ordonnances; pareille somme de 12 liv. par les Blancs non créoles, autres que les Ouvriers, et 6 liv. seulement par les Ouvriers blancs.

Ordonne pareillement *S. M.* qu'il sera payé par les Propriétaires de Maisons, 5 pour 100 de leurs loyers, soit qu'elles soient louées, soit qu'elles soient occupées par ces mêmes Propriétaires, auquel cas il sera fait estimation du prix auquel le loyer pourrait être porté. Seront cependant déchargées du Droit de 5 pour 100, les Maisons qui seraient plus de trois mois sans être louées, et ce pour le tems qu'elles resteront dans cet état.

Veut *S. M.* que les Sirops paient à leur sortie de la Colonie 3 liv. par barrique, les Tafias 5 liv., et toutes les autres Denrées de la Colonie, 1 pour 100 seulement, et qu'il soit prélevé le même Droit d'un pour 100 d'entrée sur toutes les Marchandises sujettes au poids, tel qu'il a toujours été perçu dans cette Colonie. Et seront lesdits Droits d'entrée et de sortie payés par les Marchands, Subrécargues, Capitaines de Navires, ou autres Propriétaires desdites Denrées et Marchandises, sans qu'ils aient, pour raison de ce paiement, rien à répéter contre les Habitans.

Les Droits de Cabarets continueront d'être réglés à l'avenir par le Gouverneur et l'Intendant de ladite Colonie, pour le produit desdits Droits être perçu au profit de *S. M.*, comme par le passé.

Tous les Habitans de la Martinique seront exempts de toute corvée de Nègres, pour raison des Fortifications et autres ouvrages publics, à l'exception de ceux nécessaires aux Chemins et à la correspondance des affaires du Gouvernement, attendu que leur utilité réfléchit sur lesdits Habitans même immédiatement. Et pour procurer à cette Colonie les facilités d'augmenter ses Nègres et ses Cultures, ceux des Habitans sucriers, qui auront moins de 44 Nègres, seront exempts de la moitié du Droit, et ceux qui en auront moins de 25, seront exempts de 15 liv.

Veut *S. M.* qu'il soit accordé une exemption de 9 liv. par tête de Nègres à ceux des Habitans caféïers et autres Cultivateurs qui ont moins de 30 Nègres; une exemption de 15 liv. à ceux desdits Cultivateurs qui en ont moins de 15; et du droit en entier à ceux de cette dernière classe qui se trouveraient hors d'état de supporter aucune Imposition. Ne seront néanmoins confirmées lesdites exemptions, que sous la condition que ceux à qui elles auront été accordées justifieront avoir augmenté le nombre de leurs Nègres et leur Culture; à l'effet de quoi lesdites exemptions ne pourront avoir lieu que pendant trois ans, et seront lesdits accroissemens justifiés chaque année par les dénombremens que lesdits Habitans seront tenus de fournir.

Faute d'avoir rempli ladite condition, l'imposition de 24 liv. par tête sera payée en entier, par ceux auxquels elle a été accordée, à moins qu'ils ne justifient de l'impossibilité absolue où ils auront été d'y satisfaire ; sur tout quoi il sera statué par lesdits Sieurs Gouverneur Lieutenant-général et Intendant de la Martinique définitivement.

Veut encore *S. M.* que ceux des Contribuables qui seraient dans une telle indigence qu'ils ne pourraient supporter aucune taxe et ceux auxquels, depuis l'Imposition établie, il serait survenu des accidens et des pertes qui les mettraient hors d'état de payer leur cotisation, puissent en être déchargés par lesdits Gouverneur Lieutenant-général et Intendant.

Et pour donner une nouvelle preuve de la protection que *S, M.* veut bien accorder à la Colonie de la Martinique, elle ordonne que les Nègres nouvellement introduits dans ladite Colonie, seront affranchis de tous Droits pendant trois ans ; et que pendant les trois autres années suivantes, ils ne payeront que la somme à laquelle ceux qui les auraient achetés se trouveraient avoir été modérés par une suite des exemptions ci-dessus dites.

Il n'y aura à l'avenir d'exempts et privilégiés dans ladite Colonie que les Officiers du Conseil Supérieur, que *S. M.* a confirmé et confirme dans les exemptions qui leur ont été ci-devant accordées. Les Curés des Paroisses sont également exempts pour 2 Nègres ; la maison des Pères Capucins du Fort-Royal, pour 6 ; et les Commandans des Quartiers pour 12 Nègres, ainsi que les Conseillers du Conseil Supérieur.

N'entend néanmoins *S. M.* que le Gouverneur Lieutenant-général et l'Intendant, ni aucun des

Officiers ni Employés à son service, puissent être imposés pour raison des Esclaves qu'ils possèdent en qualité de Domestiques, ni que les Propriétaires des Nègres qu'ils tiendraient à loyer puissent être exempts desdits Droits.

Mande et ordonne Sa Majesté, etc.

Fait au Conseil d'Etat du Roi, Sa Majesté y étant, tenu à Versailles, le 25 février 1764. *Signé*, le Duc de CHOISEUL.

(Suit le Tableau de l'Imposition (1764.)

CAPITATION.

Sur les Nègres esclaves des Habitans, quelles que soient les Denrées qu'ils cultivent, par tête d'esclave de l'âge de 14 ans à 59 compris, ... 24 liv.

Sur les Nègres esclaves, Ouvriers, Journaliers ou Domestiques des Ville et Bourgs, par tête de l'âge des payant Droit, . 25 liv.

Sur les Mulâtres et Mulâtresses, Nègres et Négresses, et autres Gens de couleur libres, par tête de payant Droit, ... 12 liv.

Sur les Blancs non créoles, autres que les Ouvriers, par tête, ... 12 liv.

Sur les Ouvriers blancs, par tête, . 6 liv.

IMPOSITION SUR LES MAISONS.

Cinq pour cent sur le Loyer des Maisons, à la charge des Propriétaires, soit que leurs Maisons soient louées ou qu'ils les occupent eux-mêmes.

Seront cependant déchargées du Droit de 5 pour 100, les Maisons qui seront plus de trois mois sans être louées, et ce pour le tems qu'elles resteront dans cet état.

DROITS

DROITS SUR LE SIROP.

Trois livres par Barrique, et 3 pour 100 au profit des Fermiers-généraux, sur les Sirops allant à l'Etranger.

DROITS SUR LE TAFIA.

Cinq livres par Barrique, et 3 pour 100 au profit des Fermiers-généraux, sur les Tafias allant à l'Etranger.

Droits sur les Denrées du crû de la Colonie, comme Sucre, Café, Cacao, Casse, Coton et autres.

Un pour cent à la sortie.

Nota. Le Droit de 40 sols par quintal de Sucre, et de 3 pour 100 sur toutes les Denrées de la Colonie, autres que les Sirops et Tafias, se percevrait également au profit des Fermiers-généraux, si on en permettait la sortie pour l'Etranger.

DROITS D'ENTREE

SUR LES MARCHANDISES SUJETTES AU POIDS,

Comme Farine, Salaisons, Légumes, Fruits secs, confits ou à l'Eau-de-vie, Huile, Olives, Capres, Anchois, Savon, Suif, Brai, Goudron, Résine, Soufre, Chandelles, Bougies, Fil, Métaux ouvrés et non ouvrés, etc.

Un pour cent d'entrée.

EXEMPTIONS ACCORDÉES AUX CULTIVATEURS, AUX HABITANS SUCRIERS.

Ceux qui auront moins de 44 Nègres seront exempts de la moitié du Droit, c'est-à-dire qu'ils ne payeront que 12 liv. par tête.

Ceux qui auront moins de 25 Nègres seront exempts de 15 liv., et ne payeront par conséquent que 9 liv. par tête.

AUX CAFFÏERS ET AUTRES CULTIVATEURS.

Ceux qui auront moins de 30 Nègres, seront diminués de 9 l., c'est-à-dire qu'ils ne payeront que 15 liv. par tête.

Ceux qui auront moins de 15 Nègres, seront diminués de 15 liv. et ne payeront que 9 liv. par tête.

Et ceux de cette dernière classe qui pourraient être hors d'état de supporter aucune Imposition, seront exempts du Droit en entier.

Toutes ces exemptions n'auront lieu que pour trois ans, et ne seront accordées qu'à ceux qui justifieront avoir augmenté le nombre de leurs Nègres et leurs Cultures.

Ceux qui, par leur indigence, ou par des accidens ou des pertes, seraient hors d'état de payer leur cotisation, seront exempts de toutes Impositions.

Les Nègres nouvellement introduits dans la Colonie, seront affranchis de tous Droits pendant trois ans. Et pendant les trois années suivantes, ils ne payeront que la somme à laquelle ceux qui les auraient achetés, se trouveraient avoir été modérés par une suite des exemptions ci-dessus dites.

Enregist. au Conseil Souverain.

(N°. 292.) *EXTRAIT d'une Dépêche ministérielle de M.* le Duc de Choiseul, *sur l'établissement des Commissaires de Paroisses à la Guadeloupe.*

Du 27 février 1764.

LE Ministre dans cette Dépêche, témoigne à MM. de Bourlamaque et de Peinier, Général et

Intendant de la Guadeloupe, combien les dispositions contenues dans l'Ordonnance qu'ils ont rendue pour l'établissement et les fonctions des Commissaires de Paroisses, ont satisfait S. M., en ce que l'on a su concilier l'autorité qui est nécessaire aux Commissaires pour le maintien de l'ordre intérieur, avec les droits des Juges ordinaires par rapport à la Justice.

Le Ministre annonce en même tems, que le Roi a jugé qu'il convenait de former les Habitans de la Guadeloupe en Compagnies de 50 hommes chacune, sous le nom de Troupes nationales.

(N°. 293.) *Ordonnance du Roi, portant Réglement pour l'exercice de la Chirurgie dans les différentes Colonies françaises de l'Amérique.*

Du 30 avril 1764.

Sa Majesté étant informée que nonobstant les Réglemens rendus en différens tems, sur le fait de la Chirurgie, dans les Colonies françaises de l'Amérique, l'abus qu'on a voulu éviter d'y voir exercer cette profession par de jeunes Chirurgiens qui y abordent sur les Vaisseaux, sans titres ni lettres qui puissent les autoriser, subsiste et s'étend tous les jours, au grand préjudice du public; Elle a jugé indispensable pour la conservation de ses sujets, de faire des dispositions, qui, en assurant l'état des Chirurgiens qui auront de l'expérience et des talens, empêchent tous ceux qui passent aux Colonies, d'abuser de la confiance publique; en conséquence S. M. a ordonné et ordonne :

Art. Ier. Aucun Chirurgien ne pourra exercer sa profession dans les différentes Colonies françaises de l'Amérique, qu'il n'ait servi au moins un an dans les Hôpitaux militaires desdites Colonies, lesquels seront tenus d'y entretenir chacun quatre Chirurgiens, au moyen de quoi l'on sera assuré de n'avoir que des sujets capables et instruits des maladies du pays.

II. Les Chirurgiens qui voudront s'établir dans les Villes et Bourgs des différentes Colonies, seront, comme il se pratique dans tout le Royaume, examinés et interrogés sur tout ce qui concerne l'art de Chirurgie, en présence de l'un des Médecins de S. M., par le Chirurgien-major, et un autre des Chirurgiens de S. M., et même par les autres Chirurgiens approuvés dans lesdites Colonies, qui, sans y être appellés, pourront y assister et interroger le Récipiendaire.

III. Pour la facilité et la commodité des Chirurgiens qui se présenteront pour donner des preuves de leur capacité, l'examen se fera en quatre séances; dans la première, l'aspirant sera interrogé sur l'Anatomie; dans la seconde, sur la Chirurgie théorique; dans la troisième, sur la Chirurgie pratique; et dans la quatrième, sur les Opérations de Chirurgie.

IV. Il ne sera payé pour chaque séance, que 20 liv. au Médecin de S. M., 15 liv. au Chirurgien-major qui aura présidé à l'examen, et 10 liv. au Chirurgien de S. M., qui lui sera adjoint.

V. Les Lettres de Maîtrise, portant la faculté d'exercer la Chirurgie dans le Quartier de la Colonie, pour lequel chaque Chirurgien aura été reçu, seront signées du Médecin de S. M., et du Chirurgien-major qui les délivrera au Récipiendaire.

VI. Seront tenus les Chirurgiens ainsi approuvés, de présenter aux Gouverneurs Lieutenans-généraux et Intendans, leurs Lettres de Maîtrise et permission d'exercer, et de les faire enregistrer, tant au Greffe de l'Intendance qu'à celui de la Jurisdiction de leur résidence; et pour chacun de ces enregistremens, il sera payé seulement 6 liv.

VII. Le Chirurgien-major qui aura présidé à l'examen dans lequel un desdits Chirurgiens aspirans aurait été trouvé incapable, en instruira le Greffier de l'Intendance, qui mettra cet avis au nombre de ses minutes.

VIII. Tous les Chirurgiens qui exercent actuellement dans l'étendue de chaque ressort, sans avoir été ci-devant reçus ou approuvés, ou qui ne sont point munis d'ordres ou brevets de S. M., ou de la permission du Chirurgien-major, seront tenus, dans deux mois au plus tard, du jour de la publication de la présente Ordonnance, de se faire examiner devant les susdits Chirurgiens, en présence du Médecin du Roi, et de prendre sur ce les Lettres nécessaires, à peine de 100 liv. d'amende au profit de l'Hôpital, même de punition plus grave, et d'être déchus du droit d'exercer la Chirurgie dans les Colonies.

IX. Ordonne S. M. aux Gouverneurs-particuliers, Commandans et autres Officiers, dans le ressort desquels il se trouverait des Chirurgiens qui ne se seraient pas mis en règle, et continueraient d'exercer la Chirurgie, sans avoir subi les examens prescrits par la présente Ordonnance, et fait enregistrer leurs Lettres et permission d'exercer, d'en informer, à peine d'en répondre en leur propre et privé nom, le Procureur du

Roi, afin qu'à sa diligence et sur ses conclusions, les délinquans soient punis des peines portées ci-dessus.

X. Dans le cas de maladies internes, s'il se trouve un médecin du Roi sur les lieux, le Chirurgien sera obligé de lui en rendre compte, et d'en conférer avec lui; et dans le cas où il se rencontrerait, dans telle partie de la Colonie que ce soit, quelque maladie contagieuse, le Chirurgien qui aura été appellé, sera tenu d'en rendre compte sur-le-champ au Médecin du Roi.

XI. Chaque Chirurgien, dans les différens Quartiers de l'île, sera obligé d'envoyer tous les six mois au Médecin du Roi, dans le département duquel il se trouvera, un mémoire circonstancié des différentes maladies qu'il aura traitées, des remèdes qu'il aura employés, sur-tout ceux du pays, dont il aura fait usage, et les effets qu'ils auront produits.

XII. Tous les Chirurgiens exerçant leur art dans les Colonies, seront obligés de prêter leur ministère pour les Hôpitaux du Roi, dans les cas de besoin et toutes les fois qu'ils en seront requis, sans pouvoir prétendre à ce sujet aucun salaire.

XIII. Aucun Chirurgien ne pourra faire d'ouverture de cadavres ni de rapports en Justice, que le Médecin du Roi n'y soit présent ou dûment appellé, lorsqu'il se trouvera sur les lieux.

XIV. Ordonne S. M., qu'il sera fait une fois chaque année par les Médecins et Apothicaires du Roi, une visite chez tous les Chirurgiens et Droguistes de la Colonie, à l'effet de vérifier et examiner l'état et la qualité des Médicamens dont ils seront pourvus et dont ils feront usage pour les malades ; ils seront autorisés à faire jetter tous les Médicamens qui se trouveraient de mauvaise qualité ou falsifiés, dont il sera par eux dressé procès-verbal qui contiendra la qualité desdits Médicamens, leur défectuosité et le nom de ceux chez qui ils auront été trouvés, pour, sur ledit procès verbal, être ordonné contre les contrevenans ce qu'il appartiendra ; laquelle visite sera faite *gratis* par les Médecins et Apothicaires du Roi dans les lieux de leur résidence, et aux frais et dépens du Roi, dans les différens Quartiers de leur département, où ils seront obligés de se transporter.

XV. Les contrevenans au présent Réglement, seront condamnés en 1000 liv. d'amende au profit de S. M., et renvoyés de la Colonie.

XVI. Défend très-expressément S. M., aux Nègres et à tous Gens de couleur, libres ou esclaves, d'exercer la Médecine ou la Chirurgie, ni de faire aucun traitement de malades, sous quelque prétexte que ce soit, à peine de 500 liv. d'amende pour chaque contravention au présent article, et de punition corporelle suivant l'exigence des cas.

XVII. Défend en outre S. M., aux Officiers des Jurisdictions, d'admettre et d'allouer aucun compte ou mémoire de Chirurgie, de ceux dont les Lettres et permission d'exercer, n'auront point été enrégistrées.

XVIII. Veut S. M., que tous les Chirurgiens-majors brévetés dans lesdites Colonies, y remplissent les fonctions de Chirurgiens des Prisons, et celles de Chirurgiens-jurés pour faire les rapports en Justice, chacun dans l'étendue de leur département ; et que la présente Ordonnance soit enregistrée, etc.

Fait à Versailles, le 30 Avril 1764. *Signé*, LOUIS; *et plus bas*, par le Roi, le Duc de Choiseul.

Enregist. au Conseil Souverain.

(N°. 294.) *Ordonnance de M. le Général, concernant la formation des Habitans de la Martinique en Compagnies de 50 hommes, sous le nom de* Troupes nationales.

Du 7 juin 1764.

Le Roi nous ayant adressé ses ordres par sa Lettre du 27 février dernier, enregistrée au Conseil Supérieur le 4 de ce mois, à l'effet de former tous les Habitans de la Martinique en Compagnies de 50 hommes chacune, sous le nom de Troupes nationales, nous annonçons sa volonté à tous ses fidèles Sujets de cette Colonie, avec d'autant plus de satisfaction, que nous sommes sûrs qu'ils seront flattés d'une disposition qui leur prouve la confiance que S. M. a dans leur zèle; qui leur fournira des occasions d'en donner des preuves, et de servir en tems de guerre le Roi, l'Etat et leur Patrie.

S. M. nous prescrit en même-tems d'apporter l'attention la plus scrupuleuse au choix des Officiers, soit pour commander les Compagnies, soit pour commander dans les différens Quartiers, et dans la composition des Compagnies mêmes, pour ne pas confondre les états, et réunir, autant qu'il sera possible, les Habitans d'un rang égal. Il y a dans notre Gouvernement de la Martinique un certain nombre d'Officiers réformés Habitans; l'intention du Roi est qu'on

leur

leur donne la préférence, autant qu'ils auront les talens nécessaires pour en remplir les fonctions.

A CES CAUSES, etc., statuons et ordonnons,

Que tous Messieurs les Habitans, pourvus de Commissions, Lettres ou Brevets de Service, aient à nous les adresser au Fort-Royal, dans la huitaine du jour de la publication de notre présente Ordonnance, ensemble un état exact de leurs services.

Que les sieurs Commissaires ou leurs Lieutenans dresseront incessamment un Tableau, chacun dans leur Quartier, des hommes mariés, des garçons en état de porter les armes, avec leurs noms, surnoms, rang et état, pour nous être adressé; en observant de leur part, pour se conformer dans un des points des plus essentiels à la volonté du Roi, de réunir dans ce Tableau, autant que faire se pourra, les Habitans d'un rang égal, afin que ces rangs ne puissent pas être confondus.

Mandons auxdits sieurs Commissaires ou leurs Lieutenans, de procéder sans délai à la formation de ce Tableau, et de tenir la main, etc.

Donné à la Martinique, le 7 juin 1764. *Signé*, le Marquis DE FENELON.

(N°. 295.) *EXTRAIT d'une Dépêche ministérielle de M.* le Duc de Choiseul, *sur les Appointemens et Vivres de la Troupe.*

Du 10 juin 1764.

LE Ministre écrit à MM. de Fenelon et De la Riviere, Général et Intendant, pour déterminer les Appointemens des Lieutenans et Sous-Lieutenans d'Infanterie ; ainsi que la quantité de rations qui doit leur être délivrée. Il leur mande en outre qu'il n'est pas possible de fournir aux Soldats de la Viande fraîche tous les jours, qu'il suffit de leur en donner de tems en tems, et qu'ils peuvent d'ailleurs vendre les autres jours leur Viande salée, pour se procurer du Poisson, des Légumes, etc., en veillant cependant avec le plus grand soin à ce qu'ils ne vendent pas lesdits vivres pour aller boire.

(N°. 296.) *Extrait d'une Dépêche ministérielle de M.* le Duc de Choiseul, *sur les Moyens de favoriser l'accroissement et la multiplication des Bestiaux.*

Du 18 juin 1764.

Le Ministre ordonne aux Généraux et Intendans des îles du vent, 1°. de se faire représenter les titres des concessions qui ont été faites et d'examiner l'état de leurs cultures ; 2°. lorsqu'ils auront cet état sous les yeux, de voir tous les terreins les plus propres à établir des hattes, et d'obliger tous les Propriétaires qui n'auront pas encore mis ces terreins en valeur, à y placer des Bestiaux, sans que sous quelque prétexte que ce puisse être il leur soit permis de dénaturer leurs concessions ; et faute par les concessionnaires de se soumettre à cet arrangement utile pour les Colonies, de les faire poursuivre et ordonner la réunion de leurs concessions au Domaine.

(N°. 297.) *EXTRAIT de l'Ordonnance du Roi, pour la Suppression du Tafia aux Troupes.*

Du 1er. juillet 1764.

SA Majesté ayant, par son Ordonnance du 25 mars 1763, concernant le Traitement des Troupes qui iront servir aux Colonies, déterminé que les Intendans des îles du vent feraient donner des Magasins des Vivres y établis, à chaque Bas-Officier effectif, moyennant la retenue de 4 sols 6 deniers qui serait faite aux uns et aux autres, une ration composée d'une livre de Farine de la première qualité, de trois quarterons de Farine de Manioc, ou l'équivalent en autres Vivres du pays, ou en 4 onces de Riz, d'une demi-livre de Viande fraîche ou, à défaut, de même quantité de Bœuf salé, ou de 6 onces de lard, et d'un huitième de Pinte, mesure de Paris, de Tafia; et *S. M.* étant informée que le Tafia faisant partie de la composition de cette ration avait été reconnu nuisible à la santé de ses Troupes et autres Sujets attachés à son service auxdites îles, par les dangereux effets qu'il avait produit, depuis qu'il en avait été fait usage; à quoi voulant remédier, *S. M.* a ordonné et ordonne que le huitième de Pinte, mesure de Paris, de Tafia, faisant partie de la composition de ration complète désignée par ledit article V de ladite Ordonnance du 25 mars 1763, sera et demeurera supprimée, à compter du 1er janvier 1765, et à l'avenir; et qu'au moyen de cette suppression, le prix de 4 sols 6 deniers, argent de France, auquel, suivant cet article, s'est trouvé fixé jusques audit jour 1er janvier, la ration délivrée à chaque

Bas-Officier et Fusilier, ainsi qu'aux Ouvriers, sera et demeurera déduit à compter du même jour 1er janvier 1765 et à l'avenir, à 3 sols 8 deniers, argent de France, pour la ration sans Tafia délivrée ou à délivrer desdits Magasins, à compter dudit jour 1er janvier, à chacun desdits Bas-Officiers et Soldats effectifs, de même qu'aux Ouvriers, au lieu de 4 sols 6 den. portés par ledit article V; *S. M.* y dérogeant à cet effet; voulant *S. M.* que ladite Ordonnance du 25 mars 1763 ait son plein et entier effet, en ce qui ne concerne point le Tafia, selon sa forme et teneur.

Mande et ordonne Sa Majesté, etc.

Fait à Versailles, le 1er juillet 1764. *Signé*, LOUIS; *et plus bas;* par le Roi, le Duc de CHOISEUL.

(No. 298.) *ORDONNANCE de MM. les Général et Subdélégué-général, concernant les Charpentiers et Calfats de Navires.*

Du 10 juillet 1764.

IL est ordonné à tous Charpentiers et Calfats de Navires, tant Blancs que Gens de couleur libres, demeurant dans la Ville du Fort-Royal et dans le Bourg Saint-Pierre ou aux environs, de se présenter, dans la huitaine, au Bureau des Classes de chacun de ces endroits où ils font leur résidence, pour y être enregistrés par leurs noms et surnoms, et y donner le lieu de leur demeure, sous peine, aux Contrevenans, de quinze jours de prison.

Ordonnons pareillement à toutes personnes, de quelque qualité et condition qu'elles puissent être, qui ont des esclaves Ouvriers des Métiers ci-dessus, de les faire aussi enregistrer, dans le même terme, sous peine de 50 liv. d'amende.

Enjoignons aux Officiers de Port et aux Commissaires de la Marine, ou autres chargés du détail des Classes, de tenir la main à l'exécution de la présente Ordonnance, qui sera lue, etc.

Donné au Fort-Royal, le 10 juillet 1764. *Signé*, le Marquis de FENELON, et GUIGNARD.

(N°. 299.) *EXTRAIT d'une Dépêche ministérielle de M.* le Duc de Choiseul, *sur les Libertés.*

Du 12 juillet 1764.

LE Ministre mande à M. le Marquis de Fenelon et M. de la Rivière, Général et Intendant de la Martinique, d'enjoindre aux Officiers de la Sénéchaussée de ne point enregistrer les actes de liberté donnés dans les Colonies étrangères, conformément aux Ordonnances du 14 octobre 1713 et du 15 juin 1736.

(N°. 300.) *DEPECHE ministérielle de M.* le Duc de Choiseul, *sur une Demande en Lettres de Naturalité.*

Du 13 juillet 1764.

LE Ministre mande à MM. de Bourlamaque et Peinier, Général et Intendant de la Guadeloupe, que le Sieur *Patrice Conwoy*, Irlandais de nation, qui s'est établi à la Guadeloupe et y a acheté une habitation pendant le tems que cette île a appartenu aux Anglais, demande en ce moment où l'île est rentrée sous la domination française des Lettres de naturalité, étant Catholique, Apostolique et Romain. Comme le Roi est dans l'intention de n'accorder dans ses Colonies ces sortes de grâces aux Etrangers, qu'après avoir fait prendre sur leur compte les informations convenables, le Ministre charge ces Messieurs de s'assurer si la conduite et les mœurs du Sieur Conwoy méritent cette grâce, s'il est réellement Catholique, ainsi qu'il l'annonce, et enfin s'il n'y a aucun inconvénient à lui accorder la grâce qu'il demande.

(N°. 301.) *ORDONNANCE du Roi, qui, en cas de mort ou d'absence du Gouverneur et Commandant en second dans la Colonie, porte que le plus ancien Officier en grade en prendra le Commandement.*

Du 31 août 1764.

SA Majesté ayant jugé nécessaire, pour assurer son service dans les îles et Colonies françaises de l'Amérique, d'y établir des Gouverneurs et Commandans en second, afin qu'ils pussent se suppléer les uns aux autres, en cas de mort ou d'absence, et étant arrivé que le Gouverneur et le Commandant en second se sont trouvés, en même-tems, morts ou absens, *S. M.*, pour prévenir les difficultés et les inconvéniens qui en pourraient résulter, a ordonné et ordonne, veut et entend, qu'en cas de mort ou d'absence du Gouverneur Lieutenant-général pour elle auxdites îles et Colonies, le Commandant en second y commande en chef : qu'au défaut du Gouverneur Lieutenant-général et du Commandant en second, ou des Commandans en second s'il y en a plusieurs, le plus ancien Officier en grade ait le Commandement dans lesdites îles et Colonies, le tout à moins que *S. M.*, par des considérations particulières, n'en ait autrement ordonné, ainsi qu'elle se réserve de le faire.

Et sera la présente Ordonnance, etc.

Fait à Versailles, le 31 août 1764. *Signé*, LOUIS; *et plus bas*, par le Roi, le Duc de Choiseul.

(N°. 302.) *Arret en Réglement du Conseil Souverain de la Martinique, concernant les Titres de Noblesse.*

Du 6 septembre 1764.

Vu la remontrance donnée par M^e^. Deville, Substitut du Procureur-général du Roi en la Cour, contenant que, depuis très-long-tems, les Greffiers, Notaires et Curés des Paroisses n'avaient point satisfait au Réglement de la Cour du 8 janvier 1750, qui leur ordonnait d'envoyer exactement tous les trois mois, au Remontrant, la liste de ceux qui auraient pris la qualité d'Ecuyers dans tous les actes qu'ils passeraient, pour, ledit Remontrant, prendre tel droit qu'il aviserait : que les Greffiers, Notaires et Curés avaient tellement négligé un Réglement si sage, que plusieurs personnes avaient averti le Remontrant que beaucoup de gens prenaient tous les jours le titre d'Ecuyer, quoique leurs titres de noblesse ne fussent pas encore enregistrés en la Cour ; à quoi étant nécessaire de remédier, le Remontrant aurait conclu à ce qu'il fût ordonné à tous Greffiers, Notaires et Curés du ressort de la Cour, de rapporter à la séance prochaine, pour tout délai, la liste de ceux qui avaient pris le titre d'Ecuyer dans les actes qui avaient été passés depuis l'Arrêt de la Cour du 8 janvier 1750, jusqu'à ce jour ; faute de quoi, serait par ledit Remontrant, pris telles conclusions qu'il aviserait contre lesdits Greffiers, Notaires et Curés, et que l'Arrêt qui interviendrait sur la présente remontrance, serait imprimé, affiché et notifié auxdits Greffiers, Notaires et Curés, à la diligence dudit Remontrant ; ladite remontrance en date de ce jour.

La Cour, etc. ordonne à tous Greffiers, Notaires et Curés du ressort de ladite Cour, de rapporter à la séance du mois de janvier prochain, pour tout délai, la liste de ceux qui ont pris le titre d'Ecuyer et autres titres de noblesse, dans les actes qu'ils ont passés depuis l'Arrêt en Réglement du 8 janvier 1750 ; faute de quoi sera fait droit sur les conclusions qui seront prises par ledit Procureur-général du Roi contre lesdits Greffiers, Notaires et Curés.

Ordonne que le présent Arrêt sera imprimé, pour ensuite lui être notifié, lu, etc.

Mande au premier notre Huissier ou autre sur ce requis, etc.

Fait à la Martinique en notre Conseil Supérieur, le 6 septembre 1764.

(N°. 303.)

(N°. 303.) *ARRET du Conseil Supérieur de la Martinique, concernant l'etablissement de l'Ecole des Filles de la Providence du Fort-Royal.*

Du 10 septembre 1764.

LA Cour, vû la Requête présentée par le F. Charles-François, de Coutances, Vice-Préfet Apostolique et Supérieur général des Missions des Capucins aux îles du vent de l'Amérique, à la suite de laquelle se trouvent les Statuts des Filles de la Providence, et le Réglement de leur Ecole, ordonne que lesdits Statuts dont il s'agit, ensemble le Réglement de l'Ecole des Filles de la Providence, seront imprimés et envoyés dans toutes les Paroisses de cette île, à la diligence du Procureur-général du Roi.

Fait audit Conseil, le 10 septembre 1764. *Signé*, GOURAUD fils, Greffier.

(*Suit le Mémoire concernant l'Etablissement de l'Ecole des Filles de la Providence.*)

L'Etablissement que nous avons formé dans cette Ville, sous l'autorité et protection du Gouvernement, pour l'éducation des jeunes Filles et le soulagement des pauvres Femmes malades, nous a paru d'autant plus nécessaire pour le bien et l'avantage du public, que cette partie considérable de la Colonie n'avait encore eu jusqu'ici pour tout moyen d'instruction, qu'un Maître d'école pour les Filles et les Garçons, qui leur apprenait simplement à lire et écrire.

Or, on comprend aisément qu'outre l'indécence d'un pareil mélange, dans un âge où les mauvaises impressions sont si dangereuses, un Maître d'école ne peut donner à des jeunes Filles les principes de l'éducation qui leur est propre et particulière.

En effet, l'éducation des Filles dont, j'ose dire, peu de personnes sentent les conséquences, et dont tout le monde ressent les inconvéniens, tient aux premiers principes de la société, parce qu'étant chargées par les lois de la nature, des premiers soins de notre enfance, elles le sont aussi de nos premières impressions, de nos premiers sentimens et de nos premières connaissances; d'où sortent les mœurs publiques, le bonheur des familles et par conséquent exige un détail d'instructions proportionnées à des devoirs si importans.

C'est pourquoi nous recommandons dans notre école, de leur imprimer de bonne heure cette pudeur et cette modestie de sentimens qui font le plus bel ornement de leur sexe : cette douceur et cette bonté du caractère qui en fait l'agrément de la société : cet esprit de sagesse et de discrétion si essentiel pour le gouvernement d'une famille ; cet amour du travail, de l'ordre et de l'économie qui en fait le soutien d'une maison, ainsi des autres vertus qui forment le fonds de leur éducation, et dont la lecture et l'écriture ne font que la moindre partie.

Il est vrai qu'il y a deux Communautés Religieuses établies dans le Bourg de Saint-Pierre, qui fournissent, avec autant de zèle que d'édification, tous les moyens qu'on peut desirer pour l'éducation des Filles ; mais il est à observer : 1°. que ce ne peut être une ressource que pour un certain nombre de Pensionnaires et les

Externes du lieu ; 2°. qu'elles ne pourraient fournir à tous les enfans de la Colonie qui sont en âge d'être éduqués, et dont le nombre est plus considérable qu'on ne pense ; 3°. que leur éloignement des autres Quartiers de l'île est, pour plusieurs parens, une raison pour laquelle ils ne peuvent se résoudre, soit par un excès de tendresse, soit par crainte de maladie, soit par la difficulté des chemins, de les envoyer hors de portée d'y veiller par eux mêmes ; 4°. que l'état difficile de la plupart les met dans l'impossibilité de fournir à des pensions considérables ; au lieu que dans notre école le prix de chaque année est fixé à 400 liv., sans pouvoir être augmenté que par l'autorité du Conseil Supérieur ; 5°. enfin, qu'elles ne sont point renfermées dans un cloître ; qu'on peut les voir journellement, soit à la maison, soit à l'office de la Paroisse, et qu'ainsi elles reçoivent une éducation plus naturelle et moins gênée.

Mais pour fixer les idées publiques sur la nature de cet établissement, nous déclarons que nous n'avons eu d'autre intention que de fournir aux jeunes Filles du quartier du Fort-Royal, des moyens plus simples, plus faciles et plus à portée de leur procurer une éducation chrétienne ; que nous n'avons pas eu dessein d'établir une Communauté régulière, mais simplement une maison d'école tenue et desservie par une société de Demoiselles vivant en commun, sous le nom et la protection de la Divine Providence, sans autres possessions ni revenus ; sans vœux, ni engagemens ; sans singularité de vie, ni d'habillemens ; sans autre clôture que celle qui convient à la décence et à la sûreté d'un pareil établissement ; enfin, sans autres vues ni motifs que le bien et l'avantage de ceux qui voudront en profiter.

Nous y avons joint un Hôpital pour les pauvres Femmes malades, afin de multiplier les secours, sans multiplier les établissemens qui deviennent d'autant plus nécessaires, dans les circonstances présentes, que le nombre en devient chaque jour plus considérable, et qu'il est impossible de fournir à chacune en particulier les secours de Chirurgiens, de Domestiques, de Remèdes et de nourriture convenables ; au lieu qu'il sera beaucoup plus facile et moins coûteux d'y pourvoir, lorsqu'elles seront réunies dans une même salle, et servies par des personnes en état de les traiter.

Ce n'est pas sans douleur que nous sommes journellement témoins de tout l'excès de leur misère, qui ne peut être bien connue que par un Curé, obligé par état de les visiter et de les assister.

On a bien voulu nous faire observer que la proximité de cet Hôpital pouvait communiquer le mauvais air au logement des Enfans, et éloigner le public de les y envoyer ; mais outre que nous avons pris les précautions nécessaires pour éviter ces inconvéniens, soit à l'égard de la situation du bâtiment, soit à l'égard des communications avec la maison, c'est qu'il n'y sera admis aucune personne atteinte de maladie contagieuse ; et pour s'en assurer, on n'en recevra que de l'aveu du Curé, et sur le certificat du Médecin ou Chirurgien de la maison, ce qui doit être suffisant pour faire tomber une pareille prévention.

D'ailleurs c'est l'affaire de quatre pauvres

femmes qui seront plus capables d'inspirer des sentimens de compassion et d'humanité, que la crainte de contracter leur mal qui ne provient souvent que de leur misère.

Nous n'avons point envisagé les moyens de fournir aux frais et dépenses de cet Hôpital, dans la confiance que la Divine Providence, le zèle du Gouvernement et les charités des Fidèles n'abandonneront jamais un établissement qui intéresse autant l'humanité que la Religion.

Signé, F. Charles-François, Capucin.

(Suivent les Statuts des Filles de la Providence.)

F. Charles-François, de Coutances, Supérieur-général et Vice-Préfet Apostolique des Missions des Capucins de la Province de Normandie, en ces îles du vent de l'Amérique,

A nos très-chères Filles établies en la Ville du Fort-Royal, sous le titre et la protection de la Divine Providence; Salut en Notre-Seigneur.

Comme aucune Société ne peut subsister sans des Lois et des Règles qui en fixent les devoirs, en répriment les abus et en assurent la fin; c'est pourquoi nous avons cru nécessaire de vous faire les présens Statuts.

Art. Ier. Vous étant dévouées et consacrées librement et volontairement, nos très-chères Filles, à vivre en commune société, pour travailler à l'éducation des jeunes Filles et au soin des pauvres Femmes malades, vous ne ferez aucun vœu ni promesse qui puisse vous y engager ni obliger, vous laissant à chacune en particulier la pleine et entière liberté de sortir et retourner chez vos parens; cependant, pour assurer la stabilité de votre établissement, aucune ne pourra être reçue ni sortir, que conformément aux Lois de votre Société et aux conditions ci-après, article III.

Vous reconnaîtrez pour Directeur spirituel, le Supérieur-général de la Mission, auquel vous serez soumises et obéissantes en tout ce qui est de droit.

Vous vous soumettrez pareillement à l'inspection du Curé de la Paroisse, en ce qui concerne la discipline des classes et l'éducation des Enfans ; de même qu'au Procureur-général en sa qualité, pour le maintien du bon ordre et de la police extérieure de votre Etablissement et Société.

Nous vous recommandons très-étroitement de ne point vous soustraire au service de la Paroisse et d'y assister régulièrement, sans entreprendre d'établir dans votre Maison de Chapelle domestique, sous prétexte des Malades, préférant l'exemple et l'édification publique aux dévotions particulières.

Nous desirons qu'il soit élevé et entretenu, aux frais et dépens de la Maison, quatre jeunes Filles pauvres, mais d'honnêtes familles de la Paroisse Saint-Louis du Fort-Royal, ou, à leur défaut, des autres Quartiers de l'île, à la recommandation et choix du Supérieur de la Mission, ou du Curé de la Paroisse.

Nous desirons pareillement qu'il soit soigné et traité dans votre Hôpital, quatre pauvres Femmes malades de cette Paroisse, ou autres, aux conditions ci-dessous article V : n'entendons pas cependant qu'on puisse vous y obliger ni contraindre ; mais vous enjoignons de vous y porter avec zèle, autant que les facultés de la

Maison et les charités des Fidèles pourront le permettre ; vous souvenant que votre établissement est destiné au bien et soulagement du public, et que vous êtes vous-même consacrées aux œuvres de miséricorde.

Et quoique ces charges exigent des frais et dépenses, nous vous recommandons spécialement deux choses : 1°. de ne jamais augmenter le prix taxé pour les pensions et écolage des enfans, afin de fournir des moyens d'éducation proportionnés aux facultés les plus médiocres ; 2°. de ne jamais faire aucune acquisition en rente, terre, maisons ou autrement, ni recevoir pareillement aucune fondation, legs ou donation de cette nature en manière quelconque, sous prétexte d'assurer votre subsistance, de pourvoir à l'entretien et réparation des bâtimens, et même pour le soulagement des Malades, afin de n'être distraites par aucun embarras d'affaires d'intérêt ; vous reposant et vous confiant entièrement aux soins et à la protection de la Divine Providence.

Cependant pour ne pas exposer votre établissement à une ruine préjudiciable à la fin que nous nous proposons ; dans le cas où vous seriez hors d'état de pourvoir par vous-mêmes à l'entretien et réparations des Bâtimens, nous avons jugé qu'il n'y avait pas de moyen plus convenable, que de recourir à l'autorité du Conseil Supérieur, pour être aurorisées à faire sur le prix des susdites pensions, l'augmentation qu'il jugerait nécessaire pour subvenir à de semblables nécessités, nous paraissant juste que le public contribue à l'entretien d'un Bâtiment qui ne subsiste que pour son bien et son avantage.

II. La forme de vie que vous devez garder,

doit être conforme au but que vous vous proposez ; ainsi, vous étant destinées aux œuvres de charité, c'est par l'exercice de ces mêmes œuvres, que vous devez vous sanctifier, et non par la singularité des habits et l'austérité de la vie ; c'est pourquoi vos habits seront honnêtes, simples, modestes et uniformes, comme il convient à une société de Filles chrétiennes.

Vous vous conformerez aux règles de l'Eglise pour les jeûnes et les abstinences, sans entreprendre d'autres mortifications qui pourraient préjudicier à vos devoirs et à vos obligations.

Vous ferez la Prière en commun, soir et matin, à l'heure la plus convenable, avec une demi-heure de lecture ou méditation chaque jour, pour vous rappeler à vous-mêmes, sans toutefois vous inquiéter sur les manquemens, préférant toujours vos devoirs aux choses de surérogation.

Vous fréquenterez les Sacremens aux bonnes Fêtes qui vous seront marquées, sans changer cette pratique, afin de donner plutôt des exemples qui puissent être suivis, que de satisfaire à des dévotions particulières.

N'établissez point d'autres pratiques ni usages, sous prétexte d'une plus grande piété ou perfection, dans la crainte qu'en vous surchargeant de petites observances, vous ne négligiez l'essentiel de vos obligations.

Mais souvenez-vous, nos très-chères Filles, de conserver sur toutes choses, l'esprit de paix, d'union et de charité mutuelle, comme l'unique fondement de votre Société, sans lequel elle deviendrait une pierre de scandale pour vous et pour les autres ; rappelez-vous donc souvent

que

que l'esprit de Dieu ne repose que dans les maisons de paix, et que par-tout où il n'est point, il n'y règne que trouble, confusion et désordre; c'est pourquoi Dieu frappe d'une malédiction particulière celui qui répand une sémence de division et de discorde parmi ses frères.

Les moyens de la conserver sûrement, c'est: 1°. de vivre ensemble cordialement et sans déguisement; de n'avoir rien de caché les unes pour les autres; de ne point entretenir de confidences ni d'amitiés particulières, sur-tout avec les personnes du dehors, parce que c'est d'où naissent communément les divisions et l'esprit de parti, qui font la perte des Sociétés les plus régulières; 2°. de conserver pour votre Supérieure la confiance, le respect et la soumission que vous lui devez, parce que l'esprit de murmure est un esprit de révolte, et que toute révolte conduit à une ruine entière; 3°. de n'avoir qu'un même Directeur, parce que le choix particulier ne vient que du caprice, et qu'on ne cherche à consulter que pour se faire approuver; 4°. de n'avoir toutes qu'un même intérêt, qui doit être l'intérêt de votre commune Société, parce que rien ne divise plus que l'intérêt particulier: c'est par ce moyen qu'en ne formant toutes qu'un esprit et qu'un cœur, comme il est écrit des premiers Chrétiens, vous vivrez dans la paix et la charité de J. C.

III. Votre Société étant libre et volontaire, il est juste que vous fassiez librement et volontairement le choix d'une Supérieure; mais comme le bien de votre Société et le bon ordre de votre établissement dépendront de la sagesse de sa conduite, nous vous conjurons d'y procéder en tout, selon Dieu et votre conscience, sans aucunes vues ni motifs particuliers.

C'est pourquoi le jour étant fixé par le Supérieur de la Mission, vous assisterez toutes à la Messe du St. Esprit, où vous communierez, après laquelle vous vous rendrez dans le lieu ordinaire de vos Assemblées, et vous y procéderez par scrutin, en la manière accoutumée des élections, en présence du Supérieur qui y présidera en sa qualité, et dont il sera dressé acte.

La Supérieure élue continuera l'exercice de sa charge pendant six années, à moins qu'il ne fût jugé nécessaire de la changer ou déposer pour des causes que nous n'indiquerons point, dans la confiance qu'il n'arrivera jamais de pareil scandale dans votre Société.

La Supérieure fera choix des Sujets propres à remplir les différens emplois, ayant égard à la capacité, au caractère et au tempérament de chacune ; elle pourra de même les changer quand la nécessité le requerra.

Quoique la Supérieure soit naturellement chargée du soin et administration des affaires de la Maison, cependant, comme les intérêts sont communs, elle ne pourra rien faire ni entreprendre de considérable, sans l'avis et consentement de la Société, qu'elle assemblera à cet effet, et dont il sera dressé acte.

Elle tiendra pareillement un compte exact des recettes et dépenses journalières, afin qu'elle puisse rendre compte de son administration ; pour quoi nous prions les Supérieurs nos successeurs d'y faire régulièrement chaque année leur visite, pour veiller à l'observance des prétens Réglemens, pour statuer de l'état et situation des Bâtimens, et pour examiner les comptes de l'année qui seront arrêtés par un acte en forme.

Le bon ordre et le maintien de votre Société dépend pareillement du choix des Sujets que vous recevrez : un seul mauvais Sujet suffit pour troubler et détruire la Société la mieux réglée et la plus solidement établie : étudiez-en donc soigneusement l'esprit, le caractère, les mœurs et le tempérament avant de les admettre : vous leur accorderez une année d'épreuve, après laquelle vous les recevrez par voie du scrutin, en la même forme des élections, dont il sera dressé acte, afin de vous assurer du consentement de toute la Société.

Vous n'affecterez point de leur faire porter des habits particuliers pendant l'année d'épreuve, ni de les astreindre à aucune autre pratique particulière.

Comme il n'y a dans votre Société aucun vœu ni engagement de stabilité qui vous empêche chacune en particulier de sortir et de vous retirer, il paraît en même-tems juste et conforme à la Loi des contrats, que la Société ait aussi le droit de renvoyer et séparer celles qui lui seraient un sujet de trouble et de scandale.

Vous ne pourrez cependant en renvoyer aucune, que pour des causes graves, lesquelles seront examinées et jugées dans une Assemblée tenue, en la même forme que pour les réceptions, dont il sera pareillement dressé acte. Mais soit qu'elles sortent d'elles-mêmes, ou que vous soyez obligées de les renvoyer, nous vous recommandons de les traiter avec charité, et de leur accorder trois mois pour réfléchir sur une démarche qui deviendrait aussi intéressante à leur salut, qu'à leur propre réputation, si le caprice et la légèreté en étaient les seuls motifs.

IV. Le principal objet de votre établissement étant l'Education des Filles, vous devez apporter tous vos soins et toute votre application à les former aux devoirs de la Religion et de la Société : leurs Parens ne vous les confient que dans cette vue, et en vous en chargeant, vous en contractez l'obligation.

Rappelez-vous donc souvent à l'esprit, que leur salut éternel et le bonheur de leur famille dépendent en quelque manière de vous, afin de vous encourager à supporter les peines et les désagrémens qui sont inséparables de cet emploi.

On peut rapporter tout ce qui concerne l'éducation des Enfans à ces trois points principaux : leur former le cœur par des sentimens, l'esprit par des connaissances et le corps par des façons.

Les premiers sentimens que vous devez donc leur inspirer, c'est l'amour de la Religion et celui du travail, qu'on doit regarder comme les deux principales parties de l'Education des Filles : pour les instruire solidement de la Religion, il ne suffit pas de leur apprendre simplement le Catéchisme. L'histoire de l'ancien et du nouveau Testament, sur-tout les principaux traits, comme la vie des Patriarches, de J. C., des Apôtres et des Saints leur en imprimera des sentimens plus solides ; c'est pourquoi Moïse recommandait si soigneusement aux Israëlites de raconter à leurs Enfans les actions de leurs Ancêtres, et les prodiges que Dieu avait opérés en leur faveur.

Attachez-vous à leur donner de bonne heure le goût et les règles d'une piété simple, tendre et sincère, éloignée de ces grimaces et de ces momeries qui rendent la vertu ridicule. Retranchez avec soin les dévotions de caprice et de fantaisie ; qu'elles fréquentent les Sacremens dans les Fêtes principales.

L'amour du travail est la seconde partie que vous devez leur recommander avec plus de soin, parce qu'une Fille qui n'a ni attache ni affection pour les occupations journalières, se livre infailliblement à la molesse, à la dissipation, dont les suites ne peuvent être que funestes ; c'est pourquoi vous vous appliquerez à leur apprendre à filer, à coudre, à broder, à faire, en un mot, tout ce qui convient à une Fille pour son utilité propre et pour celle de sa famille ; sur-tout à leur donner cet esprit d'ordre, d'arrangement et d'économie si précieux pour la conduite d'un ménage et le gouvernement d'une maison.

Les connaissances les plus utiles à des Filles, sont la lecture, l'écriture et l'arithmétique ; mais il est sur-tout essentiel de leur apprendre à lire correctement. Le meilleur moyen, pour cet effet, est de leur faire apprendre par mémoire l'abrégé de l'Histoire tant sacrée que profane ; de leur en faire répéter par chapitre à haute voix dans la Classe, et de leur en faire souvent raconter les principaux traits en forme de conversation, afin de cultiver leur mémoire, et de leur donner plus d'aisance et de facilité à parler.

Prenez garde de ne pas négliger non plus dans vos Enfans, les avantages du corps, ce sont pour les Filles des dons précieux de la nature ; si l'Education ne les donne pas, elle en peut au moins corriger les défauts.

Appliquez-vous donc à leur donner des manières simples et unies ; les façons affectées gâtent les plus belles qualités naturelles : comme la danse sert beaucoup à leur donner les agrémens de l'attitude et du maintien, vous leur en procurerez un Maître sans scrupule, mais avec choix et discrétion.

Veillez exactement sur leurs manières, leurs démarches, leurs habillemens, afin que tout y annonce l'honnêteté, la pudeur et la modestie, qui font le plus bel ornement du sexe.

Que la Maîtresse des Pensionnaires soit exacte à se trouver à leur lever et à leur coucher, afin que tout s'y passe dans les règles de la bienséance et de la retenue, et qu'elle couche elle-même dans leur dortoir, pour être plus à portée d'y veiller pendant la nuit.

Ces principes vous suffiront pour les instruire de leurs principaux devoirs ; mais faites attention que ce sera bien moins par les châtimens que vous corrigerez leurs défauts, que par la conduite que vous garderez à leur égard : que vos avis soient donc doux et insinuans ; les réprimandes courtes et sérieuses, et les corrections rares et modérées.

Saisissez, dans les conversations particulières, les momens de leur confiance, pour leur faire connaître leurs défauts : les plus ordinaires et les plus préjudiciables aux Filles, sont les fantaisies, les caprices, les entêtemens qui leur donnent un esprit difficile et un caractère insociable.

Ne souffrez point de ces petits rapports des unes contre les autres, et ne marquez de préférence à aucune, ce sont des semences de jalousie entre les Enfans, qui passent souvent jusqu'aux Parens.

Veillez sur leurs entretiens, leurs recréations et leurs sociétés, afin d'entretenir toujours entre elles cet esprit d'union, de charité et de déférence mutuelle, que nous prescrit l'Apôtre.

Enfin, ne vous rebutez point des défauts ou du peu d'avancement de vos Enfans : travaillez avec patience et charité à les instruire et à les corriger, dans l'espérance que s'ils n'en profitent pas, vous n'en serez pas moins récompensées de vos peines et de vos travaux.

V. Le soin des Malades est le second objet de votre Etablissement : comme c'est une des œuvres de miséricorde la plus agréable à Dieu et la plus recommandable devant les hommes, nous vous exhortons à vous y porter avec zèle et charité, sans considérer les peines et les répugnances, mais les récompenses qui y sont attachées.

C'est pourquoi vous entretiendrez honnêtement et proprement quatre Lits dans votre salle d'Hôpital, pour quatre pauvres Femmes malades que vous traiterez avec affection ; cependant vous ne pourrez en recevoir aucune de maladie contagieuse et incurable, afin de ne pas détourner le public d'envoyer leurs Enfans à l'Ecole, et de détruire ainsi une bonne œuvre par une autre : à cet effet vous ne les admettrez qu'à la recommandation des Bienfaiteurs, de l'avis ou consentement du Curé de la Paroisse, et sur le certificat du Médecin ou Chirurgien que vous aurez choisi, par lequel il sera constaté de la nature de la maladie.

L'Infirmière aura soin d'avertir les Malades, dès leur entrée, de se préparer à s'approcher des Sacremens ; de leur faire la prière matin et soir, avec deux courtes lectures chaque jour, pour leur instruction et consolation ; de veiller nuit et jour à leurs besoins et au maintien du bon ordre : elle ne pourra cependant coucher à l'Infirmerie, pour quelque raison que ce soit, sans la permission de la Supérieure.

Nous vous recommandons de n'administrer aucun remède, sans l'avis du Médecin ou Chirurgien ; mais de les soigner par vous-mêmes en tous leurs besoins et infirmités, comme des Sœurs et les Membres de J. C.

Ce sont là, nos très-chères Filles, les règles et les principes qui nous ont paru les plus propres à procurer l'avancement de votre salut, l'avantage des Enfans et le soulagement des Malades, qui font l'objet de votre état et de votre établissement : nous vous en recommandons l'exacte observance, si vous voulez en assurer la perpétuité.

Aujourd'hui quatrième septembre mil sept cent soixante et quatre, nous Supérieur-général et Vice-Préfet Apostolique des Missions des Capucins dans les îles du vent de l'Amérique, nous sommes transportés en la Maison des Filles de la Providence, et en notre qualité de Supérieur et Directeur de leur Société, avons convoqué et assemblé dans la Salle d'Assemblée, la Demoiselle Marguerite Verdé, et les Demoiselles Magdelaine Barday et Susanne Malige, et après leur avoir donné lecture et communication des Statuts ci-dessus, que nous avons faits et dressés de leur aveu et consentement, elles nous ont

unanimement,

unanimement, librement et volontairement dit et déclaré vouloir se soumettre, tenir et observer les susdits Statuts dans tous leurs points, articles et conditions, les tenant comme le fondement et la règle de leur Société et Etablissement, sans s'en écarter en rien ; en foi de quoi elles ont signé les présentes de leur main, en présence de MM. Bordes et Dunes, Notaires Royaux en cette Ville, en qualité de nos Greffiers en cet acte, auquel nous avons pareillement signé et apposé le Sceau de notre Office.

Fait et passé lesdits jour et an que dessus, en ladite Maison de la Providence.

Signé, MARGUERITE VERDÉ ; MAGDELAINE BARDAY, SUSANNE MALIGE ; BORDES ; DUNES ; F. CHARLES-FRANÇOIS, Supérieur et Vice-Préfet.

(Suivent les Réglemens de l'Ecole.)

Tous les Enfans assisteront à la Messe de sept heures, et se rendront à l'Ecole à huit heures précises ; ne sortiront le matin qu'à onze heures; rentreront l'après-midi à une heure, et ne sortiront le soir qu'à cinq heures.

Elles n'entreront ni ne sortiront sans avoir salué la Maîtresse de Classe, et pendant le tems de la Classe aucune ne sortira sans permission.

Chacune aura soin de se fournir d'un Sac à ouvrage, qui sera marqué en son nom. On accordera une après-midi de congé chaque semaine, qui sera le samedi.

De l'Ordre des Classes.

On partagera tous les Enfans en quatre Classes. La première, des Commençantes; la seconde, de celles qui apprennent à lire; la troisième, de celles qui apprennent à écrire, et la quatrième, de celles qui apprennent l'arithmétique.

Chacune de ces Classes se divisera en deux parties égales, afin que le total soit séparé en deux.

On commencera en entrant par réciter à genoux la Prière *Veni Creator Spiritus*, avec l'Oraison, après laquelle on distribuera l'ouvrage à toutes ensemble dans la Salle du Travail; ensuite on fera passer la première partie dans la Salle de l'Ecole où les Maîtresses des Classes les enseigneront pendant une heure; après quoi les renverront au travail, et feront passer la seconde partie à leurs places aussi pendant une heure.

Chacune aura soin de laisser son Sac à ouvrage à sa place, afin de ne point causer de dérangement en reprenant l'ouvrage.

Du Travail.

La Maîtresse du Travail leur fera garder le silence, et veillera à ce qu'elles s'occupent exactement : elle aura soin pendant ce tems d'apprendre à chacune des Commençantes en particulier, à répéter leurs Prières correctement, et demandera alternativement aux autres le Catéchisme; ensuite lorsqu'elles auront toutes passé le tems prescrit à l'Ecole, et qu'elles seront réunies, on leur fera, pendant un quart d'heure, une lecture du Catéchisme historique, qu'on leur fera apprendre par mémoire, autant qu'il sera possible; on chantera ensuite un Cantique, après quoi on dira la Prière *Sub tuum præsidium* avant de les congédier.

L'après-midi, on observera le même ordre que le matin, excepté qu'on prendra l'heure du

Maître de Danse qui sera, s'il est possible, depuis quatre heures jusqu'à cinq.

Des Pénitences.

Toutes les fautes contre les devoirs de Religion: par exemple, celles qui auront manqué de respect et de révérence dans l'Eglise, ou à faire leur Prière, ou proféré quelques paroles de jurement, seront mises à genoux au milieu de l'Ecole, autant de tems que la grièveté de la faute l'exigera.

Toutes les fautes contre la charité : par exemple, celles qui auront dispute avec leurs Compagnes, ou qui les auront injuriées, ou qui seront d'un esprit et d'un caractère difficile, seront mises sur une sellette au milieu de la Classe, autant de tems qu'il sera jugé nécessaire pour leur amendement.

Toutes celles qui auront commis des fautes contre la retenue et la modestie, soit à l'Ecole, soit au dehors, seront mises sur le banc de pénitence.

Toutes celles qui se tiendront malpropres par leur faute et négligence, seront placées sur un banc particulier.

Les fautes de Classe contre la lecture, l'écriture, etc., seront punies par un ruban noir qu'on leur attachera en forme de cocarde à leur coiffure ou bonnet, qu'on leur fera porter autant de tems qu'il sera jugé nécessaire.

Celles qui reprocheront à leurs Compagnes ou rapporteront au dehors les pénitences qui se feront dans la Classe, seront punies comme celles qui auront manqué de charité ; et comme l'esprit de révolte et d'entêtement est la plus grande et la plus considérable de toutes les fautes, s'il arrivait qu'aucune eût le malheur d'y tomber, les Maîtresses des Classes ne pourront les punir, sans en avoir conféré avec la Supérieure, qui ordonnera de la qualité du châtiment.

Des Récompenses.

Les premières de chaque Classe seront placées sur le Banc des Récompenses; celles qui l'auront occupé pendant un mois de suite, porteront pendant huit jours une rosette de ruban blanc sur le devant de leur coiffure; celles qui l'auront occupé pendant trois mois de suite, seront récompensées par un Prix.

Des Pensions et Ecolage.

On n'en recevra point pour Pensionnaire au-dessous de 6 ans et au-dessus de 14 : on ne leur fournira ni livres, ni papier, ni plumes, ni encre, ni blanchissage.

Les pensions entières seront, par chaque année, de . . . . 400 liv.

Les demi-pensions seront, par mois, de 15 l.

Première Classe : les Commençantes payeront par chaque mois, ... 3 liv.

Seconde Classe : celles qui apprennent à lire, payeront par mois, ... 4 liv. 10 s.

Troisième Classe : celles qui apprennent à écrire payeront par mois, ... 6 liv.

Quatrième Classe : celles qui apprennent l'arithmétique payeront par mois, 7 liv. 10 s.

Celles qui ne seront pas en état de payer, s'adresseront au Curé de la Paroisse qui les fera recevoir *gratis*.

Signé, F. CHARLES-FRANÇOIS, Capucin.

(N°. 304.) *Ordonnance de MM. les Général et Intendant, concernant les Quais de la Ville du Fort-Royal.*

Du 7 octobre 1764.

Sur les remontrances qui nous ont été faites par le Procureur du Roi de cette Jurisdiction, que les alignemens donnés pour former le nouveau Quai projetté le long du bord de la mer, derrière les maisons de la Grande-Rue et de la Rue Saint-Laurent, jusqu'à la Rivière, ne peuvent avoir leur exécution par le fait d'une partie des Propriétaires desdites maisons, qui loin de s'empresser à concourir à un établissement si avantageux, empêchent et détournent leurs voisins de faire les travaux nécessaires; et attendu que le comblement des Terreins noyés dans lesdits alignemens, est un objet important pour la facilité du Commerce, et pour la promptitude des secours en cas d'incendie :

Nous, etc., ordonnons à tous Propriétaires des maisons du bord de la mer de ladite Grande-Rue du Fort-Royal, et de ladite Rue Saint-Laurent, jusqu'à la Rivière, de faire incessamment travailler, chacun dans la largeur de leur Terrein, au comblement des Terreins noyés compris dans les alignemens fixés par M. de Rochemore, Colonel d'Infanterie, Directeur-général des Fortifications, pour la construction du Quai projetté; sinon et à faute de ce faire dans trois mois du jour et date des présentes, déclarons dès-à-présent lesdits Terreins noyés réunis au Domaine du Roi, au moyen de quoi la concession, ledit tems passé, en pourra être obtenue et par nous donnée à tous Particuliers qui en voudront faire la demande, à la charge par eux de faire travailler audit comblement dans le mois du jour et date de leur concession; ce qui sera exécuté nonobstant toutes oppositions.

Mandons aux Officiers du Siége Royal, de faire enregistrer, etc.

Donné au Fort-Royal de la Martinique, le 7 octobre 1764. *Signé*, le Marquis de FÉNELON et GUIGNARD.

(N°. 305.) *ORDONNANCE de MM. les Général et Intendant, concernant les Terreins du Fort-Royal.*

Du 22 octobre 1764.

L'ÉTABLISSEMENT de la Ville du Fort-Royal a été dans tous les tems l'objet de l'attention de S. M., et le Gouvernement n'a rien épargné pour seconder ses vues, en tâchant d'encourager le Commerce et les Habitans à y former des entrepôts et magasins, et à contribuer à l'embellissement de cette Capitale de la Colonie, importante par sa situation avantageuse, et par la sûreté de son Port.

Les ordres réitérés de S. M. annoncés par les Chefs, leur empressement à peupler le Fort-Royal, et à l'embellir, n'ont point eu le succès qu'on devait naturellement attendre. L'enceinte du Fort-Royal, d'une étendue considérable, n'a point été habituée comme elle devait l'être, par la négligence de la plupart des concessionnaires, qui n'ont point mis en valeur leurs Terreins : quelques-uns ont commencé des Etablissemens qu'ils ont aussitôt abandonnés; en sorte que la Ville du Fort-Royal, au lieu de prendre de l'accroissement, s'est trouvée réduite depuis plus de 30 ans, à un petit nombre de Rues, tout le reste n'était qu'un amas de masures, ou un marécage, dont les exhalaisons, en rendant l'air mal sain, dégoûtaient ceux qui eussent pu s'y établir, d'y venir résider.

Pour remédier à cet inconvénient, S. M. a jugé à propos de faire ouvrir un Canal, qui communiquant du Carénage à la Rivière de l'Hôpital, facilite le dégorgement des eaux croupies, desséche les Terreins submergés, et rétablisse par ce moyen la salubrité de l'air.

L'ouverture de ce Canal a donné un accroissement considérable à la Ville du Fort-Royal, dont l'enceinte se trouve aujourd'hui à prendre du Carénage à ladite Rivière, et dudit Canal à la mer. Plusieurs Particuliers se sont empressés à demander des concessions de partie de nouveaux Terreins desséchés, le Gouvernement leur en a accordé le titre; mais quand ces concessionnaires se sont mis en devoir de bâtir sur leurs Terreins, il est survenu des oppositions de la part des prétendus anciens concessionnaires.

Il est de notoriété publique que depuis plus de 30 ans, les prétendus propriétaires des Terreins réclamés les ont abandonnés; que plusieurs d'entr'eux même n'y ont jamais formé, ni pu former aucun Etablissement: or, les Ordonnances du Roi s'expliquent formellement dans ce cas; et les Lettres-patentes du 3 août 1722, portent en termes précis, que tout concessionnaire sera tenu de mettre en valeur les deux tiers du Terrein concédé dans les six premières années, à peine de nullité de la concession, et de réunion dudit Terrein au Domaine du Roi;

par conséquent toutes les concessions précédemment accordées des Terreins du Fort-Royal, non habitués ou abondonnés depuis 30 ans, sont nulles de droit et dans le cas de la réunion, à moins qu'il ne s'en trouve quelques-uns qui ayant été bâtis et habitués depuis cette époque, n'aient été abandonnés par des causes majeures, dans le tems de la Guerre, ou en conséquence d'accidens fortuits, ou même pendant la minorité des Propriétaires.

Mais comme la réunion des Terreins dont il s'agit, ne peut être prononcé que dans la forme prescrite par les Réglemens et sur la poursuite du Procureur du Roi du Siége royal, et qu'il est intéressant pour la Colonie qu'il soit incessamment pourvu à l'Etablissement des nouveaux Terreins desséchés, et de ceux qui ont été abandonnés par les premiers Propriétaires.

A CES CAUSES, nous, etc., statuons et ordonnons ce qui suit :

ART. Ier. Il sera incessamment procédé à la poursuite et diligence du Procureur du Roi de la Jurisdiction royale du Fort-Royal, à la réunion au Domaine du Roi, de tous les Terreins anciennement concédés, et non habitués ni bâtis, qui se trouvent dans la nouvelle enceinte de la Ville du Fort-Royal, à prendre du bord de la mer au nouveau Canal, et du Carénage à la Rivière de l'Hôpital ; à l'effet de quoi toutes assignations seront données pardevant nous, au Tribunal du Gouvernement séant audit Fort-Royal, soit à domicile connu, soit à son de trompe et cri public, dans les places et carrefours de ladite Ville accoutumés, et ce à délai compétent.

II.

II. Seront tenus tous particuliers qui prétendent avoir des concessions et titres de propriété desdits Terreins, de remettre dans un mois du jour et date des présentes, leursdits titres ès mains de M. Rampont, Procureur-général au Conseil Supérieur, et Subdélégué de l'Intendant, que nous nommons et instituons Commissaire, à l'effet de procéder à l'examen desdits titres, et à l'instruction de la procédure en réunion, pour, sur son avis, être statué en définitif par nous ce que de raison.

III. Quant aux Terreins appartenans à des Mineurs qui ont pu être abandonnés après avoir été mis en valeur, il sera rapporté outre le titre, un certificat en forme du sieur Commissaire de la Paroisse et de deux notables, qui constate que lesdits Terreins ont été bâtis et habitués depuis 1744.

IV. Toutes ventes ou cessions de Terreins qui n'ont point été défrichés ni habitués, étant nulles aux termes des Lettres-patentes de 1722, l'on n'y aura aucun égard.

V. Toutes personnes qui voudront obtenir des concessions des Terreins non concédés ou réunis dans l'enceinte du Fort-Royal, seront tenues en formant leur demande au Gouvernement, de rapporter un certificat en forme du sieur Commissaire de la Paroisse et du Voyer, qui constate que ledit Terrein n'a point été concédé.

V. Il ne sera accordé aucune concession desdits Terreins, que sous la condition expresse que les concessionnaires seront tenus d'y bâtir et élever des édifices dans l'an et jour de la date de la concession, à peine de nullité d'icelle; laquelle clause ne pourra être réputée comminatoire; et faute d'y satisfaire, sera la réunion de chaque Terrein, poursuivie en la forme ordinaire, et sans délai.

VII. Seront tenus lesdits nouveaux concessionnaires, de faire, avant tout Etablissement, borner et aligner leurs Terreins par l'Arpenteur du Roi, Voyer du Fort-Royal, lequel en lèvera les plans figuratifs pour y recourir toutes fois et quantes que le cas l'exigera.

Prions Messieurs du Conseil Supérieur d'enregistrer, etc.

Donné à la Martinique, le 22 octobre 1764. *Signé*, le Marquis de FENELON et GUIGNARD.

Enregist. au Conseil Supérieur.

(N°. 306.) *ORDONNANCE de MM. les Général et Intendant, concernant le Paiement de la Capitation et de l'Imposition sur les Maisons, pour l'année* 1765.

Du 25 octobre 1764.

LE recouvrement de la Capitation et de l'Imposition sur les Maisons, n'a pu se faire jusqu'à présent dans l'ordre ordinaire, par le retard des Paquets qui nous annonçaient les Ordres du Roi sur la forme de l'Imposition : aujourd'hui que sa volonté nous est positivement connue, rien ne peut nous dispenser de remettre cette partie de l'administration dans l'ordre où elle doit être :

A CES CAUSES, etc., nous ordonnons qu'à commencer de l'année prochaine 1765, le paiement de la Capitation et de l'Imposition sur les Maisons se fera en deux termes, la moitié dans tout le courant du mois de Janvier de chaque année, l'autre moitié dans tout le courant du mois de Juillet. Toutes personnes de quelque qualité et conditions qu'elles soient, seront tenues de se conformer à la présente Ordonnance, et de porter ou envoyer au Receveur du Domaine de son Département, les sommes auxquelles elles auront été imposées, pour la Capitation et l'Imposition sur les Maisons, et ce, dans les deux termes sus-énoncés, à peine de s'y voir contraints par toutes voies dues et raisonnables, comme pour Deniers royaux et propres affaires de *Sa Majesté*.

Recommandons à tous Commandans, Commissaires de Paroisses, aux Directeur et Receveurs du Domaine, de tenir la main à l'exécution des présentes, lesquelles seront lues, etc.

Donné à la Martinique, le 25 octobre 1764. *Signé*, le Marquis de FENELON et GUIGNARD.

(N°. 307.) *CONSIGNE, donnée par MM. les Général et Intendant, à l'Officier de garde du Navire marchand qui commandera dans la Rade de Saint-Pierre.*

Du 26 octobre 1764.

ART. Ier. LORSQUE le Commandant voudra donner quelque ordre aux Navires de la Rade, il mettra la flamme blanche à la vergue d'artimon; alors chaque Capitaine sera tenu d'envoyer un Officier à bord du Navire commandant.

II. Lorsque l'Officier de garde aura besoin de la Chaloupe de Ronde à son bord, il fera mettre une flamme anglaise à la vergue d'artimon.

III. Si ledit Officier à besoin pendant la nuit de la Chaloupe de Ronde à son bord, il tirera un coup de canon et mettra un fanal à la vergue d'artimon.

IV. Ledit Officier ne laissera partir aucun Vaisseau ni Bateau, ou autre Bâtiment, qu'il n'ait apporté le permis du Lieutenant de Port pour son départ.

V. Si quelque Navire ou Bateau appareillait de la Rade, sans avoir remis à bord du Commandant le permis pour son départ, l'Officier de garde lui fera tirer un coup de canon à boulet, en le pointant au large; et s'il n'envoyait pas sur-le-champ sa Chaloupe, l'Officier fera tirer dessus.

VI. L'Officier commandant à bord, aura soin d'envoyer tous les matins à huit heures, l'Officier de Ronde, chez l'Officier de Port, pour lui rendre compte de ce qui se sera passé pendant sa garde.

VII. Lorsqu'il paraîtra un Vaisseau en Rade, l'Officier commandant à bord, appellera la Chaloupe de Ronde et l'enverra sur-le-champ à terre pour prendre le Lieutenant de Port et le transporter à bord du Vaisseau arrivant.

VIII. S'il arrivait en Rade quelque Vaisseau du Roi, l'Officier de Garde se rendra à bord du Vaisseau de Guerre commandant, pour prendre les ordres du Capitaine.

Fait à la Martinique, le 26 octobre 1764. *Signé*, le Marquis de FENELON et GUIGNARD.

(N°. 308.) *Consigne de M. l'Intendant pour la Chaloupe de Ronde dans la rade de St.-Pierre.*

Du 26 octobre 1764.

Art. Ier. La Chaloupe de Ronde se rendra, tous les soirs à huit heures, à bord du Commandant, pour y prendre l'Ordre et faire la Ronde dans toute la Rade ; et en cas qu'il arrivât pendant la nuit quelque accident dans la Rade, l'Officier de Ronde en rendra compte sur-le-champ à bord du Commandant.

II. La Chaloupe de Ronde fera trois rondes dans la nuit, l'une à huit heures du soir, la seconde à minuit, et la troisième à quatre heures du matin ; pourra cependant le Commandant de la Rade interrompre cet ordre des rondes, suivant les circonstances.

III. S'il arrivait quelque Vaisseau étranger, soit dans le jour ou dans la nuit, l'Officier de Ronde ira à son bord et lui défendra de mouiller avant d'en avoir obtenu la permission de l'Intendant.

IV. Lorsqu'il arrivera quelque Vaisseau en Rade, l'Officier de Ronde se rendra à son bord, lui demandera son nom, celui du Capitaine et l'endroit d'où il vient ; et, avant d'en rendre compte à bord du Commandant, il ira à terre prendre le Lieutenant de Port, pour le conduire sur le Vaisseau arrivant.

V. Si, pendant le jour, le Commandant a besoin de la Chaloupe de Ronde à son bord, il mettra une flamme anglaise à la Vergue d'Artimon.

VI. Si, pendant la nuit, le Commandant a besoin de la Chaloupe de Ronde à son bord, il tirera un coup de Canon et mettra un Fanal à la Vergue d'Artimon.

VII. La Chaloupe de Ronde se rendra à bord du Commandant toutes les fois qu'il mettra Flamme d'Ordre, pour parler aux Vaisseaux de la Rade.

VIII. Lorsque la Chaloupe aura fini sa dernière ronde, elle ira à bord du Commandant pour rendre compte de ce qui se sera passé pendant la nuit.

Fait à la Martinique, le 26 octobre 1764. *Signé*, GUIGNARD.

(N°. 309.) *MEMOIRE du Roi, pour servir d'Instructions au Sieur* Comte D'Ennery, *Maréchal-de-Camp, Gouverneur Lieutenant-général, et au Sieur* de Peinier, *Intendant de la Martinique* (*).

Du 25 janvier 1765.

SA Majesté ayant fait choix du Sieur Comte D'Ennery, Maréchal-de-Camp, pour gouverner la Colonie de la Martinique, et du Sieur de Peinier pour administrer la même Colonie, en qualité d'Intendant; il devient nécessaire de leur exposer l'importance de l'objet qui leur est confié, les difficultés de son Administration et les Principes qui soumettront ces difficultés.

Les Colonies, fondées par les diverses Puissances de l'Europe, ont toutes été établies pour l'utilité de leurs Métropoles; mais pour se servir

---

(*) Ces Instructions sont l'ouvrage de M. Dubuc, qui, étant Député de la Martinique à Paris, y devint, sous M. De Choiseul, premier Commis de la Marine.

utilement des choses, il faut les connaître ; et ces Etablissemens occupés d'abord au hasard, formés ensuite, sans connaissance de leur véritable utilité, sont encore aujourd'hui, après un siècle de possession, très-imparfaitement connus, ou peut-être même tout-à-fait ignorés de la plupart de ceux qui les possèdent. De là, il est arrivé que les principales Colonies anglaises ont été plus utiles à elles-mêmes, qu'à leur Métropole ; que celles des Espagnols n'ont servi qu'à l'accroissement des Puissances étrangères : et si la France, seule, a mieux profité de ses Etablissemens en Amérique, il est peut-être juste d'avouer qu'elle ne doit cet avantage qu'à l'heureuse qualité d'un sol que sa nature conduisait invinciblement à sa plus utile destination.

Les Anglais établis dans l'Amérique septentrionale n'avaient à offrir à la Vieille-Angleterre que des Denrées semblables à celles du sol principal : mais, entre les sexes semblables, la nature n'a mis ni fécondité ni subordination. La Nouvelle-Angleterre avait, aussi bien que sa Métropole, le Blé à qui appartiennent la force et la richesse ; elle avait, mieux que sa Métropole, la Pêche, qui fonde la puissance maritime ; elle avait, mieux que sa Métropole, les Bois de construction, le Brai, le Goudron et une infinité d'objets qu'elle lui fournit.

L'Angleterre ne pouvait donc avoir qu'un Commerce passif avec sa Colonie, qui, marchant avec rapidité vers sa grandeur future, ne servait, et ne sert encore sa Métropole, que pour arriver à l'indépendance.

L'erreur de l'Espagne, dans l'usage qu'elle a fait de ses Colonies, touchait de plus près à la manifestation du mal que sa méprise devait nécessairement opérer ; des richesses vaines qu'elle puisait dans les Mines du Nouveau Monde, lui donnèrent des espérances vaines : elle abandonna le travail, principe unique de la puissance, parce qu'il est l'unique source de toute population et de toute richesse ; son inertie accrut le travail étranger qui fournissait à ses besoins : elle s'est dépeuplée, et elle est dans ce fait devenue, par son or même, tributaire des Nations qu'elle avait cru dominer.

Les Mines du Bresil n'ont pas mieux servi le Portugal ; trompé comme l'Espagne, il ne reçoit l'or de ces Mines que pour le restituer au travail de l'Etranger qui l'approvisionne, et parce que l'Angleterre fournit, presque uniquement, à la consommation de ce peuple, le Portugal n'est plus dans la réalité qu'une Colonie anglaise, d'autant plus utile à la Grande-Bretagne que, sans en avoir les charges, elle en reçoit tout l'office qu'une Métropole peut attendre de sa Colonie.

Telle est en effet la véritable utilité des Colonies, elles n'ont dû être instituées, que pour opérer la consommation et le débouché des produits de la Métropole, parce que la mesure de la consommation est la mesure du travail ; parce que la mesure du travail est celle de la population et de la richesse, et que la puissance d'un Etat n'est que le résultat du nombre et de la richesse de ses Habitans.

De cette destination des Colonies, suivent trois conséquences qui renferment toute la science de ces Etablissemens.

La première de ces conséquences est que ce

serait se tromper étrangement, que de considérer nos Colonies comme des Provinces de France séparées, seulement par la mer, du sol national. Elles diffèrent autant des Provinces de France, que le moyen diffère de la fin : elles ne sont absolument que des Etablissemens de Commerce ; et pour rendre cette vérité sensible, il suffit d'observer que, dans ce Royaume, l'Administration ne tend à obtenir une plus grande consommation qu'en faveur du sol national ; et que, dans les Colonies au contraire, elle n'affectionne le sol que dans la vue de la consommation qu'il opère. Cette consommation est l'objet unique de l'Etablissement, qu'il faudrait plutôt abandonner, s'il cessait de remplir cette destination.

La deuxième conséquence est que, plus les Colonies diffèrent de leur Métropole par leurs productions, plus elles sont parfaites, puisque ce n'est que par cette différence qu'elles ont de l'aptitude à leur destination ; et telles sont les Colonies des îles Antilles : elles n'ont aucun de nos objets de Commerce, elles en ont d'autres qui nous manquent et que nous ne saurions avoir.

C'est par cette heureuse différence des productions de nos îles et de celles du Royaume, que ses productions, restées sans prix faute de consommateur, ont pu être échangées pour des Denrées qui n'avaient plus à craindre la même disgrâce. C'est par l'effet de cet échange, qu'une multitude de Travailleurs, occupés dans le Royaume à l'approvisionnement des Colonies, existent sur le superflu des Riches qui consomment les Denrées de nos îles ; et qu'une multitude encore plus grande existe aux dépens de l'Etranger, que ces Denrées rendent tributaire de la France, jusqu'à la valeur de 60 ou 80 millions par an, poids énorme dans la balance du Commerce, et qui cependant n'est pas, à beaucoup près, ce qu'il devrait être.

La troisième vérité, qui fait la destination des Colonies, est qu'elles doivent être tenues dans le plus grand état de richesses possible, et sous la Loi de la plus austère prohibition en faveur de la Métropole. Sans l'opulence elles n'atteindront point à leur fin ; sans la prohibition ce serait encore pis : elles manqueraient également leur destination, et ce serait au profit des Nations rivales.

Il faut cependant observer qu'il peut y avoir des circonstances où la richesse et la prohibition qu'il faut réunir dans les Colonies, seraient cependant dans un état d'incompatibilité, et alors la Loi de la prohibition, toute essentielle qu'elle est, doit néanmoins céder. Il faut créer, il faut conserver avant de jouir, et ce qui précède dans l'intention ne fait que suivre dans l'exécution. Mais, hors de ces circonstances qui ne peuvent être que bien rares, et qui pendant la paix ne doivent pas même être regardées comme possibles, il est essentiel de s'en tenir à ce qui a été dit de la nécessité d'associer dans nos Colonies, la plus austère prohibition à la plus grande richesse possible, pour les conduire à leur destination.

Telles sont les vérités qu'il était nécessaire de présenter aux Sieurs Comte D'Ennery et de Peinier, parce qu'elles contiennent toute la théorie des Colonies, et que, bien méditées, elles peuvent suffire à résoudre tous les problêmes possibles dans l'administration de ces Etablissemens,

A la suite de cette théorie, il est facile de voir qu'un Colon n'est autre chose qu'un Planteur libre sur un sol esclave ; ainsi un Colon, comme citoyen, comme libre, doit être sous la protection des Lois. Comme Planteur, il acquiert un nouveau degré de considération proportionné à l'utilité de son travail. Un Habitant des îles à sucre qui ne donne à la population du Royaume que 400 individus, avec la richesse relative à cette somme de population, n'est qu'un Planteur très-ordinaire. Comme Cultivateur d'un sol esclave, cette disgrâce de sa propriété exige encore des compensations au moins agréables à sa personne : elles pourront bien être libéralement accordées à la suite d'une observation essentielle à la connaissance de cette sorte de biens.

Les revenus des îles à sucre, très-réels pour l'État, ne sont qu'imaginaires pour la plus grande partie des Habitans. Tout ce que le Colon peut obtenir de sa terre par son travail ; tout ce qu'il peut ajouter à son revenu, par son économie et par ses privations, est aussitôt rendu à cette même terre, par l'achat des Nègres nécessaires. Nulle idée de jouissance avant le dernier terme de la culture possible. Avant ce terme, les commodités de la vie coûteraient trop à l'avarice, mais l'entreprise d'arriver jusqu'à ce terme est presque toujours plus longue que la vie ; le Colon a vu la fin de ses jours, avant la fin de son œuvre ; il a vécu dans l'indigence sur un sol, tous les jours enrichi par son travail, et qui n'a été riche que pour le Royaume. C'est à des biens de cette espèce que l'Administration doit cependant appeler des Propriétaires. C'est sur ce sol plein de mensonge pour celui qui lui confie ses sueurs et ses fonds ; c'est sur ce sol encore homicide que le Gouvernement doit fixer ces Cultivateurs ; il doit faire plus ; il doit exciter en eux le desir de le conserver à la France et de le défendre jusqu'à l'effusion du sang.

C'est en dire assez aux Sieurs Comte D'ennery et de Peinier, pour leur faire comprendre que le Gouvernement des Colonies doit être un Gouvernement plein de douceur et de bienfaisance. Que c'est sur-tout dans les Colonies qu'il est vrai de dire, que toute autorité est établie en faveur de celui qui obéit ; qu'elle n'est jamais plus puissante que lorsqu'elle est chérie et respectée ; que la force est le dernier des moyens ; qu'elle n'est que destructive quand elle est sans la sagesse ; que la qualité d'Administrateur impose une dette immense envers les Peuples et l'Etat ; et que l'oubli de ces grands objets sacrifiés au desir et aux soins d'une fortune privée, serait le dernier degré de l'avilissement.

Tels sont les principes qui doivent servir de base à l'Administration des Colonies, et c'est d'après ces vérités générales que *S. M.* va déclarer aux Sieurs Comte D'Ennery et de Peinier ses intentions et ses vues sur les objets particuliers de l'Administration qu'elle leur a confiée.

Entre ces objets, la Religion est sans doute le plus excellent, soit qu'on la considère dans la sainteté de son principe, ou dans l'importance de sa fin. La Religion avertit les hommes de rapporter tout à celui qui, principe de toutes choses, doit en être également le terme. Ainsi les Rois doivent à Dieu l'offrande et l'hommage du Peuple immense qu'il a soumis à leur empire ;

ce devoir devient plus étroit dans les Colonies, par la dette du Souverain envers des Esclaves nécessaires, mais qui, chez des Peuples policés, n'ont pu perdre leur liberté, que pour l'espérance meilleure des biens futurs. *S. M.* prescrit, avant toutes choses, aux Sieurs Comte D'Ennery et de Peinier d'honorer la Religion, de la faire respecter, de donner de la considération à ses Ministres et plus encore au Sacerdoce, par leur attention sur les mœurs et la conduite des Ecclésiastiques.

Le défaut d'Evêque et de Jurisdiction ecclésiastique dans les Colonies y met singulièrement les Prêtres sous la main du Gouvernement. Il doit les inspecter, les corriger et les destituer, lorsque l'honneur de la Religion et l'utilité publique demandent leur éloignement.

Avant de finir cet article, il est nécessaire de dire un mot sur la tolérance des diverses Religions dans les Colonies. Les Habitans de nos îles ont, en général, beaucoup d'indifférence pour la Religion. Plusieurs causes morales et physiques semblent concourir à leur inspirer cette indifférence. Le tolérantisme serait donc sans inconvéniens dans nos îles, où il ne pourrait d'ailleurs que contribuer au progrès de leur établissement. Néanmoins il n'a point été dérogé, en faveur des Colonies, aux Lois prohibitives du Royaume en matière de Religion. *S. M.*, en laissant subsister ces Lois prohibitives, et en proscrivant, dans les îles comme dans le Royaume, tout exercice public de la Religion Juive ou Protestante, ne peut cependant que trouver bon que les Protestans ou les Juifs qui sont établis, ou qui s'établiront dans les Colonies, ne soient point inquiétés pour raison de leur croyance.

Après la Religion, l'objet le plus digne de l'attention des Souverains, est la Justice. Sa distribution est un devoir dont ils ne peuvent se décharger que sur des Juges intègres et éclairés. Ces Juges doivent la rendre avec promptitude; elle serait souvent plus onéreuse qu'utile, si elle n'était obtenue qu'après de longues procédures. Le Gouvernement doit honorer le Magistrat; autrement la Justice serait avilie: les Tribunaux seraient d'ailleurs mal remplis par des hommes qui consentiraient à se passer de considération. L'ordre public exige que le Gouvernement s'abstienne de tout ce qui appartient aux Tribunaux. Il doit se borner, en cette partie, à la seule inspection et à prêter main-forte pour l'exécution des Jugemens. Mais, autant les Chefs doivent éviter avec soin, d'attirer à eux les affaires contentieuses, autant ils doivent apporter d'attention à ce que les corps de Magistrature ne s'immiscent pas dans les affaires du Gouvernement. Le Conseil Supérieur doit être principalement observé à cet égard, parce que, dépositaire d'une partie de l'autorité souveraine, ses démarches peuvent encore tirer à conséquence, par l'influence que les Membres de ce Corps doivent avoir dans la Colonie.

Un Etablissement destiné tout entier à la consommation des produits du Royaume, qui ne peut consommer qu'à proportion de ses revenus, et qui partage tous ses revenus entre la consommation et la culture, ne devrait pas être imposé. Cependant l'épuisement du Royaume a forcé *S. M.* à faire contribuer les Colonies, aux dépenses intérieures qu'elles occasionnent, et parce que cette contribution contredit la destination de ces Etablissemens et arrête nécessairement leurs progrès, *S. M.* ne peut trop recommander aux Sieurs Comte D'Ennery et de Peinier de corriger, autant qu'il sera possible, la nécessité actuelle des impôts, par la plus grande économie; de n'employer que le nombre de sujets nécessaires et de se borner aux dépenses indispensables. *S. M.* leur recommande encore de proportionner tellement ces dépenses à la recette faite dans la Colonie, qu'elle puisse y suffire, et que dans aucun cas il ne soit tiré des Lettres-de-change sur la Caisse de France; *S. M.* le défend absolument. La facilité de tirer sur les Trésoriers des Colonies a donné lieu à des dissipations énormes et aux plus grands abus. C'est pour les prévenir que *S. M.* a pris le parti d'envoyer en espèces, dans chaque Colonie, les fonds qu'elle destine aux Fortifications, lesquels ne doivent point être employés à d'autres usages.

S. M. recommande, en particulier, au Sieur de Peinier la plus grande et la plus rigide exactitude dans la comptabilité.

Dans le Royaume, le Commerce n'est encouragé qu'en faveur de la culture : dans les Colonies au contraire, la culture n'est établie et encouragée qu'en faveur du Commerce. Il doit donc agir dans les Colonies sans concurrence avec l'Etranger. Mais si les bornes du Commerce sont aussi les bornes de la culture nationale, de même les bornes de la culture des Colonies sont aussi les dernières limites du Commerce. Ainsi, avant tout, l'Administration doit s'occuper de la prospérité des Colonies; elle doit étendre leurs cultures et procurer aux denrées des Colons tout le prix dont la Métropole peut les favoriser, sans se nuire à elle-même, parce que l'action du Commerce national en sera plus vive, parce que l'action plus vive de ce Commerce assurera au Royaume sa plus grande valeur.

C'est d'après ces vérités que *S. M.* a affranchi les Cultivateurs des Colonies de toutes corvées, si ce n'est celles que la nécessité des chemins rend indispensables.

Ces mêmes vérités avertissent encore l'Administration de ramener à la culture, autant qu'il sera possible, une multitude d'Esclaves vicieusement employés dans les Colonies, à des opérations inutiles ou peut-être même à charge à la culture.

Il suit de ces mêmes vérités, que la rareté des Noirs et leur cherté excessive pèsent évidemment sur le Commerce et le territoire du Royaume.

Que la rareté des Bestiaux nécessaires à l'exploitation des Colonies, pèse également sur le Commerce et le travail du Royaume.

Que la non-valeur des Sirops et Tafias délaissés par les Commerçans de France, et refusés aux Etrangers qui en donneraient un bon prix, est encore une diminution du Commerce et des produits de la Métropole, puisque le prix de ces Sirops et Tafias eût été nécessairement à étendre la consommation ou la culture des Colonies.

S. M., occupée de ces divers objets, instruira les Sieurs Comte D'Ennery et de Peinier du parti auquel elle se sera déterminée à cet égard, pour le plus grand accroissement de la culture des Colonies et du Commerce du Royaume. Elle se borne maintenant à pourvoir au plus pressé, en rétablissant son Mémoire du 15 avril 1763, sur

sur la vente à l'Etranger des Sirops et Tafias, lequel sera exécuté provisoirement, en attendant que *S. M.* ait pris sur cet objet, comme sur les autres, un parti définitif.

S. M., informée des besoins des îles du vent et de l'insuffisance actuelle de la Pêche française pour l'approvisionnement de ces îles, ajoûte à son Mémoire l'admission de la Morue de Pêche étrangère, jusqu'au tems où la Pêche française pourra suffire, et sous la condition d'un droit de 8 liv. par quintal auquel ladite Morue sera imposée, pour le montant de ce droit être employé aux dépenses intérieures de la Colonie.

Une espèce d'agens ou d'entrepreneurs, connus à la Martinique sous le nom de Commissionnaires, seuls vendeurs et seuls acheteurs pour toutes les îles du vent dans le Bourg de Saint-Pierre où ils avaient concentré le Commerce, chéris dans le principe de leur établissement, par les Capitaines Marchands qui trouvaient avec eux plus de facilité et d'exactitude qu'avec les Habitans, chéris encore par ces mêmes Habitans auxquels ils prodiguaient leur crédit et leurs acceptations, avaient fini par opprimer le Commerce et la culture, dont ils étaient devenus nécessairement les dominateurs.

Quoique leurs partisans aient voulu dire de leur utilité, il est évident, 1°. que ces Entrepreneurs enlevaient tous les ans à la culture des îles du vent 3 millions et plus, pour les frais inutiles de Commission, Cabotage, etc.

2°. Que l'énorme quantité de leurs acceptations prodiguées à tous ceux qui voulaient acheter des habitations, en ont excessivement élevé le prix, et que l'excès de ce prix pouvant bien être évalué, au moins au tiers de ce qu'elles ont coûté, ils ont en cela seul chargé les îles d'une dette immense qui s'est encore infiniment accrue par les intérêts.

3°. Que la gêne où ces Commissionnaires ne pouvaient manquer d'arriver bientôt par cette multitude d'acceptations, prostituées à l'insolvabilité même, a donné lieu à la plus grande cherté de l'argent, cherté toujours contraire au progrès de la Culture.

4°. Que la concentration du Commerce à St-Pierre invitait les Habitans éloignés de ce Bourg, et sur-tout ceux de la Guadeloupe et des autres îles à traiter en fraude avec l'Etranger.

Les Sieurs de Bourlamaque et de Peinier, Gouverneur et Intendant de la Guadeloupe, ont apporté le principal remède à ces maux, en abolissant l'inutile navigation qui voiturait du Sucre de la Guadeloupe à la Martinique, et en défendant toute exportation de la Denrée d'une île à l'autre. Il paraît cependant qu'il conviendrait d'excepter le Coton, abondant à la Guadeloupe et nécessaire à l'assortiment des cargaisons des Normands qui traitent à la Martinique, où cette Denrée est très-rare. Ce serait, d'ailleurs, quant à présent un moyen de faire passer facilement à la Martinique des sommes considérables que la Guadeloupe doit à cette ancienne Métropole. Mais ce n'est pas assez d'avoir, par la défense d'exporter la Denrée d'une île à l'autre, procuré à la Guadeloupe une navigation directe à l'avantage de la Culture et du Commerce, il faut encore la rendre solide et durable, en forçant l'Habitant à payer les Capitaines avec cette promptitude qui, d'ailleurs, peut seule encourager et multiplier les armemens des Marchands pour les îles. Il paraît même nécessaire de changer dans les Colonies, l'ancienne institution du Commerce par l'échange, c'est-à-dire, d'ordonner que le paiement des Marchandises des Capitaines et des Denrées livrées par les Habitans, pourra être, de part et d'autre, exigé en argent. Le droit de payer en Denrées a été une des causes du divorce des Navigateurs et des Colons, par le prix excessif auquel ces derniers élevaient arbitrairement les Denrées qu'ils livraient aux Capitaines Marchands. *S. M.* exige des Sieurs Comte D'Ennery et de Peinier qu'ils s'occupent de ces objets pour en connaître les avantages et les inconvéniens, qu'ils en adressent un Mémoire détaillé au Secrétaire d'Etat ayant le détail de la Marine, pour, sur le compte qui en sera rendu à *S. M.*, être pris un parti définitif.

La population est en même-tems la cause et l'effet de la Culture et du Commerce. Elle est de trois sortes dans les Colonies : celle des Esclaves, des Affranchis et des Blancs ou Européens.

La population des esclaves, seuls chargés de tout le travail des Colonies, a cet inconvénient qu'elle les tient nécessairement dans la plus grande impuissance de résister par elles-mêmes à une invasion, par le peu d'espace qu'elle laisse au Citoyen dans le Pays. Elle a ce double avantage qu'elle ne dépeuple point la Métropole, et que le bas prix de cette espèce de main-d'œuvre donne plus d'étendue et de solidité aux richesses des Colonies.

S. M. recommande aux Sieurs Comte D'Ennery et de Peinier la plus grande attention à tenir les Esclaves dans la plus austère dépendance de leurs Maîtres et dans la plus grande subordination à l'égard des Blancs, de les contenir par la rigide observation des Réglemens faits dans cet objet, et d'assurer tout-à-la-fois la fortune et la tranquillité des Colons, par tous les moyens qui pourront prévenir les marronnages et ramener les Esclaves fugitifs à l'atelier de leurs Maîtres.

Le transport des Nègres en France, où cette espèce s'est étrangement multipliée, contrarie le bon ordre dans le Royanme, où leur couleur et leur état d'esclave ne sont pas admissibles. Il est encore contraire à la prospérité des Colonies par par la diminution de leur culture.

L'avantage de multiplier les Ouvriers dans les Colonies a été le motif sur lequel les Maîtres ont le plus souvent obtenu la permission d'envoyer des Esclaves en France, pour les former aux arts et métiers. Mais cette considération devait d'autant moins persuader les Chefs des Colonies, qu'il importe au contraire de renvoyer, autant qu'il sera possible, tous les Esclaves à la culture des terres, et de ne laisser les arts et métiers que dans les mains des hommes libres. *S. M.* enjoint aux Sieurs Comte D'Ennery et de Peinier de ne permettre, dans aucun cas ni par aucune raison, ces envois d'Esclaves en France, et d'exiger des Maîtres qui passent dans le Royaume avec des Esclaves nécessaires au service de leurs personnes pendant la traversée, qu'ils renvoient ces Esclaves dans leur île, par les premiers navires partans, et au plus tard dans six mois, à peine d'amende et de confiscation.

S. M., informée que la plupart des Habitans des îles du vent manquent au devoir si essentiel de nourrir leurs Nègres, recommande aux Sieurs Comte D'Ennery et de Peinier la plus grande attention sur cet abus, si contraire à l'humanité et aux intérêts même des Habitans. Quelques-uns croient s'acquitter de la subsistance qu'ils doivent à leurs Esclaves, en leur abandonnant le dernier jour de la semaine. *S. M.* enjoint aux Sieurs Comte D'Ennery et de Peinier de tenir la main à l'exécution des Ordonnances qui défendent cet abus également contraire à la sûreté publique et au progrès de la Culture.

L'affranchissement est une suite de l'esclavage. Il ne doit être permis qu'avec discrétion. On a beaucoup abusé dans les Colonies de la faculté d'affranchir. La domesticité des Esclaves est principalement la cause de cet abus, soit parce qu'elle est l'occasion du concubinage dont le prix est souvent le don de la liberté, soit parce que les services rendus à la personne agissent plus sur le sentiment des Maîtres, que ceux qu'ils reçoivent au-dehors dans leur fortune. Cette considération a influé sur l'opinion de ceux qui ont cru convenable, à tous égards, de ne permettre dans l'intérieur des Maisons des Habitans des Colonies, que le service des Blancs ; mais un Réglement de cette nature rencontrerait des obstacles dans le despotisme des Colons et dans l'orgueil des Blancs, mal disposés à se prêter dans les Colonies à la dépendance d'un serviteur domestique.

Quoiqu'il en soit, il paraît convenable de restreindre la faculté d'affranchir, jusqu'à présent illimitée, et de se déterminer dans cet objet par la considération des inconvéniens et de l'utilité d'un grand nombre d'affranchis. La subsistance et l'oisiveté des Affranchis méritent aussi de fixer l'attention du Gouvernement. Tout homme a droit à la subsistance, mais tout homme se doit au travail ; et cependant rien de plus commun que l'oisiveté parmi les Affranchis, et rien de plus rare que le don de la liberté joint à des alimens. Peut-être conviendrait-il de ne permettre l'affranchissement qu'à la charge d'ajouter une modique pension au don de la liberté, à moins que ces Affranchis ne fussent en état de suffire à leur subsistance par quelque métier. C'est aux Administrateurs à approfondir ces divers objets et à faire part de leurs observations.

La population des Blancs est importante pour la consommation et plus encore pour la sûreté intérieure : mais elle est nécessairement bornée dans les îles, où tout le travail est dévolu aux Nègres. L'Agriculture qui fournit en Europe des hommes à toutes les autres professions, n'occupe dans nos Colonies que des Propriétaires de terres, des Economes et peu d'Ouvriers. Pour multiplier les Blancs dans les Colonies, des Réglemens politiques ont, plusieurs fois, imposé aux Habitans l'obligation d'avoir un Blanc par 20, par 40 ou par 50 Nègres. Mais ces Réglemens n'ont jamais eu d'exécution, soit parce que les prétentions excessives des Blancs, dans les Colonies, excédaient trop le juste prix de leur utilité, soit parce que leur insubordination trop peu corrigée et quelquefois même soutenue par les Gouverneurs, exposait les Propriétaires à être compromis avec leurs propres domestiques, soit, enfin, parce que les mœurs dissolues de ces domestiques ont forcé les Colons à les éloigner de leurs ateliers ; en effet, si les Anglais ont pu faire exécuter des Réglemens tous semblables qu'ils ont pour leurs Colonies à sucre ; ce n'a été qu'au moyen de la sévérité dont ils usent envers les Européens qu'ils envoient dans leurs îles en qualité d'engagés, et dont la condition diffère peu de celle des Esclaves. Il n'est guère possible d'espérer le succès de la même police dans les îles françaises, et d'ailleurs des hommes de cette espèce semblent beaucoup plus propres à déranger les Nègres qu'à les contenir, et à livrer les îles qu'à les défendre.

Le Commerce n'entretient dans les Colonies que des Marchands détailleurs, des Navigateurs pour le Cabotage, des Commissionnaires et des Négocians. Le nombre des hommes qui peuvent exercer utilement ces diverses professions est nécessairement très-borné. Encore la Navigation des Colonies est-elle vicieusement presque toute entre les mains des Esclaves. Et pour ce qui est des Commissionnaires, des Marchands et de tous les Habitans des Bourgs, il est certain que la majeure partie de cette classe, plus à charge à la Culture et au Commerce qu'utile à la défense du pays, ne peut rien offrir d'avantageux à l'Administration. Les Gens de Justice forment encore une classe très-bornée et qui ne doit pas être étendue au-delà du besoin indispensable, parce que cette classe ne présente qu'un mal nécessaire et un chapitre de dépense contre la Culture et le Commerce. Il faut donc dire que les îles à sucre sont des Etablissemens qui ne sont susceptibles que de richesses, et que leur constitution essentielle tient nécessairement dans la plus grande faiblesse. L'unique objet de l'Administration doit donc être de les porter au plus haut degré de leur opulence possible, de ramener exactement cette opulence à la Métropole, et de ne compter que sur la Marine et les Troupes du Royaume pour la conservation de ces îles.

C'est d'après ces vues que *S. M.* avait cru devoir supprimer les Milices, et qu'elles les a en effet supprimées par son Ordonnance provisoire du 24 mars 1763; mais *S. M.* a pensé depuis, que les Habitans d'une île remplie d'Esclaves, étaient nécessairement dans un état de guerre, que des Maîtres haïs devaient être craints, et par conséquent armés : que des Insulaires, exposés sans cesse aux descentes des Corsaires qui bordent la côte en tems de guerre, devaient encore être armés contre les ennemis du dehors, pour la sûreté de leurs possessions et de leurs personnes. Ce sont ces réflexions sur-tout qui ont engagé *S. M.* à rétablir les Milices des Colonies, elle y a été encore déterminée par la considération du secours que des Gouverneurs habiles pouvaient tirer de ces Milices, dans le cas d'une invasion, en les employant avec la sagesse et la discrétion qu'exige une troupe de cette espèce. Ces Milices ont été, dans leur principe, capables des plus grandes choses : elles ont peu-à-peu dégénéré de leur première vertu par bien des causes, entre lesquelles on peut justement citer l'avilissement des emplois donnés sans discernement, ou, peut-être même, vendus sans pudeur, à des hommes indignes de commander à leurs compatriotes. *S. M.* attend du Sieur Comte D'Ennery qu'il s'occupera sérieusement des moyens de rappeler, autant qu'il sera en lui, l'ancienne vertu des Colons;

Colons ; d'exciter leur zèle pour son service et le desir de mériter les grâces qu'elle est disposée à leur accorder. Elle s'en remet au surplus à sa sagesse pour la composition et l'emploi de ces nouvelles Milices, rélativement aux vues qui ont décidé leur rétablissement.

Au moyen de ces Milices, la Maréchaussée, instituée par l'article 1.er de l'Ordonnance provisoire de 1763, pourrait bien être supprimée, d'autant plus que l'expérience faite de cette Maréchaussée dans les îles du vent n'a présenté que de grands inconvéniens, sans presque aucune sorte d'utilité. Son principal objet devait être la chasse des Nègres marrons, et cependant, par elle, les Nègres marrons ont été multipliés dans les îles, parce que d'une part les Chefs ont cru ne pouvoir plus permettre aux Habitans la chasse de ces Nègres fugitifs, qu'ils estimaient appartenir exclusivement à la Maréchaussée, et que de l'autre les Cavaliers de cette Maréchaussée incapables de pénétrer dans l'intérieur de l'île et de parvenir jusqu'aux retraites de ces Nègres, ne laissaient pas même la pensée de les employer à cet objet. Dans la vérité, cette Maréchaussée très-mal composée n'a presque servi qu'à incommoder le public. *S. M.* se propose de la supprimer en effet, et de lui substituer une Troupe composée de dix hommes de pied, commandés par un Exempt et un Brigadier, laquelle sera uniquement destinée à prêter main-forte à la Justice, sous la conduite des Huissiers, pour l'exécution des Jugemens en Matière criminelle.

Cependant *S M.* attendra les observations du Sieur D'Ennery avant de prononcer définitivement sur cet objet.

S. M. ne croit pas avoir besoin de recommander aux Sieurs D'Ennery et de Peinier la bonne intelligence dans laquelle ils doivent vivre, et le concert avec lequel ils doivent opérer. Le moyen le plus sûr d'entretenir ce concert et cette bonne intelligence, sera l'attention de l'un et de l'autre à se renfermer chacun dans les limites des pouvoirs qui leur sont confiés.

S. M. a détaillé ces pouvoirs dans son Réglement provisoire du 24 mars 1763, mais elle a jugé nécessaire d'y faire quelques changemens; elle veut, etc.

Nota. *La fin de ce Mémoire étant absolument la même chose que l'Ordonnance qui la suit* (N°. 310), *nous y renvoyons notre Lecteur.*

Fait à Versailles, le 25 janvier 1765. *Signé*, LOUIS; *et plus bas*; par le Roi, le Duc de CHOISEUL.

(N°. 310.) *ORDONNANCE du Roi, portant dérogation à quelques articles du Réglement du Roi du 24 mars 1763.*

Du 25 janvier 1765.

SA Majesté estimant nécessaire de faire quelques changemens au Réglement provisoire du 24 mars 1763, elle a ordonné et ordonne ce qui suit :

ART. Ier. Que le Gouverneur-général et l'Intendant nomment en commun les Commandans des Pataches ou Gardes-côtes, et qu'en cas de partage d'avis dans le choix du sujet, le Gouverneur général ait la prépondérance.

II. Qu'ils connaissent également en commun

des corvées pour les Chemins, des levées des deniers à ce nécessaires, ainsi que des contestations qui pourraient survenir entre les Habitans, pour raison de ces corvées.

III. Que l'Intendant propose au Gouverneur-général les sujets pour les places qui viendront à vaquer, soit au Conseil supérieur, soit dans les Jurisdictions; mais le Gouverneur aura le droit de les refuser, et nul ne sera reçu sans son consentement; et ils rendront compte en commun, des motifs de la différence de leurs opinions sur les sujets dont il aura été question.

IV. Lorsque le Conseil Supérieur de la Colonie aura des représentations à faire aux Gouverneur-général et Intendant, *S. M.* veut qu'il les leur remette par ses députés, et que le Gouverneur-général et l'Intendant y fassent leur réponse par écrit, et le Conseil Supérieur ne pourra adresser lesdites représentations au Secrétaire d'Etat ayant le département de la Marine, qu'avec un double de la réponse enregistrée.

V. L'article des Impositions intéressant essentiellement le service de *S. M.*, elle veut que le Gouverneur-général assiste à toutes les opérations qui y sont relatives, soit dans le cas où il sera question de les asseoir ou de les changer d'objet, de les augmenter ou modifier.

VI. *S. M.* a réglé que le Subdélégué-général aura la quatrième place dans les Cérémonies publiques, le Gouverneur-général devant avoir la première, l'Intendant la seconde, et le Commandant en second la troisième.

Mande et ordonne Sa Majesté, etc.

Fait à Versailles, le 25 janvier 1765. *Signé*,

LOUIS ; *et plus bas ;* par le Roi, le Duc de Choiseul.

Enregist. au Conseil Souverain.

(N°. 311.) *Ordonnance de MM. les Général et Intendant, concernant les Gens de couleur, tant libres qu'esclaves.*

Du 9 février 1765.

Les remontrances qui nous ont été faites par le Procureur du Roi de la Jurisdiction royale du Bourg St-Pierre, sur l'esprit d'indépendance et d'insubordination qui règne parmi les Gens de couleur, tant libres qu'esclaves, depuis la reddition de cette île aux Anglais, qui tiennent des assemblées publiques et donnent des bals, malgré les défenses et malgré tous les efforts qu'ont pu faire les Officiers publics pour réprimer ces abus : la connaissance que nous avons qu'il s'est trouvé des Blancs qui, par complaisance ou par intérêt, ont prêté ou loué leur maison pour tenir lesdites assemblées, donner des bals, et enfin ce qui nous est revenu de la hardiesse qu'ont eu plusieurs esclaves de courir les rues masqués et déguisés à des heures indues, armés de bâtons ferrés, coutelas et couteaux flamands : toutes ces représentations, qui sont d'une conséquence infinie pour la sûreré publique, à laquelle nous sommes obligés de veiller, nous ont engagé à rendre une Ordonnance, qui en rappelant celles de nos Prédécesseurs, les Réglemens et Arrêts qui ont été rendus, dans les différens tems, remédiât aux nouveaux désordres qui sont survenus, et qui n'avaient pu être prévus pour lors,

A CES CAUSES, nous etc., statuons et ordonnons ce qui suit :

ART. 1er. Nous faisons très-expresses inhibitions et défenses à tous Gens de couleur, quoique libres, de s'attrouper et de s'assembler entr'eux, sous prétexte de nôces, de festins ou de danses, à peine contre les Contrevenans, d'une amende de 300 liv. pour la première fois, et en cas de récidive, d'être déchus de leur liberté, même de plus grièves peines s'il y échet.

II. Tous Nègres esclaves appartenans à différens Maîtres qui se seront attroupés, sous quelque prétexte et en quelque lieu que ce puisse être, seront punis du fouet et marqués de la fleur-de-lis, pour la première fois, et de plus grièves peines en cas de récidive.

III. Les Maîtres et autres Particuliers qui seront convaincus d'avoir permis ou toléré chez eux des assemblées d'esclaves, de quelque espèce qu'elles soient, d'avoir prêté ou loué leurs maisons auxdits esclaves pour y danser, seront condamnés ; savoir : les Maîtres en 100 l. d'amende pour la première fois, et au double en cas de récidive ; et les autres Particuliers qui auront prêté ou loué leurs maisons auxdits esclaves pour y danser ou s'y assembler, seront condamnés en 500 liv. d'amende pour la première fois, applicables aux réparations du Palais, et à de plus grièves peines en cas de récidive.

IV. Tous Nègres esclaves qui seront arrêtés courant les rues masqués ou déguisés, seront punis du fouet, marqués de la fleur-de-lis et ensuite attachés au carcan pendant trois heures pour la première fois, et de plus grièves peines en cas de récidive, et de punition de mort, conformément aux Ordonnances contre ceux desdits Nègres esclaves masqués ou déguisés, qui seront trouvés armés de bâtons ferrés, couteaux flamands, ou toutes autres armes meurtrières.

V. Défendons à tous Marchands colporteurs et autres de vendre, à quelques esclaves que ce puisse être, des armes mentionnées dans l'article ci-dessus, quand même ils seraient munis d'un billet de leur Maître, sous peine des punitions portées dans les Ordonnances et Réglemens déjà rendus à ce sujet.

VI. Enjoignons à tous Maîtres de contenir leurs esclaves et de veiller à ce qu'ils ne tombent dans aucun des cas énoncés dans la présente Ordonnance, leur déclarant qu'ils n'auront aucun dédommagement à prétendre pour ceux de leurs esclaves qui seraient dans le cas de la peine de mort portée dans l'article précédent.

Prions Messieurs du Conseil Supérieur d'enregistrer, etc.

Donné à la Martinique, le 9 février 1765. *Signé*, le Marquis de FENELON, et le Président DE PEINIER.

Enregist. au Conseil Souverain.

(N°. 312.) *ORDONNANCE de MM. les Général et Intendant, concernant les Parlementaires qui vont dans les îles voisines.*

Du 13 février 1765.

MONSIEUR l'Amiral Tyrrel, et M. Higginson, Gouverneur de l'île de Saint-Vincent, nous ayant porté des plaintes réitérées contre l'abus que font de nos permissions, les Bâtimens parlementaires que nous expédions de ces Colonies pour les îles anglaises, en y faisant un Commerce illicite, et portant dans leur cale des canons et des munitions de guerre, pour être armés, et sur la défensive à tout événement, ce qui est contre les droits des gens et des nations; et en prêtant la main à des enlèvemens de nègres desdites îles anglaises.

Tout considéré, eu égard à l'illégitimité de pareilles manœuvres et aux représentations de M. Tyrrel et de M. Higginson, et voulant obvier à de pareils abus, Nous, etc., avons déclaré et déclarons ce qui suit :

Art. Ier. Que dorénavant nous n'accorderons de permissions Parlementaires qu'avec caution.

II. Que nous ne les accorderons que pour un tems limité qui sera spécifié dans la permission, et qu'en conséquence nous écrirons à tous les Gouverneurs de *S. M. B.*, dans les îles anglaises, pour les informer de la présente disposition, et les requérir de vouloir bien tenir la main à ce que les Parlementaires mettent à la voile à l'expiration du terme.

III. Qu'ils ne pourront mouiller que dans le principal Port de chaque île anglaise; que partout ailleurs, nous les déclarons en contravention formelle, et dans le cas d'être traités en conséquence.

IV. Que tout Maître parlementaire qui sera pris et convaincu d'avoir à son bord des armes offensives ou défensives, sera non-seulement dans le cas d'être jugé pour la confiscation de son Bâtiment, et des effets qu'il aurait à son bord, par les Amirautés de *S. M. B.*, mais nous requérons les Gouverneurs desdites îles, de les faire juger personnellement suivant les Lois et Coutumes de la Couronne d'Angleterre, comme nous en agirons de même dans les Colonies de la domination du Roi, en pareil cas.

Donné à la Martinique, le 13 février 1765. *Signé*, le Marquis de FENELON et le Président de PEINIER.

(N°. 313.) *ORDONNANCE de MM. les Général et Intendant, concernant le Commerce étranger et le Cabotage.*

Du 25 mars 1765.

SA Majesté étant informée des besoins des îles du vent, tant pour les bois de construction que pour les bestiaux nécessaires à la subsistance des Habitans, et à l'exploitation de leurs manufactures; étant instruite en même tems de l'insuffisance actuelle de la Pêche française de la Morue, pour l'approvisionnement indispensable de ces îles, et enfin de l'importance de faciliter l'exportation des Sirops et Tafias délaissés par les Commerçans de France, et refusés aux étrangers, qui en auraient donné un prix avantageux, elle a bien voulu rétablir son Mémoire du 18 avril 1763, et nous autoriser à le faire exécuter provisoirement, en attendant qu'elle ait pris un parti définitif sur les différens objets que nous lui avons présentés pour l'intérêt des Colonies; et elle a ajouté audit Mémoire l'admission de la Morue de Pêche étrangère, jusqu'au tems où la Pêche française pourra suffire, sous la condition d'un droit de 8 liv. par quintal, auquel ladite Morue sera imposée, pour, le montant de ce droit, être versé dans la Caisse du Domaine du Roi, à la décharge de la Colonie.

S. M., en entretenant la défense de toute exportation de la Guadeloupe à la Martinique, a trouvé bon cependant d'en excepter le Coton, abondant à la Guadeloupe, et nécessaire à l'assortiment des Cargaisons des Navires qui traitent à la Martinique, où cette Denrée est très-rare.

Ces nouvelles marques de l'attention du Roi, pour le bien et l'intérêt de cette Colonie, nous obligeant cependant à veiller à ce qu'il n'en résulte aucun abus, nous nous sommes déterminés à rendre une Ordonnance qui, en faisant connaître les intentions du Roi, pût prévenir les inconvéniens qu'il est si essentiel d'empêcher, tant pour l'intérêt du Commerce de France, que pour celui de la Colonie, qui doit chercher à mériter de nouvelles grâces de *S. M.*, par l'exactitude avec laquelle elle usera de celles qui lui sont accordées provisoirement aujourd'hui.

A CES CAUSES, Nous, etc., statuons et ordonnons ce qui suit :

ART. Ier. Le Mémoire du Roi du 18 avril 1763, donné pour l'instruction des Gouverneurs et Intendans, sur l'exportation des Sirops et Tafias du crû des Colonies, en échange des Effets et Denrées spécifiées dans ledit Mémoire, sera exécuté provisoirement, en attendant que *S. M.* ait pris un autre arrangement sur cet objet.

II. Les Navires étrangers seront reçus dans cette Colonie, chargés des Effets permis et énoncés dans l'article suivant.

III. Les articles des Marchandises qu'il sera permis aux étrangers de transporter, d'échanger et faire introduire dans chaque Colonie, consisteront uniquement en Bœufs vivans, Cochons vivans, Chevaux, Mulets, Moutons, Cabris,

Volailles, Planches de toute sorte, Solives, Soliveaux, Mâts, Cordages, Bled d'Inde ou d'Espagne, Avoine, Son, Merrains, Mules de cercles ou Feuillards pour Barriques, Bardeaux et Tuiles pour couvertures de Maisons, Briques, Carreaux de terre et de fayence pour cheminées ou pour carrelage, Pierres de taille, Calèches ou Cabriolets, Roues pour voitures, Charrettes, Tombereaux, Armoires, Bureaux à l'anglaise, Riz, Pois, Légumes, Fruits verts de toute espèce, et Morue en boucauds et non en pagale.

IV. Toutes Marchandises autres que celles désignées en l'article précédent, qui seraient trouvées dans les Navires étrangers, seront saisies et confisquées, ainsi que les Bâtimens qui les auraient transportées dans cette Colonie; et la vente du tout sera faite au profit du Roi, au plus offrant et dernier enchérisseur, en présence de l'Intendant ou de son Subdélégué-général, et de celle du Contrôleur, et le produit remis dans la Caisse du Domaine.

V. Les Navires étrangers ne pourront mouiller que dans les Ports et Rades du Fort-Royal, de Saint-Pierre et de la Trinité.

VI. Tout Navire étranger qui aurait mouillé dans tout autre Port ou Rade de cette Colonie, que dans un de ces trois Ports, sera soumis aux peines portées par l'art. IV.

VII. Chaque Capitaine de Bâtiment étranger, sera obligé de demander à son arrivée une permission qui lui sera délivrée *gratis*, par le Gouverneur, l'Intendant, ou les Subdélégués de l'Intendant en son absence, pour pouvoir mouiller dans l'un des Ports ou Rades énoncés ci dessus, et de présenter à l'Intendant ou à son Subdélégué en son absence, la facture de son chargement. Il sera mis à son bord un détachement de deux soldats, qui y restera jusqu'à ce que ledit Bâtiment soit déchargé, pour veiller à la conduite des Capitaines, tant au déchargement, qu'au chargement; et ce détachement sera payé par ledit Capitaine.

VIII. Lesdits Capitaines des Bâtimens étrangers seront obligés, dès le moment de leur arrivée, d'aller au Bureau du Domaine, pour y faire leur déclaration, et requérir le Directeur d'envoyer un de ses Commis pour assister au déchargement de leurs Navires.

IX. Il faudra qu'il y ait un Capitaine marchand français présent à chaque visite que fera le Commis du Domaine, sur les Navires étrangers, et qui signera avec lui le procès-verbal: ce Capitaine pourra y envoyer son second, s'il a des raisons valables qui l'empêchent de s'y trouver lui-même.

X. Le Capitaine marchand commandant la Rade, fera prendre aux Capitaines marchands français, des arrangemens entr'eux pour qu'ils assistent à tour de rôle à ces visites; il conviendra avec eux d'un signal qui sera fait à son bord, afin d'avertir de l'arrivée des Bâtimens étrangers, le Capitaine qui devra marcher pour la visite, et qui se rendra à l'avance au Bureau du Domaine, pour y savoir l'heure où la visite devra se faire.

XI. Il sera fait trois visites sur les Navires étrangers; la première à leur arrivée, la seconde à moitié du chargement, et la troisième à la fin.

XII. Les Capitaines des Navires étrangers seront obligés de charger en retour, des Sirops et

Tafias, en échange des Marchandises qu'ils auront apportées, et il ne leur sera point permis de sortir sur leur lest; dans le cas où leur retour en Sirops et Tafias ne suffirait pas pour remplir le montant de leur cargaison, il ne pourront retirer le surplus qu'en Lettres-de-change et non en argent.

XIII. Lesdits Capitaines seront obligés d'appeller, lors de leur chargement, le Visiteur du Domaine, pour qu'il puisse être présent à chaque rang de barriques qu'ils feront dans leur cale; examiner ce que contiendront lesdites barriques, et empêcher qu'ils ne chargent aucune Denrée du pays, autres que des Sirops et Tafias. Un Capitaine marchand assistera aussi au chargement, avec le Commis-visiteur.

XIV. Les Sirops et Tafias seront soumis à leur sortie de la Colonie, au droit de 3 pour cent, attribué aux Fermiers-généraux.

XV. Tout Cabotage et transport de Marchandises et Denrées, continueront d'être interdits entre la Martinique et la Guadeloupe, conformément aux ordres que nous avons reçus de *S. M.*, dans son Mémoire du 25 janvier 1765, à peine contre les contrevenans, de confiscation des Marchandises qui seraient trouvées sur les Bâtimens allant d'une île à l'autre, et de 500 liv. d'amende contre le Maître qui commanderait ledit Bâtiment, applicable comme à l'article IV.

XVI. Les Cotons de la Guadeloupe et dépendances, seront exceptés de ladite prohibition, et l'introduction en sera permise à la Martinique, en vertu du Mémoire susdit.

XVII. La présente Ordonnance aura son exécution dans tout son contenu, à commencer du 1er. avril prochain, en attendant la première séance du Conseil Supérieur où elle doit être enregistrée.

XVIII. Enjoignons à tous les Commandans des Bateaux ou Pataches du Domaine du Roi, et à tous les Garde côtes, de tenir exactement la main à l'exécution de notre présente Ordonnance, et de saisir les Navires étrangers qu'ils trouveraient mouillant en d'autres Ports ou Rades de la Colonie, que ceux énoncés en l'art. V, comme aussi tout Caboteur qu'ils trouveraient transportant des Marchandises ou Denrées prohibées d'une île à l'autre, et d'en dresser procès-verbal

Prions Messieurs du Conseil Supérieur, etc.

Donné à la Martinique, le 25 mars 1765. *Signé*, D'ENNERY et le Président de PEINIER.

Enregist. au Conseil Souverain.

(N°. 314.) *ORDONNANCE de M. l'Intendant, concernant la police des Rades.*

Du 30 mars 1765.

SUR les plaintes qui nous ont été portées, que les Capitaines des Navires et autres Bâtimens marchands mouillés dans les Rades de cette Colonie, suspendent leurs cables d'une façon qui rend autour d'eux, la navigation dangereuse, et étant nécessaire de prévenir les avaries qui pourraient en résulter, nous défendons expressément aux Capitaines desdits Navires et autres Bâtimens actuellement mouillés dans ces Rades, et à tous ceux qui y mouilleront dans la suite, de tenir leurs cables suspendus à plus de 6 brasses de la flottaison, sous peine contre les contrevenans de 300 l. d'amende, au profit des Hôpitaux, ou applicables aux réparations des Cales.

Enjoignons aux Officiers de Port, de tenir la main à l'exécution de la présente Ordonnance, qui sera lue, etc.

Donné à la Martinique, le 30 mars 1765. *Signé*, le Président de PEINIER.

(N°. 315.) *ARRET du Conseil Souverain, sur la Nourriture des Esclaves.*

Du 6 mai 1765.

VU par la Cour la remontrance donnée en icelle, par le Procureur-général du Roi, contenant que, quoiqu'il soit expressément défendu par l'article XXIV de l'Edit de 1685, concernant la police des îles de l'Amérique française, aux Maîtres des Esclaves desdites îles, de se décharger de la nourriture et subsistance de leursdits Esclaves, en leur permettant de travailler certains jours de la semaine, pour leur compte particulier, au lieu de leur fournir la nourriture prescrite par l'article XXII dudit Edit, consistant pour les Esclaves âgés de 10 ans et au-dessus, en deux pots et demi de farine de manioc, et deux livres de bœuf salé ou trois livres de poisson, le Remontrant a été informé que, contre la disposition si sage et si juste de ces deux articles, il y avait un grand nombre d'Habitans de ces îles, qui ne se faisaient point scrupule de donner à leurs Esclaves ce qu'on appelle vulgairement *le samedi*, et à ce moyen se déchargeaient entièrement de leur nourriture ; comme il est important de réformer un pareil abus, si préjudiciable au bien public et en même-tems si contraire à l'humanité, qui ne s'est introduit vraisemblablement, que parce qu'il n'y a aucune peine attachée aux infracteurs de ces articles ; que le Remontrant pensait qu'il était du devoir de son ministère de proposer à la Cour de faire un Réglement portant injonction aux Habitans de ces Colonies, de se conformer exactement aux deux articles de l'Edit ci-dessus cité, sous telle amende qu'il plaira à la Cour de fixer, que le Remontrant estimait pouvoir être porté à 500l., moitié applicable aux réparations du Palais, et l'autre moitié en faveur de celui qui ferait la découverte des contraventions, et que l'Arrêt qui interviendrait serait lu, etc.

La Cour, etc. a fait injonction aux Habitans de ces Colonies de se conformer exactement aux articles XXII et XXIV de l'Edit de 1685, sous peine de 500 liv. d'amende, dont les deux tiers applicables à la Caisse de la Colonie, et l'autre tiers au profit de celui qui fera la découverte des Contrevenans.

Ordonne que le présent Arrêt sera lu, etc.

Fait au Conseil Supérieur de la Martinique, le 6 mai 1765.

(N°. 316.) *Arret du Conseil Souverain, portant Défenses à tous Greffiers, Notaires, Procureurs et Huissiers, d'employer des Gens de couleur, pour le fait de leur Profession.*

Du 9 mai 1765.

Vu la remontrance donnée en la Cour par le Procureur-général du Roi, contenant qu'il a été informé que Me. Nior, Notaire royal en cette île, résidant au Bourg du Lamentin, employait un Mulâtre libre à faire les expéditions des actes qu'il passait en cette qualité ; que même il lui servait de Clerc dans son Etude ; que des fonctions de cette espèce ne devant être confiées qu'à des personnes dont la probité soit reconnue, ce qu'on ne pouvait présumer se rencontrer dans une naissance aussi vile que celle d'un Mulâtre ; que d'ailleurs la fidélité de ces sortes de gens devait être extrêmement suspecte ; qu'il était indécent de les voir travailler dans l'Etude d'un Notaire, indépendamment de mille inconvéniens qui en pouvaient résulter ; qu'il était nécessaire d'arrêter un pareil abus ; pourquoi aurait requis qu'il soit fait expresses inhibitions et défenses à tous Notaires, Greffiers, Procureurs et Huissiers, de se servir de Gens de couleur, quoique libres, pour les employer à faire les expéditions des actes dont ils sont chargés par leur état, sous peine de 500 l. d'amende pour la première fois, et du double en cas de récidive ; et pour les Gens de couleur qui auraient été employés, d'un mois de prison ; ordonner que l'Arrêt qui interviendrait serait lu, publié et affiché partout où besoin serait, etc.

La Cour, etc. a fait très-expresses inhibitions et défenses à tous Greffiers, Notaires, Procureurs et Huissiers, de se servir de Gens de couleur, quoique libres, pour les employer à faire les expéditions des actes dont ils sont chargés par leur état, sous peine de 500 liv. d'amende pour la première fois, et du double en cas de récidive ; et pour les Gens de couleur qui seraient employés, d'un mois de prison.

Ordonne

Ordonne que le présent sera imprimé, lu, etc.

Fait au Conseil Souverain, le 9 mai 1765.

(N°. 317.) *ORDONNANCE de MM les Général et Intendant, portant Réglement pour l'attribution des Droits aux Officiers de Port, sur les Bâtimens, tant français qu'étrangers, qui mouilleront et caréneront dans le Bassin du Fort-Royal de l'île Martinique.*

Du 10 mai 1765.

ETANT nécessaire de fixer, d'une manière stable et invariable, la perception des droits des Officiers de Port, sur les Capitaines des Bâtimens, tant français qu'étangers, qui mouilleront ou caréneront dans le Bassin du Fort-Royal, laquelle perception, si on la laissait subsister sur l'ancien pied, nous aurait paru capable d'être onéreuse au Commerce, auquel nous desirons, en ce qu'il dépendra de nous, accorder toute protection; Nous, etc., statuons et ordonnons ce qui suit :

ART. Ier. La somme de 60 liv. que payaient ci-devant au Capitaine de Port, les Bâtimens qui mouillaient dans le Bassin du Fort-Royal, et preille somme pour le droit de carène, seront dorénavant réduites à 30 liv. pour l'entrée et la sortie, et de 50 liv. pour la carène.

II. Quant aux Bâtimens étrangers, qui payaient 120 liv. quand ils entraient dans ledit Bassin, et la même somme pour la carène, ils ne seront contribuables que d'une somme de 50 liv. pour l'entrée et la sortie, et d'une pareille somme quand ils caréneront ; notre intention tant que cette retenue sur chaque Bâtiment soit employée à l'entretien de deux hommes attachés au Port et aux différentes réparations du Canot du Capitaine de Port.

III. Il ne sera rien perçu sur les Capitaines desdits Bâtimens pour le droit de dépôt de leur poudre, qu'il est d'usage qu'ils envoient pendant l'hivernage au Magasin d'artillerie ; pour cet effet lesdits Capitaines se chargeront de faire rouler, par les gens de leur équipage ou autres qu'il payeront, leursdites poudres, qu'ils rameneront à leur bord pareillement à leurs frais.

IV. Faisons de très-expresses inhibitions et défenses aux Officiers des Port et Bassin du Fort-Royal, d'exiger des Bâtimens français et étrangers aucun autre droit, que ceux prescrits par cette Ordonnance, comme au Garde-principal d'artillerie. de percevoir sur iceux aucun droit pour le dépôt de leurs poudres, pendant l'hivernage, dans le Magasin d'artillerie,

Donné au Fort-Royal, le 10 mai 1765. *Signé*, D'Ennery et le Président de Peinier.

(N°. 318.) *Ordonnance de MM. les Général et Intendant, concernant la Police à observer pour les Navires Marchands et autres Bâtimens mouillés dans le Bassin du Fort-Royal.*

Du 8 juin 1765.

Etant nécessaire d'établir l'ordre le plus exact pour l'entretien et conservation du Bassin de la Ville du Fort-Royal, et pour la sûreté des Navires et autres Bâtimens de mer qui y séjournent : nous, etc. statuons et ordonnons ce qui suit :

Art. Ier. Tous Capitaines de Navires et autres Bâtimens allant au Fort-Royal, seront tenus, avant d'entrer dans le Bassin, de débarquer leur Poudre, Flacons de feu, Grenades, Gargousses et autres matières semblables.

II. Les Capitaines et Maîtres des Bâtimens entrant dans ledit Bassin pour y mouiller, seront tenus de mettre leurs Navires en haie dans la place qui leur sera indiquée par le Capitaine ou Officier de Port, et de les y amarrer, conformément à l'article III de la Consigne générale du 20 octobre 1763, donnée par MM. le Marquis de Fenelon et de la Rivière, alors Général et Intendant : ils ne pourront, sous aucun prétexte, rien changer dans la position de leurs Navires, sans permission dudit Officier de Port, le tout à peine de 100 liv. d'amende applicables à l'entretien du Port.

III. Les Cables desdits Navires seront bien garnis et embossés, et la visite s'en fera au moins une fois la semaine, par l'Officier du Port.

IV. Il restera à bord de chaque Navire, au moins le nombre d'hommes nécessaire pour armer la Chaloupe ; il y sera aussi gardé une quantité de sceaux suffisante pour servir au besoin, le tout à peine de 100 liv. d'amende applicables comme dessus.

V. On ne pourra pomper à bord des Navires que le matin, depuis 4 heures jusqu'à 5, jamais plus tard, à peine de 200 liv. d'amende pour chaque contravention, applicables comme dit est, indépendamment de la peine des arrêts que subira l'Officier de service dans le Navire.

VI. Faisons très-expresses inhibitions et défenses de jeter dans le Bassin aucune immondice :

seront tenus lesdits Capitaines et Maîtres d'y tenir exactement la main, et de faire porter tout ce qu'ils voudront jeter hors des Navires, dans les lieux qui leur seront indiqués par l'Officier de Port, le tout à peine de 100 liv. d'amende, applicables comme dessus.

Pareilles défenses sont faites, et sous les mêmes peines, à toutes personnes domiciliées ou résidantes dans la Ville.

VII. Ne pourront lesdits Capitaines et Maîtres, lester ni délester leurs Navires, sans la permission de l'Officier de Port, et sans qu'il y ait un des Officiers mariniers présent, pour veiller à ce qu'il ne tombe point de lest dans le Bassin; le tout à peine de 300 liv. d'amende, applicables comme dit est.

Se conformeront au surplus lesdits Capitaines et Maîtres, pour le déchargement de leur lest, à l'article V de ladite Consigne générale, du 20 octobre 1763, sous les peines y exprimées, n'entendant y déroger par ces présentes.

VIII. Défendons auxdits Capitaines et Maîtres de Bâtimens de mer, de ne commencer à faire leur chargement, qu'après avoir fait visiter leurs Navires par les Officiers de l'Amirauté; et seront tenus de rapporter à l'Officier de Port, le certificat en forme de ladite visite, à peine de 300 liv. d'amende, applicables comme dessus.

IX. Il y aura dans chaque Navire, en sus des amarres à la mer, un ancre avec un cable et quelques amarres à la main toutes parées, à portée de servir au besoin.

X. Les précautions contre les accidens du feu ne pouvant être prises trop exactement, faisons expresses défenses auxdits Capitaines et Maîtres des Navires qui se trouveront au premier rang, amarrés à la savanne du Fort-Royal, de faire aucun feu à bord, mais seulement à terre, à peine de 100 liv. d'amende pour chaque contravention, applicables comme dessus.

Pourra cependant l'Officier de service ou de garde à bord, tenir une lumière dans un fanal, depuis l'entrée de la nuit, jusqu'à 9 heures du soir.

XI. Les Capitaines et Maîtres des Navires qui seront amarrés au Fort, pourront faire à bord leur cuisine ; leur défendons d'y faire chauffer le brai. Enjoignons à l'Officier qui sera de service dans chaque Navire, d'y faire éteindre le feu de la cuisine, à 8 heures précises du soir, et toutes les lumières à 9, le tout à peine de 100 liv. d'amende pour chaque contravention, applicables comme dessus

XII. Ne pourront les Capitaines desdits Navires, ou ceux qui y commanderont en leur absence, permettre qu'aucun Officier marinier ni Matelot couche à terre ; s'il se trouve quelqu'un de l'équipage de leurs Navires dans ce cas, lesdits Capitaines ou Commandans seront tenus de le dénoncer sur-le-champ à bord du Navire commandant.

XIII. Enjoignons à tous Officiers mariniers et Matelots de se retirer à bord de leurs Navires, au plus tard à 8 heures du soir, à peine d'être mis aux fers pour la première fois, et d'être plus rigoureusement punis en cas de récidive.

XIV. Tous Capitaines ou autres Officiers commandans les Navires auront attention de faire retirer chaque soir leurs Chaloupes et Canots à leur bord, au plus tard à 10 heures préoises : et s'il en est trouvé à terre passé ladite heure, ils seront retenus jusqu'à ce qu'il ait été payé une amende de 60 liv., applicable comme dessus.

Pourront cependant lesdits Canots et Chaloupes, aller à terre en tout tems, sans encourir d'amende, dans le cas où l'on serait forcé de tirer de terre des secours spirituels ou temporels, en observant toutefois d'avertir à bord du Navire commandant avant d'aller à terre.

XV. Ne pourront aucuns Navires sortir du Bassin, sans la permission de l'Officier de Port, à peine de 300 livres d'amende, applicables comme dit est.

Sera au surplus ladite Consigne générale, du 20 octobre 1763, exécutée selon sa forme et teneur, en tout ce qui n'est pas contraire aux dispositions des présentes.

Ordonnons à tous Commandans de place, Commissaires de la Marine et Officiers de Port dans ladite Ville du Fort-Royal, de tenir la main à l'exécution des présentes.

Mandons aux Officiers de l'Amirauté de les enregistrer, faire lire, etc.

Donné à la Martinique, le 8 juin 1765. *Signé*, D'ENNERY et le Président de PEINIER.

(N°. 319.) *ORDONNANCE de MM. les Général et Intendant, concernant la petite Monnaie marquée d'un* C couronné.

Du 10 juin 1765.

LES secours en petite Monnaie que *S. M.* avait procuré à ses Colonies, pour que les Habifans pussent se procurer plus facilement les choses les plus communes, et e même-tems les plus indispensablement nécessaires aux besoins journaliers de la vie, n'ayant pas eu tout le succès que l'on devait s'en promettre, par l'enlèvement des sols marqués que nous avions fixés à 2 sols 6 den., et sur lesquels on a trouvé un bénéfice qui les a fait disparaître du Commerce, *S. M.* a bien voulu remédier à cet inconvénient, en envoyant des nouveaux sols, marqués de la lettre *C couronné ;* et pour que la Colonie puisse se ressentir de ce nouveau secours et lui en assurer la durée, nous avons cru nécessaire de fixer à cette nouvelle Monnaie, une valeur numéraire qui en empêchât l'exportation.

A CES CAUSES, Nous, etc., ordonnons et statuons ce qui suit :

ART. Ier. Les sols, arrivés nouvellement de France et qui sont marqués de la lettre C, avec une couronne par-dessus, seront reçus dans les Colonies de la Martinique et de Sainte-Lucie, du jour de la publication de la présente Ordonnance, pour la valeur de 3 sols 9 den., faisant le quart d'un escalin.

II. Nous n'entendons point toucher à la valeur fixée à 2 sols 6 den. par notre Ordonnance du 2 juillet 1764, pour les anciens sols marqués qui restent dans la Colonie, et ces anciens sols continueront d'avoir cours dans le Commerce au même taux.

III. Nous ordonnons à tous Habitans, Marchands, Ouvriers et généralement à tous autres, de quelque état et qualité qu'ils soient, libres ou esclaves, de recevoir lesdits sols marqués de la lettre C, sur le pied que nous l'avons fixé à l'article Ier; et les anciens sols suivant l'ancienne fixation, rappelée à l'article II de la présente Ordonnance, le tout sous les peines qui seront prononcées ci-après.

IV. Voulons que dans les paiemens qui se feront, soit de la caisse du Roi, soit de particulier à particulier, l'on ne puisse refuser le 10ème du montant des paiemens en sols marqués : mais on ne pourra point être forcé d'en recevoir une plus grande quantité sur lesdits paiemens.

V. Les contrevenans aux différens articles de la présente Ordonnance, sous quelques prétextes que ce puisse être, seront condamnés, pour la première fois, à 50 liv. d'amende applicables aux réparations du Palais ; en 100 l. d'amende, pour la seconde fois, et en 200 liv., pour la troisième ; et les esclaves qui seraient dans le cas de la contravention, seront condamnés à 15 jours de prison, pour la première fois, et au fouet et à la prison pour la seconde.

Prions Messieurs les Officiers du Conseil Supérieur de faire enregistrer, etc.

Donné à la Martinique, le 10 juin 1765. *Signé*, D'ENNERY et le Président de PEINIER.

Enregist. au Conseil Souverain.

(Nº. 320.) *ORDONNANCE de MM. les Général et Intendant, concernant le Commerce avec l'Etranger.*

Du 15 juin 1765.

SUR les représentations qui nous ont été faites, que les Etrangers étant restreints par notre Ordonnance du 25 mars dernier, à ne pouvoir mouiller que dans les Ports du Fort-Royal, de

Saint-Pierre et de la Trinité, pour y importer les Bois du Nord, la Morue, les Bestiaux vivans et les autres articles dont le Roi a permis l'introduction, par son Mémoire du 25 janvier 1765, ils se dégoûteraient de ce Commerce, et frustreraient la Colonie des secours que *S. M.* a eu intention de lui procurer.

Sur ce qui nous a été observé en même-tems, que le plus grand nombre des Habitations étant trop éloignées de ces trois Ports, les Habitans seraient privés des Marchandises de l'Etranger, ainsi que du débouché de leurs Sirops et Tafias : après avoir reconnu la justice de ces représentations, et le bien qui résultera d'y avoir égard, persuadés d'ailleurs que le Bureau du Domaine et le Détachement des Troupes établi au Marin, veilleront à ce qu'il ne se commette aucun abus dans ce Quartier ;

Nous, etc. statuons et ordonnons qu'à l'avenir et à compter du jour de la publication de la présente Ordonnance, les Navires étrangers chargés des Marchandises permises par ledit Mémoire du Roi, pourront être introduits dans le Port du Marin, comme dans ceux du Fort-Royal, de Saint-Pierre et de la Trinité ; qu'ils seront assujettis à tout ce qui est prescrit dans notredite Ordonnance du 25 mars dernier, aux peines y portées en cas de contravention, et au droit de 8 liv. par quintal de Morue ; et que de même les Sirops et Tafias payeront à leur sortie du Port du Marin, ainsi que des autres Ports, le droit de 3 pour 100 en faveur des Fermiers-généraux, sans préjudice des autres droits fixés par l'Arrêt du Conseil d'Etat du Roi, du 25 février 1764, et enregistré au Conseil Supérieur de la Martinique, le 4 juin suivant. Enjoignons en conséquence, à tous Capitaines des Pataches du Domaine, Visiteurs, Commis et Gardes-côtes, notamment à ceux du Marin, de tenir la main à l'exécution de notre Ordonnance du 25 mars, à laquelle nous nous référons pour ce qui concerne le Port du Marin.

Prions Messieurs les Officiers du Conseil Souverain de la Martinique de faire enregistrer, etc.

Donné à la Martinique, le 15 juin 1765. *Signé*, D'ENNERY et le Président de PEINIER.

Enregist. au Conseil Souverain.

(N°. 321.) *ARRET en Réglement du Conseil Souverain, concernant la plantation des Maniocs et autres Vivres pour la subsistance de Esclaves.*

Du 2 juillet 1765.

VU la remontrance du Procureur-général du Roi, contenant qu'il a été informé que la plupart des Habitans de ces Colonies négligeaient de se conformer aux Réglemens ci-devant rendus et enregistrés en la Cour, pour assurer la subsistance et la nourriture de leurs Esclaves, qui fixent la quantité de 500 fosses de Manioc, pour chaque tête de Nègres payant droit, qu'ils doivent avoir sur leurs Habitations, pour ne se trouver jamais dans le cas d'une disette de Vivres; qu'il semblait qu'une disposition si sagement établie, aurait dû être suivie de l'exécution la plus prompte, par l'intérêt qu'ont ces Habitans de se procurer cette subsistance si nécessaire à leurs Esclaves, que cependant le plus grand nombre en manquait totalement; que ce défaut de plantations occasionnait continuellement des vols chez les voisins, fidèles observateurs de ces Réglemens, ce qui souvent les rebutait de cultiver cette Denrée, dans l'appréhention de ne pouvoir en profiter; que le Remontrant ne peut attribuer une négligence si outrée de la part des Habitans, qu'à ce que par ces Réglemens, il n'est prononcé aucune peine ni amende contre les contrevenans; qu'à la vérité il y a des terres qui ne sont point propres à la culture du Manioc, mais qu'on peut facilement y suppléer par des plantations de Riz, de Bananes ou Patates que le pays produit abondamment.

Pour quoi le Remontrant aurait requis qu'il plut à ladite Cour, par l'Arrêt qui interviendrait, ordonner que tous les Habitans de ces Colonies seront tenus de planter sur leurs Habitations, la quantité de Manioc portée par les Réglemens, sous peine de 500 liv. d'amende, moitié applicable à la Caisse du Roi, et l'autre moitié au dénonciateur de la contravention, et que ledit Arrêt serait imprimé, lu, etc.

La Cour, etc., ordonne que tous les Habitans de ces Colonies seront tenus de planter incessamment sur leurs Habitations, la quantité de Manioc portée par les Réglemens, ou autres Vivres équivalens, sous peine de 500 livres d'amende, moitié applicable à la Caisse du Roi, et l'autre moitié au dénonciateur de la contravention : ordonne que le présent Arrêt sera imprimé, lu, etc.

Fait au Conseil Souverain, le 2 juillet 1765.

(N°. 322.) *ARRET en Réglement du Conseil Souverain, portant Tarif concernant les Canots passagers.*

Du 5 juillet 1765.

SUR la remontrance faite en la Cour par le Procureur général du Roi, que depuis quelque-tems il s'est introduit un arbitraire dans le paiement du fret des Canots-passagers, extrêmement préjudiciable, non-seulement aux Habitans de cette Colonie, mais même à son Commerce, en sorte que les Patrons desdits Canots rançonnent tous les particuliers qui ont besoin de leurs voitures, et ne les louent qu'à ceux qui leur en offrent un plus grand prix; que cet abus vient de ce que quelques Propriétaires de Canots font des abonnemens avec leurs Patrons pour une certaine somme par semaine, et par-là mettent leurs Patrons dans la nécessité de vexer le public, pour pouvoir satisfaire, tant à cet abonnement, que pour se conserver dans un état d'indépendance toujours contraire au bon ordre.

La Cour, etc., pour remédier à de pareils abus, a trouvé indispensable de faire un Réglement pour la police des Canots-passagers, et qui en fixe invariablement le fret.

ART. Ier. La Cour ordonne que dans la quinzaine de la publication du présent Réglement, tous Propriétaires de Canots passagers, seront tenus de faire enregistrer au Greffe de l'Amirauté de leur Jurisdiction, le numéro et la lettre initiale du nom desdits Propriétaires, qu'ils seront tenus de faire imprimer sur la proue et gouvernail desdits Canots, sous peine d'y être contraints à la diligence des Procureurs du Roi desdites Amirautés, et de 50 liv. d'amende applicables aux réparations du Palais.

II. Il sera établi à Saint-Pierre et au Fort-Royal, deux Bureaux au bord de la mer, tenus par les Commis à la Police, et un seulement dans les autres endroits de l'île où naviguent les Canots-passagers, auxquels Bureaux les Patrons de Canots seront tenus, sitôt leur arrivée, de porter leurs gouvernails, sous peine de deux heures de carcan contre les Patrons contrevenans, et de plus forte peine en cas de récidive.

III. Il sera tenu un Registre au Bureau, des numéros des Canots, suivant l'ordre de leur arrivée et l'heure, afin que lorsque quelques particuliers auront besoin d'un Canot, il leur soit délivré par le Buraliste, suivant l'ancienneté de leur arrivée, sans cependant gêner le choix du fréteur; de tout quoi sera délivré expédition, contenant l'heure que le Canot aura été frété, et le nom du fréteur : pour l'expédition, il sera payé par le fréteur 7 sols 6 deniers.

IV. Lorsque le Gouvernement aura besoin de Canots-passagers, il en aura la préférence, quoique lesdits Canots soient frétés, et les expéditions seront délivrées gratis.

V. Fait défenses à tous Propriétaires de Canots-passagers, de faire des abonnemens avec leurs Patrons, comme par le passé, sous peine de 500 liv. d'amende, au profit de la Caisse de la Colonie.

VI. Ne pouront lesdits Propriétaires, faire naviguer leurs Canots, avec moins de quatre nages, à peine d'être déchus du fret.

TARIF.

Du Fort-Royal à St.-Pierre et au Carbet.

Pour les Canots armés	de six nages,	13 l. 10 s.
idem,	de cinq,	11 l.
idem,	de quatre,	9 l.

Du Fort-Royal au Fond-Capot et à la Case-Pilote.

Pour les Canots armés	de six nages,	10 l.
idem,	de cinq,	8 l.
idem,	de quatre,	6 l.

Du Fort-Royal à la Case des Navires et environs.

Pour les Canots armés	de six nages,	7 l. 10 s.
idem,	de cinq,	6 l.
idem,	de quatre,	5 l.

Du Fort-Royal au Lamentin.

Pour les Canots armés	de six nages,	8 l.
idem,	de cinq,	7 l.
idem,	de quatre,	6 l.

Du Fort-Royal au Trou-au-Chat et Rivière-Salée.

Pour les Canots armés	de six nages,	9 l.
idem,	de cinq,	7 l. 10 s.
idem,	de quatre,	6 l.

Du Fort-Royal aux Trois-îlets et environs.

Pour les Canots armés	de six nages,	8 l.
idem,	de cinq,	7 l.
idem,	de quatre,	6 l.

De St.-Pierre au Prêcheur.

Pour les Canots armés	de six nages,	9 l.
idem,	de cinq,	7 l. 10 s.
idem,	de quatre,	6 l.

Du Fort-Royal aux Anses-d'Arlets.

Pour les Canots armés	de six nages,	13 l.
idem,	de cinq,	11 l.
idem,	de quatre,	9 l.

Du Lamentin, du Trou-au-Chat, de la Rivière-Salée, des Trois-îlets et environs, à St.-Pierre en droiture.

Pour les Canots armés	de six nages,	18 l.
idem,	de cinq,	16 l.
idem,	de quatre,	15 l.

Les Canots loués pour la journée.

Pour ceux armés	de six nages,	20 l.
idem,	de cinq,	18 l.
idem,	de quatre,	16 l.

Si les fréteurs retardent les Canots plus de trois heures, après les avoir demandés au Bureau, ils seront tenus de payer 20 sols par heure de retardement en sus du fret.

Le fret des barriques de Sucre et autres Denrées et Marchandises, continuera d'être payé comme par le passé.

La Cour ordonne que le présent Réglement sera enregistré, imprimé, lu, etc.

Fait au Conseil Souverain de la Martinique, le 5 juillet 1765.

(N°. 323.) *Ordonnance de MM. les Général et Intendant, concernant les Déserteurs des Troupes du Roi.*

Du 8 juillet 1765.

Nous ordonnons, en vertu de l'Ordonnance du Roi, du 11 février 1737, que ceux qui favoriseront la désertion des Soldats de S. M., soit en leur procurant les moyens de déserter, soit en les retirant chez eux, ou en leur achetant leurs uniformes et armes; seront tenus de subir les peines et amendes énoncées dans les articles suivans.

Art. Ier. Il est défendu à toutes personnes de quelque qualité et condition qu'elles puissent être, de favoriser en aucune manière le passage par terre des Déserteurs, à peine de 200 liv. d'amende, pour chacun de ceux à l'évasion desquels on justifiera avoir donné la main, applicables à l'Hôpital.

II. Comme rien ne contribue tant à la désertion, que la facilité que trouve le soldat à se déguiser, en vendant ou troquant son habillement et armes, S. M. a défendu et défend très-expressément à ses sujets, de quelque condition qu'ils soient, de les acheter, troquer ou garder, à peine aux contrevenans, de confiscation et de 400 livres d'amende, sans remise, applicables moitié à la Caisse du Régiment, et moitié à l'Hôpital.

III. Enjoint *S. M.* à tous ses sujets, de quelque qualité et condition qu'ils soient, de donner aide, assistance et main-forte à ceux qui conduiront des Déserteurs, à peine aux particuliers qui auront refusé de le faire, de punition exemplaire, et à ceux qui les auront retirés des mains des conducteurs, de la vie; et aux Habitans des Ville et Bourgs, dans l'étendue desquels ladite violence aura été commise, de 300 liv. d'amende, payables solidairement par toute la Paroisse, et applicables moitié aux Hôpitaux, et l'autre au conducteur.

IV.

IV. Comme il est défendu aux Habitans et à tous autres, de recevoir chez eux des Blancs qui ne seront point pourvus d'un billet du Gouvernement, tous ceux qui seront convaincus d'avoir retiré chez eux un Soldat, quoique sans uniforme, seront condamnés pour la première fois à 300 liv. d'amende, et en cas de récidive, à une punition plus grave.

V. Nous défendons à tout Capitaine de Navires, Goëlettes, ou Patron de Bateaux, de recevoir à son bord aucun passager pour aller en France ou dans les îles voisines, sans un passe-port du Général : celui qui sera convaincu d'avoir embarqué un Soldat, sera puni exemplairement, sans qu'il puisse se prévaloir de ce qu'il n'avait aucune marque de soldat.

VI. *S. M.* voulant exciter de plus en plus ses sujets des îles françaises de l'Amérique, à arrêter les Déserteurs des Troupes qu'elle y entretient, elle a ordonné et ordonne qu'il soit payé par le Trésorier-général de la Marine, sur les Ordonnances des Intendans ou Commissaires-ordonnateurs auxdites îles, la somme de 150 liv. pour chaque Déserteur desdites Troupes, à celui ou à ceux qui en auront fait la capture, et l'amèneront.

Fait à la Martinique, le 8 juillet 1765. *Signé*, D'ENNERY et le Président de PEINIER.

(N°. 324.) *ORDONNANCE de MM. les Général et Intendant, qui fixe les lieux où se tiendront les Marchés les Dimanches et Fêtes.*

Du 31 juillet 1765.

SUR les plaintes qui nous ont été portées par le Préfet Apostolique des missions des Frères

Prêcheurs, dans les îles françaises du vent de l'Amérique, à l'occasion des désordres et du scandale que causent les Marchés tenus tous les matins des Dimanches et Fêtes, devant les portes des Eglises de cette île, qui troublent l'attention des Prêtres dans la célébration des Saints Mystères, les prières du Clergé, et le silence respectueux qui doit accompagner ces mystères redoutables; et par le compte qui nous a été rendu par le Procureur du Roi au Siége royal de ce Bourg, que nous avions chargé de prendre les instructions nécessaires à ce sujet, nous avons appris avec douleur que par un abus digne de toute notre attention, et de la protection singulière que nous devons à tout ce qui intéresse la Religion et le bon ordre, ces sortes de Marchés ou Foires, qui dans leur origine n'avaient été permis qu'aux seuls Matelots, qui, occupés toute la semaine au service des Navires, ne pouvaient descendre à terre leurs pacotilles que les jours de Dimanches et Fêtes, sont devenus aujourd'hui des Marchés publics, où tous les Marchands-boutiquiers font vendre leurs Marchandises par leurs Esclaves ou par des Gens de couleur libres: nous sommes encore instruits que jusqu'au dernier incendie arrivé en ce Bourg, on tenait ce Marché dans une grande Place vis-à-vis l'Eglise du Mouillage, sur laquelle on a bâti deux maisons considérables, et que c'est depuis cette époque que les Pacotilleurs et les Marchands de ce Bourg, se sont arrogés le droit d'étaler leurs Marchandises de chaque côté de Rue, depuis la porte d'entrée desdits Frères Prêcheurs, jusqu'à l'extrêmité du mûr de leur cimetière, et au-devant de la porte de leur Eglise ; ce qui trouble le service divin et donne lieu aux désordres et au scandale dont se plaint avec raison le Préfet Apostolique.

A CES CAUSES, étant nécessaire de remédier à cet abus trop long-tems toléré, et dont on ne s'était pas plaint jusqu'à ce jour ; Nous, etc., statuons et ordonnons ce qui suit :

ART. Ier. L'Édit du mois de mars 1734, ayant autorisé les Marchés tenus dans les Colonies, les jours de Dimanches et Fêtes ; et ne pouvant nous dispenser de les tolérer, nous ordonnons qu'à l'avenir, et à compter du jour de la publication de ces présentes, lesdits Marchés tenus ci-devant devant l'Eglise du Mouillage, seront tenus à la Place appellée la Petite-Place, où se faisaient autrefois toutes les ventes judiciaires ; faisons défenses à toutes personnes d'étaler désormais aucune espèce de Marchandises lesdits jours de Dimanches et Fêtes, ailleurs qu'à ladite Place, à peine de 300 livres d'amende pour la première contravention, et de plus grandes peines en cas de récidive, nous réservant de fixer aussi une Place pour les Marchés des Dimanches et Fêtes dans tous les autres Bourgs de l'île, lorsque nous aurons pris les informations nécessaires à cet égard, pour que le service divin n'y soit point troublé.

II. Nous défendons à tous les Marchands de ce Bourg, d'envoyer leurs Esclaves, ou autres Gens de couleur libres, étaler, vendre ou débiter leurs Marchandises audit Marché de la Petite Place, à peine de 300 liv. d'amende pour la première contravention, et de confiscation de leurs Esclaves en cas de récidive : permettons néanmoins à tous les Blancs, d'étaler et de vendre eux-mêmes leurs Marchandises audit lieu de la Petite-Place.

III. Faisons très-expresses inhibitions et défenses à tous les Gens de couleur libres, d'aller vendre et débiter pour leur compte, ou pour celui d'autrui, aucune espèce de Marchandises audit Marché de la Petite-Place, à peine de 200 liv. d'amende, et d'un mois de prison pour la première contravention, et de plus grande peine s'il y échet, en cas de récidive.

Prions Messieurs du Conseil Supérieur, etc.

Donné à St.-Pierre Martinique, le 31 juillet 1765. *Signé*, D'ENNERY et le Président de PEINIER.

Enregist. au Conseil Souverain.

(N°. 325.) *ORDONNANCE de MM. les Général et Intendant, concernant les Esclaves Ouvriers.*

Du 1er. août 1765.

ETANT informés, par les plaintes qui nous ont été portées, qu'au mépris et contre les sages dispositions de l'Edit de 1685, et des Arrêts en Réglement du Conseil Souverain de cette île, notamment de celles des Arrêts du 3 novembre 1733 et 11 juillet 1749, renouvellées par celui du 7 novembre 1757, il y a dans cette île un nombre considérable d'Esclaves ouvriers ou autres, de l'un et de l'autre sexe, qui au moyen d'une rétribution qu'ils paient tous les mois à leurs maîtres, vivent dans une entière indépendance, comme s'ils étaient libres, et tiennent à loyer des Chambres et des Boutiques, sur-tout au Bourg St.-Pierre et autres Bourgs de cette lle ; et étant nécessaire de remédier à ce désordre d'autant plus intéressant pour le bien public, qu'il est notoire que la plupart des Chambres tenues à loyer par des Esclaves, sont autant de lieux de débauche, d'académies de jeu, et de retraites assurées pour les Nègres marrons, pour les Voleurs, et pour leurs larcins; nous devons, dans ces circonstances, user de toute l'autorité qui nous est confiée, pour réprimer un abus d'une aussi grande conséquence.

A CES CAUSES, nous, etc., statuons et ordonnons ce qui suit :

ART. Ier. Faisons très-expresses inhibitions et défenses à tous Maîtres, de laisser vaguer à l'avenir leurs Esclaves, et de permettre qu'ils tiennent des Maisons particulières sous prétexte de Commerce ou autrement, à peine de confiscation desdits Esclaves, et des effets dont ils se trouveront chargés, et d'autres peines qu'il appartiendra, et que le cas requerra.

II. Nous défendons à tous Propriétaires des Maisons et à tous Locataires, de louer ou sous-louer des Chambres ou Boutiques aux Esclaves de l'un et de l'autre sexe, et à toutes sortes de personne, de prêter à cet effet leurs noms directement ou indirectement auxdits Esclaves, à peine de 500 liv. d'amende pour la première contravention, dont la moitié au profit du dénonciateur, et l'autre moitié déposée à la Caisse du Domaine, et de plus grandes peines en cas de récidive

III. Et attendu qu'il ne serait pas juste que les Maîtres des Esclaves qui ont fait des dépenses considérables pour leur faire apprendre, soit en France ou en cette île, des métiers utiles à la

Colonie, perdissent le fruit de leurs dépenses; leur permettons de faire travailler dans leurs Maisons et sous leurs yeux, leurs Esclaves ouvriers, en tant que leur profession pourra le permettre, si mieux ils n'aiment les louer au mois ou à la journée, aux Blancs ou Affranchis exerçant les mêmes métiers.

Prions Messieurs du Conseil Souverain, etc.

Donné à la Martinique, le 1er. août 1765. *Signé*, D'ENNERY et le Président de PEINIER.

Enregist. au Conseil Souverain.

(N°. 326.) *ORDONNANCE de MM. les Général et Intendant, concernant la suppression de la Maréchaussée, et la création d'une troupe d'Archers, pour servir de main-forte à la Justice et à la Police.*

Du 8 août 1765.

LA Maréchaussée de cette Colonie devenant inutile depuis le rétablissement des Milices, et *S. M.*, par son Mémoire du 25 janvier dernier, nous ayant expressément chargé de la réformer aussitôt après que les Milices auraient été rétablies à la Martinique; Nous, etc., supprimons et réformons, à compter du premier septembre prochain, la Maréchaussée de cette Colonie : à cet effet la Maréchaussée se rassemblera à la fin d'août, suivant l'ordre qu'il en sera donné aux Brigades qui la composent, au Fort-Royal, où M. le Gouverneur-général procédera à sa réforme, ainsi qu'il est d'usage, faisant faire le décompte de toutes les dépenses et retenues relatives à cette Troupe, depuis sa création, par le Sieur Demontroc, Prévot-général, dont la charge sera également supprimée,

Il sera établi une Troupe composée de huit hommes, sous la dénomination d'Archers, laquelle sera commandée par un Sergent et un Caporal. Cette Troupe servira de main forte à la Justice et à la Police pour l'exécution de ses Jugemens, et sera aux ordres de l'Intendant, du Procureur-général, du Conseil Supérieur et des Procureurs du Roi des Jurisdictions ; seront obligés lesdits Archers de donner main-forte aux Huissiers, lorsqu'ils en seront par eux requis, et d'assister à l'exécution des Arrêts de mort qui auront été prononcés par le Conseil Supérieur.

La paie de ladite Troupe sera de 20 sols et une ration par jour, par homme ; 40 s. et deux rations au Sergent, et 30 sols et une ration au Caporal ; le tout tant pour solde que pour logement. Le Sergent et cinq hommes résideront à St.-Pierre, et le Caporal et trois hommes au Fort-Royal.

Il sera fourni à cette Troupe pour cette fois-ci seulement, des fusils, une épée ou coutelas, avec un ceinturon ; lequel armement ils seront obligés d'entretenir à leurs frais, et de le représenter en bon état, toutes les fois qu'ils en seront requis, et lorsqu'ils quitteront la Troupe.

Leur habillement sera d'une veste rouge avec un parement et collet bleu, deux culottes conformes à la veste. Le Sergent aura un habit de la même couleur, et les mêmes paremens avec un galon d'argent sur la manche ; le Caporal un galon de soie blanc sur le bras. Cet habillement leur sera fourni par le Roi, et on le leur renouvellera tous les deux ans.

Prions Messieurs du Conseil Supérieur, etc.

Donné à la Martinique, le 8 août 1765. *Signé*, D'ENNERY et le Président de PEINIER.

Enregist. au Conseil Souverain.

(N°. 327.) *ORDONNANCE de MM. les Général et Intendant, concernant les Boulangers.*

Du 10 août 1765.

Vu la remontrance à nous donnée par le Procureur du Roi en fonctions de la Jurisdictions royale du Bourg Saint-Pierre, à l'occasion des fréquentes contraventions des Boulangers, aux Ordonnances qui fixent le poids du pain, desquelles on ne peut les convaincre à l'égard du pain qu'ils font vendre par leurs Esclaves, ou qu'ils fournissent aux Cabaretiers et Regratiers, parce que leur pain ne se trouve point étampé.

Nous, etc., pour remédier à un abus aussi préjudiciable au public, ordonnons que, dans huitaine à compter du jour de la publication de la présente Ordonnance, tous les Boulangers seront tenus d'étamper leur pain de la lettre initiale de leur nom, ou de telle autre marque qu'ils aviseront, et d'en faire dans le même délai, leur déclaration au Procureur du Roi et au Greffe des Siéges dans le ressort desquels ils tiennent Boulangerie, à peine contre les Contrevénans, de la confiscation du pain et de 200 liv. d'amende, pour la première fois, et en cas de récidive d'être déchus de la permission de tenir Boulangerie, de confiscation du pain qui sera trouvé sans étampe, de 300 liv. d'amende et de plus griéves peines s'il y échet.

Prions

Prions Messieurs du Conseil Souverain de la Martinique de faire enregistrer la présente, lire, etc.

Donné à la Martinique, le 10 août 1765. *Signé*, D'ENNERY et le Président de PEINIER.

Enregist. au Conseil Souverain.

(N°. 328.) *ORDONNANCE de MM. les Général et Intendant, concernant la Suppression des Paniers.*

Du 12 août 1765.

SUR les plaintes qu'avaient porté au Gouvernement Messieurs les Commissaires de toutes les Paroisses de l'île, au mois de novembre 1763, des abus qui résultent de la liberté qu'ont les Nègres et Négresses, d'aller vendre sur les habitations des Marchandises de toute espèce, nos Prédécesseurs, pour prendre une connaissance plus exacte de cet objet, assujettirent ce trafic à des permissions.

Le nombre qui en a été distribué a fait voir, dans l'avantage même qu'il présente au Commerce d'un débouché plus facile et plus étendu, la mesure du préjudice qu'il cause d'une part aux Marchands détailleurs établis dans les Bourgs, et de l'autre au Commerce même, en enlevant à la Culture les bras qui doivent lui produire la Denrée.

Ce serait donc intervertir l'ordre des choses, que d'établir entre le Commerce et le Consommateur, cette voie dispendieuse de débouchement, qui transforme l'Esclave en Marchand et réduit à l'indigence les Sujets du Roi, qui augmenteraient ici le nombre des Défenseurs de la Colonie.

Ce serait autoriser le violement des Edits du Roi et des Arrêts du Conseil Souverain, dans leurs dispositions les plus essentielles pour la Police : un sage Gouvernement ne pouvant permettre que des Esclaves soient ainsi abandonnés à eux-mêmes pour des tems considérables, avec des richesses en leur possession, qui peuvent être une occasion et un moyen de toute sorte de désordres. Le prix auquel ces Esclaves donnent les Marchandises, plus bas que celui des Détailleurs dans les Bourgs, souvent même au-dessous de la valeur réelle, forme la preuve que cette voie est une ressource pour le débit des choses volées, ou que ces Vendeurs cherchent dans le libertinage, un supplément qui satisfasse leurs Maîtres et Maîtresses, et les maintienne dans la licence de ce genre de vie.

Monsieur le Général ayant été sollicité de nouveau par les Habitans, que la formation des Milices lui a donné lieu de voir dans toutes les Paroisses de l'île, de défendre absolument qu'aucun Esclave ou Gens de couleur n'aient la liberté de vendre sur les habitations, nous ne saurions nous refuser plus long-tems à des motifs aussi pressans.

A CES CAUSES, Nous, etc., ordonnons et statuons ce qui suit :

ART. Ier. Nous faisons très-expresses inhibitions et défenses à tous Gens de couleur, de l'un et de l'autre sexe, libres ou esclaves, de porter à l'avenir, dans des malles, ballots ou paniers, des Marchandises à vendre, d'habitation en habitation et dans les Bourgs : leur défendons également d'aller dans les habitations, sous prétexte d'y porter des Volailles, Fruits, Légumes et autres Denrées ; voulons qu'elles ne puissent être vendues que dans les Marchés des Bourgs, à peine contre les Maîtres des Esclaves qui seront trouvés en contravention aux articles ci-dessus, de 300 liv. d'amende pour la première fois, et en même-tems de la confiscation des malles, ballots, paniers et Marchandises, Fruits, Volailles et autres Denrées dont leurs Esclaves seront trouvés nantis ; lesquelles Marchandises et Denrées seront au profit de ceux qui les auront saisies, et qui auront arrêté et conduit lesdits Nègres en contravention, dans les prisons, et l'amende versée dans la caisse du Roi au profit de *S. M.*, et de plus griève peine en cas de récidive.

II. Et à l'égard des Gens libres de couleur qui seraient dans le même cas, à peine de confiscation de leurs malles, ballots, paniers, Marchandises et Denrées, applicable comme à l'article ci-dessus ; d'un mois de prison en sus, pour la première contravention, et de plus forte peine en cas de récidive.

III. Permettons cependant à tous les Gens de couleur, libres ou esclaves, de porter au Marché des Bourgs de l'île des Volailles, Fruits, Légumes et Denrées nécessaires à la vie, les Esclaves étant munis d'un billet de leurs Maîtres, faute de quoi les Denrées et Fruits seront confisqués au profit du saisissant, et l'Esclave soumis aux peines portées par les anciennes Ordonnances.

IV. Tous les Blancs, Marchands, Colporteurs et autres pourront aller dans les habitations et y porter des Marchandises pour vendre, à condition néanmoins qu'ils seront munis d'une permission de l'Intendant, ou de son Sub-délégué-général, et qu'il ne seront accompagnés d'aucun Esclave ou Gens de couleur, même Libres, à peine, en cas de contravention, de la confiscation desdites Marchandises, au profit de celui qui les aura arrêtés et dénoncés ; de 100 l. d'amende au profit du Roi, et de plus forte peine en cas de récidive.

V. La confiance dans laquelle on était sur la tolérance des Paniers, ayant pu donner lieu à des amas de Marchandises entre les mains de ces Esclaves, nous avons cru que nous devions y avoir égard, et nous nous sommes déterminés à leur accorder jusqu'au 1er janvier prochain, pour en faire le débit, passé lequel tems, la présente Ordonnance sera exécutée dans tout son contenu.

Prions Messieurs du Conseil Souverain, de faire enregistrer la présente, lire, etc.

Donné à la Martinique, le 12 août 1765. *Signé*, D'ENNERY et le Président de PEINIER.

Enregist. au Conseil Souverain.

(N°. 329.) *ORDONNANCE de MM. les Général et Intendant, portant Défense de chasser dans les Savanes d'autrui.*

Du 12 août 1765.

SUR les représentations qui nous auraient été faites par la majeure partie des Habitans de cette île, qu'au mépris des défenses réitérées qui en ont été faites par nos Prédécesseurs, plusieurs personnes s'ingéraient d'aller chasser dans les Savanes d'autrui, au risque de blesser les Bestiaux y étant, de mettre le feu aux habitations, aux cases à nègres qui en dépendent, et d'y occasionner, enfin, d'autres dommages ou accidens graves qui peuvent résulter de cet abus, lesquels voulant prévenir ;

Nous, etc, faisons très-expresses inhibitions et défenses à toutes personnes, de quelque qualité et condition qu'elles puissent être, de chasser ou envoyer chasser à l'avenir, dans les Savanes d'autrui habituées et où il y a des Bestiaux, même sur les 50 pas du Roi y adjacens, sous peine, pour la première fois, de 100 livres d'amende, qui seront remises au Curé de la Paroisse où se trouvent les dépendances de la Savane où sera pris le Contrevenant, pour, par lui la distribution en être faite aux pauvres de ladite Paroisse ; de payer en outre les dommages, si aucun y a, et de plus grandes peines en cas de récidive : n'entendons par les présentes interdire la chasse aux Propriétaires d'habitations sur leurs Savanes ; leur laissant tous leurs droits et priviléges à cet égard, même la liberté d'y laisser chasser leurs amis, ou autres à qui ils jugeront à propos d'en donner la permission.

Enjoignons expressément aux Commandans des Quartiers, et à ceux de chaque Paroisse en particulier, de tenir la main à l'exécution de la présente Ordonnance, laquelle nous prions Messieurs du Conseil Souverain de la Colonie, de faire enregistrer, lire, etc.

Donné à la Martinique, le 12 août 1765. *Signé*, D'ENNERY et le Président de PEINIER.

Enregist. au Conseil Souverain.

(N°. 330.) *Ordonnance de MM. les Général et Intendant, pour la Réparation du Pavé des Rues du Bourg Saint-Pierre, et l'Etablissement d'un Ruisseau au milieu de chaque Rue.*

Du 14 août 1765.

Le Procureur du Roi en fonctions au Siége de la Jurisdiction royale du Bourg St.-Pierre, nous ayant représenté que l'Ordonnance rendue par MM. de Bompar et Givry, nos prédécesseurs, le 22 avril 1757, à l'occasion des défectuosités dangereuses du pavé de la Grande-Rue de ce Bourg, et de l'épanchement du ruisseau qui la traverse, n'a été exécutée qu'en partie, le ruisseau qui devait être conduit jusqu'à la cale de Lussy, n'ayant été conduit que jusqu'à la cale de l'Hôpital; et ayant reconnu par nous-mêmes combien il importe pour le bien public, non-seulement que les dispositions de ladite Ordonnance soient renouvelées, mais encore qu'il y en soit ajouté de nouvelles, attendu que dans cette Rue, la plus belle et la plus fréquentée de ce Bourg, l'on trouve plusieurs endroits où, faute de ruisseau pour l'écoulement des eaux, il se forme des bourbiers très-incommodes et même dangereux pour les passans, et qui exhalent des puanteurs capables de corrompre la salubrité de l'air et d'occasionner des maladies: étant enfin d'une nécessité indispensable que toutes les Rues de ce Bourg soient pavées pour y entretenir la propreté; par toutes ces considérations, Nous, etc. ordonnons et statuons ce qui suit:

Art. Ier. L'Ordonnance de MM. Bompar et Givry, en date du 22 avril 1757, sera exécutée dans toutes ses dispositions, à l'effet de quoi elle sera de nouveau lue et publiée par-tout où besoin sera.

II. En ajoutant auxdites dispositions, nous ordonnons que le ruisseau qui coule jusqu'à la Cale de l'Hôpital, sera continué jusqu'au fond du Mouillage, et que toute la Grande-Rue, depuis ladite Cale de l'Hôpital jusqu'au fond du Mouillage, sera pavée de nouveau, huit jours après la publication des présentes, sous la direction du Voyer de Saint-Pierre, que nous en chargeons expressément, et suivant l'alignement et le niveau qu'il donnera en présence du Procureur du Roi.

III. Le Voyer fera creuser, dans le milieu de la Rue, un canal pour former le ruisseau et empêcher que les eaux ne se répandent dans la largeur de la Rue, de façon cependant que ce ruisseau ne soit pas trop profond et ne puisse donner lieu à des chutes des passans pendant la nuit.

IV. Toutes les autres Rues de ce Bourg seront pareillement pavées de nouveau, huit jours après la publication de la présente Ordonnance, et chaque Propriétaire sera tenu de faire paver le terrein à lui appartenant, dans ledit délai, suivant l'alignement qui lui sera donné par le Voyer, de la façon qu'il l'aura prescrit et en sa présence; et faute par chacun desdits Propriétaires de ce faire, nous autorisons ledit Voyer à faire travailler audit pavé, aux frais et dépens des Contrevenans, dont lui sera donné exécutoire contre chacun d'eux.

V. Nous ordonnons enfin que l'article de l'Ordonnance de MM. de Bompar et Givry, du

22 avril 1757, qui porte que tous les pavés faits devant les maisons, en pierre de taille ou de marbre, seront levés et refaits en cailloux, roches brutes, ou en briques de champ ou debout, sera exécutée à la diligence du Voyer, incontinent après la publication de la présente Ordonnance, laquelle sera lue, etc.

Donné à la Martinique, le 14 août 1765. *Signé*, D'ENNERY et le Président de PEINIER.

(N°. 331.) *EXTRAIT d'une Dépêche ministérielle de M.* le Duc de Choiseul, *sur l'Incompatibilité de la Direction du Domaine, avec aucune Place de l'Administration.*

Du 14 août 1765.

LE Ministre mande à M. de Peinier, Intendant de la Martinique, que la place de Directeur-général du Domaine est incompatible avec celle de Subdélégué et de Contrôleur de la Marine.

(N°. 332.) *ORDRE du Roi, portant que l'Intendant et l'Ordonnateur seront, en cas d'absence ou de mort, remplacés par le plus ancien Commissaire de la Marine.*

Du 19 septembre 1765.

SA Majesté estimant nécessaire d'assurer le service des Officiers d'Administration dans les îles et Colonies françaises de l'Amérique, en cas de mort ou d'absence de l'Intendant auxdites îles et Colonies, ou de l'Ordonnateur dans les îles et Colonies où il n'y a point d'Intendant, *S. M.*, pour prévenir les difficultés et les inconvéniens qui

qui pourraient survenir dans lesdits cas de mort ou d'absence, a ordonné et ordonne, veut et entend, qu'en cas de mort ou d'absence de l'Intendant auxdites îles et Colonies, ou de l'Ordonnateur dans les îles et Colonies où il n'y a point d'Intendant, le plus ancien Commissaire de la Marine qui se trouvera employé dans chacune desdites îles et Colonies, y remplisse toutes les fonctions de l'Intendant, et dans les îles et Colonies où il n'y a pas d'Intendant, qu'il y remplisse les fonctions de l'Ordonnateur, le tout à moins que *S. M.*, pour des considérations particulières, n'en ait autrement ordonné, ainsi qu'elle se réserve de le faire ; et sera la présente Ordonnance enregistrée, etc.

Fait à Versailles, le 19 septembre 1765. *Signé*, LOUIS ; *et plus bas* ; par le Roi, le Duc de CHOISEUL.

Enregistré a été l'Ordre ci-dessus sur le Registre particulier des Enregistremens de la Cour, pour obéir au Roi, et sans préjudicier aux remontrances ordonnées sur l'Ordre dudit Seigneur Roi, en date du 1er mars 1760, non plus qu'aux droits des Officiers de la Cour, au désir de l'Arrêt du Conseil Souverain de la Martinique, de ce jour 8 janvier 1766. Signé, GOURAUD fils, Greffier.

(N°. 333.) *ORDRE du Roi, portant que les Commissaires et Sous-Commissaires de la Marine feront, dans les Colonies, les fonctions attribuées aux Commissaires des Guerres en France.*

Du 19 septembre 1765.

SA Majesté s'étant déterminée à rappeler en France les Commissaires des Guerres qu'elle avait chargés ensuite du Réglement provisoire du 24 mars 1763, d'aller remplir leurs fonctions à la suite des Troupes qu'elle entretient dans les îles et Colonies françaises de l'Amérique, son intention est que les Commissaires et Sous-Commissaires de la Marine servant actuellement dans lesdites îles et Colonies, ou qu'elle y fera passer dans la suite, rempliront dans les différens Quartiers de chaque île et Colonie où ils seront départis, en suivant les ordres qu'ils en recevront du Gouverneur-Lieutenant-général et de l'Intendant desdites îles et Colonies, ou du Gouverneur et de l'Ordonnateur dans les îles et Colonies où il n'y a point d'Intendant, toutes les fonctions des Commissaires des Guerres, ainsi qu'ils les remplissaient avant le Réglement provisoire du 24 mars 1763.

Mande et ordonne Sa Majesté, etc.

Fait à Versailles, le 19 septembre 1765. *Signé*, LOUIS; *et plus bas*; par le Roi, le Duc de CHOISEUL.

(N°. 334.) *EXTRAIT d'une Dépêche ministérielle de M.* le Duc de Choiseul, *sur les Capitaines de Navires reçus dans les Colonies.*

Du 22 septembre 1765.

LE Ministre mande à M. de Peinier, Intendant de la Martinique, de tenir sévèrement la main à ce que l'on ne permette pas à des Capitaines de Navire, reçus simplement aux Colonies, de prendre le commandement de Bâtimens pour les reconduire en France, ce qui est contraire à l'Ordonnance.

Le Ministre observe même que souvent le commandement de Bâtimens a été confié à des Navigateurs qui n'ont jamais été reçus Capitaines, ni même Pilotes, ce qui empêche qu'en France on puisse leur permettre de reconduire ces mêmes Bâtimens aux Colonies.

Le Ministre enjoint de se conformer simplement dans les Bureaux des Classes et de l'Amirauté, à l'Ordonnance du 13 juin 1743.

(N°. 335.) *Instructions de M. l'Intendant, pour Messieurs les Capitaines commandans des Paroisses, sur la façon dont ils doivent recevoir les Déclarations des Habitans, pour leurs Dénombremens.*

Du 12 octobre 1765.

Art. Ier. Sitôt que les copies des derniers Dénombremens fournis par chaque Habitant, seront parvenues à Messieurs les Commandans des Paroisses, ils feront afficher et publier à la sortie de la messe paroissiale, que chaque Habitant ait à se présenter dans une maison du Bourg, ou dans un autre endroit convenable qui sera indiqué, pour y prendre son Dénombrement.

II. Messieurs les Commandans, en délivrant aux Habitans ou autres particuliers leurs Dénombremens, auront attention d'y faire ajouter les Nègres survenus depuis la dernière déclaration, en distinguant les Nègres nouveaux d'avec les Nègres créoles ou anciens dans l'île; ils feront biffer ceux qui seront morts ou vendus depuis la même époque, et ils observeront d'apostiller en marge le cas qui les a fait biffer.

III. Les Habitans ou autres particuliers domiciliés dans les Bourgs, seront tenus d'ajouter à la suite de leurs noms, de même qu'à la suite des noms de leurs femmes et enfans s'ils sont créoles ou européens.

IV. Messieurs les Commandans observeront de marquer sur chaque dénombrement, la qualité de l'Habitant, c'est-à-dire, s'il est Sucrier, Caféïer, Cotonnier, Cacaoyer ou Manioquier : si c'est un particulier résidant dans le Bourg, qui n'ait point d'Habitation, ils marqueront simplement, *domicilié dans le Bourg.*

V. Chaque Habitant ou particulier, après avoir ajouté et diminué ses têtes de Nègres sur son Dénombrement, le signera pour être envoyé par le Commandant du Quartier, au sieur Botereau, Directeur-général du Domaine à St.-Pierre; et le double de ce Dénombrement sera signé du Commandant, pour être remis à l'Habitant ou autre particulier.

VI. Messieurs les Commandans porteront sur les feuilles en blanc qui leur seront envoyées, les déclarations des Habitans qui pourront s'être établis dans leur Quartier, depuis la levée du dernier dénombrement. Ils auront attention de ne point permettre à qui que ce soit, de refaire sur une nouvelle feuille, le Dénombrement qui sera envoyé du Domaine, mais d'y faire les changemens expliqués à l'art. II.

VII. Toute personne qui sera revêtue de quelque office, charge ou emploi, qui lui procure une exemption, sera tenu de le déclarer sur son Dénombrement, à la suite de son nom; et dans le cas où quelqu'un aurait pris quelque titre sans en avoir le droit, le Commandant aura soin de ne point le recevoir, et même de le biffer, s'il était déjà porté sur son Dénombrement.

VIII. Au cas qu'il y eût quelques Habitans qui n'eussent pas fourni leurs Dénombremens dans le tems prescrit, Messieurs les Commandans les avertiront de les remplir, et de les porter incessamment au Bureau du Domaine de leur Département, faute de quoi ils seront poursuivis à la confiscation des Nègres qui n'auront point été déclarés, et les Propriétaires condamnés à 500 liv. d'amende, conformément aux articles XIII et XIV de la Déclaration du Roi, du 3 octobre 1730.

IX. Outre les Dénombrement que chaque Habitant ou Particulier doit fournir, sur lequel sont dénommés toutes les personnes avec leurs âges, ils doivent encore fournir les Recensemens, dont il sera pour cet effet envoyé un cahier imprimé à chacun de Messieurs les Commandans des Paroisses. Chaque Habitant ou Particulier, de même que les Gens de couleur libres, seront inscrits sur ces Recensemens, à mesure qu'ils prendront leurs Dénombremens, et chacun d'eux déclarera exactement la quantité de chaque article porté sur ledit imprimé, au bas duquel il affirmera et signera.

X. Messieurs les Commandans des Paroisses apporteront toute la promptitude et le soin possible à cette opération, afin d'être en état de faire parvenir au Bureau général du Domaine, tous les Dénombremens et Récensemens, au plus tard avant la fin de décembre.

Donné à St.-Pierre Martinique, le 12 octobre 1765. *Signé*, le Président de PEINIER.

(N°. 336.) *Ordonnance de M. l'Intendant, concernant les Dénombremens à prendre par les Habitans et Particuliers des Paroisses de Saint-Pierre et Notre-Dame de Bon-Port de ce Bourg.*

Du 31 octobre 1765.

Comme il est d'usage depuis plusieurs années, que les Dénombremens et Recensemens des deux Paroisses de ce Bourg, se fournissent annuellement au Bureau-général du Domaine, par les Habitans et Particuliers y domiciliés, nous avons jugé convenable de ne rien changer à ce qui a été pratiqué pour cette partie de la Régie, depuis la prise de possession de cette île : en conséquence, nous ordonnons à tous les Habitans et autres personnes de quelque état et condition qu'ils puissent être, de même qu'à tous Gens de couleur libres, dans l'étendue des Paroisses de St.-Pierre et Notre-Dame de Bon-Port de ce Bourg, d'aller prendre au Bureau-général du Domaine, les Dénombremens et Recensemens, où ils feront la déclaration exacte de toutes les personnes qui composent les maisons et habitations qu'ils possèdent, et ce à commencer du jour de la publication de la présente Ordonnance, jusques à la fin de décembre prochain inclusivement; après lequel tems expiré, ceux qui se trouveront n'y avoir point satisfait, seront condamnés à une amende de 100 liv. pour chaque délinquant, sans que ces peines puissent être réputées comminatoires, conformément à l'article XIII de la Déclaration du Roi, du 3 octobre 1730.

Nous prévenons tous les Habitans et Particuliers, que quoiqu'ils fournissent leurs Dénombremens, quelques tems avant l'année pour laquelle leur déclaration doit servir, cela ne fait pas loi pour les soumettre à payer la Capitation des Esclaves qu'ils auraient déclarés, et qui seraient venus à mourir ou à être vendus avant l'année commencée, pourvu toutefois que le Particulier qui se trouverait dans ce cas, eût le soin de les déclarer audit Bureau du Domaine dans le tems ; moyennant quoi il n'y a point d'inconvénient que chaque Particulier fournisse son Dénombrement, un ou deux mois avant l'année pour laquelle sa déclaration doit servir, et il y en aurait un très-grand, si les Particuliers différaient à se mettre en règle, jusqu'au dernier jour du terme prescrit, attendu qu'ils ne pourraient être expédiés au Bureau, vu la multitude qu'un même motif ferait assembler à la fois.

Ordonnons en outre à tous Propriétaires, vendeurs et acquéreurs de Maisons, de venir faire leurs déclarations au Bureau du Domaine, des Maisons qu'ils possèdent, ou qu'ils auraient aliénées, achetées, ou acquises dans la huitaine du jour que lesdites aliénations auront été faites, soit par acte public, soit par convention privée ; faute de quoi, ils supporteront tous les frais qui seront faits à l'occasion de la perception des droits d'imposition pour lesdites Maisons.

Mandons au sieur Botereau, Directeur-général du Domaine, de tenir la main à l'exécution de la présente Ordonnance, etc.

Donné à St.-Pierre Martinique, le 31 octobre 1765. *Signé*, le Président de PEINIER.

(N°. 337.) *ORDONNANCE de MM. les Général et Intendant, concernant les Chemins.*

Du 5 novembre 1765.

LES Chemins royaux de cette île étant devenus impraticables en beaucoup d'endroits, nonobstant les ordres donnés par nos Prédécesseurs et les Réglemens depuis long-tems établis, nous avons jugé que, pour en assurer à l'avenir la réparation et l'entretien, il convenait d'assigner à chaque Habitant, une portion de Chemin qu'il fût chargé de réparer et entretenir, laquelle serait déterminée sur le nombre de ses Noirs, d'une part, et de l'autre sur la difficulté de l'ouvrage.

ART. Ier. Il ne sera pas fourni à l'avenir de corvées de Nègres, pour travailler en commun à la réparation des Chemins.

II. Chaque Paroisse réparera et entretiendra ses Chemins déterminés, comme ils sont dans l'Etat joint à la présente Ordonnance.

III. La largeur des Chemins royaux sera de 20 pieds dans les terreins cultivés, sans que les haies, bordures ou fossés puissent prendre sur ces 20 pieds ; elle sera de 24 pieds dans les savanes, et de 30 pieds dans les bois et halliers.

IV. Aussitôt la publication de la présente Ordonnance, les Commandans et Capitaines de chaque Paroisse y feront, avec le Grand-Voyer, le toisé des Chemins royaux. L'état de ce toisé désignera tou les travaux à faire pour combler, escarper, saigner, ainsi que les changemens à faire ; et ces travaux, à l'exception des Ponts et Pavés à faire, seront évalués en réputant une toise pour deux, trois, ou plus, suivant la quantité du travail à faire.

V.

V. Le Commandant indiquera une Assemblée de Paroissiens, où le toisé sera rapporté ; et seront nommés trois Commissaires qui feront la visite des Chemins, pour reconnaître l'exactitude du toisé et l'évaluation du travail, et le répartir entre les Habitans de la Paroisse, selon le nombre de leurs Noirs payant droits, sans qu'on puisse faire valoir aucune espèce d'exemption à cet égard, en observant de charger du double de toises, ceux qui font rouler des cabrouets, et du tiers en sus seulement, ceux qui ne se servent que de mulets,

VI. Les Ponts et Pavés, à la charge du public, se feront par entreprise, aux dépens de la Paroisse ; pour quoi il sera fait sur-le-champ une imposition proportionnée.

VII. Dans la répartition, chaque Habitant sera chargé, par préférence, de la portion du Chemin qui passe sur ses terres, ou qui en est la plus voisine.

VIII. La répartition ainsi faite, sera rapportée dans une seconde Assemblée où les Habitans qui se croiront lésés pourront exposer leurs raisons ; et si elles ne sont pas admises, la répartition subsistera, et les changemens, s'il y en a d'indiqués, se feront sans aucune considération.

IX. Le Capitaine fera connaître à chaque Habitant, la portion de chemin à sa charge ; elle sera marquée par des pierres, et chaque Habitant y fera travailler sans délai.

X. Les Habitans sont autorisés à prendre des roches dans les carrières ou terres qui se trouveront le plus à portée du Chemin qu'ils auront à réparer, sans rien payer.

XI. La réparation se fera de nouveau tous les trois ans, sur le dernier dénombrement.

XII. Le Commandant de Quartier et le Capitaine de la Paroisse feront deux visites par an, en décembre et juin, de tous les Chemins royaux de leur département : ils avertiront les Habitans dont ils verront les Chemins négligés, et instruiront le Gouvernement des Contrevenans aux Ordres.

XIII. Tout Habitant qui n'aura pas fait la partie du Chemin qui lui aura été assignée, deux mois après la répartition, sur le compte qui en sera rendu au Gouvernement par le Capitaine-commandant dans la Paroisse, sera condamné à l'amende d'une piastre par toise de Chemin, applicable aux ouvrages publics de sa Paroisse ; et le Chemin sera réparé à ses dépens, le Gouvernement en faisant l'avance.

XIV. Tout Habitant qui n'aura pas fait sauler et mis en bon état la partie du Chemin dont il sera chargé, taillé les haies, etc., au mois de juin et de décembre, quinze jours après avoir été averti par le Commandant ou le Capitaine de la Paroisse, sera, sur le compte qui en aura été rendu au Gouvernement, condamné à la même amende que ci-dessus.

XV. Les Habitans qui ont des barrières, les entretiendront faciles à ouvrir, et conserveront au Chemin la même largeur de 20 pieds, soit que sur cette largeur ils fassent deux barrières, l'une pour les cabrouets, l'autre pour les cavaliers, soit qu'ils n'en fassent qu'une seule, sous peine d'être privés de leur barrière.

XVI. Il sera établi dans l'île Martinique un Grand-Voyer qui aura 1200 liv. d'appointemens, et un Aide-Voyer, qui aura 600 liv. : leurs fonctions seront de veiller à la réparation et entretien des Chemins, de concert avec les Commandans, Capitaines de Quartier, qu'ils avertiront de ce qu'il y aura à faire, et à la réquisition desquels ils se rendront pour connaître et estimer les ouvrages. Le Grand-Voyer fera deux visites par an, et l'Aide-Voyer deux pareillement, mais dans des tems différens ; et celui-ci rendra compte au Grand-Voyer, qui de son côté rendra compte aux Général et Intendant, de tout ce qui aura besoin de leur autorité.

XVII. Toutes les questions qui pourront s'élever au sujet des Chemins, seront jugées sur le Réglement du Roi, du 17 avril 1725, cette Ordonnance n'ayant pour objet, que de changer les corvées incommodes aux Habitans, en une répartition qui leur laisse plus de liberté dans leurs travaux.

XVIII. Toutes les commissions actuelles des Voyers particuliers établis dans chaque Paroisse, seront annulées, à compter du jour de la publication des présentes.

Etat des Chemins Royaux dont chaque Paroisse de l'île Martinique sera chargée.

Case - Pilote.

Chemin de la Case - Pilote au Carbet, jusqu'aux limites.

Chemin de la Case - Pilote au Fort - Royal, jusqu'aux limites.

Fort - Royal.

Chemin du Fort - Royal, jusqu'aux limites de la Case - Pilote.

Chemin du Fort - Royal, jusqu'aux limites du Lamentin.

Chemin qui mène sur le Mont-Garnier et au-delà ; le Roi se chargeant d'une partie dudit Chemin.

Lamentin.

Chemin du Lamentin, jusqu'aux limites du Fort-Royal.

Chemin du Lamentin à la Trinité, jusqu'aux limites du Gros-Morne.

Chemin du Lamentin au Robert, jusqu'aux limites du Gros-Morne et du Robert.

Chemin du Lamentin au François, jusqu'aux limites du François.

Chemin du Lamentin au Trou-au-Chat, jusqu'aux limites du Trou-au-Chat.

Chemin de la traverse du Bac, ou Chemin du Robert, lequel n'étant que de communication, mais nécessaire lors du débordement de la rivière du Lézard, ne sera que de 12 pieds.

Trou-au-Chat.

Chemin du Trou-au-Chat au Lamentin, jusqu'aux limites du Lamentin.

Chemin du Trou-au-Chat au Saint-Esprit, jusqu'aux limites du Saint-Esprit.

Chemin du Trou-au-Chat à la Rivière-Salée, jusqu'aux limites de la Rivière-Salée.

Rivière-Salée.

Chemin de la Rivière-Salée au Trou-au-Chat, jusqu'aux limites du Trou-au-Chat.

Chemin de la Rivière-Salée au Saint-Esprit, jusqu'aux limites du Saint-Esprit.

Chemin de la Rivière-Salée, passant par le Pont Labroue, jusqu'aux limites de la Rivière-Pilote.

Chemin de la Rivière-Salée à Sainte-Luce, jusqu'aux limites de Sainte-Luce.

Chemin de la Rivière-Salée aux Trois-Islets, jusqu'aux limites des Trois-Islets.

Trois-Islets.

Chemin des Trois-Islets à la Rivière-Salée, jusqu'aux limites de la Rivière-Salée.

Chemin des Trois-Islets aux Anses-d'Arlets, jusqu'aux limites des Anses-d'Arlets.

Chemin des Trois-Islets au Diamant, jusqu'aux limites du Diamant.

Anses-d'Arlets.

Chemin des Anses-d'Arlets aux Trois-Islets, jusqu'aux limites des Trois-Islets.

Chemin des Anses-d'Arlets au Diamant, jusqu'aux limites du Diamant.

Diamant.

Chemin du Diamant aux Anses-d'Arlets, jusqu'aux limites.

Chemin du Diamant à la Rivière-Salée, jusqu'aux limites.

Chemin du Diamant à Sainte-Luce, jusqu'aux limites.

Sainte-Luce.

Chemin de Sainte-Luce au Diamant, jusqu'aux limites.

Chemin de Sainte-Luce à la Rivière-Salée, jusqu'aux limites.

Chemin de Sainte-Luce à la Rivière-Pilote, par le bord de la mer, jusqu'aux limites.

Rivière - Pilote.

Chemin de la Rivière - Pilote à la Rivière-Salée, par les hauteurs et le Pont Labroue, jusqu'aux limites.

Chemin de la Rivière - Pilote à Sainte - Luce, par le bord de la mer, jusqu'aux limites.

Chemin de la Rivière - Pilote au Marin, jusqu'aux limites.

Chemin de la Rivière - Pilote au Vauclin, jusqu'aux limites.

Marin.

Chemin du Marin à la Rivière - Pilote, jusqu'aux limites.

Chemin du Marin au Vauclin, jusqu'aux limites.

Chemin du Marin à Sainte - Anne, jusqu'aux limites.

Sainte - Anne.

Chemin de Sainte-Anne au Marin, jusqu'aux limites.

Vauclin.

Chemin du Vauclin au Marin, jusqu'aux limites.

Chemin du Vauclin à la Rivière - Pilote, jusqu'aux limites.

Chemin du Vauclin au Saint - Esprit, jusqu'aux limites.

Chemin du Vauclin au François, jusqu'aux limites.

Saint - Esprit.

Chemin du Saint - Esprit au Vauclin, jusqu'aux limites.

Chemin du Saint-Esprit à la Rivière-Salée, jusqu'aux limites.

Chemin du Saint-Esprit au Trou-au-Chat, jusqu'aux limites.

François.

Chemin du François au Vauclin, jusqu'aux limites.

Chemin du François au Lamentin, jusqu'aux limites.

Chemin du François au Robert, jusqu'aux limites.

Robert.

Chemin du Robert au François, jusqu'aux limites.

Chemin du Robert au Lamentin, jusqu'aux limites.

Chemin du Robert à la Trinité, jusqu'aux limites.

Et la partie du Chemin de la Trinité au Lamentin, qui se trouve sur les terres de la Paroisse du Robert.

Trinité.

Chemin de la Trinité au Robert, jusqu'aux limites.

Chemin de la Trinité au Lamentin, jusqu'aux limites.

Chemin de la Trinité au Gros-Morne, jusqu'aux limites.

Chemin de la Trinité à la Tartane, jusqu'aux limites.

Chemin de la Trinité à Sainte-Marie, jusqu'aux limites.

Gros-Morne.

Chemin du Gros-Morne à la Trinité, jusqu'aux limites.

Chemin du Gros-Morne pour joindre ceux qui, de la Trinité et du Gros-Morne, vont au Lamentin.

Nota. La Paroisse du Gros-Morne sera chargée de la partie des Chemins du Robert et de la Trinité, pour aller au Lamentin, qui passe sur son terrein.

La Tartane.

Chemin de la Tartane à la Trinité, jusqu'aux limites.

Sainte-Marie.

Chemin de Sainte-Marie à la Trinité, jusqu'aux limites.

Chemin de Sainte-Marie au Marigot, jusqu'aux limites.

Marigot.

Chemin du Marigot à Sainte-Marie, jusqu'aux limites.

Chemin du Marigot à la Grand'Anse, jusqu'aux limites.

Grand'Anse.

Chemin de la Grand'Anse au Marigot, jusqu'aux limites.

Chemin de la Grand'Anse à la Basse-Pointe, jusqu'aux limites.

Nota. La Paroisse de la Grand'Anse et celle de la Basse-Pointe, s'arrangeront ensemble pour la réparation et l'entretien du Chemin qui mène à Saint-Pierre par le pied de la Montagne Pelée et le Réduit, jusqu'au territoire de Saint-Pierre.

Basse-Pointe.

Basse - Pointe.

Chemin de la Basse-Pointe à la Grand'Anse, jusqu'aux limites.

Chemin de la Basse-Pointe au Macouba, jusqu'aux limites.

Nota. Il a été dit ci-dessus que cette Paroisse s'arrangerait avec celle de la Grand'Anse, pour le Chemin de Saint Pierre, et tout le Quartier de la Basse-Pointe, c'est-à-dire, les quatre Paroisses qui le composent contribueront aux ouvrages publics à faire sur ce Chemin.

Macouba.

Chemin du Macouba à la Basse-Pointe, jusqu'aux limites.

Prêcheur.

Chemin du Prêcheur à Saint-Pierre, jusqu'aux limites.

Fort Saint-Pierre.

Chemin du Fort Saint-Pierre au Prêcheur, jusqu'aux limites.

Chemin du Fort Saint-Pierre à la Basse-Pointe et Grand'Anse, jusqu'aux limites.

Nota Le Mouillage contribuera au Chemin qui est commun à toute la Ville de Saint-Pierre.

Champ - Flore.

Chemin du Champ-Flore, jusqu'au grand Chemin qui mène du Fort Saint-Pierre à la Basse-Pointe.

Mouillage de Saint-Pierre.

Chemin du Mouillage au Carbet, jusqu'aux limites.

Nota. Cette Paroisse contribuera avec celle du Fort, pour le Chemin de la Basse-Pointe, jusqu'au territoire de cette Paroisse ; et ces deux Paroisses s'arrangeront ensemble à ce sujet.

Carbet.

Chemin du Carbet au Mouillage, jusqu'aux limites.

Chemin du Carbet à la Case-Pilote, jusqu'aux limites.

Prions Messieurs les Officiers du Conseil Supérieur de faire enregistrer, etc.

Donné à la Martinique, le 5 novembre 1765. *Signé*, D'ENNERY et le Président de PEINIER.

Enregist. au Conseil Souverain.

(N°. 338.) *ARRET du Conseil Souverain, qui oblige les Procureurs et Avocats, de faire signifier à leurs parties-adverses, lorsqu'il voudront plaider au fond pour en demander l'évocation.*

Du 12 novembre 1765.

SUR ce qui a été représenté à la Cour par le Procureur-général du Roi, que depuis quelque-tems les Procureurs en icelle s'étaient mis dans l'usage en plaidant en la Cour sur des appels d'appointemens et jugemens d'instructions rendus en première Instance, de conclure à l'évocation du fond et principal, sans faire signifier aux Procureurs de leurs parties-adverses, qu'ils entendaient conclure sur le fond en plaidant en la Cour, afin qu'ils pussent se mettre en état de répondre, ce qui est contre l'ordre judiciaire des procédures,

Pour quoi il requiert qu'il soit enjoint aux Procureurs et Avocats en la Cour, de faire signifier aux Procureurs de leurs parties-adverses, lorsqu'ils voudront conclure à l'évocation du fond et principal dans les affaires dont ils seront chargés, et où le premier Juge n'aura pas jugé définitivement, afin qu'ils puissent y répondre, et que l'Arrêt qui interviendra, soit lu et publié aux Jurisdictions du ressort.

La Cour, etc. enjoint à tous les Procureurs et Avocats en icelle, de faire signifier aux Procureurs de leurs parties-adverses, lorsqu'ils voudront conclure à l'évocation du fond et principal dans les affaires dont ils seront chargés, afin qu'ils puisssent y répondre.

Ordonne que le présent Arrêt sera envoyé aux Jurisdictions du ressort, pour y être lu, etc.

Fait au Conseil Souverain de la Martinique, le 12 novembre 1765.

(N°. 339.) *Ordonnance de MM. les Général et Intendant, pour la construction d'un Pont, sur la Rivière du Fort St.-Pierre.*

Du 18 novembre 1765.

Etant nécessaire de rétablir le Pont qui a existé sur la Rivière qui traverse le Quartier du Fort St.-Pierre, nous avons cru ne pas devoir différer plus long-tems de prendre les moyens les plus sûrs, et en même-tems les moins onéreux, pour donner à une réparation si indispensable, une solidité qui puisse mettre à l'avenir cet établissement à l'abri des efforts de l'eau: nous avons en conséquence, assemblé les principaux Habitans des deux Quartiers du Fort et du Mouillage du Bourg St.-Pierre, et de celui du Prêcheur, que nous avons décidé devoir contribuer à cet ouvrage, pour délibérer sur la manière d'asseoir l'imposition qui doit fournir à la dépense de la construction dudit Pont.

Les Députés desdites Paroisses convoqués pardevant nous, en l'Hôtel de l'Intendance, après en avoir délibéré, ont nommé pour veiller au rétablissement du Pont, et pour percevoir les deniers de l'imposition établie à cet effet, le sieur Hardy, pour le Quartier du Fort Saint-Pierre, le sieur Clauzel, Négociant, pour le Quartier du Mouillage, et le sieur Croquet Saint-Ode, Capitaine-commandant au Prêcheur, pour ledit Quartier, auxquels l'assemblée a donné pouvoir de prendre tous les arrangemens convenables à l'exécution dudit ouvrage.

Etant également indispensable de donner une forme authentique à ce qui a été arrêté, et de notifier à tous les contribuables les arrangemens pris dans ladite assemblée, nous avons cru devoir les rédiger en articles, et les revêtir du sceau de notre autorité.

A CES CAUSES, Nous, etc., ordonnons et statuons ce qui suit :

ART. Ier. Le Pont que l'on doit construire sera d'une seule Arche, et d'après le plan dressé par le Frère Cléophas, Religieux de la Charité, et qui a été préféré dans l'assemblée.

II. Le plan du Pont, de même que le devis, et conditions auxquelles les Entrepreneurs seront assujettis, seront signés par le Frère Cléophas, et par lui remis à l'un des Commissaires, pour être déposés au Greffe, jusqu'à l'adjudication de l'Entreprise, et y être communiqués à ceux qui se présenteront pour faire des offres, afin qu'ils soient instruits des conditions qu'ils auront à remplir.

III. L'Entreprise dudit Pont, des Quais, et autres ouvrages qui en dépendent, et tels qu'ils seront détaillés dans le devis, seront mis à l'enchère au rabais, pardevant le Juge, et dans les formes ordinaires; et attendu l'exigence du cas qui ne peut souffrir de retardement, il ne sera fait que deux criées, dont la première sera indiquée au lundi 25 du présent mois, et la dernière au lundi suivant, et sera aussitôt après, ladite Entreprise adjugée à la fin de l'audience, aux formes ordinaires.

IV. Ceux qui se présenteront pour faire des offres, ne seront admis qu'en donnant une caution solvable, qui sera reçue pardevant le Juge, en présence des sieurs Hardy et Clauzel, Commissaires choisis dans l'assemblée, pour inspecter la construction dudit Pont, et veiller à l'intérêt de tous les contribuables dans cette partie.

V. Dans le cas où il ne se présenterait personne pour l'Entreprise dudit Pont, ou qu'on ne pourrait pas fournir une caution solvable, la construction dudit Pont ne pouvant être retardée, elle sera faite par économie, sous la direction du Frère Cléophas, qui a bien voulu s'en charger sans aucun intérêt, et uniquement pour se rendre utile au public.

VI. Le Frère Cléophas demeurant chargé de la construction dudit Pont, aura le choix des Ouvriers en tout genre, qui devront être employés à cet ouvrage; il réglera le prix de leurs journées; il fera également l'achat des bois, et de tous les matériaux nécessaires à la construction, avec toute l'économie possible, en se concertant cependant sur tous ces objets, avec les deux Commissaires choisis par l'assemblée ; et il lui sera délivré par les Receveurs de l'imposition, les sommes dont il aura besoin, sur des mandats signés de lui, qu'il fournira auxdits Receveurs, auxquels lesdits mandats seront alloués dans leurs comptes.

VII. La dépense du Pont pouvant monter à la somme de 80,000 liv., plus ou moins, et étant nécessaire de pourvoir à cette dépense, par une répartition qui conserve le plus d'égalité qu'il se pourra, parmi les contribuables, il a été arrêté qu'il serait établi une imposition sur les loyers de toutes les maisons du Bourg Saint-Pierre indistinctement, laquelle sera de 4 pour cent ; et à l'égard des habitations, tant de la Paroisse du Fort, que de celle du Mouillage et du Prêcheur, qui sont dans le cas de contribuer à cette dépense, il a été arrêté qu'elles seront taxées à 3 liv. par tête de nègre payant droit, sur le pied des derniers Dénombremens qui ont été fournis par les Propriétaires desdites habitations, et dont les Commissaires prendront un extrait au Bureau du Domaine, ainsi que pour le nombre des maisons.

VIII. Les impositions énoncées ci-dessus, et fixées tant sur les loyers des maisons, que sur les têtes des nègres, seront reçues, savoir : pour tout ce qui est de la Paroisse du Fort, par le sieur Hardy, et pour ce qui est de la Paroisse du Mouillage, par le sieur Clauzel, Commissaires choisis à cet effet par l'assemblée ; et pour ce qui est de la rétribution à retirer de la Paroisse du Prêcheur, le sieur de St.-Ode, Capitaine-commandant de ladite Paroisse, étant chargé d'en faire le recouvrement, il en versera le produit dans la Caisse du sieur Hardy, un des Receveurs choisis par l'assemblée.

IX. N'étant pas juste que la recette de cette imposition soit à la charge des deux Commissaires ci-dessus nommés, il a été délibéré qu'on leur allouerait à chacun la somme de 600 liv. une fois payée, pour fournir à la dépense d'un Commis extraordinaire, qu'ils seront obligés de prendre à cet effet, lesquelles sommes ils retiendront sur les deniers de leurs recettes.

X. Les impositions sur les loyers des maisons, seront acquittées en entier par les Propriétaires, lesquels auront leurs recours sur leurs Locataires, pour la moitié de ladite imposition, qui doit être supportée également, et par l'un et par l'autre, et qui sera remboursée au Propriétaire dans le délai fixé par l'article suivant, sous peine d'y être contraints.

XI. Toutes les susdites impositions sur les loyers de maisons, ou sur les têtes des nègres, seront acquittées par les contribuables en un seul paiement, et dans l'espace d'un mois au plus tard, à compter du jour de la publication de la présente Ordonnance, et portées au Receveur.

XII. Les Receveurs nommés par l'assemblée, pour la perception des impositions, tiendront la main à les faire acquitter très-exactement dans le terme prescrit, et ils seront obligés de remettre à la fin dudit terme énoncé ci-dessus, au Gouverneur et à l'Intendant, la liste des redevables, pour que le Gouvernement emploie l'autorité pour les y contraindre.

XIII. La construction du Pont étant à sa perfection, et tous les paiemens qu'il aura fallu faire à ce sujet étant achevés, les deux Commissaires chargés de la recette, fourniront un compte de leur gestion, qui sera examiné en notre présence, et dans une assemblée des Députés des trois Paroisses, laquelle sera convoquée à cet effet.

XIV. Si la recette excède la dépense, après la construction du Pont, et le paiement de toutes les dépenses qui en seront la suite, l'assemblée en fera la destination qu'elle jugera à propos, après avoir néanmoins fait rembourser les avances qui ont été faites, pour les réparations qu'il a fallu faire au Pont de bois, pour qu'il pût subsister jusqu'à la construction du Pont de pierre.

Sera la présente Ordonnance, etc.

Donné à la Martinique, le 18 novemb. 1765.
Signé, D'ENNERY et le Président de PEINIER.

(N°. 340.) *LETTRE du Roi, portant permission aux Vaisseaux étrangers de s'approcher à une lieue des Colonies françaises.*

Du 16 décembre 1765.

MONSIEUR le Comte D'Ennery et Mons. le Président de Peinier, j'ai ordonné par l'article III titre 1er. de mes Lettres-patentes de 1727, que les Etrangers ne pourraient aborder avec leurs Vaisseaux ou autres Bâtimens dans les Ports, Anses et Rades de mes îles et Colonies, ni naviguer à une lieue autour d'elles, à peine de confiscation de leurs Vaisseaux et autres Bâtimens,

timens, ensemble du chargement et de 1000 liv. d'amende, qui seraient payées solidairement par le Capitaine et les Gens de l'équipages.

Ces dispositions étaient d'autant plus nécessaires, qu'il se faisait alors un Commerce considérable en fraude par les Batimens étrangers, au grand préjudice de celui de mes îles; mais les circonstances étant changées aux îles du vent, par la cession que j'ai faite à mon frère le Roi d'Angleterre des îles de Tabago, de la Grenade, de St.-Vincent et de la Dominique, dont la situation est telle que les Anglais partant de Tabago et de la Grenade pour aller à la Dominique, sont obligés de ranger de très-près mon île de la Martinique, et ceux qui partent de la Barbade sont forcés pour se rendre à la Dominique, de passer ou entre St.-Vincent et Sainte-Lucie, ou dans le canal qui sépare Sainte-Lucie de la Martinique; de manière que si la seconde partie de l'art. III du titre 1er. de mes Lettres-patentes de 1727 subsistait, leurs Bâtimens seraient presque toujours exposés à la confiscation prononcée par cet article : j'ai considéré d'un autre côté que mes sujets de la Martinique sont également obligés de ranger les côtes de la Dominique pour se rendre à la Guadeloupe, que si les Anglais usaient de réciprocité à notre égard, mes sujets des îles du vent, ainsi que les Anglais éprouveraient respectivement dans leur navigation par le mélange de possessions, des difficultés, et qu'il pourrait en naître des incidens capables d'altérer l'union qui a été rétablie par le dernier traité de Paix.

Pour prévenir tous les inconvéniens qui en pourraient résulter, mon intention est de laisser subsister la première partie dudit article III, et de suspendre l'exécution de la seconde jusqu'à nouvel ordre. Je vous ordonne en conséquence de tenir la main à ce qu'aucun Vaisseau ou autre Bâtiment étranger n'aborde dans les Ports, Anses et Rades de mes îles du vent, et que les Juges desdites îles prononcent la confiscation de ceux qui seraient pris en contravention conformément à l'art. III du titre 1er. de mesdites Lettres-Patentes, du mois d'octobre 1727; mais en même-tems j'entends que les Commandans des Vaisseaux et autres Bâtimens anglais, ne soient point arrêtés ni censés contrevenir audit article, quand bien même ils navigueraient à une lieue autour de mesdites îles; le tout jusqu'à nouvel ordre de ma part, et afin que mes sujets des îles du vent s'y conforment en cas de rencontre, et que les Juges soient instruits de ce qui est de ma volonté à cet égard, vous aurez soin de faire enregistrer au Conseil Souverain de la Martinique, la présente Lettre qui n'est à autre fin; et je prie Dieu, Monsieur le Comte D'Ennery, et Mons. le Président de Peinier, qu'il vous ait en sa sainte garde.

Ecrit à Versailles, le 16 décembre 1765. *Signé*, LOUIS; *et plus bas*, par le Roi, le Duc de CHOISEUL.

Enregist. au Conseil Souverain.

(N°. 341.) *Ordonnance de MM. les Général et Intendant, qui déroge au premier article de celle du 31 juillet 1765, et permet d'établir les Marchés également à la Petite Place et à celle de l'Hôpital.*

Du 28 décembre 1765.

SUR les représentations qui nous ont été faites que la Petite Place du Bourg Saint-Pierre, où nous avions fixé que seraient tenus à l'avenir les Marchés les jours de Dimanches et Fêtes, par notre Ordonnance du 31 juillet dernier, n'était pas assez spacieuse pour contenir le grand nombre de Pacotilleurs qui étalent, et que les Marchés seraient plus commodément établis dans la Place de l'Hôpital, qui se trouve au centre du Bourg et plus à portée des Pacotilleurs, pour la facilité de la décharge et du transport de leurs pacotilles ; nous avons pris en conséquence les informations nécessaires à ce sujet, et nous avons été instruits que la Petite Place n'était pas en effet suffisante, ni assez commode pour contenir tous les Pacotilleurs, et que la plus grande partie étalaient dans la Grande-Rue, d'un côté jusqu'au coin de la Rue de la Magdelaine, et de l'autre, jusqu'au coin de la Rue d'Orange, ce qui occasionnait beaucoup de confusion, et rendait le passage des gens à pied et à cheval très-difficile, et pouvait donner lieu à des accidens fâcheux ; à quoi nous avons cru à propos de remédier d'une manière qui ne puisse point gêner la liberté du Commerce, en laissant aux Pacotilleurs la faculté d'étaler ou à la Petite Place, ou à la Place de l'Hôpital, à leur choix ; et aux Acheteurs, celle de pouvoir acheter indistinctement dans l'une de ces deux Places.

A CES CAUSES, Nous etc., statuons et ordonnons ce qui suit :

En dérogeant à l'article Ier de notre Ordonnance du 31 juillet dernier, en ce qui concerne la tenue des Marchés à la Petite Place, nous ordonnous qu'à l'avenir les Marchés seront tenus, tant à la Petite Place, qu'à celle de l'Hôpital, où il sera libre aux Pacotilleurs de porter et débiter leurs pacotilles à leur choix; ordonnons au surplus que les articles II et III de notredite Ordonnance du 31 juillet dernier, soient exécutés dans toutes leurs dispositions, sous les peines y portées.

Prions Messieurs les Officiers du Conseil Souverain de la Martinique de faire enregistrer, etc.

Donné à la Martinique, le 28 décembre 1765. *Signé*, D'ENNERY et le Président de PEINIER.

Enregist. au Conseil Souverain.

(N°. 342.) *ORDONNANCE de M. le Général, concernant les Congés.*

Du 29 décembre 1765.

LE desir que nous avons de procurer au public toutes les facilités qui dépendent de nous, nous ayant fait appercevoir qu'il serait très-gênant pour la plupart des Habitans de cette île, qu'il ne se délivrât de congé qu'au Fort-Royal, lieu le plus ordinaire de notre résidence, nous avons jugé à propos d'établir à Saint-Pierre un Bureau où la délivrance sera pareillement faite par le sieur Botereau, Directeur du Domaine, résidant audit lieu, lequel nous avons commis et commettons à cet effet, pour le faire faire par lui, en se conformant à ce qui suit :

ART. Ier. Le sieur Botereau, Directeur-général du Domaine, délivrera, en notre nom, dans le Bourg Saint-Pierre seulement, les congés au public.

II. Il ne délivrera à aucune personne, de quelque qualité et condition qu'elle soit, aucun congé sans un cautionnement.

III. La personne qui se présentera pour être caution doit être domiciliée dans le Bourg, ou un Habitant connu ; le sieur Botereau exigera sa présence, s'il ne connaît pas sa signature.

IV. Les femmes pourront être cautions de leur mari, pourvu qu'elles soient dûment autorisées à cet effet, qu'elles soient domiciliées dans le Bourg, ou qu'elles aient une maison, ou enfin que la solidité de leur cautionnement soit connue,

V. Le sieur Botereau ne pourra dispenser des cautionnemens que ceux qui lui présenteront une expédition en règle de l'affiche qui aura été faite de leur départ, par trois Dimanches, sans opposition ; ladite affiche doit être visée du Procureur du Roi de la Jurisdiction.

VI. Le certificat du Commissaire dispensera aussi du cautionnement, pourvu que celui qui le présente ne soit arrivé que huit jours avant la date du certificat.

VII. Il ne sera délivré aucun congé aux Mulâtres libres, sans un cautionnement bon et solide.

VIII. Le sieur Botereau ne donnera de congés, sous aucun prétexte, à des Esclaves, excepté que ce ne soit un Domestique avec un Maître.

IX. Le sieur Botereau pourra délivrer un congé à chaque Maître qui partira pour les îles voisines, suivi de deux valets au plus, pourvu qu'il en soit fait mention dans le cautionnement, tout homme qui part étant censé avoir besoin de ses valets.

Le sieur Botereau ne pourra délivrer aucun congé à aucun Nègre, Mulâtre, Négresse ou Mulâtresse pour France, pour quelque raison que ce soit.

Donné à la Martinique, le 29 décembre 1765. *Signé*, D'ENNERY.

(N°. 343.) *ARRET du Conseil Souverain, concernant la Caisse des Nègres justiciés.*

Du 9 janvier 1766.

Vu par la Cour, le compte sommaire rendu par le sieur Cornibert, Receveur-général de la Caisse des Nègres justiciés, de l'état actuel de ladite Caisse, suivant lequel il paraît qu'il n'y a dans ladite Caisse que 3,781 liv. 3 s. 6 d., et que depuis l'année 1731, jusques et compris l'année 1760, il lui est dû par les Contribuables la somme de 191,360 l. 12 s. 6 d., lesquelles deux sommes font ensemble celle de 195,741 l. 16 s., sur laquelle il est dû aux parties prenantes, depuis 1731 jusques et compris 1760, la somme de 167,004 l., au moyen de quoi il ne reste de bon à ladite Caisse, que la somme de 23,787 l. 16 s., à laquelle il est vraisemblable que monteront les non-valeurs et mortes paies de toutes lesdites années : vu aussi l'état des sommes à imposer pour les années 1761, 1762, 1763, 1764, 1765, montant avec les frais de régie à la somme de 67,850 l., à laquelle la Cour a jugé convenable d'ajouter celle de 23,000 liv. pour acquitter les charges de la présente année 1766, afin que chacune des parties prenantes soit exactement et sans retardement payée de ce qui lui sera dû, le tout sauf le plus ou le moins, suivant le compte qui sera rendu à la fin de la présente année, ce qui fait en total pour lesdites six années, la somme de 90,850 l. à imposer sur les Nègres de la Colonie : vu pareillement l'état de la quantité de Nègres payant droit de la Colonie, montant à 43,289 têtes.

Tout vu et considéré, ouï le Procureur-général du Roi en ses conclusions, et Me. Duval de Grenonville, Conseiller, en son rapport :

La Cour a imposé la somme de 45 sols par tête de Nègres payant droit, laquelle somme sera payée par les Contribuables, sous les peines portées aux précédens Arrêts de la Cour rendus à ce sujet, ladite imposition ainsi réglée à une somme un peu plus forte, pour suppléer aux non-valeurs et mortes paies inévitables dans une pareille recette ; se réservant au surplus ladite Cour, de régler l'année suivante, la recette de ladite Caisse, d'une façon moins dispendieuse et plus facile, si lieu y a.

Ordonne que le présent Arrêt sera imprimé, lu, publié, etc.

Fait au Conseil Souverain de la Martinique, le 9 janvier 1766.

(N°. 344.) *Arret en Réglement du Conseil Souverain, concernant les Canots passagers de cette île.*

Du 9 janvier 1766.

SUR le rapport fait en la Cour par Me. Laurent, Conseiller, d'un écrit à elle adressé par les Propriétaires des Canots de cette île, contenant leurs très-humbles représentations sur l'Arrêt en Réglement et Tarif, en date du 5 juillet dernier, concernant lesdits Canots passagers, au bas duquel écrit est l'Ordonnance de la Cour du 3 septembre dernier, de soit communiqué au Procureur-général du Roi; son réquisitoire ensuite du 2 novembre suivant; l'Arrêt de la Cour du 11 dudit mois, portant que ledit écrit serait remis entre les mains dudit Me. Laurent, pour en faire son rapport, lors au premier jour, et sur icelui être statué ce qu'il appartiendrait. La matière mise en délibération;

La Cour, ouï Me. Laurent, Conseiller, en son rapport, faisant droit sur les conclusions dudit Procureur-général du Roi, et n'ayant aucunement égard aux représentations qui ont été faites par les Propriétaires des Canots passagers, a sursis à l'établissement des Bureaux ordonnés par les articles II et III de l'Arrêt du 5 juillet dernier, sauf à y revenir au cas que les Propriétaires des Canots ne tiennent pas exactement la main à ce que leurs Patrons ne se refusent pas à ceux qui se présenteront pour les frêter; ordonne à ce moyen, que le surplus dudit Arrêt sera exécuté selon sa forme et teneur.

Et cependant ordonne que les Patrons qui se refuseront aux Fréteurs, ou qui exigeront plus

que

que le prix fixé par ledit Arrêt, seront condamnés en deux heures de carcan, par les Juges des lieux, sur la seule plainte fondée qui leur en sera portée, et sur la simple Ordonnance desdits Juges.

Ordonne que le présent Arrêt sera imprimé, lu, etc.

Fait au Conseil Souverain de la Martinique, le 9 janvier 1766.

(N°. 345.) *Ordonnance de MM. les Général et Intendant, pour la Construction d'un Quai le long de la Rivière du Fort-Royal.*

Du 22 janvier 1766.

L'ATTENTION continuelle que nous avons à rendre l'air le plus sain qu'il est possible dans la Ville du Fort-Royal, nous a déterminés à ordonner qu'il y sera fait un Quai de la largeur de 26 pieds, le long de la Rivière Levassor, par tous les Propriétaires des maisons et terreins situés dans la Rue Blondel, depuis le bout de l'Hôpital jusqu'à la mer, lesquels seront tenus de combler leurs terreins noyés le long de ladite Rivière, et compris dans les alignemens fixés par M. de Rochemore, Directeur-général des Fortifications, pour la construction dudit Quai; enjoignons auxdits Propriétaires de commencer leur comblage, au plus tard, dans quinzaine du jour de la publication de la présente Ordonnance, et de le continuer sans interruption jusqu'à sa perfection.

Et pour leur en faciliter tous les moyens, nous les autorisons à prendre de l'autre côté de ladite Rivière, et dans tous les bords de la mer, tout le tuf, roche, terre et sable, dont ils pourront avoir besoin ; en conséquence, faisons très-expresses inhibitions et défenses à tous Habitans, de quelque qualité et condition qu'ils soient, de troubler ni inquiéter les Nègres et Canots occupés aux charrois des matériaux destinés pour former ledit Quai, sous peine de 300 l. d'amende.

Ordonnons que les présentes seront enregistrées, etc.

Donné à la Martinique, le 22 janvier 1766. *Signé*, D'ENNERY et le Président de PEINIER.

(Nº. 346.) *ORDONNANCE de MM. les Général et Intendant, pour le redressement des Pavés dans toutes les Rues de la Ville du Fort-Royal.*

Du 22 janvier 1766.

L'ÉCOULEMENT des eaux d'une Ville étant essentiel pour l'entretenir dans un état de propreté, et les Pavés de la Ville du Fort-Royal n'ayant point été posés de façon à faciliter l'écoulement des eaux pluviales, nous avons, pour y remédier, ordonné ce qui suit :

Tous Bourgeois, Négocians et Propriétaires de maisons dans la Ville du Fort-Royal, ainsi que dans les Quartiers du Carénage et Petit-Brésil, seront tenus de redresser les Pavés des Rues au-devant de leurs maisons et terreins, soit en les relevant, soit en les baissant, pour que les écoulemens puissent se faire facilement à la Rivière ou à la Mer, conformément aux piquets posés dans toutes lesdites Rues, qui indiquent les niveaux que doivent avoir les chutes, et ce que chaque Particulier aura à faire,

Leur enjoignons de se conformer à la présente Ordonnance et de l'exécuter dans l'espace de six mois, au plus tard, du jour de sa publication, sous peine de 100 liv. d'amende, applicables aux réparations du Palais; laquelle sera prononcée contre chacun des Contrevenants, par le Juge des lieux, sur le procès-verbal qui sera dressé par le Voyer, après l'expiration desdits six mois.

Sera la présente Ordonnance enregistrée, etc.

Donné à la Martinique, le 22 janvier 1766.

Signé, D'ENNERY et le Président de PEINIER.

(N°. 347.) *ORDONNANCE de MM. les Général et Intendant, pour la vente du Poisson.*

Du 27 janvier 1766.

LES plaintes qui nous ont été portées par différens Particuliers du Bourg Saint-Pierre, de l'inexécution des Ordonnances de nos Prédécesseurs, et de la contravention à l'Arrêt du Conseil Souverain de cette île, du 11 septembre 1762, qui fixe le prix du petit Poisson pesant au-dessous d'une livre, à 7 s. 6 d. la livre, et celui pesant au-dessus d'une livre, à raison de 15 s. la livre, nous ayant donné lieu d'en rechercher la cause et de remonter à sa source, pour en arrêter les progrès, et d'y remédier d'une manière aussi prompte qu'efficace; nous avons été instruits qu'il part tous les jours, soir et matin, du Bourg Saint-Pierre, une foule de Nègres et de Négresses de journée, qui se rendent sur les anses, jusqu'au-delà du Prêcheur et du Carbet, où ils attendent l'arrivée des Pêcheurs et des Seineurs, desquels ils achètent tout le Poisson, et que pour éviter d'être arrêtés dans les avenues par les Commis à la police et échapper à leur vigilance ; ils prennent des routes détournées et passent par les hauteurs pour se rendre audit Bourg Saint-Pierre, et se répandent ensuite dans des Quartiers reculés où ils vendent et distribuent le Poisson, non au poids, mais par lots et à la main, à un prix arbitraire, bien au-dessus du prix, et tel qu'il leur plaît de le fixer, ce qui ne peut être envisagé que comme le monopole le mieux caractérisé, le plus contraire au bon ordre et au bien public, et d'autant plus digne de punition, qu'il est commis par des Esclaves auxquels ledit Arrêt du 11 septembre 1762, le défend expressément, sous peine de confiscation du Poisson et de huit jours de prison.

Et comme il ne suffirait pas pour arrêter ce désordre, de prendre de nouvelles mesures pour interdire aux Nègres cette espèce de Commerce, si nous n'en prenions d'un autre côté, pour empêcher les Pêcheurs et les Seineurs de le favoriser, et de vendre sur la grève leur Poisson aux Nègres de journée, contre la disposition dudit Arrêt, et si, pour ôter tout prétexte, nous ne les assujettissions pas à porter leur Poisson audit Bourg Saint-Pierre.

Par toutes ces considérations, Nous, etc., statuons et ordonnons ce qui suit :

Art. Ier. Faisons défenses à tous Pêcheurs et Seineurs de la Jurisdiction du Bourg St.-Pierre, de vendre leur Poisson sur la grève, à tous Nègres et Négresses de journée, sous les peines portées par le susdit Arrêt du 11 septembre 1762, et de plus grandes peines s'il y échet :

leur enjoignons à cet effet de porter tous les jours à l'avenir, à compter du jour de la publication de ces présentes, leur Poisson à la Place de l'Hôpital, ou à celle du Fort du Bourg Saint-Pierre, le matin et le soir, d'abord après qu'ils auront tiré leur Poisson de la seine ou des paniers, pour le vendre à la livre et au prix fixé par ledit Arrêt du 11 septembre 1762; premièrement et par préférence aux Particuliers, et ensuite aux Aubergistes et Cabaretiers, en présence des Commis à la police, auxquels nous enjoignons de s'y trouver aux heures ci dessus fixées, et d'y tenir la main chacun dans son district, à peine contre les Pêcheurs et Seineurs, en cas de contravention, de 300 liv. d'amende pour la première fois, de 500 liv. en cas de récidive, et de plus grandes peines s'il y échet; et pour que les Contrevenans puissent être connus, enjoignons à tous Pêcheurs et Seineurs, dépendans de la Jurisdiction du Bourg Saint-Pierre, de donner, dans huitaine après la publication des présentes, leurs noms et le lieu de leur demeure, au Procureur du Roi de ladite Jurisdiction, à peine de 300 liv. d'amende contre le Contrevenant.

II. Faisons très-expresses inhibitions et défenses à tous Nègres et Négresses de journée, d'aller à l'avenir sur les anses acheter le Poisson des Pêcheurs et des Seineurs, sous quelque prétexte que ce soit, à peine contre les Contrevenans, pour la première fois, de confiscation du Poisson dont ils seront trouvés chargés, et de huit jours de prison; et en cas de récidive, à peine du fouet et d'être attachés au carcan pendant trois jours consécutifs, même de plus grandes peines s'il y échet.

Prions Messieurs du Conseil Souverain, etc. Donné à la Martinique, le 27 janvier 1766. *Signé*, D'ENNERY et le Président de PEINIER.

Enregist. au Conseil Souverain.

(N°. 348.) *ORDONNANCE de MM. les Général et Intendant, pour le paiement des Nègres justiciés, ou tués en marronnage, dans les Chasses ordonnées par le Gouvernement, en l'île Sainte-Lucie.*

Du 30 janvier 1766.

SUR la demande qui nous a été faite par les Habitans de Ste.-Lucie, de pourvoir en ladite île au paiement des Nègres justiciés, et de ceux tués en marronnage dans les Chasses ordonnées par le Gouvernement, pour que les Maîtres desdits Nègres puissent en retirer le prix sans délai;

Nous, etc., statuons et ordonnons ce qui suit:

ART. Ier. Nous ordonnons que les Maîtres dont les Nègres de ladite île Sainte-Lucie seront justiciés ou tués en marronnage, dans les Chasses ordonnées par le Gouvernement, seront payés sur le pied de l'estimation qui en sera faite juridiquement, aux formes établies en l'île de la Martinique, et après que les Maîtres en auront fait leur déclaration; savoir: les Nègres justiciés, par le Conseil Souverain, et les Nègres tués en marronnage, par le Juge du lieu.

II. Toutes les fois qu'il y aura un Nègre dans l'un des cas énoncés au précédent article, il sera levé sur chaque tête de Nègre payant droit, des différens Quartiers de ladite Colonie, la somme nécessaire pour subvenir au paiement dudit Nègre, suivant la fixation du prix qui en aura été faite par la Justice. Le taux de l'imposition qu'il faudra établir pour fournir à ce paiement, sera fixé par le Commandant et le Subdélégué de l'Intendant de ladite île de Ste.-Lucie, relativement à l'appréciation qui aura été faite par la Justice, toutes les fois que le cas le requerra; et ils auront attention de faire cette taxe de façon qu'il y ait plutôt de l'excédant, que de déficit dans la perception, d'autant plus que le Commis qui recevra le montant de cette imposition, sera obligé d'en rendre compte au Commandant et Subdélégué de l'Intendant, lesquels feront servir l'excédant qu'il y aura dans la recette, au paiement du prix des premiers Nègres qu'on sera dans le cas de rembourser à leurs Maîtres, et on instruira chaque Quartier de cet excédant.

III. La fixation de la taxe qui aura été faite par le Commandant et le Subdélégué de l'Intendant conjointement, sera par eux envoyée à tous les Capitaines de Quartier de ladite île, pour en faire la levée sur toutes les têtes de Nègres payant droit de leur Paroisse.

IV. Chaque Capitaine de Quartier aura soin de faire verser dans la Caisse du Commis du Trésorier de la Colonie, par lui établi à Ste.-Lucie, les sommes qu'il aura retirées en vertu de la répartition qui aura été faite; lequel Commis sera obligé de les recevoir et de payer sur ladite somme, le prix du Nègre qui aura été justicié, ou tué en marronnage, sur la fixation qui en aura été faite par la Justice, et sur l'expédition qui lui sera communiquée de l'Arrêt ou Sentence qui aura été rendu à ce sujet; et dans le cas où il y aurait plusieurs Nègres à payer, ils le feront par ordre de dates des Arrêts ou Sentences qui auront été rendus à ce sujet, sans que le Commis qui sera chargé de faire ce paiement, puisse, sous quelque prétexte que ce soit, s'écarter de cette règle.

V. La présente Ordonnance aura son exécution du jour qu'elle aura été publiée, et elle ne pourra avoir aucun effet rétroactif.

Prions Messieurs du Conseil Souverain, de faire enregistrer la présente, lire, etc.

Donné à la Martinique, le 30 janvier 1766. *Signé*, D'ENNERY et le Président de PEINIER.

Enregist. au Conseil Souverain.

(N°. 349.) *ORDONNANCE de MM. les Général et Intendant, portant defense de construire des Maisons en bois, et d'en couvrir aucune en essentes dans le Bourg Saint-Pierre.*

Du 1er. février 1766.

SUR les remontrances à nous données par le Procureur du Roi de la Jurisdiction royale de St. Pierre, et les informations que nous avons prises en conséquence, nous sommes instruits que les Ordonnances rendues par nos prédécesseurs, pour défendre de construire des Maisons en bois, et de couvrir en essentes dans le Bourg de St.-Pierre, ont été jusqu'à présent fort mal exécutées, et que ces contraventions tirent leurs sources de la nécessité où s'est trouvé le Gouvernement, après le dernier incendie arrivé en ce Bourg, de tolérer que l'on construirait quel-

ques

ques Appentis en bois, pour loger une infinité de pauvres incendiés qui ne savaient où se retirer.

Les circonstances où s'est trouvée la Colonie depuis la dernière Guerre, ayant détourné et fixé l'attention du Gouvernement sur d'autres objets, il est arrivé de là que ce que la nécessité avait exigé dans un tems de calamité pour l'utilité publique, a dégénéré en un abus dangereux, par la liberté qu'ont pris différens particuliers, de faire bâtir aulieu d'Appentis, des Maisons en bois, à un et deux étages, et de les faire couvrir en essentes, ainsi que les anciennes couvertures qui devaient être couvertes en tuiles; à quoi étant nécessaire de pourvoir, pour éviter le malheur des incendies dont le Bourg de St.-Pierre a fait depuis quelques années la triste et funeste expérience; Nous, etc., statuons et ordonnons ce qui suit :

Faisons expresses inhibitions et défenses aux particuliers du Bourg St.-Pierre, de faire construire en bois et couvrir en essentes à l'avenir, et à compter du jour de la publication des présentes, aucune Maison, Appentis, Cuisine ou autres édifices de quelque espèce qu'ils soient, à peine contre les contrevenans, de 300 livres d'amende, de démolition des Bâtimens, et de plus fortes peines, s'il y échet.

Prions Messieurs du Conseil Souverain de la Martinique de faire enregistrer la présente, lire, etc.

Donné à la Martinique, le 1er. février 1766, *Signé*, D'ENNERY et le Président de PEINIER.

Enregist. au Conseil Souverain.

(N°. 350.) *ORDONNANCE de MM. les Général et Intendant, concernant les Nègres de journée.*

Du 1er. mars 1766.

LE marronnage étant un des plus grands maux qu'éprouvent les Colonies, nous nous sommes attachés à chercher les moyens d'y remédier autant qu'il serait possible. La facilité que trouvent les Nègres marrons à être employés dans les Bourgs, soit dans les Magasins, soit à bord des Navires, en fait tous les jours augmenter le nombre; ces Nègres restent des années entières sans être découverts par leurs Maîtres, parce que la plupart trouvent à travailler continuellement dans les Navires, tous les Capitaines les prenant à la journée, sans exiger d'eux des billets de leurs Maîtres: plusieurs même trouvent moyen de sortir de l'île, en se faisant passer pour libres.

Nous n'avons trouvé d'autre expédient pour arrêter ces abus, que de donner des marques aux Nègres de journée, pour les faire distinguer et les faire reconnaître. L'exécution de ce projet, ôtera aux Nègres marrons, l'espérance de pouvoir se mêler avec les Nègres de journée, sans être reconnus, ce qui en diminuera considérablement le nombre pour l'avenir, et fera même trouver beaucoup de Nègres qui sont marrons depuis long-tems.

L'on aura enfin plus de facilité pour découvrir les vols que feront les Esclaves, ceux qui les emploiront étant à portés de reconnaître leurs numéros, et de s'informer du Commis à la Police de leurs noms, de celui de leurs

Maîtres, de leurs demeures, et de se procurer par là les moyens d'avoir raison des effets perdus ou volés par lesdits Esclaves.

Un autre abus qui ne mérite pas moins d'être réprimé, c'est la liberté que donnent à leurs Esclaves la plupart des Maîtres, d'aller chercher du travail à leur choix, au moyen d'un tribut qu'ils en exigent par mois : ces Esclaves se trouvent par là, en quelque façon, sans Maîtres, et livrés à eux mêmes, ce qui est sujet à de très-grands inconvéniens.

C'est dans des vues si utiles, que nous nous sommes déterminés à rendre une Ordonnance, dont les dispositions puissent produire le bien que nous avons lieu de nous en promettre.

A ces Causes, nous, etc., statuons et ordonnons ce qui suit :

Art. Ier. Tous les Propriétaires des Nègres de journée, en déclareront aux Commis à la Police de leur Quartier, le nombre, le nom de chacun, dans la quinzaine du jour de la publication de la présente Ordonnance, et ledit Commis à la Police les insérera dans un Registre qu'il tiendra à cet effet, à peine de 300 livres d'amende contre les Maîtres qui auront manqué de se conformer au présent article, applicables un tiers au profit du Dénonciateur, un tiers au profit du Commis à la Police, et l'autre tiers au profit du Roi.

II. Tous les Maîtres des Esclaves destinés à la journée, seront tenus, après la publication de la présente Ordonnance, de présenter ou faire présenter leursdits Esclaves, au Commis à la Police de leur Quartier, qui leur délivrera *gratis*, à chacun, une lame de cuivre, qui sera soudée en forme de bracelet au poignet gauche, et qui contiendra le numéro destiné à chaque Nègre; lequel numéro sera inséré dans le Registre du Commis à la Police, avec le nom du Nègre auquel ledit numéro aura été délivré, sous les peines portées au précédent article.

III. Nous ordonnons qu'à compter du premier mai prochain, aucun Esclave ne pourra aller en journée, s'il n'a le bracelet numéroté dont il est parlé à l'article ci-dessus, à peine du fouet et de 8 jours de prison contre le Nègre, et de 300 liv. d'amende contre celui pour qui il aura été surpris travaillant, soit dans les Bourgs, soit sur les Bâtimens de mer, applicables conformément à l'article premier.

IV. Les Nègres numérotés ne pourront travailler que dans les lieux où ils auront été inscrits, si ce n'est pour aller en message, ce qu'ils ne pourront faire qu'autant qu'ils seront munis d'un billet de leurs Maîtres, à peine du fouet et de huit jours de prison.

V. Défendons à tous Esclaves munis de numéros, de les échanger entr'eux, et de les prêter à d'autres Nègres esclaves, à peine du fouet et de huit jours de prison, contre les uns et les autres.

VI. Les Maîtres qui voudront retirer leurs Esclaves, et cesser de les louer à la journée, ou qui les vendront à d'autres personnes, seront obligés, sous les peines portées à l'article premier, de faire remettre les bracelets numérotés qui leur avaient été donnés, entre les mains du Commis à la Police, qui fera mention de ladite remise ou de la vente qui en aura été faite, sur son Registre.

VII. Les Gens de couleur libres qui seront convaincus d'avoir retiré et donné asile à des Nègres marrons, seront privés de leur liberté et vendus au profit du Roi, à la réserve du tiers du produit qui sera au profit du Dénonciateur.

VIII. Les Nègres esclaves dans les cases desquels on trouvera un Nègre marron, seront condamnés à 30 coups de fouet, par la main du Bourreau, et à huit jours de prison.

IX. Nous défendons très-expressément à tous Propriétaires d'Esclaves, dans toute l'étendue de ce Gouvernement, de leur laisser la liberté d'aller chercher du travail à leur gré, au moyen d'un tribut qu'ils en exigent, à peine de 300 liv. d'amende pour la première fois, applicables un tiers à celui qui aura surpris le Nègre en faute, un tiers au profit du Commis à la Police, et l'autre tiers au profit du Roi; et en cas de récidive, de la confiscation du Nègre, dont le produit sera applicable comme dessus.

X. Nous défendons encore aux Propriétaires, de louer leurs Esclaves à d'autres qu'à des Blancs, ou à des Affranchis domiciliés, sous les peines énoncées dans le précédent article.

XI. Les frais des bracelets qu'il faudra distribuer dans les différens Bourgs de ce Gouvernement, seront fournis des fonds de la Caisse du Roi; mais dans le cas où lesdits Nègres de journée viendraint à perdre ou à rompre les bracelets qui leur auront été délivrés, leurs Maîtres seront tenus de leur en fournir un autre pareil à leurs frais et dépens, sous les peines portées au premier article.

Nous enjoignons à tous les Commis à la

Police de se conformer exactement au contenu en la présente Ordonnance.

Prions Messieurs du Conseil Supérieur, etc.

Donné à la Martinique, le 1er. mars 1766. *Signé*, D'ENNERY et le Président de PEINIER.

Enregist. au Conseil Souverain.

(N°. 351.) *ORDONNANCE de MM. les Général et Intendant, portant Etablissement d'une Poste dans l'île Martinique.*

Du 4 mars 1766.

NOTRE attention particulière à veiller sur tout ce qui peut être utile et avantageux à la Colonie, nous a fait appercevoir un vice dans l'Administration de la Poste, telle qu'elle est établie aujourd'hui, auquel nous ne pouvons remédier qu'en changeant la forme de cet établissement.

Une Poste générale, qui passera dans toutes les Paroisses de l'île, paraît devoir remplir nos vues et celles des Colons. Le service du Roi se fera par ce moyen, avec exactitude, sans qu'il soit onéreux aux Officiers de Milices qui, ayant sans cesse des avis à nous donner, sont obligés de nous les adresser par des Nègres qu'ils détournent souvent de leurs travaux pendant deux ou trois jours, pour une seule lettre. Il en résultera aussi nécessairement un grand bien pour le Cultivateur et le Négociant, par la commodité qu'ils trouveront dans leur correspondance, et la sûreté dans la distribution de leurs lettres.

A CES CAUSES, Nous, etc., ordonnons et statuons ce qui suit :

Art. Ier. Nous nommerons un Directeur-général à Saint-Pierre, qui sera chargé de toute la régie. Il établira trois Bureaux principaux ; savoir : un au Fort-Royal, un à la Trinité, un autre au Marin, et des Bureaux particuliers dans toutes les Paroisses de l'île.

II. Tous les Capitaines de Navires venant de France ou autres lieux ; les Maîtres des Goëlettes ou Bateaux, faisant le cabotage de cette île ou de celle de Ste.-Lucie, remettront comme ci-devant, au Bureau du lieu où ils aborderont, les lettres ou paquets dont ils seront porteurs ; leur faisons très-expresses inhibitions et défenses d'en délivrer aucune, soit dans leur bord, soit à terre, à peine de 500 liv, d'amende portée dans l'Ordonnance du 24 décembre 1764, applicables aux Hôpitaux, et du double en cas de récidive.

III. Chaque Capitaine de Navire sera tenu, un mois avant son départ, de faire remise au Bureau du lieu d'où il s'expédiera, d'un sac, sur lequel seront écrits le nom du Navire, celui du Capitaine, et celui du Port pour lequel il sera destiné.

IV. Il y aura dans chaque Bureau une boîte qui communiquera en dehors, où l'on pourra remettre les lettres à toute heure, en désignant sur les adresses les Bâtimens par lesquels on desirera les faire passer.

V. Aucun Capitaine de Navire ou autre Bâtiment, ne pourra obtenir son billet de sortie du Capitaine de Port ou de ses Lieutenans, qu'il n'ait rapporté un certificat du Bureau de la Poste, qui constatera la remise qui lui aura été faite du sac aux lettres ou des dépêches dudit Bureau : ce sac sera scellé du cachet de la Poste,

VI. On distribuera les lettres tous les jours dans tous les Bureaux, depuis 7 heures du matin jusqu'à midi, et depuis 2 heures après midi jusqu'à 6 heures du soir. Celles des Navires venant d'Europe seront distribuées deux heures après la réception du sac. Voulons que les Directeur ou Commis de la Poste ne remettent les lettres qu'aux personnes désignées sur les adresses, ou à quelqu'un porteur d'un billet de leur part, à peine de se rendre responsables, en leurs propres et privés noms, de l'interception des lettres qu'ils pourront avoir remises au hasard : celles qui seront destinées pour les différens Quartiers, y seront envoyées par le premier Courrier.

VII. La Poste-générale pour toutes les Paroisses de l'île, ne partira qu'une fois par semaine, et le jour en sera fixé au vendredi matin, pour pouvoir arriver le samedi au soir dans les Quartiers les plus éloignés ; au moyen de quoi les Habitans qui se trouveront dans leurs Paroisses le Dimanche, pourront retirer eux-mêmes leurs lettres.

VIII. Outre la Poste-générale par terre, tous les jours à 5 heures du soir, il y en aura une de St.-Pierre pour le Fort-Royal et pour les autres endroits de l'île où vont les Canots-passagers. On se servira de cette voie pour les retours ; et pour cet effet voulons que tous les Patrons de Canots prennent leurs dépêches aux Bureaux de la Poste, avant que de partir, à peine de deux jours de cachot, et de plus grande peine en cas de récidive.

IX. Les Paroisses seront divisées en quatre départemens,

Celui

Celui de Saint-Pierre aura sous sa direction celles du Carbet, de la Case-Pilote, du Prêcheur, du Macouba, de la Basse-Pointe et de la Grand'Anse.

Celui du Fort-Royal aura le Lamentin, le Trou-au-Chat, le Saint-Esprit, la Rivière-Salée, les Trois Islets, les Anses-d'Arlets et le Diamant.

Celui du Marin aura Ste.-Luce, la Rivière-Pilote, Sainte-Anne, le Vauclin et le François.

Celui de la Trinité aura le Robert, la Tartane, le Gros-Morne, Ste.-Marie et le Marigot.

Chaque Bureau particulier donnera au Bureau général de son département, tous les quatre mois, un état de la quantité de lettres qu'il aura distribuées et de celles qu'il aura expédiées; et les trois Bureaux principaux en donneront chacun un de leurs départemens au Directeur-général, qui les rapportera sur ses registres, pour y avoir recours en cas de besoin.

X. Les Chantres ou Sacristains étant déjà gagés par les Paroisses, on les choisira de préférence pour en faire des Buralistes, après les informations que l'on aura prises du Curé, de leur conduite et capacité; mais il sera loisible au Directeur d'en changer, quand le bien de la chose l'exigera.

XI. Chaque Postillon portera une fleur-de-lys en fer-blanc, qu'il attachera à sa chemise du côté droit, afin qu'on puisse le reconnaître et que personne, de quelque qualité et condition qu'elle soit, ne puisse, sous aucun prétexte, l'arrêter ou le détourner de son chemin, sous peine de punition exemplaire, et afin aussi que chaque Habitant puisse lui donner aide et assistance en cas de besoin.

XII. Il y aura également une fleur-de-lys sur les malles qui seront employées à la Poste : on aura soin qu'elles ferment bien, afin que l'eau ne puisse y pénétrer ; chaque Buraliste en aura une clef.

XIII. Pour s'assurer de la fidélité des Postillons, autant qu'il est possible, nous défendons aux Buralistes et à tous autres, de leur donner autre chose à porter que les malles de lettres.

XIV. Il sera fait des paquets séparés des lettres destinées pour chaque Paroisse, et le Buraliste de chacune de ces Paroisses ne pourra ouvrir d'autre paquet que celui qui sera à son adresse.

XV. Chaque Buraliste tiendra son Postillon prêt à l'heure qui sera indiquée, afin que la marche ne soit jamais retardée.

XVI. Les Habitans de la campagne pourront envoyer leurs lettres pour l'Europe ou pour tout ailleurs, aux lieux d'où partiront les Bâtimens, en affranchissant le port jusqu'auxdits lieux, faute de quoi elles seront mises au rebut.

XVII. Le Directeur des Postes établira des Bureaux dans les principaux Quartiers de Sainte-Lucie ; il y enverra les lettres de la Martinique et autres lieux, et il distribuera à la Martinique celles qui y viendront de Sainte Lucie.

XVIII. Les Maîtres des Paquebots de la Guadeloupe porteront leurs lettres et paquets au Bureau-général, qui leur payera 7 s. 6 d. pour chaque. et qui les distribuera ensuite sur le pied du tarif. Défendons auxdits Maîtres d'en disposer autrement, sous les peines portées par l'article II.

XIX. Seront franches de port toutes les lettres contre-signées de nous, Général et Intendant ; celles qui nous seront adressées ; celles qui le seront au Commandant en second, au Major-général, au Procureur-général, au Subdélégué-général et à nos premiers Secrétaires. Seront pareillement franches de port les lettres sur lesquelles le Procureur-général écrira de sa main et signera ces mots : *pour le service.*

XX. Ceux qui écriront pour des procès à Messieurs du Conseil Souverain, affranchiront leurs lettres, sans quoi elles leur seront renvoyées avec double port.

XXI. Toutes les lettres qui auront resté pendant trois mois dans les Bureaux particuliers sans être réclamées, seront renvoyées au Directeur-général, qui les joindra à celles qui se trouveront dans son Bureau ; il fera du tout un état qu'il affichera dans toutes les Paroisses de l'île ; et un mois après, celles qui ne seront point retirées seront brûlées.

XXII. Toute personne, de quelque qualité et condition qu'elle soit, qui serait convaincue d'avoir soustrait ou intercepté quelque lettre, sera poursuivie extraordinairement et punie suivant la rigueur des Ordonnances.

XXIII. Le Directeur-général sera exempt de Milice et de Capitation, pour lui et 8 de ses nègres.

Les trois Receveurs-principaux et tous les Buralistes particuliers jouiront de l'exemption de Milice et de Capitation pour leurs nègres employés au service seulement.

Tarif des Ports de Lettres.

1°. Les lettres venant de France, qui seront distribuées dans le lieu où aura mouillé le Bâtiment, seront payées 7 s. 6 d.

Celles qui seront pour les autres Quartiers, seront payées 15 s. Elles seront étampées d'un F.

2°. Celles qui viendront de la Guadeloupe, seront payées 15 s. Celles qui seront pour les différens Quartiers de l'île, ne payeront pas davantage. Elles seront étampées d'un G.

3°. Chaque lettre ordinaire de la correspondance de l'île, celles venant de Sainte-Lucie, ainsi que celles qui y seront distribuées, payeront 7 s. 6 d.

4°. Les paquets qui seront distribués par la Poste dans l'intérieur de l'île, qui peseront depuis une once jusqu'à 4, payeront 22 s. 6 d.

Ceux qui peseront depuis 4 onces jusqu'à 8, payeront 30 s.

Et au-dessus jusqu'à une livre, 45 s.

Ceux qui peseront au-dessus d'une livre, ne pourront être envoyés par la Poste.

5°. Les Directeurs, Receveurs-principaux et Commis des Bureaux se conformeront au tarif ci-dessus, à peine en cas de contravention, d'être punis comme concussionnaires.

Réglement de la Poste, fixant les jours de Départ, de Retour, les Routes et l'heure à laquelle chaque Postillon arrivera dans les différentes Paroisses de l'île.

GRANDE ROUTE.

Départ de St-Pierre à la Trinité, par la Basse-Pointe.		*Retour de la Trinité à St.-Pierre, par Ste.-Marie.*	
Le vendredi, à	5 h. m.	Le mardi, à	5 h. m.
A la Basse-Pointe,	10	A Sainte-Marie,	7

A la Grand'Anse,	à midi.
Au Marigot,	2 h. s.
A Sainte-Marie,	4
A la Trinité,	6

De St.-Pierre à la Trinité, par le Fort-Royal et autres Quartiers de l'île sous le vent.

Le vendredi, à	5 h. m.
Au Carbet,	6
A la Case-Pilote,	8
Au Fort-Royal,	11
Au Lamentin,	2 h. s.
Au Trou au-Chat,	3
A la Rivière-Salée,	4
A Sainte-Luce,	6
Le samedi, à la Rivière-Pilote,	7 h. m.
Au Marin,	9
Au Vauclin,	à midi.
Au François,	2 h. s.
Au Robert,	4
A la Trinité,	6

Au Marigot,	9 h. m.
A la Grand'Anse,	11
A la Basse-Pointe,	1 h. s.
A Saint-Pierre,	6

De la Trinité à St.-Pierre, par le Robert et Quartiers sous le vent.

Le mardi, à	5 h. m.
Au Robert,	7
Au François,	9
Au Vauclin,	11
Au Marin,	1 h. s.
A la Rivière-Pilote,	3
A Sainte-Luce,	5
A la Rivière-Salée,	7
Le mercredi, au Trou-au-Chat,	6 h. m.
Au Lamentin,	8
Au Fort-Royal,	10
A la Case-Pilote,	1 h. s.
Au Carbet,	3
A Saint-Pierre,	4

ROUTES DE TRAVERSE.

DÉPART.

De St.-Pierre au Prêcheur.

Le Buraliste du Prêcheur enverra son Postillon, le jeudi à 4 h. du soir, à Saint-Pierre, avec ses lettres pour les différens Quartiers de l'île, et il remportera celles pour sa Paroisse.

Du Macouba à la Basse-Pointe.

Le Buraliste du Macouba enverra son Postillon le vendredi matin, à la Basse-

RETOUR.

De la Tartane à la Trinité.

Le Buraliste de la Tartane enverra, le lundi au soir, son Postillon à la Trinité, avec ses lettres pour les différentes Paroisses de l'île.

Du Macouba à la Basse-Pointe.

Le Postillon du Macouba se rendra, le mardi à une h. après midi, à la Basse-Pointe, avec les lettres qu'il aura pour Saint-Pierre et le Fort,

DÉPART.

Pointe, avec les lettres qu'il aura pour les différens Quartiers de l'île, il faut qu'il y arrive avant 10 h., afin que le Courrier puisse se charger de ses lettres, et il emportera celles pour sa Paroisse.

Du Lamentin à la Trinité.

Outre le Postillon pour le Trou-au-Chat, il en partira un en même-tems pour le Gros-Morne à 2 h. du soir.

Au Gros-Morne, à	5 h. s.
A la Trinité, à	7

Du Saint-Esprit à la Rivière-Salée.

Le Postillon du St.-Esprit se rendra, le vendredi à 4 h. après midi, à la Rivière-Salée, avec les lettres pour les différens Quartiers, et emportera celles pour sa Paroisse.

De la Rivière-Salée au Diamant.

De la Rivière-Salée, le samedi, à	5 h. m.
Aux Trois-Islets,	7
— Anses-d'Arlets,	10
Au Diamant,	à midi.

Du Marin à Sainte-Anne.

Le Buraliste de Ste.-Anne fera partir son Postillon, le samedi à 7 h du mat., pour être rendu à 9 h. au Marin, avec les lettres qu'il aura pour le Marin, le Vauclin,

RETOUR.

Royal, et emportera celles pour sa Paroisse.

De la Trinité au Fort-Royal.

De la Trinité, le mardi, à	5 h. m.
Au Gros-Morne,	7
Au Lamentin,	10
Au Fort-Royal,	à midi.

De Sainte-Anne au Marin.

Le Postillon de Ste.-Anne se rendra, le mardi à une h. après midi, au Marin, avec ses lettres pour les Quartiers jusqu'à Saint-Pierre, et emportera celles pour sa Paroisse.

Du Diamant à la Rivière-Salée.

Du Diamant, le mardi,	à midi.
Aux Anses-d'Arlets,	2 h. s.
Aux Trois-Islets,	5
A la Rivière-Salée,	7

Du Saint-Esprit à la Rivière-Salée.

Le Postillon du St.-Esprit se rendra, le mardi à 7 h. du soir, à la Rivière-Salée, avec les lettres qu'il aura pour les Quartiers jusqu'à Saint-Pierre, et emportera celles pour sa Paroisse.

Du Prêcheur à St.-Pierre.

Le Buraliste du Prêcheur enverra son Postillon, le

DÉPART.	*RETOUR.*
le François, le Robert et la Trinité, et emportera celles pour sa Paroisse.	jeudi après midi, avec les lettres qu'il aura pour les différens Quartiers de l'île, et emportera celles pour sa Paroisse, en retour du Courrier-général.
De la Trinité à la Tartane.	
Le Buraliste de la Tartane enverra, le samedi au soir, son Postillon coucher à la Trinité, et en repartira le dimanche de grand matin, avec les lettres de sa Paroisse.	

OBSERVATIONS.

Les lettres pour le Fort-Royal, le Lamentin, la Rivière-Salée et autres lieux où vont les Canots-passagers, partiront tous les soirs, comme il est dit par l'article VIII.

Les deux nègres Postillons qui partiront de St.-Pierre pour la Trinité, le vendredi à 5 h. du matin, l'un par la Basse-Pointe et l'autre par le Carbet, arriveront à la Trinité, le premier, le vendredi au soir, et l'autre, le samedi au soir : on aura deux jours pour répondre, et le mardi à 5 h. du matin, trois Postillons partiront en même-tems de la Trinité, l'un pour Saint-Pierre, par Sainte-Marie ; le second pour le Fort-Royal, par le Gros-Morne et le Lamentin, qui arriveront tous les deux à leur destination le même jour ; et le troisième pour le Fort-Royal et Saint-Pierre, par le Robert, etc., arrivera à Saint-Pierre le mercredi au soir.

La distribution des lettres se fera le jeudi à 8 h. du matin, au moyen de quoi un chacun aura le tems de répondre dans la journée.

Le Bureau du Lamentin aura deux nègres Postillons, qui partiront en même-tems, l'un pour le Gros-Morne, et l'autre pour le Trou-au-Chat ; et le mardi en retour, il fera partir sans retard, pour le Fort-Royal, les lettres qu'il recevra par le Courrier de la Trinité.

Le Bureau de la Rivière-Salée aura également deux Postillons qui partiront, l'un le vendredi à, 5 h. du soir, pour Sainte-Luce, et l'autre, le samedi à 5 h. du matin, pour le Diamant, par les Trois-Islets.

Le Buraliste du Diamant fera partir son Postillon pour la Rivière-Salée, en retour, le mardi à midi, par les Anses-d'Arlets, afin que les lettres soient rendues à la Rivière-Salée, le mardi à 7 h. du soir, où se trouvera le grand Courrier, qui prendra ses lettres, en lui remettant celles pour ces trois Paroisses.

Prions Messieurs du Conseil Souverain, etc.

Donné à la Martinique, le 4 mars 1766.

Signé, D'ENNERY et le Président de PEINIER.

Enregist. au Conseil Souverain.

(Nº. 352.) *ORDONNANCE de MM. les Général et Intendant, sur l'Imposition.*

Du 12 mars 1766.

L'INTENTION de *S. M.*, sur la forme d'imposition à établir dans ses Colonies, était de la rendre uniforme dans toutes les îles du vent, et que les mêmes objets fussent également imposés dans les unes comme dans les autres : mais les éclaircissemens qu'elle avait demandés à ce sujet n'ayant pas été fournis assez à tems, Elle a pris le parti de renvoyer à l'année prochaine cet arrangement général, et de faire dresser provisoirement un tableau particulier de l'imposition à lever pour la présente année. Ce tableau, qui nous a été envoyé signé de *S. M.*, et que nous avons fait enregistrer à la dernière séance du Conseil Souverain, sera la base et la règle de l'imposition dont nous allons ordonner la perception.

Par ce tableau, l'impôt se trouve assis sur chaque nature de choses, et chaque qualité de personnes, de manière que chacun paie en proportion de son état et de ses richesses,

C'est

C'est une satisfaction pour nous d'annoncer à la Colonie, la diminution que le Roi a bien voulu faire de la somme de 300,000 liv. argent des îles, en même tems que *S. M.* accorde le rétablissement des exemptions pour les privilégiés. Cette faveur, plus flatteuse en ce qu'elle montre la bienveillance de *S. M.* pour cette Colonie, ne peut manquer de nourrir l'amour, et exciter la reconnaissance dont nous sommes persuadés que chacun s'efforcera de donner des preuves en toute occasion.

Lorsque la Caisse du Domaine aura été remplie des 900,000 liv. auxquelles le Roi a réduit le montant de l'imposition, l'intention de *S. M.* est que l'excédant soit versé dans la Caisse des Nègres justiciés, pour aider au paiement des sommes que cette Caisse doit ou pourra devoir aux Habitans; et *S. M.* trouve bon que l'Intendant de la Colonie, conformément au consentement qu'il y a donné, communique à la Chambre d'Agriculture, le tableau de l'imposition, et de la recette qui en sera faite au Domaine; et qu'il lui en remette un état à la fin de l'année, de même qu'au Conseil Souverain, qui doit avoir connaissance de ce qui sera versé dans la Caisse des Nègres justiciés, dont il a l'administration: cette communication ne doit avoir lieu cependant, suivant l'intention du Roi, que pour la recette de 1766 seulement, parce qu'il ne sera pas demandé à l'avenir de somme fixe en imposition, mais qu'il sera imposé une somme fixe sur les choses ou sur les personnes.

Rien n'est plus juste et plus conforme à notre façon de penser, que de communiquer à la Colonie le produit des recettes qui auront été faites en la présente année ; M. le Président de Peinier s'en était fait une loi dans son administration à la Guadeloupe, et son intention a toujours été de la suivre à la Martinique.

Les arrangemens qu'a pris S. M. pour pourvoir aux non-valeurs dans la perception, nous donne les moyens d'avoir égard au peu de faculté des Maîtres qui n'auront d'autres revenus que le produit du loyer de leurs Esclaves, et à la pauvreté des Nègres et Mulâtres affranchis, qui étant compris dans la taxe, se trouveraient hors d'état d'y satisfaire, lorsque leur situation nous sera bien constatée ; mais le Gouvernement sévira rigoureusement contre tous ceux qui commettront des fraudes dans les dénombremens de leurs Esclaves ; et à cette occasion il sera publié incessamment une Ordonnance relative à la Déclaration du Roi du 3 octobre 1730.

Nous avons vu avec étonnement que plusieurs Habitans dans les différens Quartiers de l'île, n'aient point donné leur Dénombrement pour la présente année, malgré nos Ordonnances, et les différens avertissemens que nous avons fait publier à ce sujet, et qu'il y eût plusieurs possesseurs de Maisons dans les Bourgs de la Colonie, qui n'en eussent point fait leur déclaration, comme ils y sont obligés ; et d'autres qui eussent caché le produit véritable des loyers qu'ils en retirent, pour diminuer les droits qu'ils doivent payer, ce qui ne saurait être regardé que comme un vol fait à la Colonie. Nous avons averti les uns et les autres, par des affiches, et par des nouveaux avis que nous leur avons fait donner par les Commandans de chaque Paroisse, qu'ils eussent à se mettre en règle au plutôt, pour éviter les poursuites et les condamnations qu'ils ont encourues. Nous ne voulons point leur laisser ignorer que nous avons les preuves certaines des fausses déclarations qui ont été faites, et que nous sommes déterminés à les punir avec la sévérité qu'elles méritent, si l'on ne profite pas du délai que nous avons donné aux délinquans pour réparer leurs fraudes.

Il ne nous reste plus qu'à rédiger par articles, le contenu en l'état du Roi pour l'imposition, afin que chacun indistinctement ait à s'y conformer.

A CES CAUSES, Nous, etc., ordonnons et statuons ce qui suit :

ART. Ier. Tous les Esclaves de la Martinique, depuis l'âge de 14 ans jusqu'à 60 inclusivement, attachés aux Manufactures à sucre, seront imposés à 15 liv. par tête, pour la présente année, sur les derniers Dénombremens qui doivent avoir été fournis.

II. Les Esclaves des Habitans cultivateurs de Café, Coton, Manioc et autres Vivres, seront taxés à 10 liv. par tête, conformément au contenu en l'article précédent.

III. Les Esclaves des Ville et Bourgs, autres que ceux qui sont attachés à la culture, soit ouvriers, domestiques ou servant à loyer et à la journée, porteurs de bracelets, seront taxés à 20 liv. indistinctement, par tête, aussi pour l'année entière, suivant le Dénombrement qui en aura été fourni.

IV. Les Nègres et les Gens de couleur libres ou affranchis, seront taxés à 15 liv. par tête, conformément au précédent article.

V. Tous les Blancs européens non ouvriers domiciliés dans cette île, seront taxés à 9 liv. par tête.

VI. Les Blancs européens ouvriers, ne seront taxés qu'à 6 liv. par tête.

VII. L'Ordre du Roi portant une taxe sur l'industrie, ceux qui sont dans le cas de la supporter, tels que les Commissionnaires du pays, ceux de France, les Armateurs et Négocians pour leur compte, les Capitaines marchands, Géreurs de cargaisons, Marchands-détailleurs, les Artisans de toute espèce, les Notaires, Procureurs, Huissiers, les Médecins, Chirurgiens, Droguistes et Distillateurs, paieront lesdits impôts à raison de 4 pour cent du loyer des Maisons qu'ils occupent, indépendamment du droit imposé sur les loyers des Maisons en général; et ceux compris dans la liste ci-dessus, qui habiteront des Maisons dont ils seront Propriétaires, paieront l'impôt sur l'évaluation qui sera faite de ce que leurs Maisons pourraient produire de loyer, si elles étaient affermées.

VIII. Les loyers des Maisons seront taxés à 4 pour cent, soit qu'elles soient louées ou qu'elles soient occupées par les Propriétaires mêmes; seront cependant déchargés dudit droit de 4 pour cent, les Maisons qui seraient plus de trois mois sans être louées, et ce, pour le tems qu'elles resteront en cet état.

IX. Le produit de la taxe sur tous les Aubergistes, Cabaretiers, ou Gens vendant du Vin dans les Ville et Bourgs, et dans toutes les Cabanes, suivant que ladite taxe aura été réglée par le Gouverneur et l'Intendant, continuera de faire partie de la présente imposition.

X. Les droits sur l'exportation feront également partie de la présente imposition, et continueront d'être perçus comme ci devant et sur le même pied d'un pour cent sur les Sucres, Cafés, Cotons, Cacaos, Indigos et Gingembres.

XI. Toutes les Marchandises, sans exception, qui seront importées de France ou de l'étranger, dans cette Colonie, paieront le même droit d'un pour cent, et feront également partie de l'imposition.

XII. La Morue étrangère paiera comme dans l'année précédente, un droit de 8 liv. par quintal, à son entrée dans cette Colonie, tant que *S. M.* trouvera bon d'en permettre l'introduction.

XIII. Les gros Sirops et Tafias seront soumis seulement au droit de trois pour cent, à leur sortie de la Colonie pour passer à l'étranger; lequel droit sera perçu pour le compte des Fermiers-généraux qui doivent en jouir, et ne fera point par conséquent partie de la présente imposition.

XIV. Tous les droits seigneuriaux et domaniaux, tels que les épaves et aubaines, les bâtardises, les déshérences, les biens vacans non réclamés, les amendes, les confiscations et autres, appartenans à *S. M.*, continueront d'être perçus comme par le passé, le cas y échéant, et seront réservés à *S. M.*, sans être censés faire partie de la présente imposition.

XV. Ceux qui par la nature de leurs biens, ou par les privilèges particuliers de leur état et de leurs charges, sont dans le cas des exemptions, en jouiront à l'avenir, ainsi qu'ils en avaient joui, ou dû jouir par le passé, conformément à la Déclaration du Roi du 3 octobre

1730, laquelle fixe la quotité de chaque exemption, suivant les états et les grades, à la charge par les privilégiés de remettre au Bureau du Domaine du Roi une copie en forme probante des titres en vertu desquels ils prétendront l'exemption ; et faute d'y avoir satisfait, ils en seront privés.

XVI. Ceux qui seront dans le cas de jouir de l'exemption de la Capitation, n'en pourront jouir sous deux qualités; mais ils jouiront de la plus forte exemption, laquelle néanmoins n'aura lieu que pour le nombre effectif d'esclaves ou domestiques qui seront à leur service : au cas que ce nombre soit au-dessous de celui porté par l'exemption qu'il sera fondé de prétendre, faisons défenses à toutes personnes d'en emprunter ou prêter, pour profiter de ladite exemption, à peine de confiscation des esclaves prêtés, et de 500 liv. d'amende contre chacun de ceux qui auront prêté ou emprunté lesdits esclaves ; le tout en conformité de la susdite Déclaration du Roi.

XVII. Tous les Habitans indistinctement, seront tenus de faire tous les ans leur déclaration de toutes les personnes qui composent leurs maisons, communautés et habitations, laquelle déclaration ils certifieront véritable, et la remettront dans le mois de novembre de chaque année, au Receveur du Domaine de leurs Quartiers, qui leur en donnera sa reconnaissance au bas de copie d'icelle ; et faute d'y satisfaire dans ledit tems, les privilégiés défaillans, seront privés pour l'année suivante, de l'exemption de Capitation ; et les autres Habitans, aussi défaillans, condamnés en 100 liv. d'amende chacun, sans que lesdites peines puissent être réputées comminatoires, conformément à la susdite Déclaration du Roi.

XVIII. Les Habitans ou autres qui seront dans le cas de former de nouveaux établissemens, jouiront pour deux années de l'exemption de Capitation, pour la quantité de Nègres qu'ils y emploieront, suivant la déclaration qu'ils auront faite pardevant l'Intendant, le Commissaire-ordonnateur, ou le Subdélégué de la Colonie, sur laquelle ils régleront préalablement le nombre de Nègres nécessaires pour les défrichemens du terrein destiné au nouvel établissement, laquelle Déclaration avec l'Ordonnance de l'Intendant ou de celui qui le représentera, seront signifiées au Directeur du Domaine ou à son Commis, le tout relativement à la susdite Déclaration du Roi.

XIX. L'imposition que nous établissons par la présente Ordonnance sur les têtes d'Esclaves, étant acquise au Domaine du Roi, du 1er. janvier, elle sera payée d'ici au 1er. mai prochain, en un seul paiement, à défaut de quoi, les redevables seront contraints par toutes les voies de droit, même par corps, et par la saisie et vente des Nègres sans distinction, pour les impositions qui regardent les Nègres ; et à l'égard de l'impôt sur les Maisons, les reliquataires seront soumis aux mêmes peines.

XX. La présente Ordonnance sera enregistrée au Greffe de l'Intendance, et au Bureau-général du Domaine du Roi, lue, etc.

Donné à la Martinique, le 12 mars 1766. *Signé*, D'ENNERY et le Président de PEINIER.

(N°. 353.) *Extrait d'une Dépêche ministérielle de M.* le Duc de Choiseul, *sur une Indemnité de 5 pour 100 accordée aux Gardes-Magasins des Vivres dans les Colonies.*

Du 20 avril 1766.

Le Ministre mande à M. de Moissac, Intendant à la Guadeloupe, qu'il ne peut qu'approuver l'arrangement proposé par M. de Peinier, qui est d'accorder aux Gardes-magasins une indemnité de 5 pour 100 pour les déchets des Farines, Salaisons et Légumes, afin d'éviter les comptes d'avaries et coulages, qui sont toujours très-onéreux au Roi; qu'il y aura économie; qu'on pourra toujours, par ce moyen, compter sur les Approvisionnemens, et qu'il n'est question que de tenir la main à l'exécution de cet arrangement.

(N°. 354.) *Ordonnance de MM. les Général et Intendant, concernant les Fraudes dans les Dénombremens.*

Du 12 mai 1766.

L'équité que le Roi a voulu être gardée dans la répartition des impôts, ne pouvant l'être en effet ici que par la fidélité dans les dénombremens qui sont fournis au Domaine, il est de notre devoir d'employer toutes les précautions qui peuvent assurer cette fidélité.

Ceux qui la blessent ne manquent pas seulement à ce qu'ils doivent à la vérité et au Roi, ils commettent un vol, en rejetant leur charge sur ceux dont les dénombremens sont fidèles. cette injustice envers leurs compatriotes est répé-

tée

tée dans toutes les dépenses publiques qui se règlent sur le nombre des noirs. Les moyens qui préviendront cette lésion sont donc autant réclamés par notre amour pour la Colonie, que par le zèle que nous portons au service du Roi. Ces moyens (s'ils atteignent à leur fin) en faisant connaître exactement tous les noirs qui sont dans chaque Maison ou Habitation, préviendront le recèlement des nègres marrons, qui cause un si grand préjudice aux Habitans.

A CES CAUSES, Nous, etc, pour mieux assurer l'exécution de la Déclaration du Roi du 3 octobre 1730, articles XV et XVI, statuons et ordonnons ce qui suit :

ART. Ier. Nous autorisons les Directeurs et autres Commis du Domaine à se transporter dans les Maisons et Habitations de toutes personnes, de quelques qualités et conditions qu'elles soient, pour en vérifier les dénombremens.

Ordonnons auxdits Visiteurs d'arrêter et saisir tous les esclaves qui ne seront point déclarés, à l'effet de quoi ils prieront Messieurs les Commandans des lieux, de leur donner des détachemens de Troupes suffisans.

II. Pourront les employés du Domaine prendre communication, sans se déplacer, soit aux Greffes ou chez les Curés, des registres baptistaires et mortuaires; et chez les Notaires, de tous les inventaires et partages qui ont été faits dans le courant de l'année dernière, et seront tenus les Curés, Greffiers et Notaires, de leur en délivrer les extraits qu'ils requerront concernant les droits de capitation.

III. Enjoignons aux Notaires de délivrer à

l'avenir au Directeur du Domaine du lieu, les expéditions par extrait, des inventaires et partages qu'ils feront, quant aux esclaves seulement, au plus tard dans la huitaine de la clôture desdits inventaires et partages, lesquelles expéditions leur seront payées suivant le Tarif.

IV. Enjoignons aussi aux Greffiers de délivrer aux Directeurs du Domaine, dans le même délai, et aux mêmes charges et conditions, les états, d'eux certifiés, contenant les noms, surnoms et âges des esclaves attachés aux Habitations qui seront vendues par décret, licitation ou autorité de Justice, et aux Notaires d'annexer aux minutes des ventes d'habitations ou baux et conventions, dont ils passeront les actes, l'état contenant les noms, surnoms et âges des nègres qui y sont attachés, et d'en délivrer des expéditions au Directeur du Domaine.

V. Ordonnons pareillement que, dans le même délai de huitaine, il sera délivré au Directeur du Domaine du lieu, à la diligence du Procureur du Roi, les états contenant les noms, surnoms et âges des nègres des mineurs et autres, dont les baux seront faits judiciairement, soit qu'ils soient attachés aux Habitations ou loués séparément, et enfin des nègres qui seront vendus par autorité de Justice, saisis ou autrement; lesquels états seront certifiés par l'Huissier ou Sergent-crieur, pour être conformes à la minute, visés par le Procureur du Roi, à peine d'interdiction de trois mois et de 100 livres d'amende contre les Huissiers ou Sergens qui contreviendront.

VI. Ordonnons à tous Capitaines négriers, Géreurs de Cargaisons et aux Marchands qui feront des partis de nègres pour les revendre, de remettre au Directeur du Domaine du lieu de leur vente, dans le mois après icelle, pour tout délai, un état certifié du nombre de nègres qu'ils auront vendus à chaque Habitant ou autre qui sera dénommé, en distinguant les hommes, les femmes, les négrillons et négrittes, à peine de 1,000 liv. d'amende contre lesdits Capitaines, Géreurs et Marchands.

VII. Enjoignons à tous les Habitans qui auront des nègres portant le même nom, de les distinguer par des surnoms dans leurs dénombremens, à peine de confiscation des esclaves qui n'auront pas été ainsi distingués, au profit du Roi.

VIII. Le nombre des noirs déclarés par chaque Habitant, sera à l'avenir sur un tableau exposé dans la salle où se tiennent les assemblées des Paroisses, et au Bureau du Domaine.

IX. Lorsque les Directeurs du Domaine, sur les expéditions et états ci-dessus ordonnés et par les vérifications prescrites, découvriront des infidélités dans les dénombremens, ils poursuivront les Habitans qui les auront commises ou leurs Héritiers, pour obtenir la confiscation des nègres recélés, et l'amende portée par la Déclaration du Roi, soit que lesdits nègres soient en âge de payer la capitation ou dans l'âge qui les en exempte.

Prions Messieurs du Conseil Souverain, etc.

Donné à St.-Pierre Martinique, le 12 mai 1766. *Signé*, D'Ennery et le Président de Peinier.

Enregist. au Conseil Souverain.

(N°. 355.) *COMPTE rendu par M. l'Intendant, du produit des Impositions levées sur la Colonie, pendant l'année 1765.*

Du 14 mai 1766.

CE jour, le Conseil Souverain étant assemblé, Monsieur le Président de Peinier est entré, et, ayant pris séance, a dit :

« MESSIEURS,

« J'ai l'honneur de communiquer au Conseil « Souverain l'état de ce qu'a produit dans la « Caisse du Roi, la perception de l'Imposition « de l'année 1765, dont l'administration m'est « confiée.

« J'ai cru devoir au zèle avec lequel les Ha- « bitans de la Martinique ont rempli les inten- « tions du Roi, pour les sommes qu'il a exigé « de cette Colonie, la satisfaction de leur faire « connaître la situation actuelle à l'égard de « cette imposition.

« L'on se fait honneur de rendre publique « une administration qui n'a d'autre objet que « de remplir avec la plus grande exactitude, les « intentions de *S. M.* La Martinique vient d'é- « prouver ses dispositions favorables pour elle ; « c'est m'y conformer que d'entrer dans les dé- « tails que j'ai voulu mettre sous ses yeux. J'ai « suivi à la Guadeloupe le plan de conduite que « je tiens aujourd'hui à la Martinique, et j'ai « toujours pensé qu'il était juste d'instruire les « Colons et ceux qui contribuent aux imposi- « tions, de ce qu'elles rapportent à la Caisse du « Roi. C'est en quelque façon alléger les charges

« que de mettre ceux qui sont obligés de les
« porter, en état de connaître qu'elles ne sont
« que ce qu'elles ont dû être. Je me flatte que
« cette attention (en même-tems qu'elle satis-
« fait ma délicatesse), ne pourra qu'être agréable
« à la Colonie : elle verra que la perception a
« donné 76,158 liv. 13 s. 9 d., au-delà des
« 1,200,000 l. qu'elle avait à payer ; il lui en
« sera tenu compte sur l'imposition de l'année
« courante.

« Cet excédant aurait été plus considérable,
« si nous n'avions eu égard, M. le Général et
« moi, à la situation des Contribuables, dont
« plusieurs étaient hors d'état de supporter au-
« cune taxe, et quelques autres qui pouvaient à
« peine en supporter une partie : nous avons
« suivi en cela les mouvemens de notre cœur,
« et ce qui nous était prescrit sur cet article par
« l'Arrêt du Conseil d'Etat : nous nous y som-
« mes déterminés avec d'autant plus de plaisir,
« que nous avons reconnu que c'était le vœu
« des principaux Habitans.

« L'imposition de 8 liv. par quintal sur la
« Morue étrangère a rendu la somme de 82,465
« liv. 16 s., depuis le 1er. avril 1765, que l'en-
« trée en a été permise, jusqu'au 31 décembre
« de la même année. *S. M.* a ordonné que le
« produit en fut employé à acquitter les dettes
« contractées anciennement pour son service à
« la Martinique.

« C'est à vous, Messieurs, que j'ai voulu
« confier ces détails intéressans pour la Colonie,
« desirant que ce soit par vos soins qu'elle en
« ait connaissance. „

La matière mise en délibération, et vu l'état

sommaire du produit de la capitation de l'année 1765, certifié du Sieur Levacher de Boisville; et visé de M. le Président de Peinier;

La Cour ordonne que ledit état sera enregistré sur le registre particulier des enregistremens d'icelle, et l'original déposé au Greffe.

Ordonne que le présent Arrêt, ensemble ledit état, seront imprimés et envoyés dans toutes les Paroisses de l'île, pour être rendus publics.

Fait audit Conseil Souverain, le 14 mai 1766.

(Suit le Résumé du Compte rendu.)

	liv.	s.	d.
Montant de la Capitation des quatre départemens de l'île, suivant les rôles divisés	964,780		
Montant des décharges, réductions et non-valeurs . .	199.267	14	
Montant de la recette effective desdits départemens . .	765,512	6	
Droit de 5 pour 100 sur les loyers des maisons	67 980	1	6
Droit d'un pour 100 d'entrée et de 50 liv. de poudre .	99,350		11
Droit d'un pour 100 de sortie	228,939	10	3
Droit de 5 l. par barrique de tafia	13,057	10	
Droit de 3 l. par barrique de sirop ou melasse. . . .	14,983		
Droits de cabarets . . .	86,336	5	1
TOTAL . . .	1.276,158	13	9
Droit de 8 l. par quintal de morue, à compter du 1er. avril jusques et compris le 31 décembre 1765.	82,465	16	

(N°. 356.) *ORDONNANCE de MM. les Général et Intendant, concernant l'Incendie arrivé à la Ville du Fort-Royal, dans la nuit du 19 au 20 mai 1766.*

Du 21 mai 1766.

LES secours les plus prompts et les plus actifs des Troupes du Roi n'ayant pu empêcher que l'Incendie arrivé à la Ville du Fort-Royal, dans la nuit du 19 au 20 de ce mois, ne fut très-considérable, quoiqu'enfin elles soient parvenues à en arrêter les progrès, nous ne pouvons que gémir sur un événement aussi cruel et plaindre les malheureux Citoyens, dont la fortune se trouve entièrement anéantie par cet Incendie.

Nous ne bornerons pas cependant à de simples regrets notre zèle et les preuves de notre amour, pour une Ville dont l'administration nous est confiée et qui nous intéresse par tant de motifs, nous prendrons donc sur nous, ce que nous croirons devoir faire en leur faveur, dans la confiance où nous sommes, que le meilleur des Rois, ne pourra qu'approuver que nous ayons été, dans cette occasion, les interprètes de ses sentimens paternels pour des Sujets dignes de sa commisération et de ses bontés; nous ne doutons même pas que, sur le tableau de cet événement, que nous mettrons sous ses yeux, et sur les demandes que nous prendrons la liberté de lui faire à ce sujet, il n'ajoute à ce que nous aurons accordé de nous-mêmes, des marques plus fortes de sa bienfaisance.

Après avoir pourvu à la subsistance et aux logemens de ceux qui sont aujourd'hui entièrement hors d'état de se procurer l'un et l'autre; nous donnerons tous nos soins au recouvrement des effets qui auront été soustraits et enlevés aux Propriétaires, à la faveur du désordre qui suit toujours les incendies, et nous prendrons pour y parvenir plus sûrement, les moyens usités en pareil cas.

Nous veillerons en même-tems à ce qu'on ne se prévale pas du malheur public, pour augmenter le prix du loyer des maisons et celui des matériaux qui doivent servir à rétablir les bâtimens qui ont été consumés par les flammes; nous favoriserons enfin par tous les moyens possibles, le rétablissement du Quartier de la Ville qui a été incendié, en accordant à ceux qui auront le zèle et la force de l'entreprendre, toutes les douceurs qui pourront les encourager et les aider, dans un dessein si utile et si louable.

A CES CAUSES, Nous etc., statuons et ordonnons ce qui suit :

ART. Ier. Nous prenons sur nous d'accorder, en considération des pertes occasionnées par l'Incendie, le montant de l'Imposition qui doit être perçue sur la Ville du Fort Royal, pour l'année courante, tant du produit de la capitation, que de celui du loyer des maisons et de celui de l'industrie.

II. La répartition de la somme accordée par l'article ci-dessus, sera faite, non au sol la livre, sur la valeur des maisons et magasins incendiés, mais eu égard au manque de facultés et de ressources de ceux dont les bâtimens auront été brûlés, ou des Locataires qui les occupaient, et qui y ont perdu leurs effets; laquelle répartition sera faite par des Commissaires que nous choisirons à cet effet.

III. Nous accordons une exemption de toute capitation et imposition sur les maisons, tant aux Propriétaires qu'aux Locataires des maisons incendiées, pour la présente année seulement.

IV. Nous ferons fournir dans les Casernes du Roi, des logemens *gratis*, à ceux qui en auront besoin, jusqu'à ce qu'ils aient pu s'en procurer.

V. Nous ferons délivrer dès-à-présent, aux dépens du Roi, à tous ceux qui seront hors d'état actuellement de se procurer leur subsistance, de quelqu'état et condition qu'ils soient, de la Farine et du Bœuf, pour le tems que nous jugerons leur être suffisant pour pouvoir se mettre en état de se passer de ce secours.

VI. Le desir que nous avons de procurer plus de secours à tous ceux qui ont souffert par l'Incendie, nous a déterminé à permettre qu'il fût fait une quête dans toutes les Paroisses de ce Gouvernement, dont le produit sera destiné à cet objet : nous ordonnons en conséquence à tous les Préfets-Apostoliques des différentes Missions de cette Colonie, de faire publier ladite quête, chacun dans les Paroisses de sa dépendance, à la Messe paroissiale et au second Dimanche d'après la publication des présentes, dont nous leur ferons délivrer des exemplaires, et ils chargeront les Curés de leur Mission d'exciter, autant qu'ils le pourront, le zèle de leurs Paroissiens, pour concourir à une œuvre de charité si méritoire.

VII. La quête ordonnée ci-dessus sera faite dans l'Eglise, à la Messe paroissiale ; elle sera faite également dans toutes les Habitations sans exception, pendant deux Dimanches consécutifs, par des principaux Habitans que le Curé priera de s'en charger. Nous ne doutons pas que tout le monde ne soit porté à contribuer à une si bonne œuvre.

VIII. Chaque Curé recevra le montant de la quête qui aura été faite dans sa Paroisse, et le fera passer au Préfet-Apostolique de la Mission des Capucins du Fort-Royal, qui nous en rendra compte, pour être ensuite distribué et employé conformément à la disposition de l'article II de la présente Ordonnance. Nous nous ferons un plaisir de faire part à toute la Colonie de ce qu'aura produit le zèle et la charité de chaque Paroisse.

IX. Les Propriétaires des maisons incendiées, ou ceux qui les représenteront pour les réédifier, jouiront de l'exemption de toute imposition, savoir : de trois années pour ceux qui rebâtiront dans le courant de la présente année.

De l'exemption de deux années, pour ceux qui ne réédifieront que dans le courant de l'année prochaine ; et il ne sera accordé que l'exemption d'une année seulement à ceux qui ne rebâtiront que dans l'année 1768, après laquelle il n'y aura plus d'exemption à prétendre.

X. Défendons à toutes personnes de prétendre des loyers, pour les maisons qu'ils possèdent, plus considérables que sur le pied de ceux qu'ils percevaient avant l'Incendie, et ce, pendant l'espace d'un an, à compter du jour de la publication des présentes, à peine de 1,000 d'amende contre les Contrevenans, applicables comme à l'article II.

XI. Ceux dont les maisons ont été incendiées, soit qu'ils en fussent Propriétaires ou simples Locataires, seront préférables, pour la présente année seulement, à tous autres, pour les loyers des maisons dont ils auront besoin, sans qu'on puisse en exiger de plus forts que ceux qu'on percevait avant l'Incendie.

XII. Les désordres et la confusion, inséparables des incendies, ayant occasionné des vols et soustractions de plusieurs effets, nous ordonnons que ceux qui auront en leur pouvoir aucuns desdits effets, ne leur appartenant pas, aient à en faire leur déclaration, dans 24 heures au plus tard, pardevant le Procureur du Roi de la Jurisdiction du Fort-Royal, et de déposer lesdits effets au Greffe de ladite Jurisdiction, pour être rendus à leur légitime maître, à peine de 1,000 d'amende, et d'être poursuivis criminellement comme voleurs et receleurs, pardevant les Juges ordinaires et à la diligence du Procureur du Roi, que nous autorisons à se pourvoir contre les Délinquans, par toutes les voies de droit, même par monitoires et censures ecclésiastiques, si le cas y échet.

Prions Messieurs du Conseil Souverain de la Martinique de faire enregistrer la présente, etc.

Donné au Fort-Royal Martinique, le 21 mai 1766. *Signé*, D'Ennery et le Président de Peinier.

Enregist. au Conseil Souverain.

(N°. 357.) *Arret en Réglement du Conseil Souverain, qui fixe le nombre et la compatibilité des Offices de Notaires, Procureurs et Huissiers.*

Du 12 juillet 1766.

Ce jour M. de Peinier, Président de la Cour, a dit que, depuis quelque tems, les offices de

Notaires, Procureurs et Huissiers s'étaient multipliés beaucoup au delà du nombre nécessaire pour l'expédition des affaires, d'où il arrivait que quelques-uns de ceux qui en étaient pourvus, ne trouvant point à se procurer par leur travail, un entretien honnête et légitime, cherchaient à y suppléer, soit en suscitant des affaires qui auraient pu facilement se concilier entre les parties, soit en multipliant inutilement et au détriment de ces mêmes parties, des frais qui les ruinaient ; que par un autre abus, non moins préjudiciable au bon ordre et provenant de la même source, quelques-uns de ces Officiers se trouvaient avoir réuni sur leurs têtes les offices de Notaires et Procureurs, malgré l'incompatibilité de ces différentes fonctions, d'où il résultait des inconvéniens très-contraires au bien de la Justice : que par ces considérations, il estimait très-nécessaire que la Cour se portât à faire un Réglement qui fixât pour l'avenir, d'une manière invariable, le nombre de ces Officiers, et qui forçât ceux d'entr'eux qui sont actuellement pourvus de ces deux offices, d'opter et de déclarer celui qu'ils entendent conserver ; la matière mise en délibération,

La Cour, etc., après s'être fait représenter les précédens Réglemens faits à ce sujet, notamment l'Arrêt du 13 juillet 1725, a réglé et arrêté que le nombre des Notaires demeurera fixé à l'avenir pour toute l'étendue de l'île, à 26 ; savoir : 8 dans la Jurisdiction du Fort-Royal ; 12 dans celle du Fort Saint Pierre, et 6 dans celle de la Trinité ; que le nombre des Procureurs demeurera fixé à 24 ; savoir : 8 dans la Jurisdiction du Fort-Royal ; 10 dans celle de Saint-Pierre, et

6 dans celle de la Trinité : qu'enfin le nombre des Huissiers et Sergens demeurera fixé à 28 ; savoir : 10 dans la Jurisdiction du Fort-Royal ; 12 dans celle du Fort Saint-Pierre, et 6 dans celle de la Trinité.

Déclare qu'il ne pourra à l'avenir, sous quelque prétecte que ce soit, être reçu aucun Notaire, Procureur et Huissier, au-delà du nombre fixé par le présent Réglement ; en conséquence ordonne que dans les Jurisdictions où il se trouve y en avoir actuellement un plus grand nombre, les premières places vacantes demeureront supprimées.

Ordonne en outre qu'aucune personne ne pourra à l'avenir être pourvue en même-tems des offices de Notaires et Procureurs : enjoint aux Officiers qui en sont actuellement pourvus, de faire leur option dans la quinzaine de la publication des présentes, entre les mains du Procureur-général du Roi ; faute de quoi ils seront déclarés déchus de l'un et de l'autre office à la prochaine séance de la Cour, se réservant la Cour de fixer le nombre d'Officiers qu'il conviendra d'établir dans la Jurisdiction de l'île Sainte-Lucie, après la tournée de MM. les Général et Intendant ; ordonne que le présent Arrêt, etc.

Fait au Conseil Souverain de la Martinique, le 12 juillet 1766.

(N°. 358.) *Arret en Réglement du Conseil Souverain, sur les Procureurs et les Huissiers.*

Du 12 juillet 1766.

La Cour, etc., faisant droit sur la requête respective des Procureurs et des Huissiers de la

Jurisdiction de St.-Pierre, en interprétant, en tant que de besoin serait, les Réglemens de la Cour des 10 janvier 1754 et 12 novembre 1756, ordonne que lesdits Procureurs demeureront maintenus dans le droit de dresser tous exploits iutroductifs d'instance et autres exploits dans le cours de l'instruction, contenant demande ou conclusion, sans toutefois aucune diminution du droit attribué aux Huissiers pour la signification; maintient également lesdits Procureurs dans le droit de copie de toutes pièces, écritures ou jugemens interlocutoires ou définitifs qui seront signifiés dans les procédures : déclare que l'article III du tarif de 1754, concernant le droit de copie att ibué aux Huissiers, ne doit être entendu que des pièces du ministère des Huissiers ou de celles qui leur seront remises, à signifier par les parties hors d'instance.

Fait défenses aux Procureurs de se tenir pour signifiés dans le cours de l'instruction, les pièces, écritures et Jugemens qui doivent être signifiés ; ordonne que lesdites pièces seront signifiées conformément à l'Ordonnance, par le ministère des Huissiers.

Fait pareilles défenses à tous Procureurs, de faire ni souffrir qu'il soit fait par leurs Clercs, aucuns pactes, accords ni conventions avec les Huissiers, pour faire les significations qui sont de leur ministère, au-dessous du taux fixé par l'Ordonnance, et à tous Huissiers d'accéder à pareils accords, à peine, tant contre les Procureurs contrevenans, que contre les Huissiers, de 300 l. d'amende solidaires, applicables aux réparations du Palais, à laquelle ils seront contraints, à la diligence du Procureur-général du Roi, tous dépens compensés.

Fait au Conseil Souverain de la Martinique, le 12 juillet 1766.

(N°. 359.) *ORDONNANCE de MM. les Général et Intendant, qui oblige tous Capitaines et Patrons de Vaisseaux, Bâtimens, Goëlettes et Bateaux de la Martinique et Sainte-Lucie, à porter un Pavillon distinctif qui fixe celui de ces deux Colonies,*

Du 4 août 1766.

TOUTES les places du Royaume, et la Colonie de St.-Domingue ayant un pavillon distinctif et particulier pour chacune d'elles, afin qu'on puisse reconnaître de loin, de quels Ports ou Pays sont les Bâtimens qui paraissent, lorsqu'ils veulent entrer dans quelques Ports ou Rades des Colonies françaises, ou du Royaume, ou lorsqu'ils approchent des côtes, il nous a paru nécessaire d'en indiquer un pour les Colonies de la Martinique et Sainte-Lucie, qui sera ci-après désigné.

NOUS, etc., statuons et ordonnons ce qui suit :

ART. Ier. Tous Propriétaires de Vaisseaux, Bâtimens, Goëlettes et Bateaux, dépendans du Gouvernement de la Martinique et de Sainte-Lucie, feront pourvoir leurs Bâtimens d'un Pavillon bleu, avec une croix blanche qui partagera ledit Pavillon en quatre; dans chaque carré bleu, et au milieu du carré, il y aura la figure d'un Serpent en blanc, de façon qu'il y aura quatre Serpens blancs dans ledit pavillon, qui sera reconnu dorénavant pour celui de la Martinique et Sainte-Lucie.

II. Lorsque les Capitaines ou Patrons voudront entrer dans les Ports, Rades, et aborder les côtes de ce Gouvernement, de quelqu'autre Colonie française, ou du Royaume de France, ils auront soin de faire mettre le Pavillon désigné ci-dessus, afin qu'on les reconnaisse pour être des Bâtimens de la Martinique et de Ste.-Lucie, et ils le porteront ainsi que les Capitaines des autres Ports du Royaume, portent le leur.

III. Tous Propriétaires d'un Bâtiment, qui trois mois après la publication de la présente Ordonnance, ne l'aura pas pourvu du Pavillon prescrit ci-dessus, sera condamné à une amende de 300 livres, applicables aux réparations du Port du Fort Royal.

IV. Tout Capitaine ou Patron qui ne se conformera pas à la présente Ordonnance, et ne portera pas le Pavillon distinctif des deux Colonies, lorsqu'il en approchera des côtes, sera puni d'une amende de 100 livres applicable comme dessus.

Mandons aux Amirautés de ce Gouvernement, d'enregistrer la présente Ordonnance, etc.

Donné à la Martinique, le 4 août 1766. *Signé*, D'ENNERY et le Président de PEINIER.

(N°. 360.) *ORDONNANCE de MM. les Général et Intendant, portant permission d'introduire à la Martinique de la Farine et Biscuit de l'étranger.*

Du 18 août 1766.

L'OURAGAN qui a ravagé la Martinique dans la nuit du 13 au 14 de ce mois, ayant entièrement détruit les plantations de toute espèce de Vivres

Vivres, et les Habitans s'en trouvant, par ce malheureux évènement, totalement dépourvus, pour la nourriture de leurs Nègres, et même pour celle de la plupart des Blancs, nous devons pourvoir à leurs besoins par tous les moyens possibles et convenables, et adoucir autant qu'il est en nous, les malheurs dont cette Colonie vient d'être accablée. Les commestibles de France étant actuellement en très-petite Quantité à la Martinique, et pouvant suffire à peine, à ce qu'il lui faudrait pour sa consommation dans les tems ordinaires, il ne nous reste d'autre moyen dans ce moment, où le besoin ne peut souffrir de délai, que d'autoriser à tirer des secours de l'étranger, jusqu'à ce que le Commerce de France puisse y suppléer par les envois plus considérables que nous avons lieu d'en attendre. C'est par ces motifs pressans, et pour répondre à la confiance que *S. M.* nous a témoigné, en nous chargeant de l'administration de cette Colonie, et en vertu du pouvoir qui nous est attribué, que nous nous sommes déterminés à permettre l'introduction de la Farine étrangère, et du Biscuit, soit par l'étranger lui-même, soit par les français qui voudront l'entreprendre.

A l'égard de la façon d'importer les deux articles énoncés ci-dessus, nous entendons qu'elle soit la même que celle établie pour l'admission de la Morue étrangère, Riz, Maïs, et autres objets ci-devant permis, conformément à ce que nous avons prescrit dans notre Ordonnance du 25 mars 1765, concernant le Commerce, et notamment dans les articles IV, V, VI, VII, VIII, IX, X, XI, XII et XIII de ladite Ordonnance, en ajoutant néanmoins le Port du

Marin, aux trois Ports qui avaient été désignés seulement à l'article V de ladite Ordonnance, conformément à la seconde Ordonnance que nous avons rendue à ce sujet, le 15 juin 1765; à l'exécution desquels articles nous soumettons tous ceux qui voudront introduire de la Farine et du Biscuit de l'étranger, en vertu de la présente permission, et sous les peines portées contre les contrevenans, par la susdite Ordonnance du 25 mars.

La Farine et le Biscuit venant de l'étranger dans cette Colonie, seront sujets au droit d'un pour cent, au profit du Domaine du Roi, ainsi qu'il est d'usage pour toutes les Marchandises au poids qui sont importées de France.

Le contenu en la présente Ordonnance, aura lieu du jour qu'elle aura été publiée; et sera enregistrée au Greffe de l'Intendance, et au Bureau du Domaine.

Enjoignons au Directeur-général du Domaine de la faire publier, etc.

Donné à la Martinique, le 18 août 1766. *Signé*, D'Ennery et le Président de Peinier.

(N°. 361.) *Ordonnance de MM. les Général et Intendant, concernant les Bouchers.*

Du 9 septembre 1766.

La quantité considérable de Bestiaux qui ont été importés depuis quelque tems, dans la Colonie, et dont le nombre augmente encore tous les jours, y ayant mis l'abondance dans cette partie, nous nous trouvons à même, par là, de procurer un nouveau soulagement aux Habitans, par la diminution du prix de la Viande. L'état déplorable dans lequel ils ont été réduits, nous oblige encore plus indispensablement, à ne négliger aucun des moyens possibles de l'adoucir.

A ces Causes, etc., Nous ordonnons, qu'à compter du jour de la publication des présentes, et jusqu'à nouvel ordre, les Bouchers ou autres, qui débiteront de la Viande, ne pourront vendre le Bœuf, le Veau et le Mouton indistinctement, que sur le pied de 20 sols la livre, et le Cochon sur le pied de 15 sols la livre. Leur défendons d'en vendre à plus haut prix, quand même ils seraient d'accord avec les acheteurs; leur défendons pareillement de mêler dans leurs pesées, des machoires, pieds et entrailles d'animaux, sous prétexte de compléter le poids ou autrement, le tout à peine de 500 livres d'amende. Leur enjoignons, sous les mêmes peines, d'avoir des poids justes, et de les faire étalonner chaque année, conformément aux Réglemens.

La présente Ordonnance sera exécutée dans tous les Quartiers de l'île indistinctement, sous les peines portées ci-dessus.

Mandons au Procureur du Roi des Jurisdictions de la faire enregistrer, lire, etc.

Donné à la Martinique, le 9 septembre 1766. *Signé*, D'Ennery et le Président de Peinier.

(N°. 362.) *Ordonnance de MM. les Général et Intendant, concernant les Boulangers.*

Du 15 novembre 1766.

En permettant l'introduction de la Farine anglaise dans la Colonie, nous n'avons eu en vue que de donner aux Habitans la facilité de pourvoir à la nourriture de leurs nègres et de suppléer, par le moyen de cette Farine étrangère, au défaut de la Farine de Manioc et des Bananes, dont les plantations ont été entièrement dévastées par l'ouragan ; mais nous n'avons pas prétendu priver les Armateurs des Ports de France, des ressources qui pouvaient leur rester pour le débit des Farines françaises qu'ils avaient importées dans cette Colonie. Une de ces ressources pour eux doit être la consommation journalière des Boulangers, qui, n'étant point dans le cas des Habitans, devraient n'employer dans la fabrication de leur Pain, que de la Farine française, dont le prix d'ailluers n'est pas de beaucoup supérieur à celui de la Farine anglaise ; il nous est revenu cependant que les Boulangers n'employaient uniquement que de cette dernière, ce qui rend leur Pain d'une mauvaise qualité, et nuit en même-tems au débit de la Farine française, que nous devons favoriser. C'est pour remédier à ces deux inconvéniens, que, Nous, etc., statuons et ordonnons ce qui suit :

Art. Ier. Tous les Boulangers indistinctement, du Fort-Royal, du Bourg St.-Pierre et de tous les Quartiers de la Colonie, seront obligés, pendant tout le tems que l'introduction de la Farine anglaise sera permise en cette île, d'employer dans la fabrication de leur pain, moitié au moins, ou les deux tiers si l'on peut, de Farine française, à peine contre les Contrevenans de 500 liv. d'amende, applicables au profit du Roi, et de confiscation du Pain qui sera trouvé chez eux.

II. Chaque Boulanger sera obligé de déclarer au Procureur du Roi de la Jurisdiction dont il ressortit, ou à son Substitut, la quantité de Farine qu'il consomme dans le courant du mois, et dans le cas que sa déclaration serait reconnue infidèle, il sera soumis à l'amende prononcée par l'article ci-dessus.

III. Tous les Boulangers seront obligés de rapporter à la fin de chaque mois, une déclaration en forme, du Capitaine ou Armateur du Navire français, duquel ils auront acheté la quantité de Farine française qui aura été reconnue nécessaire pour la consommation de leurs Boulangeries pendant ledit mois, pour qu'on puisse vérifier s'il s'est exactement conformé à ce qui lui est prescrit par la présente Ordonnance; laquelle déclaration ou certificat ils remettront au Procureur du Roi, qui en rendra compte ensuite au Général et à l'Intendant, à peine, contre les Boulangers qui contreviendraient au présent article, d'être condamnés à l'amende prononcée par l'article Ier.

Chargeons les Procureurs du Roi des différentes Jurisdictions, de faire exécuter la présente Ordonnance, du jour de la publication; laquelle sera enregistrée, etc.

Donné à la Martinique, le 15 novembre 1766. *Signé*, D'ENNERY et le Président de PEINIER.

(N°. 363.) *ORDONNANCE de MM. les Général et Intendant, portant prohibition de la Morue étrangère dans l'île Martinique.*

Du 15 novembre 1766.

SA Majesté ayant été informée que la Pêche de la Morue de ses Sujets suffirait cette année, pour subvenir aux besoins des îles françaises du vent, et que le Commerce de France en avait envoyé une quantité assez abondante, pour qu'on pût se passer du secours de la Morue anglaise, elle a révoqué à cet égard, par un ordre daté du 22 septembre dernier, que nous venons de recevoir et que nous sommes chargés de faire enregistrer au Conseil Souverain., la permission accordée par son Mémoire du 25 janvier 1765: elle fait défense en conséquence de recevoir à l'avenir auxdites îles, aucun Bâtiment étranger chargé de Morue; voulant que ceux qui se présenteront soient renvoyés, et qu'il n'en puisse être introduit auxdites îles du vent.

Nous ne saurions marquer trop d'exactitude pour l'exécution d'un ordre aussi précis, et qui est d'autant plus équitable, que ces îles se trouvent réellement pourvues pour long-tems de Morue française, au moyen des Bâtimens qui sont arrivés depuis peu, dont nous avons déterminé les Armateurs de diminuer le prix et de le rapprocher, autant qu'il serait possible, de celui de la Morue anglaise, et d'y ajouter même un crédit à terme raisonnable pour les acheteurs qu'ils croiront solvables.

A CES CAUSES, et pour nous conformer aux ordres de *S. M.*, nous ordonnons que, du jour de la publication de la présente Ordonnance, il ne sera reçu dans aucun Port de la Colonie, aucun Bâtiment chargé de Morue étrangère; la permission provisoire de leur introduction accordée précédemment, demeurant révoquée dès ce jour; l'introduction subsistant toujours néanmoins pour les autres objets permis.

Et attendu l'exigence du cas, nous ordonnons

au Directeur-général du Domaine, de tenir la main à l'exécution de la présente Ordonnance, et de la faire lire, etc.

Prions Messieurs les Officiers du Conseil Souverain de la faire enregistrer, etc.

Donné à la Martinique, le 15 novembre 1766. *Signé*, D'Ennery et le Président de Peinier.

Enregist. au Conseil Souverain.

(N°. 364.) *Ordonnance de MM. les Général et Intendant, concernant les Eaux du Canal du Mouillage à Saint-Pierre.*

Du 26 novembre. 1766.

La police intérieure des Villes, a toujours été regardée chez tous les peuples, comme une des parties les plus intéressantes au maintien du bon ordre et à l'harmonie de la société. Les fréquens incendies qui ont successivement désolé ce Bourg, avaient porté nos prédécesseurs à lui procurer le remède le plus efficace contre un si cruel fléau, en faisant construire le Canal qui porte l'eau de la Rivière du Fort, dans une grande partie du Bourg.

Convaincus de la nécessité de cet établissement, nos soins attentifs se sont portés, sans hésiter et sans balancer sur la dépense qu'en entraînait le rétablissement, à faire réparer sur-le-champ, le dommage qu'a occasionné à ce Canal, l'ouragan de la nuit du 13 au 14 août dernier. Nous étions bien éloignés de penser que cette réparation, en donnant l'eau avec plus d'abondance, augmenterait aussi les abus dont on s'était déjà plaint ci-devant, et auxquels nous avions cru avoir suffisamment pourvu par notre Ordonnance du 28 janvier dernier; mais nous venons de voir par nous-mêmes, que malgré les défenses portées par cette Ordonnance, le trop grand concours des esclaves dans les trois endroits où le Canal commence à donner l'eau dans le Bourg, a tellement dégradé le sol, qu'il ne serait plus possible de passer dans ces Rues sans risques, s'il n'y était incessamment pourvu: d'un autre côté les Officiers chargés du soin de la Police, nous ayant aussi représenté, qu'au mépris de l'Ordonnance du 9 février 1765, les Gens de couleur, tant libres qu'esclaves, se croyaient, sous prétexte de prendre de l'eau, autorisés à s'attrouper dans ces endroits, à toute heure, de jour et de nuit, ce qui occasionne un tumulte tout-à-fait contraire à la bonne police; que des blancs y viennent à la chute du jour, et sur-tout au claire de la lune, étaler sans pudeur, leur nudité aux yeux des passans, en prenant ces Canaux pour des Bains publics; que quelque soin qu'on ait pris pour empêcher d'y laver du linge, il n'a pas été possible d'y réussir jusqu'à présent; et qu'enfin ledit Canal n'étant pas couvert en son entier, l'eau qui s'en répand dans le Bourg, est sujette à ramasser dans son cours, des ordures de toute espèce, qui en peuvent rendre la boisson dangereuse; que cependant les esclaves de l'un et de l'autre sexe, chargés de fournir l'eau dans les maisons, trompant la bonne foi de leurs maîtres, au lieu de l'aller chercher à la Rivière, passent le tems qu'ils y emploieraient à s'attrouper, et rapportent, après un long tems perdu, une eau souvent

vent

vent corrompue au point d'occasionner des maladies. C'est pour remédier à ces différens abus, que nous nous sommes portés à révoquer en entier par ces présentes les dispositions de notre Ordonnance du 28 janvier dernier, et à leur en substituer de nouvelles, au moyen desquelles nous espérons voir l'ordre rétabli en cette partie.

A CES CAUSES, Nous, etc., ordonnons et statuons ce qui suit :

ART. Ier. Faisons défenses à toutes personnes de détourner le cours de la Rivière qui porte l'eau dans le Canal du Bourg, sous quelque prétexte que ce soit, à peine contre les esclaves, de huit jours de prison, et contre les personnes libres, tant blanches que de couleur, de 12 liv. d'amende, et de garder prison jusqu'à ce qu'ils aient acquitté ladite amende, ainsi qu'il est expliqué ci-après.

II. Défendons à tous Gens de couleur, libres ou esclaves, ainsi qu'à toutes personnes de sang blanc, de quelque âge, qualité et condition qu'elles soient, de se baigner à l'avenir à quelque heure du jour ou de nuit que ce soit, dans les Rues de la Geole, du Greffe et de St.-Jean-de-Dieu, aux endroits où ledit Canal commence à donner l'eau, sous peine contre les esclaves, de 3 liv. d'amende et de 25 coups de fouet, qui leur seront comptés à la Geole en présence de leurs maîtres, à qui lesdits esclaves ne pourront être remis, qu'après avoir acquitté ladite amende, ainsi qu'il est porté par l'article XI ; et contre les Gens de couleur libres, et les Blancs, de 12 liv. d'amende, et de huit jours de prison, d'où ils ne pourront sortir qu'après avoir payé ladite amende.

III. Ne pourra à l'avenir aucune personne, tant blanche que de couleur, baigner les enfans auxdits endroits, sous peine contre les Blancs et Gens de couleur libres, de huit jours de prison, et contre les esclaves, de 25 coups de fouet, avec la prison de huit jours.

IV. Voulons que les parens ou maîtres d'enfans déjà assez forts pour se baigner seuls auxdits endroits, les empêchent d'y aller, à peine contr'eux d'encourir les peines prononcées par l'article précédent.

V. Défendons à toutes personnes, tant blanches que de couleur, libres ou esclaves, de laver à l'avenir auxdits endroits, soit linge, bouteilles ou autres choses quelconques, sous peine de confiscation au profit de l'Hôpital des Enfans-trouvés, des choses qu'elles seraient prises à laver.

VI. Faisons très-expresses inhibitions et défenses à tous esclaves de l'un et de l'autre sexe, de prendre à l'avenir de l'eau auxdits endroits à quelque heure que ce soit, dans des quarts ou autres vaisseaux, sous peine d'être conduits à la Geole pour y recevoir 25 coups de fouet, et de 3 liv. d'amende payables par les maîtres, à qui lesdits esclaves ne pourront être remis par le Geolier, que de l'aveu du Procureur du Roi, qui tiendra exactement la main à ce que ladite amende soit acquittée.

VII. N'entendons néanmoins empêcher les esclaves de prendre de l'eau dans des terrines ou vases, autres que des quarts, chacun devant sa porte, ou de façon qu'il ne se trouve pas plus de quatre personnes à la fois, occupées à ce soin dans le même endroit; à quoi les maîtres veilleront sous les peines portées par l'article VI.

VIII. Nous ordonnons qu'à l'avenir et à compter du jour de la publication de la présente, tous les particuliers du Bourg St.-Pierre seront tenus de faire balayer et arroser avant 8 heures du matin, tous les jours, le devant des maisons qu'ils occupent, et de faire porter sur-le-champ les ordures à la mer, sans pouvoir les pousser de proche en proche : leur faisons défenses de les laisser dans la Rue, ou de les jetter dans les ruisseaux, à peine contre les maîtres, comme tenus des faits de leurs esclaves, de 6 d'amende pour la première contravention, et de plus grande en cas de récidive; et contre les esclaves, à peine pour la première fois, d'être attachés pendant trois heures au carcan; et de plus griève peine en cas de récidive.

IX. Faisons pareillement défenses à toutes personnes, de vider de jour ou de nuit, ailleurs qu'à la mer, les pots-de-chambre, et de les jeter dans le ruisseau qui coule dans les Rues du Greffe, St.-Jean-de-Dieu, St.-Ignace et dans la Grande-Rue, à peine contre les maîtres dont les esclaves seront surpris en contravention, de 6 liv. d'amende pour la première fois, et de plus grande, en cas de récidive; et contre les esclaves, à peine d'être attachés au carcan pendant trois jours consécutifs, et du fouet en cas de récidive.

X. Ordonnons que dans trois jours de la publication des présentes, les propriétaires des terreins sur lesquels commencent à couler les eaux dudit Canal, feront travailler aux réparations nécessaires, et remettre les lieux dans leur premier état, sinon et à faute de ce faire dans ledit délai, le Voyer se chargera desdites répations, à leurs frais et dépens, qui lui seront remboursés à la diligence du Procureur du Roi.

XI. Ordonnons que les amendes prononcées dans les différens cas, énoncées dans la présente, seront payées au Bureau du Domaine, pour être versées dans la Caisse du Roi; que les contrevenans ne pourront être élargis qu'après avoir fait viser le reçu du Receveur-général du Domaine, par le Procureur du Roi, et que les peines y portées, ne pourront être réputées comminatoires sous quelque prétexte que ce puisse être.

Prions Messieurs du Conseil Supérieur, etc.

Donné à la Martinique, le 26 novemb. 1766. *Signé*, D'ENNERY et le Président de PEINIER.

Enregist. au Conseil Souverain.

(N°. 365.) *ORDONNANCE de MM. les Général et Intendant, concernant les Ouvriers propres aux Travaux du Roi et du Public.*

Du 6 décembre 1766.

LES difficultés que nous avons éprouvées pour nous procurer des Ouvriers toutes les fois qu'il a été question d'en commander pour les travaux du Roi, nous ayant fait connaître la nécessité d'en avoir des listes exactes, tant pour savoir où les prendre, que pour pouvoir les faire marcher à tour de rôle: Nous, etc., statuons et ordonnons ce qui suit:

ART Ier. Tous les Maçons, Charpentiers de Maisons, Menuisiers, Charrons, Scieurs-de-long, Charpentiers de Navires et Calfats, soit Blancs ou Gens de couleur libres, établis en cette île, seront tenus de déclarer au Bureau du Domaine de leur département dans l'espace d'un mois, du jour de la publication des présentes, leurs noms et surnoms, leur profession et leur demeure, sous peine de huit jours de prison.

II. Seront également tenus tous les Habitans et autres particuliers, de quelque qualité et condition qu'ils soient, de déclarer au Bureau du Domaine, les noms de leurs esclaves Ouvriers, et leur profession, sous peine de 20 liv. d'amende par tête d'esclaves, qui seront trouvés à exercer un métier sans avoir été déclarés.

III. Tout Habitant ou autre particulier qui achetera un esclave Ouvrier, ou qui en mettra un en apprentissage, sera aussi obligé d'en faire la déclaration au Domaine, sous les peines portées par l'article II.

IV. Pour que l'on puisse vérifier à chaque chantier où seront employés les Ouvriers, s'ils ont été déclarés, il sera remis par les Officiers du Domaine, au Procureur du Roi de chaque Jurisdiction, et au Commis à la Police de chaque Paroisse, des listes de tous ceux qui auront été enregistrés.

Prions Messieurs les Officiers du Conseil Souverain de la Martinique de faire enregistrer, etc.

Donné à St.-Pierre Martinique, le 6 décemb. 1766. *Signé*, D'ENNERY et le Président de PEINIER.

Enregist. au Conseil Souverain.

(N°. 366.) *Extrait d'une Dépêche ministérielle de M.* le Duc de Praslin, *au sujet d'une exaction faite sur les Capitaines marchands.*

Du 9 février 1767.

Le Ministre mande à M. de Peinier, Intendant de la Martinique, qu'il est instruit qu'à la sortie des Ports de la Colonie, on exige dans les Bureaux de l'Administration des rétributions de la part des Capitaines marchands pour l'expédition de leurs rôles. Il s'élève contre un monopole aussi attentatoire au Commerce. Il enjoint à l'Administrateur de chercher à connaître les Officiers qui se sont rendus coupables de cette prévarication, et de les lui nommer sans aucun ménagement; l'intention de *S. M.* étant de détruire toute exaction de cette nature, en punissant les coupables assez sévérement pour contenir ceux que la cupidité pourrait porter par la suite à vouloir les imiter.

(N°. 367.) *Ordonnance de MM. les Général et Intendant, concernant les Legs pies et les Libertés accordées par testament.*

Du 11 février 1767.

Les dispositions de dernière volonté, qui doivent être sacrées dans la société et respectables à ceux à qui l'exécution en est confiée, se trouvent cependant communément négligées dans cette Colonie, en ce qui regarde principalement les Legs pies et les Libertés données par testament. Cette inexécution n'a d'autre cause que l'avidité des Héritiers, qui ne voient qu'avec répugnance des conditions qui leur paraîssent onéreuses, parce qu'elles diminuent d'autant le produit de l'héritage qu'ils recueillent ; ou la négligence impardonnable des Exécuteurs-testamentaires, peu empressés de répondre à la confiance honoraable qu'on leur a témoigné ; ou des Curateurs aux Biens-vacans, qui, à ce moyen, jouissent sans diminution, du produit d'une succession souvent opulente.

De là vient que, d'un côté les intentions pieuses ne sont point remplies, et les services réels rendus par des esclaves demeurent sans récompense, contre la volonté du Testateur; et que de l'autre, les esclaves ainsi affranchis sont alors abandonnés à eux-mêmes, sans qu'on les inscrive dans aucun dénombrement. Il arrive aussi que les biens du Testateur se trouvent quelquefois dissipés, au mépris de ses dernières dispositions, sans qu'on ait réservé les sommes qu'il avait destinées pour remplir ses intentions; souvent même, par une ingratitude honteuse envers leurs Bienfaiteurs, des Légataires ont maltraité indignement les sujets dont le soin de leur procurer la liberté leur était confié ; ce qui a donné lieu plusieurs fois aux plaintes portées au Gouvernement, qui a été obligé de nommer des Curateurs auxdits esclaves, pour faire poursuivre l'obtention de leur liberté contre ceux qui, par de mauvaises contestations, ont occasionné des frais onéreux aux successions. Ces différens abus, dont nous avons été instruits, exigeant un remède indispensable, nous nous sommes déterminés, en vertu du pouvoir qui nous est confié, à ordonner et statuer ce qui suit :

Art. 1er. Les testamens contenant des Legs

pies ou des dispositions de Liberté en faveur d'un ou de plusieurs esclaves, seront présentés par extrait au Gouvernement, accompagnés d'une requête tendante à l'obtention desdits affranchissemens d'esclave, et ce, dans un délai de trois mois, à compter du jour de l'ouverture du testament, soit par les Héritiers, soit par les Exécuteurs-testamentaires, pour être statué par le Gouvernement, si lesdites libertés doivent être accordées ou non; lesquels testamens ou requêtes, soient qu'ils aient été admis ou refusés, seront déposés au Greffe de l'Intendance, pour qu'on puisse y avoir recours au besoin.

II. Tous les anciens testamens, depuis le 1er. janvier 1757 inclusivement, contenant des Legs pies ou des dispositions d'affranchissement, sur lesquelles il n'aura point encore été statué, seront présentés au Gouvernement par les Héritiers exécuteurs-testamentaires, qui n'auront pas encore rendu leurs comptes, ou par les Curateurs aux Successions vacantes, dans le cas de renonciation de l'Héritier, ou à défaut d'Héritier présent, dans un délai de trois mois, à compter du jour de la publication des présentes, sinon et à faute de ce faire dans ledit délai, et icelui expiré, nous autorisons les esclaves destinés par leurs maîtres à être affranchis, à nous présenter requête à cet effet, pour être par nous ordonné ce qu'il appartiendra, et ce, au plus tard dans un an, du jour de ladite publication; faute de quoi nous les déclarons dès maintenant comme pour-lors, déchus de leurs prétentions.

III. Les Exécuteurs-testamentaires ou Légataires, ou Curateurs aux Successions vacantes, qui n'auront point satisfait aux articles ci-dessus

dans

dans le délai y exprimé, seront condamnés à 500 liv. d'amende applicables au profit du Roi, et aux frais des affranchissemens dont ils seront chargés en leur propre et privé nom, sans répétition sur la succession, au cas que le Gouvernement juge à propos d'accorder lesdites libertés, sur les demandes qui en seront faites par les esclaves destinés par leurs défunts maîtres à être affranchis.

IV. Pour assurer l'acquittement des Legs pies et éviter en même-tems qu'aucun des esclaves qui se trouveront au cas des articles précédens, ne soient abandonnés à leurs volontés, jusqu'à la décision de leur sort, nous ordonnons qu'après l'ouverture des testamens, les Notaires qui les auront reçus, seront obligés d'en envoyer des extraits au Procureur-général, en ce qui concerne les Legs pies, pour qu'il en poursuive le paiement en son nom; et au Procureur du Roi de leur ressort, en ce qui concerne les dispositions d'affranchissement, tant pour nous en être rendu compte par ledit Procureur du Roi, que pour, par lui, poursuivre les délinquans et les faire condamner à la même amende de 500 liv.: nous ordonnons la même chose aux Greffiers des Jurisdictions, pour les testamens olographes qui auront été déposés dans leurs Greffes, à peine de 300 liv. d'amende contre lesdits Greffiers et Notaires qui auraient contrevenu aux dispositions du présent article, applicables comme à l'article ci-dessus.

Prions Messieurs du Conseil Souverain, etc.

Donné à la Martinique, le 11 février 1767. *Signé*, D'ENNERY et le Président de PEINIER.

Enregist. au Conseil Souverain.

(N°. 368.) *Compte rendu par M.* de Peinier, *Intendant, du produit de l'Imposition levée sur la Colonie, pendant l'année* 1766.

Du 10 mars 1767.

Ce jour, le Conseil Souverain étant assemblé, Monsieur le Président de Peinier est entré, et, ayant pris séance, a dit :

« Messieurs,

« Je mets sous les yeux du Conseil Souverain « l'état de la recette de l'Imposition de l'année « 1766. La Cour verra par le tableau que j'ai « l'honneur de lui présenter, que ce qui est en« tré des différens droits de l'Imposition dans « la Caisse du Roi, monte en total à la somme « de 805,521 l. 11 s. 1 d. ; nous y ajoutons ce « qu'on a retiré des 8 l. par quintal de Morue « étrangère pendant l'année dernière, jusques « et y compris le 15 novembre, tems auquel « l'introduction en a été interdite, montant à la « somme de 86,450 l. ; *S. M.* ayant ordonné « que ce produit entrât dans la Caisse du Tré« sorier et augmentât d'autant la masse des « recettes.

« Nous nous trouvons avoir reçu par là, la « somme de 891,977 l. 11 s. 1 d. : ces deux « articles laissent encore un vide de 8,022 l. « 11 s., pour compléter les 900.000 l. dont « *S. M.* a voulu qu'il fût fait recette effective « à son profit ; mais nous avons à tenir compte « à la Colonie des 76,158 l. 13 s. 9 d., de « l'excédant de l'Imposition de l'année 1765

« Au moyen de ces trois articles qui sont en« trés dans la Caisse du Roi, il se trouve un

" excédant de la somme de 68,136 l. 4 s. 10 d.,
" sur laquelle nous avons imputé celle de
" 10,632 l. 4 s. 8 d. ; savoir : 7,950 l. 4 s 8 d.,
" pour partie du produit de la recette de l'Im-
" position concernant la Ville du Fort-Royal,
" distribuée aux Propriétaires et Locataires des
" Maisons incendiées de ladite Ville, dans la
" nuit du 19 au 20 du mois de mai dernier, et
" 2,682 l. pour le montant des Farines, Bœuf
" salé et Riz fournis auxdits Incendiés, qui
" étaient hors d'état de se procurer leur subsis-
" tance au moment du désastre qu'ils venaient
" d'essuyer, conformément à ce que nous avions
" pris sur nous d'accorder par notre Ordon-
" nance du 21 mai dernier, dont la Cour a ap-
" prouvé les dispositions ; ce qui réduit l'excé-
" dant de l'Imposition de 1765, à la somme de
" 57,504 l. 2 d., que nous verserons dans la
" Caisse des Nègres justiciés, selon l'intention
" de *S. M.*

" L'article des réductions et non-valeurs
" monte à 19,653 l. 12 s.; somme peu considé-
" rable pour cette Colonie, dont il faut attri-
" buer la modicité à l'attention que nous avons
" eue de n'accorder les décharges qu'on nous a
" demandées, que dans le cas d'une impuissance
" connue et bien constatée, et d'observer que
" cet acte de justice ne devint point un sujet
" d'abus.

" Ce qu'il y a encore à recouvrer pour l'an-
" née 1766, sur les différentes impositions, fait
" un objet de 265,688 l. 5 s. Les excédans de
" la recette sur la Capitation et autres articles
" qui forment la totalité de la perception au-
" raient monté à beaucoup davantage, si ces

“ restes avaient été recouvrés. Le malheureux
“ événement de l'ouragan qui les a rendus aussi
“ considérables qu'ils le sont, n'a pas permis
“ qu'on usât des voies de rigueur pour les per-
“ cevoir ; il était convenable que le corps de la
“ Colonie compatit aux pertes immenses que la
“ plus grande partie des redevables ont es-
“ suyées ; l'on en exigera cependant tout ce
“ qui se pourra, relativement à leur situation,
“ pour l'emploi en être fait au plus grand avan-
“ tage de la Colonie, en séparant de ces reli-
“ quats, ce qui reste dû de l'Imposition de la
“ Ville du Fort-Royal, montant à la somme
“ de 17,336 l. 3 s. 1 d., dont la destination
“ regarde les Propriétaires et les Locataires des
“ Maisons incendiées, dans le cas où cette
“ somme rentrera en tout ou en partie.

“ Les calamités publiques que nous avons
“ continuellement devant les yeux, et que nous
“ ne rappellons ici dans ce moment qu'avec la
“ plus vive douleur, ne nous sont devenues
“ supportables que par la confiance que nous
“ avons toujours eue dans les sentimens pater-
“ nels du meilleur des Rois, et dans les témoi-
“ gnages qu'il a donnés de la sensibilité de son
“ cœur, à la nouvelle des désastres de la Marti-
“ nique, témoignages qu'il a bien voulu rendre
“ publics, et qui ne nous permettent pas de
“ douter qu'il ne nous accorde bientôt les sou-
“ lagemens dont nous avons besoin ; nous les
“ attendons avec empressement : ce sera une
“ grande satisfaction pour M. le Général et
“ pour moi, d'avoir pu y contribuer par les
“ représentations les plus touchantes que nous
“ avons portées au pied du trône, en faveur de
“ cette Colonie,

“ J'ai lieu de croire, Messieurs, qu'il vous
“ sera agréable de l'instruire de tout ce que j'ai
“ l'honneur de vous communiquer ; ce soin doit
“ vous être réservé par tous les titres qui vous
“ concilient l'amour et la vénération publique,
“ et la confiance que je fais profession d'avoir
“ en vous. „

La matière mise en délibération, et vu l'état sommaire du produit de la Capitation de l'année 1766, certifié du Sieur Levacher de Boisville, et visé de M. le Président de Peinier ;

La Cour ordonne que ledit état sera enregistré sur le registre particulier des enregistremens d'icelle, et l'original déposé au Greffe.

Ordonne que le présent Arrêt, ensemble ledit état, seront imprimés et envoyés dans toutes les Paroisses de l'île, pour être rendus publics.

Fait au Conseil Souverain, le 10 mars 1767.

(Suit le Résumé du Compte rendu.)

Montant effectif des Rôles de la Capitation, de l'Imposition de 4 pour 100 sur les revenus

	liv.	s.	d.
des Maisons, et de 4 pour 100 sur icelles en forme d'industrie	721,226	1	10
Montant de ce qui reste à recouvrer sur lesdites Impositions	265.688	5	
Montant de la recette faite sur lesdites Impositions. . . .	455.537	16	10
Montant de l'industrie payée par les Capitaines géreurs de cargaison	2.142	18	9
TOTAL . . .	457,680	15	7

	liv.	s.	d.
Report . .	457,680	15	7
Droit d'un pour 100 d'entrée et de 50 liv. de poudre . .	77,924	13	2
Droit d'un pour 100 de sortie	183,429	19	11
Droit de 5 liv. par barrique de Tafia, jusques et compris le 12 mars, passé lequel tems ledit droit a été supprimé . .	3,545		
Droit de 3 l. par barrique de gros Sirop ou Melasse, jusques et compris le 12 mars, passé lequel tems ledit droit a été supprimé	843		
Droits de Cabarets . . .	82,098	2	5
TOTAL. . . .	805,521	11	1
Droit de 8 l. par quintal de Morue étrangère, jusques et compris le 15 novembre. . .	86,456		

(N°. 369.) *ARRET du Conseil Souverain, sur la vente des Biens des Mineurs.*

Du 13 mars 1767.

LA Cour, faisant droit sur le réquisitoire du Procureur-général du Roi, ordonne que les Substituts dudit Procureur-général du Roi aux Jurisdictions du ressort de la Cour, ne pourront faire les adjudications aux ventes des Biens des Mineurs que du consentement des Tuteurs, à la requête desquels elles seront faites.

Fait au Conseil Souverain, le 13 mars 1767.

(Nº. 370.) *Ordonnance de MM. les Général et Intendant, sur les Commissions de Notaires, Procureurs et Huissiers.*

Du 4 mai 1767.

Si dans l'enfance de la Colonie nos prédécesseurs se sont relâchés de la juste sévérité dont on use en Europe, dans le choix des sujets qui se présentent pour exercer des places de Notaires, Procureurs et Huissiers, ils y ont été forcés, tant par la modicité des affaires, d'ailleurs très-simples alors, que par la rareté des sujets; mais aujourd'hui que la Colonie a pris un accroissement considérable, que le tems et la nécessité y ont fait introduire une infinité de lois aussi sages qu'indispensables, et qu'enfin les aspirans se présentent en foule, nous nous imputerions tout le mal qui pourrait en résulter, si nous négligions d'établir un ordre et une règle fixe et permanente, sur les commissions de Justice à expédier à l'avenir.

En conséquence, Nous, etc., réglons et ordonnons, qu'il ne sera plus délivré aucune commission de Notaire, Procureur et Huissier dans l'étendue de ce Gouvernement, pour remplir les places qui viendront à vaquer, que le sujet qui se présentera pour l'une de ces places n'ait subi un examen public sur ce qui concerne sa profession, par deux de ses confrères, en présence des Officiers de l'une des Jurisdictions royales de l'île, que l'Intendant commettra à cet effet, ses occupations ne lui permettant pas de vaquer lui-même à cet examen; lesquels Officiersdresseront procès-verbal de la capacité ou de l'insuffisance du récipiendiaire, après ledit examen public, pour, sur ledit procès verbal, lui être au premier cas, délivré commission, dans laquelle ledit procès-verbal sera rapporté, et être au second cas, renvoyé ou pour un tems, ou pour toujours selon le degré de son insuffisance.

Prions Messieurs du Conseil Souverain, etc.

Donné à la Martinique, le 4 mai 1767. *Signé*, D'ENNERY et le Président de PEINIER.

Enregist. au Conseil Souverain.

(N°. 371.) *ORDONNANCE de MM. les Général et Intendant, portant la fixation du terme de l'Introduction de la Farine étrangère à la Martinique.*

Du 6 mai 1767.

LES motifs qui nous avaient forcés de permettre l'entrée de la Farine étrangère dans la Colonie, devenant chaque jour moins urgens, nous croyons ne pas devoir différer plus longtems de mettre un terme à une introduction que la nécessité seule a pu autoriser. Egalement partagés entre le soin de veiller à la conservation de la Colonie et de favoriser le Commerce de France, nous nous occupons avec la plus grande attention à concilier, autant qu'il est possible, les intérêts de l'un et de l'autre. C'est dans cette vue que nous nous déterminons à nous reposer entièrement à l'avenir sur les armemens des Ports de France, pour la subsistance de la Martinique, ne doutant pas que la connaissance que l'on aura dans tous les Ports, du nouvel arrangement que nous prenons aujourd'hui, n'engage les armateurs à former des expéditions en plus grand nombre pour cette île ; à se mettre en état de nous fournir les secours dont nous avons besoin pour nous passer de l'étranger, et enfin à continuer leurs opérations avec la confiance que doit leur inspirer notre zèle invariable pour les intérêts des Commerçans de la Nation.

Pour empêcher cependant tout abus, et rassurer les Habitans sur la crainte qu'ils pourraient avoir que l'interdiction de la Farine étrangère ne donnât lieu à une augmention excessive du prix, sur celle qui se trouvera dans le pays après le terme de l'introduction, nous déclarons que, dans ce dernier cas seulement, nous nous porterions à ouvrir les Magasins du Roi, qui, grâces aux sages précautions de M. le Duc de Praslin, se trouvent abondamment pourvus de tous les Comestibles nécessaires.

D'un autre côté, pour prévenir les pertes que cette interdiction occasionnerait aux Négocians de cette Colonie, qui peuvent avoir formé des expéditions de Farine chez l'étranger pour nos besoins, nous prenons la précaution de leur annoncer d'avance le tems auquel elle aura lieu. Mais en défendant l'entrée de la Farine étrangère, nous autoriserons encore pendant quelque tems celle du Biscuit étranger, pour donner un peu plus de facilité à la nourriture des nègres, que nous jugeons devoir être toujours extrêmement à charge aux Habitans, jusqu'à ce que les Racines, les Bananes et le Manioc viennent entièrement à leur secours.

A CES CAUSES, Nous, etc., ordonnons et statuons ce qui suit :

ART. Ier. L'entrée de la Farine étrangère dans

cette Colonie, demeurera interdite comme ci-devant, au 15 de juin prochain exclusivement, avec défense d'en introduire depuis ledit jour, sous les peines portées par les Ordonnances et Déclarations du Roi.

II. L'entrée du Biscuit étranger continuera d'être permise jusques au 1er. août prochain, passé lequel tems, elle sera interdite sous les peines portées par l'article ci-dessus.

III. Tous les autres articles dont l'entrée est permise, continueront d'être reçus jusqu'à nouvel ordre de *S. M.*

Sera la présente Ordonnance, etc.

Donné à la Martinique, le 6 mai 1767. *Signé*, D'ENNERY et le Président de PEINIER.

(N°. 372.) *ORDONNANCE de MM. les Général et Intendant, sur l'Etablissement d'un ou deux Pontons, à Saint-Pierre, demandés par les Capitaines de Navires de France, pour le bien du Commerce.*

Du 23 mai 1767.

VU par nous Général et Intendant l'offre, faite par les sieurs Thore et Guys, pour l'établissement d'un ou plusieurs Pontons, pour le service des différens Bâtimens qui mouilleront dans la Rade de St.-Pierre : vu aussi le consentement du corps des Capitaines-marchands, après avoir vérifié tous les articles détaillés à la suite du Mémoire qu'ils nous ont présenté, et de l'aveu desdits Capitaines, nous autorisons l'établissement desdits Pontons proposés par lesdits sieurs Thore et Guys, et leur accordons un privilége exclusif pour dix ans, à compter de ce jour, à la charge par eux de se conformer exactement à tout ce qui est énoncé dans lesdits articles : seront les présentes enregistrées au Greffe de l'Amirauté et à celui de l'Intendance.

Donné à la Martinique, le 23 mai 1767. *Signé*, D'ENNERY et le Président de PEINIER.

(*Suit le Mémoire des Capitaines-marchands.*)

L'établissement d'un Ponton étant une chose des plus nécessaires pour le bien du Commerce, les Capitaines croient devoir demander au Gouvernement de cette île, d'une voix unanime, des moyens efficaces pour lui procurer cet avantage, dont ils l'ont vu privé jusqu'à présent, et qu'ils espèrent obtenir, en lui faisant sentir l'utilité qui doit nécessairement en résulter ; car combien de malheurs évités, si on eût pourvu il y a long-tems à ces sages ressources que le bien public exige, et qu'il doit attendre de la prudence et de la protection des Chefs de cette Colonie : que de tristes exemples ne pourrait-on pas citer au sujet des Navires qui sont partis de la Martinique, dont le sort a été des plus funestes ! ils l'auraient évité, s'ils eussent eu la commodité d'un Ponton pour pouvoir virer ; ils auraient apperçu le danger qui les menaçait, et qui leur a été caché par les obstacles ou le peu de facilité de mettre en quille : les uns ont péri par des voies d'eau que l'on avait soupçonnées avant le départ, auxquelles on n'avait point remédié, par le manque des secours d'abattre aisément le bâtiment, et que l'on s'était flatté ne devoir pas devenir plus considérable dans une traversée. Ces tristes événemens ne serviront cependant pas de leçon aux Capitaines qui se trouveront en pareil cas, tant qu'ils seront privés de ces moyens prompts et faciles, et qui ne les mettront pas dans le cas de retarder leurs expéditions : attachés aux intérêts d'un Armateur, ils immoleront innocemment leur vie à l'épargne qu'ils voudront faire d'un long voyage.

Les autres ont été contraints d'aller relâcher dans des Ports quelquefois étrangers, et se sont constitués dans des dépenses énormes, pertes réelles pour le Commerce. Nous avons récemment sous les yeux l'exemple de M. Dumas, capitaine du navire le St.-Jean-Baptiste de Bordeaux, parti d'ici, qui a été obligé d'aller relâcher à la Guadeloupe, où il n'a pas pu se dispenser de prendre Magasin, pour y renverser sa Cargaison et de fréter à gros frais des Bâteaux pour pouvoir virer, non sans difficulté et beaucoup de risque : que de dépenses économisées, s'il eût eu ici avant son départ, la ressource que l'on peut se procurer aujourd'hui ! d'ailleurs les Bâtimens neufs partant de France, ne sont-ils pas bien aise de trouver ici toutes les commodités pour chauffer ? M. Lavallée, capitaine du navire le Mars de Bordeaux, ne doit-il pas se féliciter de trouver ici tout ce qui lui est nécessaire pour cette opération ? aussi se dispose-t-il pour cela : comment aurait fait M. Antoir, capitaine du navire la Félicité de Marseille, pour remédier promptement à l'accident qui lui est arrivé il y a un mois, par une trombe ? il aurait pu absolument le réparer, mais toujours avec bien moins de facilité et jamais sans risques; comment ferait M. Raynaud, capitaine du navire la Nanette de Bordeaux, qui se dispose à virer, si le dommage qu'il craint, est assez considérable pour l'obliger à caréner en plein et à chauffer ? Aurait il trouvé un Navire qui lui eût prêté le côté ? Non, sans doute ; parce que le danger que l'on court par le feu, aurait mis tout Capitaine dans la dure nécessité de lui refuser un service qui aurait pu lui occasionner la perte de son Navire, dont il aurait été seul responsable.

Ce danger, en effet, ne nous fournit-il pas les exemples les plus tristes, toujours arrivés par le manque de secours dont on se trouve abondamment pourvu à bord d'un Ponton, soit par la quantité de seaux, soit par les pompes qui se trouvent disposées pour cela. Combien de Bâtimens sont dans le cas d'être condamnés, qui ne le seraient pas, s'ils avaient les moyens propres à se donner le radoub nécessaire ; combien d'expéditions ne se ferait-il pas en France, quelquefois subitement par spéculation, qu'on manque parce qu'on est obligé de traîner le tems en longueur, en faisant caréner un Navire avant son départ, qui aurait pu faire le voyage jusqu'à la Martinique, si on eût su que là il aurait trouvé les mêmes commodités que dans son Port ?

Dans un cas d'incendie dans la Rade, de quelle utilité ne devient pas un Ponton ? On y court avec confiance, assuré d'y trouver une quantité de seaux, ustensiles nécessaires en pareille occasion, et toujours prêts pour le service public.

Tout concourt à démontrer au Gouvernement l'utilité, ou plutôt la nécessité indispensable d'un Ponton pour le bien du Commerce.

Les sieurs Thore et Guys l'ont bien senti ; et consultant en cela autant l'intérêt public que leur avantage particulier, ils ont acheté un Navire qu'ils ont mis en Ponton ; ils ont fait de grosses dépenses, persuadés que le Gouvernement ouvrirait les yeux, aurait égard à leur zèle pour le bien général et voudrait bien les récompenser de sa protection ; c'est à ce titre qu'ils la demandent, c'est à ce titre qu'ils veulent la mériter.

C'est aussi en leur faveur que nous réunissons nos suffrages : si on doit s'intéresser pour quelqu'un, ce doit être pour celui-là sans doute qui, le premier, a envisagé un bien qui réjaillit sur toutes les places maritimes de France, et qui veut leur assurer des commodités aussi avantageuses que nécessaires ; c'est pour ceux qui ont le mérite de l'entreprise, que nous demandons un privilége exclusif, pour l'espace de 10 années consécutives, d'avoir des Pontons, aux charges respectives que ledit Entrepreneur et les Capitaines acceptent d'un commun accord ; SAVOIR :

ART. Ier. Les Entrepreneurs auront soin de tenir leur Ponton en bon état : il y aura des barres de fer et des cadenats sur les écoutilles, dont les clefs seront remises au Capitaine qui aura son Navire au Ponton.

II. Les Entrepreneurs fourniront les caliornes et funins propres et nécessaires pour virer les Bâtimens, deux cabestans, un en avant, l'autre en arrière, et deux chaudières : en cas de dommage, celui qui l'aura causé en deviendra responsable.

III. A défaut par les Entrepreneurs de fournir les ustensiles portés à l'article II, le Capitaine qui se trouvera sur le Ponton, pourra se les procurer ailleurs et les porter en compte, pour qu'il lui en soit fait déduction sur le prix des journées.

IV. L'expérience ayant fait connaître qu'on ne peut trop prendre de précautions contre l'incendie, lorsqu'il sera question de chauffer le Bâtiment, il y aura sur le Ponton 50 seaux et 6 bailles.

V. Pour la sûreté de tous les Bâtimens de la Rade, en cas d'incendie à bord, les 50 seaux du Pontons seront remis à la première réquisition, à l'Officier du Navire qui aura besoin de secours : s'il arrive perte ou dommage des seaux, le Capitaine les remplacera ou les réparera sans aucun délai, pour que ce secours ne manque pas en cas de besoin. Les Entrepreneurs n'exigent aucun paiement pour ce service.

VI. Les Entrepreneurs auront dans leur Ponton, deux grelins de 6 pouces avec leurs ancres à jet, que l'on pourra réclamer toutes fois et quantes pour les besoins de la Rade, cette précaution étant très-sage pour éviter les accidens trop fréquens de la perte d'une partie des Caboteurs, qui souvent viennent à la côte, faute d'être bien amarrés ; chacun de ceux qui les réclameront, payera 30 liv. par chaque grelin et ancre, en répondant de la perte ou du dommage s'il en arrive.

VII. Si le Capitaine veut se servir du raz, il le payera 6 liv. par jour en sus de ses journées.

VIII. Tout Bâtiment faisant la navigation d'Europe payera 36 liv. par jour.

IX. Tout Bateau ou Goëlette, du port de cent barriques de sucre et au-dessus, payera 18 liv. par jour.

X. Tout Bateau ou Goëlette, au-dessous de cent barriques de sucre, payera 15 liv. par jour,

XI. Tout Bâtiment commencera à payer ses journées du jour qu'il s'embossera sur le Ponton, jusques et compris le jour qu'il levera ses bosses, et qu'il videra le Ponton de son lest ou autres ustensiles.

XII. Pour dédommager les sieurs Thore et Guys des grosses dépenses qu'ils seront obligés de faire, soit pour l'achat des apparaux nécessaires, soit pour l'entretien du Ponton, les Capitaines supplient le Gouvernement de vouloir accorder auxdits sieurs Thore et Guys, entrepreneurs, un privilége exclusif d'avoir des Pontons pour l'espace de dix années consécutives; les Capitaines étant néanmoins libres d'aller virer sur tel autre Bâtiment non désarmé qu'ils jugeront à propos.

Par ce sage Réglement le Commerce trouvera ici des ressources d'où dépendent quelquefois le salut des Navires, et le Gouvernement lui donnera une marque signalée de sa protection.

(Suivent les signatures au nombre de 40).

(N°. 373.) *Ordonnance de MM. les Général et Intendant, sur les Cautionnemens, pour suppléer aux publications des Congés.*

Du 29 mai 1767.

Sa Majesté ayant, par son Ordonnance du 3 septembre 1690, réglé qu'aucun Habitant ne pourrait sortir de l'île, sans congé du Gouvernement-général, il fut ensuite ordonné que ces congés seraient publiés pour annoncer aux créanciers le départ de leurs débiteurs; mais les formalités prescrites par l'Ordonnance du 9 décembre 1749,

1749, entraînant des délais quelquefois nuisibles à l'activité du Commerce, nos prédécesseurs se sont portés, pour en faciliter les opérations, à introduire l'usage des cautionnemens, qui en remplissant l'objet de la Loi, suppléent aux publications qu'elle exige : ce moyen d'accélérer les départs, qui ne sont point toujours urgens, nous a paru sujet à quelques inconvéniens auxquels il est à propos d'apporter remède ; d'un côté le défaut de publicité de cette règle, fait que les cautionnemens que l'on reçoit au Gouvernement, ne parviennent pas toujours à la connaissance des créanciers, que le départ de leurs débiteurs jette dans le plus grand embarras ; d'un autre côté, des personnes qui s'offrent pour caution, ne connaissant pas toute l'étendue de leurs engagemens, s'obligent, sans envisager les conséquences de cette démarche, et facilitent par-là, dans la seule vue de rendre service, une évasion souvent préjudiciable aux créanciers, et toujours à charge à la caution, dont la bonne foi a été surprise.

C'est pour faire cesser ces abus, que Nous, etc., statuons et ordonnons ce qui suit :

Art. Ier. Personne ne pourra sortir de cette île, qu'après avoir fait publier son congé dans la forme prescrite par l'Ordonnance de 1749, hors les cas pressans dont il sera justifié au Gouvernement ; et alors seulement, on pourra suppléer aux publications ordonnées, en présentant au Gouvernement, bonne et solvable caution, résidante et domiciliée en cette île, pour acquitter les dettes qu'on y laissera.

II. La caution passera en personne ses soumissions au Gouvernement, de répondre en son propre et privé nom, sans division ni discussion de toutes les dettes quelconque, que la personne dont elle se rend caution aura contractées dans l'île, sauf son recours pour les sommes qu'elle justifiera avoir payées en cette qualité.

III. La caution sera contraignable par corps au paiement de la dette, dans le cas où le principal obligé y serait soumis, ou y serait condamné après son départ.

IV. La caution pourra être recherchée sur le certificat du Gouvernement, à compter de la date du cautionnement, aussi long-tems que le principal obligé, et sera assigné pardevant le Juge de son domicile.

V. Si cependant le principal obligé revient en cette île, le cautionnement sera et demeurera éteint de plein droit, du jour du retour du principal obligé.

VI. Tous Capitaines, Maîtres ou Patrons de Bâtimens de mer qui auront facilité l'évasion, ou donné passage à qui que ce soit, sans congé du Gouvernement, répondront en leur propre et privé nom de toutes dettes, obligations et engagemens, que ceux qui seront ainsi sortis de l'île y laisseront, et pourront être contraints à les acquitter de la même manière et par les mêmes voies que ceux qui se sont rendus caution au Gouvernement, ainsi qu'il est réglé par les présentes.

Prions Messieurs du Conseil Souverain, etc.

Donné à la Martinique, le 29 mai 1767. *Signé*, D'ENNERY et le Président de PEINIER.

Enregist. au Conseil Souverain.

(N°. 374.) *Ordonnance de MM. les Général et Intendant, concernant l'Hivernage.*

Du 4 juin 1767.

ETANT nécessaire de pourvoir à la sûreté du Commerce, et de prévenir les accidens qui pourraient arriver pendant la saison de l'Hivernage, dans la Rade du Fort St.-Pierre de l'île Martinique, ordonnons que du 10 du mois de juillet prochain inclusivement, il ne restera dans ladite Rade aucun des Vaisseaux, Senaus, Brigantins, Bateaux ou Goëlettes qui y sont actuellement mouillés, ni même aucun de ceux qui pourraient y arriver encore avant ou après ledit jour 10 du mois de juillet, et ce jusqu'au 17 octobre prochain, et qu'ils se retireront dans le Bassin du Fort-Royal, le tout à peine contre les Capitaines, de punition exemplaire, et de répondre en leur propre et privé nom, de tous dommages et avaries qui pourraient en résulter : seront en outre les Capitaines qui se trouveraient dans le cas de désobéissance, détenus en prison tant que nous le jugerons convenable, et sera par nous commis d'autres Capitaines pour conduire leurs Bâtimens dans le Bassin du Fort-Royal : prévenons de plus tous les Caboteurs et tous Propriétaires de Bateaux, que si pendant ladite saison de l'Hivernage ils venaient à perdre leurs Bateaux dans la Rade de St.-Pierre, par quelque coup de vent ou raz-de-marée, il leur sera refusé toute permission d'acheter des Bateaux aux îles étrangères, quelques soient les raisons et motifs qu'ils pourraient alléguer.

Recommandons à M. de Bassignac, commandant à St.-Pierre, et en son absence à l'Officier commandant audit Bourg, de tenir la main à l'exécution de la présente Ordonnance, laquelle sera lue, etc.

Donné à la Martinique, le 4 juin 1767. *Signé*, D'ENNERY et le Président de PEINIER.

(N°. 375.) *ARRET en Réglement du Conseil Souverain, portant défense d'embarquer des Nègres pour outre-mer, sans permission du Gouvernement.*

Du 10 juillet 1767.

LA Cour, etc., fait défenses à toutes personnes de quelques qualités et conditions qu'elles puissent être, d'embarquer leurs Nègres pour outre-mer sans en avoir obtenu la permission du Gouvernement, à peine de 500 liv. d'amende par chaque tête de Nègres qu'ils auront embarqués, laquelle amende sera applicable aux réparations du Palais royal de cette Ville.

Fait pareilles défenses à tous Maîtres de Bateaux, Goëlettes et Barques, d'embarquer lesdits Esclaves sans permission du Gouvernement, même du consentement de leurs Maîtres, à peine contre lesdits Maîtres de Bateaux, Goëlettes ou Barques, de 500 liv. d'amende par chaque tête de Nègres, applicables aussi aux réparations du Palais.

Ordonne que le présent Arrêt sera imprimé, lu, publié, etc.

Fait au Conseil Souverain de la Martinique, le 10 juillet 1767.

(N°. 376.) *Arret du Conseil d'Etat du Roi, qui ordonne l'établissement de deux Entrepôts, l'un au Port du Carénage, dans l'îl de Sainte-Lucie, et l'autre au Môle-Saint-Nicolas, dans l'île de Saint Domingue; et qui perme aux Etrangers d'y introduire et d'en exporter certaines Denrées et Marchandises.*

Du 29 juillet 1767.

Sur ce qui a été représenté au Roi, que les îles et Colonies françaises formaient la branche la plus importante du Commerce du Royaume, mais qu'elles n'étaient véritablement utiles que par la prohibition du Commerce et de la Navigation des Etrangers dans lesdites îles et Colonies; que cette prohibition, consacrée par les Lettres patentes de 1727, n'avaient jamais pu souffrir d'exceptions que par le malheur des circonstances; que ces exceptions elles mêmes avaient d'autant plus fait sentir la nécessité de revenir promptement à cette Loi première et constitutive des établissemens français en Amérique, et qu'ainsi il était de la justice de *S. M.* et de son attention à ce qui intéresse la prospérité de son Etat, de faire exécuter ponctuellement cette Loi dans l'étendue des îles et Colonies françaises; que néanmoins il était devenu indispensable de procurer à ces Colonies les moyens d'avoir quelques marchandises de première nécessité que le Commerce de France ne leur fournit pas, et de déboucher plusieurs denrées inutiles à ce même Commerce; que l'établissement de deux Ports où les Etrangers seraient admis, en prenant les précautions convenables, pourraient, en remplissant l'un et l'autre objet, augmenter encore la consommation des denrées et marchandises de France. A quoi *S. M.* desirant pourvoir : ouï le rapport ; le Roi étant en son Conseil, a ordonné et ordonne ce qui suit :

Art. Ier. Les Ordonnances, Edits, Déclarations, Arrêts et Réglemens ci-devant intervenus sur le Commerce et la Navigation des Etrangers dans les îles et Colonies françaises, seront exécutés selon leur forme et teneur ; en conséquence, tout Commerce et toute Navigation des Etrangers seront et demeureront prohibés dans les îles et Colonies françaises en Amérique, sous les peines y portées.

II. Permet néanmoins *S. M.* aux Navires étrangers uniquement chargés de Bois de toute espèce, même du Bois de teinture, d'Animaux et Bestiaux vivans de toute nature, de Cuirs verts, en poil ou tannés, de Pelleteries, de Résines et Goudron, d'aller aux îles du vent dans le seul Port du Carénage, situé dans l'île de Sainte-Lucie ; et aux îles sous le vent, dans le seul Port du Môle-Saint-Nicolas, situé dans l'île de Saint-Domingue, d'y décharger et commercer lesdites marchandises, en payant, à leur arrivée dans lesdits Ports, un pour cent de leur valeur.

III. Permet aussi *S. M.* auxdits Navires étrangers qui viendront, soit uniquement chargés de marchandises permises par l'article précédent, soit à vide dans lesdits deux Ports du Carénage et du Môle-Saint-Nicolas, de charger dans lesdits Ports pour l'étranger, uniquement des Sirops et Tafias, et des marchandises apportées d'Europe, en payant pareillement à sortie desdits Ports, un pour cent de la valeur desdits Sirops et Tafias, et des marchandises d'Europe.

IV. Les Capitaines des Navires étrangers qui viendront dans lesdits deux Ports, seront tenus, sous peine de confiscation desdits Navires et de leur cargaison, et de 300 liv. d'amende, d'avertir dans l'instant de leur arrivée, et de faire au Bureau de *S. M.*, dans les 24 heures de ladite arrivée, une déclaration exacte, par qualité et quantité des marchandises de leur chargement, et de représenter leurs connaissemens et chartes-parties.

A l'arrivée desdits Navires, il sera sur-le-champ envoyé au moins deux Commis à bord, soit pour en faire la visite, soit pour empêcher qu'il n'en soit rien déchargé sans un congé ou permis par écrit dudit Bureau ; comme aussi les Navires qui partiront desdits deux Ports, ne pourront faire aucun chargement sans une pareille déclaration, sans un semblable permis et sans la présence au moins de deux Commis, qui signeront lesdits permis, soit pour charger, soit pour décharger, afin de certifier de l'embarquement ou du débarquement.

V. Si lors de la visite faite avant, pendant ou après le chargement ou déchargement, il se trouvait sur les Navires étrangers venant dans lesdits deux Ports, d'autres marchandises que celles permises par l'article II, et sur lesdits Navires partant desdits Ports, d'autres marchandises que celles permises par l'article III, veut *S. M.* qu'il soit procédé à la saisie des Navires et des marchandises de leur chargement par les Officiers de l'Amirauté, et que la confiscation du tout soit prononcée avec amende de 300 l.

VI. Les Navires français qui partiront des Ports de France pour aller dans lesdits deux Ports du Carénage et du Môle-Saint-Nicolas, pourront y porter toutes marchandises quelconques prises en France, lesquelles ne seront point sujettes au droit d'un pour cent, ordonné par l'article II.

VII. Les Navires français qui, du Port du Carénage dans l'île de Ste.-Lucie, feraient directement leur retour dans les Ports de France, pourront y charger, tant les marchandises permises par l'article II, que toutes sortes de marchandises du crû des Colonies, sans payer ledit droit de sortie ; mais afin d'assurer leur arrivée en France, dans un des Ports permis pour le Commerce des îles et Colonies françaises, ils seront expédiés par acquit-à-caution, lequel contiendra toutes les marchandises du chargement, pour en être les droits du Domaine d'Occident, payés à leur arrivée en France, en la manière accoutumée.

VIII. Ledit acquit-à-caution sera déchargé en la manière accoutumée, lors de l'arrivée dudit Navire dans le Port de France ; et faute de rapporter ledit acquit-à-caution déchargé, dans les délais portés par icelui, la caution sera poursuivie solidairement avec l'Armateur du Navire ; et les marchandises de son chargement seront saisies avec amende de 300 l., sauf leur recours contre le Capitaine.

IX. Les Navires français qui voudront aller des îles et Colonies françaises dans lesdits Ports du Carénage et du Môle-St.-Nicolas, ne pourront partir que d'un des Ports desdites îles et Colonies françaises où il y aura Amirauté et Bureau

reau de *S. M.*; de même les Navires français qui auront chargé de marchandises dans lesdits Port du Carénage et du Môle-St.-Nicolas, ne pourront arriver aux îles et Colonies françaises que dans les Ports où il y aura Amirauté et Bureau de *S. M.*, à peine de 10.000 l. d'amende.

X. Les Capitaines desdits Navires qui viendront, soit des îles et Colonies françaises dans lesdits deux Ports, soit desdits deux Ports dans les îles et Colonies françaises, seront tenus, avant que d'arriver dans le Port de leur destination, et à trois lieues au large, d'arborer une flamme ou marque distinctive, telle qu'elle sera indiquée par les Amirautés, afin qu'au moment de l'arrivée desdits Navires dans le Port, il puisse être envoyé à bord des Commis par le Bureau de *S. M.*

XI. Les Navires français qui partiront des îles et Colonies françaises pour se rendre dans lesdits deux Ports, ne pourront, sous les peines portées par l'article V, charger dans lesdites îles et Colonies, que des Sirops et Tafias, et des marchandises exportées de France.

XII. Les Navires français qui partiront desdits deux Ports pour se rendre dans les îles et Colonies françaises, ne pourront, sous les mêmes peines, charger dans lesdits deux Ports, que les seules marchandises permises par l'art. II, qui sont les Bois de toute espèce, même de teinture, les Animaux et Bestiaux vivans de toute nature, les Cuirs verts, en poil ou tannés, les Pelleteries, les Résines et le Goudron.

XIII. Les formalités prescrites par l'art. IV, seront observées par les Navires français, à leur départ ou à leur arrivée, lors de leur chargement ou déchargement, tant dans les Ports desdites îles et Colonies françaises, que dans les deux Ports du Carénage et du Môle-St.-Nicolas.

XIV. Pendant tout le tems du chargement ou déchargement, les clefs des écoutilles seront remises au Bureau de *S. M.*, pour tenir toutes lesdites écoutilles fermées, tant que l'ouverture n'en sera pas nécessaire au chargement ou au déchargement. Après le chargement complet et après la visite qui sera faite des Navires, les Officiers dudit Bureau apposeront leur cachet sur lesdites écoutilles avec les précautions nécessaires, pour qu'il ne puisse être endommagé dans la route.

XV. Les marchandises chargées aux îles et Colonies françaises pour aller dans lesdits deux Ports, ou dans lesdits deux Ports pour lesdites îles et Colonies françaises, seront expédiées par acquit-à-caution ; sur cet acquit sera empreint le cachet dont lesdites écoutilles auront été scellées, pour assurer, par ledit acquit, l'arrivée et la vérification dudit scellé dans le Port de la destination. A défaut du rapport dudit acquit déchargé dans le Port de la destination, ou dans le cas de bris de scellés, la caution sera poursuivie et condamnée à une amende de 10,000 liv., sauf la confiscation de la valeur du Navire et Cargaison, et de 300 liv. d'amende en cas de fraude prouvée.

XVI. Au cas que, lors du départ ou de l'arrivée, il fût découvert de fausses écoutilles dans le Navire ou que, par la visite qui sera faite dudit Navire, il se trouvât des marchandises chargées sous voiles, ou d'autre espèce que celles permises par les articles II et XII, les Capitaines et Armateurs desdits Navires seront condamnés aux peines portées par l'article V.

XVII. Néanmoins, si l'objet desdites marchandises prohibées ne montait qu'au dixième de la valeur de celles qui composeront le chargement entier dudit Navire, il ne sera pas procédé à la saisie dudit Navire et de son chargement; mais seulement à celle desdites marchandises prohibées, dont la confiscation sera prononcée avec amende de 300 l.; et il n'y aura lieu à la saisie et confiscation du Navire, et de la totalité de son chargement, qu'autant que la valeur des marchandises en fraude excédera le dixième du prix de la totalité du chargement.

XVIII. Les Navires français, partis des Ports de France pour la destination des îles et Colonies françaises, et ceux revenant desdites îles et Colonies françaises dans les Ports de France, ne pourront aborder dans lesdits deux Ports du Carénage et du Môle-St.-Nicolas; de même les Navires français qui auront chargé des marchandises dans lesdits deux Ports, soit qu'ils soient destinés à revenir directement dans les Ports de France, soit à faire leur retour à l'Etranger, ne pourront aborder dans aucun autre Port desdites îles et Colonies françaises; le tout sous les peines portées par l'article V.

XIX. Il ne pourra aborder dans lesdits deux Ports du Carénage et du Môle-St.-Nicolas, que des Navires, soit français, soit étrangers, du port de 100 tonneaux et au dessus; il ne pourra même aller desdits deux Ports dans les îles et Colonies françaises, que des Navires français du même Port de 100 tonneaux et au-dessus; le tout sous les mêmes peines.

XX. Sur le produit des amendes et confiscations, il en sera attribué le tiers au Dénonciateur et les deux autres tiers aux Commis du Bureau de *S. M.*; et, s'il n'y a point de Dénonciateur, la totalité appartiendra aux Commis dudit Bureau.

XXI. Ordonne *S. M.* que toutes les dispositions ci-dessus seront exécutées selon leur forme et teneur, dérogeant, à cet effet, à tout ce qui pourrait y être contraire.

Enjoint Sa Majesté aux Gouverneurs, Commandans, Intendans, etc.

Fait au Conseil d'Etat du Roi, *S. M* y étant, tenu à Compiegne, le 29 juillet 1767. *Signé*, CHOISEUL, Duc de PRASLIN.

(Nº. 377.) *ARRET du Conseil d'Etat, sur la Pêche de la Morue.*

Du 31 juillet 1767.

LE Roi s'étant fait représenter l'Arrêt rendu en son Conseil, le 6 juin 1763, par lequel *S. M.*, en rétablissant sur le Poisson de pêche étrangère les droits fixés par les anciens Réglemens, aurait accordé au Poisson de pêche française, une préférence sur celui de pêche étrangère dans la consommation intérieure ; et *S. M.* desirant étendre le Commerce de la pêche nationale, et encourager le transport des Morues sèches qui en viendront dans les îles et Colonies françaises en Amérique ; ouï le rapport, etc. : le Roi étant en son Conseil, a ordonné et ordonne ce qui suit :

ART. Ier. Il sera accordé aux Armateurs et Negocians français, pendant le cours et espace de six années, à compter du 1er. juillet 1767, une gratification de 25 s. par quintal de Morue sèche qu'ils transporteront, soit des Ports de France, soit des lieux où ils auront fait leur pêche, dans les îles françaises du vent, à condition que lesdites Morues sèches seront de pêche française : défend *S. M.* à tous Négocians et Armateurs d'y transporter aucun Poisson de pêche étrangère, comme aussi à tous Capitaines de Navires français, pêcheurs, de prendre du Poisson de pêche étrangère, à peine de confiscation des Navires et Cargaisons, de 3,000 liv. d'amende, argent de France, contre le Capitaine, lequel sera détenu à ses frais dans les prisons jusqu'à parfait paiement de ladite somme, et sera au surplus déclaré incapable de commander aucun Navire.

II. Les Capitaines de Navires qui porteront leur Morue directement du lieu de la pêche aux îles du vent, seront tenus simplement d'en faire, tant au Greffe de l'Amirauté, qu'au Bureau du Domaine du lieu où ils aborderont, leur déclaration par écrit et signée d'eux, contenant la quantité de Morue sèche qu'ils auront apportée, et se conformeront au surplus aux formalités qui devront être remplies auxdites îles, et qui seront prescrites ci-après : à l'égard de ceux qui chargeront des Morues dans les Ports de France pour les porter aux îles du vent, ils seront tenus, pour jouir de la gratification accordée par l'article Ier., de faire leur déclaration au Bureau des Fermes du Port de leur départ, de la quantité de Morue sèche qu'ils porteront auxdites îles, et de représenter à leur arrivée auxdites îles, le congé qui leur aura été délivré dans les Ports de France d'où ils seront partis.

III. Il sera tenu au Greffe de l'Amirauté, un registre particulier, coté et paraphé par le Juge de l'Amirauté, et au Bureau du Domaine pareil registre, coté et paraphé par le sieur Intendant ou celui qui le représentera, pour y transcrire lesdites déclarations, ensemble les congés délivrés dans le Port du départ de France; lesquelles déclarations seront encore signées et certifiées sur lesdits registres par ceux qui les auront faites, après lequel enregistrement ainsi fait, les Officiers de l'Amirauté, ensemble les Commis du Domaine, se transporteront sur le Port et dans lesdits Navires pour être présens à la décharge, vérification et pesée des Morues sèches apportées sur lesdits Navires.

IV. Après lesdites décharge, vérification et pesée, le Greffier de l'Amirauté délivrera au Capitaine ou Armateur dudit Navire, une expédition par triplicata, dans la forme ci-après, contenant la déclaration qu'il aura faite et la quantité de Morues sèches qu'il aura débarquées, laquelle sera certifiée et signée, tant par le Greffier de l'Amirauté, que par les Commis du Domaine, le tout sous peine de nullité et de privation de la gratification; et il sera payé, argent de France, par chaque Capitaine, savoir: 6 l. au Juge pour visite à bord, 4 l. au Procureur du Roi, et 9 l. au Greffier pour expédition et vacations, sans que lesdits Officiers puissent prétendre rien au-delà, à quel titre que ce puisse être.

V. Dans les Ports desdites îles où il n'y aurait point de Bureau du Domaine, la déclaration prescrite par l'art. II, sera seulement faite aux Officiers de l'Amirauté, dont le Greffier délivrera l'expédition prescrite par l'article précédent, après qu'il aura été procédé en leur présence à la décharge, vérification et pesée desdites Morues sèches.

VI. Les Capitaines ou Armateurs desdits Navires remettront au Bureau des Fermes du Port de leur départ, les expéditions ou certificats qui leur auront été délivrés en conformité des deux articles précédens ; lesquelles expéditions ou certificats seront par eux certifiés véritables, et il leur en sera donné une reconnaissance au pied de copie, par le Directeur ou le Receveur des Fermes, qui en enverra les originaux à l'Adjudicataire-général des Fermes, pour en faire l'examen ; et si lesdites expéditions se trouvent en règle et revêtues des formalités prescrites par les articles précédens, veut *S. M.* que ledit Adjudicataire leur fasse payer, dans le Port de leur départ, le montant de la gratification, à raison de 25 s. par quintal, et ce, dans 6 mois au plus tard, après la remise des expéditions au Bureau des Fermes par lesdits Capitaines ou Armateurs.

VII. En rapportant par ledit Adjudicataire-général des Fermes, les expéditions ou certificats ordonnés par les articles IV et V du présent Arrêt, et les quittances des Capitaines ou Armateurs, justificatives du montant de la gratification qui leur aura été payée, il lui sera tenu compte chaque année desdites sommes sur le prix de son bail.

Mande Sa Majesté, etc.

Fait au Conseil d'Etat du Roi, *S. M.* y étant, tenu à Compiegne, le 31 juillet 1767. *Signé*, le Duc de PRASLIN.

Enregist. au Conseil Souverain.

(N°. 378.) *Edit du Roi, portant Création d'une Jurisdiction d'Amirauté au Carénage de Ste-Lucie.*

Du mois d'août 1767.

Louis, etc., Salut : Par notre Réglement du 12 janvier 1717, nous avons ordonné que, dans tous les Ports des îles et Colonies françaises, il serait établi des Siéges d'Amirauté pour connaître privativement à tous autres Juges des causes maritimes, et pour être par eux lesdites causes jugées suivant l'Ordonnance de 1681 et autres Ordonnances et Réglemens concernant la Marine. Nous avons en conséquence établi successivement de nouveaux Siéges dans tous les lieux où le Commerce s'est porté et où le concours des Bâtimens les a rendus nécessaires, et comme, par notre Arrêt du Conseil du 29 juillet dernier, nous aurions réglé que le Port du Carénage, situé dans l'île de Ste.-Lucie, servirait à l'avenir d'entrepôt, avec facilité aux Navires étrangers d'y porter des Bois de toute espèce, Animaux et Bestiaux vivans de toute nature, Cuirs verts, en poil ou tannés, Pelleteries, Résines et Goudron, comme aussi d'en exporter les Sirops et Tafias, et toutes les marchandises apportées d'Europe, ce qui attirera audit Port du Carénage un grand nombre de Bâtimens; il nous aurait paru indispensable pour faciliter les opérations du Commerce d'y établir un Siége d'Amirauté, à l'instar de ceux que nous avons précédemment établi dans nos îles.

A ces causes, etc., Nous érigeons et établissons une Jurisdiction d'Amirauté au Port du Carénage en l'île de Sainte-Lucie, pour y connaître privativement à tous autres Juges et Jurisdictions

dictions de toutes les causes et contestations relatives aux dispositions de l'Arrêt de notre Conseil du 29 juillet dernier, et les juger suivant l'Ordonnance de 1681 et autres Réglemens rendus concernant la Marine. Voulons que ladite Jurisdiction soit composée d'un Lieutenant-général, d'un Lieutenant de Juge, d'un notre Procureur audit Siége, d'un Greffier et de deux Huissiers, lesquels Officiers seront à la nomination de notre très-cher et bien-aimé cousin le Duc de Penthièvre, Amiral de France; entendons néanmoins que lesdits Officiers ne puissent exercer aucunes fonctions, qu'après avoir sur ladite nomination obtenu nos Lettres sur ce nécessaires, révocables *ad nutum*, et s'être fait recevoir ainsi qu'il est prescrit par l'art. VI de notre Réglement du 12 janvier 1717. Nous avons attribué et attribuons aux Officiers dudit Siége les mêmes droits, priviléges, prérogatives, émolumens et fonctions dont jouissent et doivent jouir les Officiers des Siéges d'Amirauté établis dans nos Colonies.

Voulons que lesdits Officiers se conforment à tout ce qui est prescrit par l'Ordonnance de 1681, par l'Edit de 1717 et autres Ordonnances, Edits, Déclarations et Réglemens concernant la Marine, la Navigation et les Jurisdictions d'Amirauté, autant qu'il n'y a point été postérieurement dérogé, et que l'Appel des Sentences de ladite Jurisdiction ressortisse en notre Conseil Supérieur de l'île Martinique.

Si donnons en mandement, etc.

Donné à Compiègne, au mois d'août 1767. *Signé*, LOUIS; *et plus bas*, par le Roi, CHOISEUL, Duc de PRASLIN.

(N°. 379.) *Arret du Conseil Souverain, sur le Rôle de Sainte-Lucie.*

Du 6 novembre 1767.

La Cour, etc., ordonne qu'à l'avenir il sera fait un Rôle particulier des affaires de l'île Sainte-Lucie, lequel Rôle sera expédié immédiatement après celui de Saint-Pierre.

Ordonne en outre que le présent Arrêt sera lu, etc.

Fait au Conseil Souverain de la Martinique, le 6 novembre 1767.

(N°. 380.) *Arret du Conseil Souverain, sur les Arrêts d'expédiens.*

Du 7 novembre 1767.

La Cour, etc., fait défenses à tous Procureurs en la Cour, de passer à l'avenir aucun Arrêt d'expédient, sans auparavant en avoir enrôlé la cause, et que dans la rédaction desdits Arrêts sera fait mention du consentement des Procureurs des parties, ce qui sera lu, etc.

Fait au Conseil Souverain, le 7 novembre 1767.

(N°. 381.) *Ordonnance de MM. les Général et Intendant de la Guadeloupe pour la plantation des Bois dans cette île.*

Du 16 novembre 1767.

Par la Déclaration du Roi du 3 août 1722, la culture des terres n'étant pas assez avancée dans quelques unes des îles du vent, et sur-tout à la Guadeloupe, *S. M.* avait précisément en vue d'exciter l'augmentation des défrichemens; mais la nécessité de pourvoir en même tems à l'entretien des établissemens, la détermina, par une sage prévoyance, à permettre aux Propriétaires de conserver en futaye, ou bois debout, le tiers de leurs habitations. Cette ressource, si précieuse, se trouve aujourd'hui détruite par l'intérêt mal entendu des particuliers, qui l'ont sacrifiée à la jouissance du moment; en sorte que la Colonie manque non seulement de bois de charpente, mais même la majeure partie des habitations n'en ont d'aucune espece pour les besoins journaliers des manufactures. Outre plusieurs inconvéniens réels qui résultent de cet état de la Colonie, nous considérons l'expédient dangereux en lui-même, et d'ailleurs incertain, de recourir à l'Etranger pour y suppléer : Nous ne sommes pas moins touchés de la nécessité où plusieurs Habitans ont été réduits d'abandonner des terreins considérables, devenus inutiles par leur avidité, et de la diminution des revenus par les sécheresses fréquentes et longues, ce qui affecte le Commerce et les exportations; à quoi il est temps de remédier, en reconciliant les Habitans avec leur véritable intérêt et le bien général :

A CES CAUSES, Nous, etc., ordonnons et statuons ce qui suit :

ART. Ier. La Déclaration du Roi, du 3 août 1722, pour les défrichemens et cultures des terres, avec permission d'en laisser le tiers en futaye, sera exécutée selon sa forme et teneur, et sous les peines y portées; et y ajoutant, ordonnons que les Propriétaires ou Locataires

Jjj 2

d'Habitations neuves, ou qui ne sont pas encore tout à fait défrichées, seront tenus d'en laisser en bois debout le dixième au moins ; et si cette quantité ne s'y trouve pas, d'y suppléer par de nouveaux plants de haute-futaye, en sorte que le dixième de chaque Habitation soit toujours et tout entier en forêt.

II. Les Propriétaires ou Locataires d'Habitations anciennes, sur lesquelles il n'y a plus de bois, seront tenus de planter, en bois de haute-futaye, le dixième des carrés de terres qui composent l'étendue de leurs Habitations : il leur sera loisible de choisir les bois les plus utiles, et ils feront en sorte qu'ils soient plantés plutôt dans les bas que dans les hauts de leurs Habitations ; au surplus ils pourront s'entendre avec leurs voisins, afin que les bois qu'ils planteront soient limitrophes et procurent ainsi par leur réunion plus de fraîcheur aux terres, et soient plus capables d'attirer les pluies ou rosées.

III. Permettons néanmoins, à ceux qui sont dans le cas du précédent article, de placer leurs jeunes plants à leur gré, et comme ils le croiront plus avantageux pour l'utilité et la commodité de leurs manufactures, pourvu que le dixième de leur Habitation soit toujours et tout entier en bois de haute-futaye.

IV. Les lisières, servant de bornes entre les Habitans, qui ne sont pas plantées en bois, conformément à l'article III, seront occupées par des haies de Galbas, soit par d'autres arbres à peu-près de même espèce et utilité, selon la nature du terrein, lesquelles seront à la racine de deux pieds ou environ d'épaisseur sur chacune des Habitations limitrophes, et à la distance convenable pour l'extention des branches.

V. N'entendons comprendre dans les précédens articles les Habitations qui ont auprès de leur principal manoir des terres en bois debout, d'où ils tirent ce qui leur en faut pour l'usage de leurs manufactures; pourvu toutefois que lesdites terres soient à leur étage et dans la même Paroisse, ou bien dans les environs, à la distance d'une lieue et demie tout au plus : néanmoins ils seront tenus d'exécuter l'article IV pour les lisières.

VI. Ordonnons aux Habitans qui ont des terres en bois debout dans la partie des Grands-Fonds de la Grande-Terre, d'en réserver et laisser le quart en forêt; leur fasions défenses expresses de découvrir cette réserve, sous telles peines qu'il appartiendra.

VII. Les Habitans de Marie-Galante, qui feront de nouveaux défrichés, seront pareillement tenus de laisser en bois debout le quart de leurs terres : ceux qui se trouveront dans le cas des articles I, II et V, auront à s'y conformer.

VIII. Les Capitaines Commandans de Paroisse feront eux-mêmes de leur personne, dans le courant du mois de novembre de l'année prochaine, une visite exacte sur toutes les Habitations de leurs districts, pour vérifier si la présente Ordonnance a été exécutée, et constateront de la quantité de bois que chaque Habitant aura plantée, et des lisières qu'il aura faites, en conformité de l'article V; de laquelle visite ils nous certifieront par les états signés d'eux, qu'ils nous adresseront séparément.

IX. Dans les Recensemens que les Capitaines de Paroisse prendront tous les ans, ils emploieront la quantité de bois que l'Habitant aura de

...es sur son Habitation ; lorsqu'ils feront la visite des Vivres sur les Habitations, ils vérifieront également les bois qui seront plantés ; en cas de dépérissement des arbres, ils donneront les ordres nécessaires pour les remplacer, et nous rendront compte de tous les objets de leur visite.

X. Les Habitans qui seront en défaut, et qui n'auront pas exécuté, au mois de Novembre de l'année prochaine, les articles I, III, IV et V, seront condamnés à 150 livres d'amende, laquelle sera prononcée sur le rapport de la visite du Capitaine-Commandant de Paroisse, sauf représentations et défenses comme de droit.

XI. Tous les Habitans qui sont, dans l'étendue du Gouvernement, Propriétaires, Usufruitiers ou Locataires d'Habitations, les possédant à quelque titre que ce soit, Sucreries, Caféïères ou autres Manufactures quelconques, terres en savane, ou immeubles, seront tenus à la publication des présentes de s'y conformer dans les délais et sous les peines qui sont ci-dessus établies.

Prions Messieurs du Conseil Supérieur de cette île, de faire registrer, etc.

Donné à la Basse-Terre Guadeloupe, le 16 novembre 1767. *Signé*, NOLIVOS et D'HESMIVI DE MOISSAC.

Enregistrée au Conseil Souverain de la Guadeloupe.

(N°. 382.) *Ordre du Roi, qui établit une Imposition à Sainte-Lucie, pour subvenir aux frais de Construction des Bâtimens civils.*

Du 21 décembre 1767.

Sa Majesté étant informée qu'il n'a pas été construit en l'île Ste.-Lucie des Prisons ni aucun Edifice où les Juges de la Jurisdiction, qui y a été établie, puissent s'assembler pour rendre la Justice à ses Sujets, elle a jugé qu'il était nécessaire de pourvoir à des objets aussi intéressans, et dont la dépense modique pouvait être aisément supportée par les Habitans de ladite île ; en conséquence *S. M.* a ordonné et ordonne qu'il sera procédé sans délai, au Bourg du Carénage en l'île Ste.-Lucie, à la construction d'un Edifice convenable pour y rendre la Justice à ses Sujets et pour servir de Greffe, comme aussi à celle des Prisons et Cachots qui seront jugés nécessaires pour la sûreté publique. A l'effet de quoi *S. M.* ordonne qu'il sera établi une imposition de 3 liv. sur chaque tête de nègres en état de travailler, qui appartiennent aux Habitans de ladite île Ste.-Lucie, pour le produit en être employé auxdites constructions, sur le plan et devis qui en seront faits par l'Ingénieur de *S. M.*

Mande et ordonne Sa Majesté, etc.

Fait à Versailles, le 21 décembre 1767. *Signé*, LOUIS ; *et plus bas ;* par le Roi, Choiseul, Duc de Praslin.

Enregist. au Conseil Souverain.

(N°. 383.) *Ordonnance de MM. les Général et Intendant, sur la distribution des Archers de Police, créés en remplacement de la Maréchaussée.*

Du 29 décembre 1767.

La Troupe composée de 8 hommes, sous la dénomination d'Archers, que nous avions établie par notre Ordonnance du 8 août 1765, pour donner main-forte à la Justice, n'étant pas suffisante pour fournir à toutes les parties du service pour lequel ils ont été établis, nous avons jugé à propos d'en augmenter le nombre et de créer 4 Archers de plus pour être employés aux mêmes fonctions, lesquels jouiront de la même paie et des mêmes avantages dont jouissent les 8 autres Archers, en conformité de notredite Ordonnance de création de ladite Troupe, du 8 août 1765.

Deux des susdits Archers nouvellement créés résideront à St.-Pierre avec le Sergent et les 5 Archers qui y sont attachés, le troisième résidera au Fort-Royal avec le Caporal et les 3 Archers qui y sont de service, et le quatrième à la Trinité.

Il sera fourni à ces 4 Archers leur habillement pareil à celui qui a été donné à ladite Troupe.

Il leur sera encore fourni, pour cette fois seulement et à chacun d'eux, un fusil, une épée ou coutelas avec un ceinturon, lequel armement ils seront obligés d'entretenir à leurs frais et de le représenter en bon état, toutes les fois qu'ils en seront requis et lorsqu'ils quitteront la Troupe.

Prions Messieurs du Conseil Souverain de la Martinique de faire enregistrer la présente, etc.

Donné

Donné à la Martinique, le 29 décembre 1767. *Signé*, le Chevalier de St.-Mauris et le Président de Peinier.

Enregist. au Conseil Souverain.

(N°. 384.) *Ordonnance de MM. les Général et Intendant, portant Etablissement d'une Brigade de Pertuisanniers pour la garde des Forçats.*

Du 30 décembre 1767.

Etant nécessaire d'établir une brigade de Pertuisanniers pour la garde des forçats, Nous, etc., ordonnons ce qui suit :

Art. Ier. Il sera établi dès-à-présent, pour la garde des forçats, une brigade de Pertuisanniers ; cette brigade ne sera d'abord composée que de 5 hommes, un Sergent et 4 Pertuisanniers ; l'on en augmentera le nombre à proportion de celui des forçats.

II. Dans le cas où il sera jugé nécessaire d'avoir 8 Pertuisanniers, l'on nommera un Caporal: la brigade se trouvera par-là composée de 10 hommes, compris le Sergent.

III. L'on ne recevra pour Sergent ni pour Caporal, que des sujets qui auront servi au moins trois ans dans les Troupes du Roi ; et l'on prendra aussi par préférence des anciens soldats pour remplir les places de Pertuisanniers.

IV. Ils ne pourront être engagés pour moins de trois ans, et si des raisons particulières les obligeaient de quitter le service avant la fin de leur engagement, on leur donnera leur congé absolu en mettant un homme à leur place.

V. La solde du Sergent sera de 100 liv. par mois ; celle du Caporal de 90, et celle des Pertuisanniers de 80.

VI. Ils auront chacun, outre la solde, une ration *gratis* par jour.

VII. La brigade sera logée aux frais du Roi, et, autant qu'on le pourra, dans le même bâtiment où seront renfermés les forçats.

VIII. La ration sera retranchée lorsqu'ils seront à l'Hôpital, et on leur retiendra 20 sols par jour sur leur solde.

IX. Ceux qui seront mariés et qui voudront une ration pour leur femme, on la leur donnera, en la payant à raison de 5 s. 6 d.

X. Ils seront habillés tous les deux ans ; leur habit sera bleu, paremens rouges, collet à la prussienne, sans boutons, veste et culotte bleues ; l'habit sera sans collet, boutons blancs plats. Chaque habillement sera composé de plus, d'un sarrau de toile bleue à paremens rouges, deux paires de bas de fil gris et d'un chapeau bordé.

L'habit du Sergent sera distingué par un bord d'un galon d'argent sur les manches, et son sarrau par deux bords de galons de laine aussi sur les manches.

L'habit et le sarrau du Caporal auront seulement un bord de galon de laine sur les manches.

Le chapeau du Sergent sera bordé d'argent, et celui du Caporal, comme ceux des Pertuisanniers, ne sera bordé que d'un galon de laine.

XI. On leur fournira un sabre à lame courte retroussée, avec le ceinturon ; on leur donnera aussi à chacun un fusil avec la baïonnette, lorsqu'ils seront chargés de la garde du bâtiment où seront renfermés les forçats.

XII. Ils répondront des forçats qui seront confiés à leur garde, et seront poursuivis suivant la rigueur des Ordonnances, s'ils en laissent évader.

XIII. La police des Pertuisanniers, ainsi que celle des forçats, sera dévolue aux Officiers d'Administration, à l'instar des Ports de France où nous avons des galériens.

Et sera la présente Ordonnance enregistrée au Greffe de l'Intendance et au Contrôle de la Marine.

Donné à la Martinique, le 30 décembre 1767. *Signé*, le Chevalier de St.-Mauris et le Président de Peinier.

(N°. 385.) *Arret du Conseil Souverain, concernant l'Ecole de Saint-Victor.*

Du 7 janvier 1768.

Ce jour, les Commissaires nommés par l'Arrêt du 4 de ce mois, rendu au bas de la requête présentée à la Cour par le R. P. Charles-François, Capucin de la province de Normandie, Supérieur-général et Préfet-apostolique des Missions de son Ordre en ces îles, ont remis sur le Bureau le procès-verbal par eux dressé le 6 de ce mois, de l'état de l'établissement de l'Ecole de St.-Victor, ensemble une lettre du Ministre de la Marine, concernant ledit établissement, de tout quoi le Procureur-général du Roi a requis l'enregistrement sur les registres de la Cour, sur quoi la matière mise en délibération;

La Cour ordonne que ledit procès-verbal, ensemble la lettre du Ministre, seront enregistrés sur le registre particulier des enregistremens d'icelle et resteront déposés ès-minutes du Greffe.

Et procédant au Réglement provisoire pour les Maîtres de l'Ecole de St.-Victor, en attendant les arrangemens qui seront pris lors de la remise dudit établissement, a arrêté ce qui suit :

Art. Ier. Le sieur Barberet fera les fonctions de Principal. Le sieur Lejeune sera chargé de la dépense particulière de la maison et du soin de faire payer exactement les pensions aux termes fixés ; et le sieur Prévoteau de la conduite des Ecoliers.

II. Ils tiendront tous les trois le Pensionnat en société et pour leur compte, et seront conjointement responsables des affaires de la maison et des effets, qui leur seront remis sur l'inventaire qui en sera fait.

III. Les fonds de la pension seront déposés entre les mains du sieur Fossé, que la Cour a nommé dépositaire de la recette, aux offres qu'il fait de la faire gratuitement ; en considération de quoi, il se retirera vers M. le Général, pour obtenir son exemption de tout service militaire ; lequel dit sieur Fossé délivrera les deniers pour la consommation, sur le billet du Maître chargé de ce détail.

IV. Il leur sera fourni tous les domestiques esclaves qui seront jugés nécessaires pour le service de la maison, excepté ceux qu'ils prendraient pour leur profit et avantage particulier.

V. Ils se chargeront de faire et d'entretenir les fournitures de chaque Ecolier, ainsi que les linges et ameublemens de la maison, sur les fonds des pensions.

VI. Ils s'obligeront et s'engageront à tenir la

maison propre et en bon état, et à conserver les meubles et effets qui y sont attachés comme les leurs propres.

VII. Ils seront comptables de toutes les parties de leur Administration au Père Charles-François, en sa qualité d'Administrateur, jusqu'aux nouveaux Réglemens qui seront faits.

VIII. Ils s'obligeront et s'engageront, en cas qu'ils voulussent sortir et se retirer de la maison et du pensionnat, d'en prévenir 6 mois d'avance ses Administrateurs; de même que lesdits Administrateurs, en cas de mécontentemens pour des causes graves, pourront les déplacer et mettre dehors de la maison, après les en avoir prévenu six mois auparavant, et instruit la Cour.

La pension de chaque Ecolier qui entrera au pensionnat sera et demeurera fixée à la somme de 1,000 l. pour la première année, à cause des dépenses de l'ameublement; et à celle de 900 l. pour chacune des autres années qu'il y demeurera, y compris les articles suivans; SAVOIR:

Pour l'entretien de la maison	30 l.
Pour le Chirurgien	15
Pour blanchir et raccommoder le linge, à 6 liv. par mois	72
Pour Perruquier, à 3 l. par mois . .	36
Pour fournitures de lits, armoires et serviettes	216

Ordonne que lesdits sieurs Barberet, Lejeune et Prévoteau seront installés par MM. Laurent et Vacher Des Epinais, Conseillers, Commissaires nommés à cet effet, et en présence du Procureur-général, devant lesquels ils seront tenus de prêter serment de bien et fidélement se conformer au présent Réglement, et de tenir le pensionnat sur le pied d'icelui : ordonne en outre que, par le Greffier de la Cour, il sera fait, en présence desdits Commissaires, inventaire et description de tous les meubles, effets et esclaves dont lesdits sieurs Barberet, Lejeune et Prévoteau seront mis en possession ; de tout quoi sera dressé acte et fait registre dans les Archives de ladite Ecole de St.-Victor, ainsi que du présent Arrêt, lequel sera imprimé et envoyé dans toutes les Paroisses de l'île.

Fait au Conseil Souverain de la Martinique, le 7 janvier 1768.

(N°. 386.) *Ordonnance de MM. les Général et Intendant, concernant la Chasse.*

Du 30 janvier 1768.

La conservation du gibier étant un des objets qui exige l'attention du Gouvernement, attendu l'utilité dont il est pour la subsistance des Habitans, et l'Ordonnance qui avait été rendue à ce sujet le 10 janvier 1720, par MM. Feuquières et Bénard, alors Général et Intendant des îles du vent, étant demeurée sans exécution, nous avons cru devoir en renouveller les dispositions, pour remédier aux abus qui se commettent à ce sujet, par l'usage dans lequel on est dans cette Colonie, d'aller à la chasse, tant du gibier de terre, que du gibier aquatique, dans tous les tems de l'année indistinctement, et d'y envoyer les esclaves, lesquels non contens de tuer le gibier dans la saison où il est le plus nécessaire à conserver, font encore un grand dégat des œufs de toutes espèces, ce qui cause un mal irréparable ; et est formellement contraire aux Ordonnances rendues par S. M. concernant la chasse ; à quoi étant indispensable de remédier ; Nous, etc, statuons et ordonnons ce qui suit :

Art. Ier. Toute espèce de chasse, soit au fusil, aux chiens, pièges ou filets, sera défendue dans toute l'étendue de cette Colonie, depuis le premier mars, jusqu'à la fin de juillet inclusivement ; et toute prise de Tortue à terre, et la fouille de leurs œufs en tout tems : Nous défendons pareillement d'enlever les œufs des nids, à peine contre les contrevenans dans l'un et l'autre cas, de 200 livres d'amende pour les Blancs, soit qu'ils chassent eux-mêmes, ou qu'ils fassent chasser leurs esclaves ; de 100 liv. d'amende et un mois de prison pour les Gens de couleur libres, et de la peine du fouet et du carcan pendant 3 jours pour les esclaves qui auront chassé sans l'aveu de leurs maîtres pour la première fois, et de plus grande peine contre les uns et les autres en cas de récidive ; lesquelles amendes seront applicables moitié au profit du dénonciateur, et l'autre moitié au profit du Roi.

II. Les Gens de couleur libres, qui sans avoir été commandés pour le service, seront trouvés avec des armes à feu pendant le tems de la prohibition portée dans l'article ci-dessus, seront conduits en prison, leurs armes confisquées au profit du Roi, et ils subiront en outre la peine portée par l'article premier, les esclaves qui seront surpris dans ledit tems avec des armes à feu, seront condamnés aux mêmes peines, et seront mis en sus à la chaîne du Fort-Royal pour trois mois.

III. Tous Blancs qui seront surpris avec

du gibier dans le cours des mois prohibés, ainsi que les Aubergistes et Cabaretiers qui en auront chez eux, seront condamnés à l'amende prononcée à l'article premier contre les Blancs.

Les Mulâtres, Nègres libres et les esclaves qui seront surpris également avec du gibier, ou qui en vendront pendant ledit tems, subiront la peine prononcée dans l'article II de la présente Ordonnance contre les Mulâtres et Nègres libres d'une part, et les esclaves de l'autre.

Nous enjoignons à tous les Commandans de Bataillon et aux Capitaines de Paroisse, de tenir exactement la main à l'exécution de notre Ordonnance ; de dresser procès-verbal contre tous Blancs indistinctement qu'ils trouveraient en contravention en icelle, et d'arrêter et faire conduire en prison tous les Gens de couleur libres et esclaves qu'ils trouveront munis d'armes à feu pendant le tems de la prohibition, fixé par l'article premier ; d'envoyer lesdits procès-verbaux contre les Blancs, aux Procureurs du Roi des Jurisdictions du ressort, et de leur renvoyer dans les prisons desdites Jurisdictions, les Gens de couleur libres ou esclaves qu'ils auront fait arrêter en contravention, avec les procès-verbaux qu'ils en auront dressés, afin que tant les Blancs que les Gens de couleur, soient poursuivis à la requête desdits Procureurs du Roi, et punis suivant l'exigence des cas.

Prions Messieurs du Conseil Souverain, etc.

Donné à la Martinique, le 30 janvier 1768. *Signé*, le Chevalier de St.-Mauris et le Président de Peinier.

Enregist. au Conseil Souverain.

(N°. 387.)

(N°. 387.) *Edit du Roi, qui accorde la Noblesse aux Officiers du Conseil Souverain de la Martinique.*

Du mois de février 1768.

Louis, etc., Salut : Le zèle et l'application que les Officiers du Conseil Souverain de la Martinique ont fait paraître depuis son établissement, dans l'Administration de la Justice, nous ont porté, dans différentes occasions, à donner à quelques-uns de ses membres des marques de notre satisfaction ; mais nous avons résolu de ne pas borner à un petit nombre d'entr'eux, les grâces dont le corps même nous a paru susceptible : en conséquence, nous nou sommes déterminés à accorder à tous la récompense qui a été de tous tems destinée à honorer la vertu.

A ces causes, etc., Nous avons, par le présent Edit, attribué et attribuons la Noblesse au second degré aux Offices de Conseillers titulaires et de notre Procureur-général en notre Conseil Souverain de la Martinique ; voulons que ceux qui sont actuellement pourvus desdits Offices de Conseillers titulaires et de notre Procureur-général, ou qui en seront pourvus à l'avenir, fassent souche de Noblesse, lorsqu'eux et leurs enfans, successivement et sans interruption, auront exercé lesdits Offices, chacun pendant vingt années, dans le nombre desquelles seront comptées les années de service des Officiers actuels reçus sur nos provisions expédiées avant ces présentes, ou lorsqu'ils seront morts revêtus desdits Offices ; et qu'ils jouissent des honneurs, prérogatives, prééminences, franchises, libertés, exemptions et immunités dont jouissent les autres Nobles de notre Royaume, sans distinction, tant et si long-tems qu'ils ne feront acte de dérogeance à Noblesse, en vertu de notre présent Edit, sans qu'il soit besoin d'autres Lettres émanées de nous ; jouiront en conséquence lesdits Officiers de la Noblesse personnelle, leur vie durant, et ne pourront être recherchés à l'occasion de la qualité d'Ecuyer qu'ils auront prise et pourront prendre à l'avenir.

Si donnons en mandement, etc.

Donné au mois de février 1768. *Signé*, LOUIS ; *et plus bas*, par le Roi, CHOISEUL, Duc de PRASLIN.

Enregist. au Conseil Souverain.

(N°. 388.) *ORDONNANCE de MM les Général et Intendant, concernant l'Imposition pour l'année 1768.*

Du 5 février 1768.

LES besoins du service nous mettant dans la nécessité de ne pas différer plus long-tems de faire usage des fonds qui nous sont indiqués pour y subvenir, et l'imposition du Roi sur la Colonie, pour la présente année 1768, se trouvant comprise dans cette indication, nous nous sommes déterminés (d'après la connaissance que nous avons des intentions de *S. M.* au sujet de ladite imposition) à l'établir provisoirement et dans la même forme qu'elle l'avait été pour l'année 1766, sur le tableau signé de *S. M.*, qui nous fut envoyé pour lors, et que nous fîmes enregistrer au Conseil Souverain de la Martinique, à la séance du mois de janvier de ladite année. L'attendrissement du Roi sur les malheurs que cette Colonie a éprouvés à l'occasion de l'ouragan, avait porté *S. M.* non-seulement à lui envoyer des secours de vivres, dont elle avait un si grand besoin, dans cette fâcheuse circonstance, mais encore à l'exempter de la moitié de la capitation de l'année 1766 et de la totalité de celle de 1767. La capitation de ladite année 1766 s'étant cependant trouvée acquittée ou étant censée l'être, lorsque l'ordre du Roi à ce sujet nous est parvenu, *S. M.* a voulu que les Habitans de la Martinique ne fussent point privés du bénéfice de cette remise, et que nous tinssions compte à chaque Habitant sur sa capitation de 1768, de ce qu'il aurait payé de plus que la moitié de celle de 1766; et qu'à l'égard de ceux qui n'auraient pas satisfait à cette imposition pour ladite année, nous ne les obligeassions à en payer que la moitié, *S. M.* leur en ayant remis le surplus; c'est par ces ordres exprès, que nous faisons part aujourd'hui de cet arrangement aux Habitans de la Martinique, en leur annonçant ce qu'ils auront à payer pour l'année 1768.

A CES CAUSES, Nous, etc., statuons, etc.

ART. Ier. L'imposition sur la Martinique pour la présente année sera la même que celle que nous avons établie pour l'année 1766, par notre Ordonnance du 12 mars même année, à laquelle nous nous rapportons, et qui sera suivie et exécutée dans tous ses articles sans exception, à la réserve de l'article XII de ladite Ordonnance, concernant le droit imposé sur la Morue étrangère, dont l'introduction dans cette Colonie a été interdite par ordre du Roi, à la fin de ladite année,

II. Les Habitans qui auront payé en entier leur capitation de l'année 1766, jouiront de l'exemption que le Roi a accordé pour la moitié de l'imposition de ladite année, et on leur en tiendra compte sur celle de la présente année, dont ils ne payeront que la moitié ; et à l'égard de ceux qui n'ont pas satisfait à l'imposition de ladite année 1766, ils payeront en entier celle de 1768 ; mais on leur tiendra compte sur ce qu'ils doivent de 1766, de la remise accordée par *S. M.*, pour la même année ; cette grâce dont ils jouiront doit être un motif de plus pour les Habitans qui sont en arrière de leur capitation de 1766, de ne pas différer de remplir leur obligation à cet égard, pour la moitié qu'ils doivent indispensablement acquitter.

III. La capitation étant acquise au Domaine du Roi dès le 1er. janvier, nous ordonnons que l'imposition que nous établissons pour cette année, tant sur la tête des Blancs européens, des Gens de couleur et Affranchis, celle des esclaves, que sur les loyers de maisons et l'industrie, sera payée d'ici au mois de mai prochain, et en un seul paiement ; à défaut de quoi les redevables seront contraints par toutes les voies de droit, même par corps, et par la saisie et vente des nègres (sans distinction) pour les impositions qui regardent les nègres ; et à l'égard de l'impôt sur les maisons et sur l'industrie, les reliquataires seront soumis aux mêmes peines.

Prions Messieurs du Conseil Souverain, de faire enregistrer la présente, lire, etc.

Donné à la Martinique, le 5 février 1768. *Signé*, le Chevalier de St.-Mauris et le Président de Peinier.

Enregist. au Conseil Souverain.

(N°. 389.) *Ordonnance de MM. les Général et Intendant, concernant les Libertés données aux Esclaves sans permission du Gouvernement.*

Du 5 février 1768.

Les sages précautions qui avaient été prises par *S. M.* dans les Ordonnances qu'elle a rendu sur les affranchissemens, pour en éviter les abus, et notamment dans celles rendues les 24 octobre 1713 et 15 juin 1736, n'ayant pas produit tous les effets qu'elle avait en vue, par l'avidité de nombre d'Habitans qui, sans d'autres motifs que celui de leur avarice, traitent avec leurs esclaves de leur liberté à prix d'argent ; ce qui porte ceux-ci à se procurer, par toutes sortes de voies, et les plus illicites, les sommes qui leur sont nécessaires pour obtenir cette liberté et engage les maîtres à les tolérer ; le même esprit d'avidité, ou tout au moins le peu d'exactitude des Notaires, induit plusieurs d'entr'eux à recevoir les actes de ces sortes de libertés, au mépris de la disposition des Ordonnances du Roi, qui exigent une permission préalable du Gouverneur-général et de l'Intendant.

Il se trouve encore des maîtres qui, pour procurer à leurs esclaves leur liberté, et craignant que le Gouvernement ne les trouve pas dans le cas de devoir leur en accorder la permission, imaginent de faire passer fortivement lesdits esclaves dans les îles étrangères, sans congé et sans permission, pour les y faire affranchir, au moyen d'une vente simulée qu'ils passent de leurs esclaves à quelque Habitant desdites îles étrangères, et les font ensuite revenir dans les îles françaises, dans l'espérance qu'ils y jouiront d'une liberté qui n'est qu'idéale, étant obtenue au mépris des Ordonnances du Roi.

Il se commet enfin bien souvent un autre abus qui ne mérite pas moins notre attention, en ce qu'il se trouve des maîtres qui, par des motifs très-répréhensibles, en imposent aux Curés, en leur présentant au baptême comme libres, des enfans dont les mères sont esclaves, et qui par ce moyen sont réputés affranchis ; ce qui devient d'une conséquence dangereuse : à quoi voulant remédier, nous nous sommes déterminés à rappeler dans la présente Ordonnance, les dispositions de celles de *S. M.* des 24 octobre 1713 et 15 juin 1736, en y ajoutant des peines contre ceux qui se prêteront à y contrevenir.

A CES CAUSES, Nous, etc., statuons et ordonnons ce qui suit :

ART. Ier. Les Ordonnances du Roi, des 24 octobre 1713 et 15 juin 1736, concernant les esclaves des îles françaises de l'Amérique, seront exécutées selon leur forme et teneur, sous les peines qui y sont prononcées contre les contrevenans.

II. Nous défendons à tous Notaires de recevoir aucun acte d'affranchissement d'esclave, qu'il ne leur apparaisse d'une permission par écrit du Général et de l'Intendant de la Colonie, dont ils feront mention dans leurs actes, à peine, contre les Notaires qui auraient contrevenu au présent article, d'être condamnés à 1.000 liv. d'amende, dont moitié applicable au dénonciateur et l'autre moitié au profit du Roi, et à être interdits de leurs fonctions pour un an.

III. Nous défendons à toutes personnes, de quelque état et condition qu'elles soient, de faire passer leurs esclaves dans les îles étrangères pour les y faire affranchir, sous les peines portées par les susdites Ordonnances du Roi, des 24 octobre 1713 et 15 juin 1736.

IV. Il est très-expressément prohibé à tous Navigateurs et Maîtres de Bateaux, Pirogues et autres, d'embarquer sur leur bord aucun esclave, même de l'aveu des maîtres desdits esclaves, sans être munis d'une permission par écrit de l'Intendant, à peine contre lesdits Navigateurs, Maîtres de Bateaux et autres, de 500 l. d'amende pour chaque tête d'esclaves qu'ils auront embarqués et passés sans permission, applicables comme à l'article II, et de 6 mois de prison, sauf à y être détenus jusqu'au paiement de ladite amende après les 6 mois.

V. Les maîtres qui auraient fait embarquer ou qui auraient autorisé l'embarquement de leurs esclaves sans une permission de l'Intendant, seront condamnés à une amende qui ne pourra être moindre que de la valeur des esclaves qu'ils auront fait embarquer ; laquelle amende sera applicable conformément à l'art. II ci-dessus.

VI. Les Prêtres et Religieux desservans les Cures de ce Gouvernement, ne pourront baptiser comme libres, aucun enfant, à moins que l'affranchissement des mères ne leur soit constaté auparavant par des actes de liberté revêtus de la permission par écrit des Gouverneur et Intendant ; desquels actes ils seront tenus de faire mention sur les registres de baptême, et ils se conformeront exactement sur cet article à l'Ordonnance du Roi du 15 juin 1736, sous les peines portées par ladite Ordonnance, contre les maîtres desdits enfans qui seraient en contravention.

Prions Messieurs du Conseil Souverain, etc.

Mandons aux Officiers des Jurisdictions de tenir la main à son exécution.

Donné à la Martinique, le 5 février 1768. *Signé*, le Chevalier de St.-Mauris et le Président de Peinier.

Enregist. au Conseil Souverain.

(N°. 390.) *Déclaration du Roi, sur la séance et l'entrée au Conseil Supérieur de la Martinique, des Officiers de l'Etat-major et d'Administration de la Marine.*

Du 8 février 1768.

Louis, ect., Salut : le Roi notre très honoré Bisayeul, ayant créé par Lettres-patentes, du 11 octobre 1664, un Conseil Supérieur à la Martinique et dépendances, dont il aurait en même-tems fixé le nombre des membres; ce nombre aurait été augmenté successivement suivant les progrès de ladite Colonie; et par nos Lettres patentés du 12 février 1726, nous aurions accordé aux Commissaires et Contrôleurs de la Marine, séance et voix délibérative audit Conseil Supérieur, ainsi qu'en jouissaient les Officiers-majors; depuis ce tems-là il aurait été décidé que les Officiers-majors, et les Commissaires et Contrôleurs de la Marine ne seraient plus admis audit Conseil : mais l'expérience ayant fait connaître que s'il convient de ne pas accorder à tous les Officiers-majors et Commissaires de la Marine l'entrée et séance au Conseil, il est essentiel qu'il y en ait quelques-uns qui jouissent de cette faveur, non-seulement par

rapport

rapport à la dignité des places qui leur sont confiées, mais encore pour assurer en tout tems un plus grand nombre de Juges.

A ces Causes, etc., Nous avons statué et ordonné ce qui suit :

Art. Ier. Le Conseil Supérieur de la Martinique sera composé à l'avenir du Gouverneur-Lieutenant-général, de l'Intendant, du Commandant en second, du Major-général, ou de celui qui en remplira les fonctions, du Commissaire de la Marine faisant fonctions de Subdélégué-général, et du plus ancien Commissaire de la Marine, de 14 Conseillers titulaires, lesquels auront tous séance et voix délibérative, d'un Procureur-général, de 4 Assesseurs et d'un Greffier, personne autre que les Officiers-majors et d'Administration, et le Greffier; ne pourra être admis à l'avenir au Conseil Supérieur, s'il n'a été reçu Avocat en France.

II. Les Lettres-patentes en forme d'Edit concernant les Assesseurs des Conseils Supérieurs des Colonies, seront exécutées tant pour leur nomination que pour leur rang et séance au Conseil Supérieur de la Martinique, et pour les exemptions dont ils doivent jouir dans ladite Colonie.

III. Le Gouverneur Lieutenant-général aura la place d'honneur, et siégera dans un fauteuil; l'Intendant sera à sa droite, le Commandant à sa gauche, le Major-général, ou celui qui en fera les fonctions, à la suite du Commandant en second, le Commissaire de la Marine faisant les fonctions de Subdélégué, après l'Intendant; le Commissaire de la Marine après le Doyen des Conseillers, et les Conseillers suivant l'ordre de leur réception.

IV. L'Officier qui commandera à la Martinique en l'absence du Gouverneur Lieutenant-général, aura entrée et voix délibérative au Conseil Supérieur, et occupera la gauche du fauteuil, qui demeurera vide en l'absence ou en cas de mort du Gouverneur Lieutenant-général.

V. En cas d'absence ou de mort de l'Intendant, le Commissaire de la Marine, faisant les fonctions de Subdélégué-général, présidera à sa place au Conseil Supérieur, et en cas d'absence ou de mort du Commissaire faisant fonctions de Subdélégué, le Commissaire de la Marine le suppléera; en cas d'absence de l'un ou de l'autre, le plus ancien Officier d'Administration breveté, aura entrée, séance et voix délibérative au Conseil Supérieur, mais dans les cas d'absence ou de mort de l'Intendant, le Doyen des Conseillers demandera les avis, recueillera les voix et prononcera les Arrêts en toutes matières civiles et criminelles.

VI. Les Officiers du Conseil Supérieur continueront de s'assembler tous les deux mois et de tenir deux séances par jour; savoir : celle du matin depuis 7 heures jusqu'à midi, et celle de relevée depuis 3 heures jusqu'à 6 heures.

VII. Voulons qu'il soit procédé au jugement des affaires concernant le Commerce étranger, de celles qui y auront rapport, et de celles concernant les Vaisseaux étrangers, immédiatement après que les affaires criminelles qui se trouveront en état, auront été jugées.

VIII. Les Officiers dudit Conseil Supérieur jouiront des exemptions qui leur sont attribuées par notre Déclaration du 3 octobre 1730, le

Commandant en second jouira de l'exemption de capitation de 18 nègres, le Major-général ou celui qui en fera les fonctions, pour 15 nègres.

Si donnons, etc.

Donné à Versailles, le 8 février 1768. *Signé*, LOUIS; *et plus bas*, par le Roi, CHOISEUL, Duc de PRASLIN.

Enregist. au Conseil Souverain.

(N°. 391.) *DECLARATION du Roi, sur les Jugemens portés contre les Esclaves.*

Du 1er. mars 1768.

LOUIS, etc., SALUT : Nous aurions, par nos Ordres du 23 septembre 1763, autorisé les Gouverneur notre Lieutenant-général et Intendant de l'île Martinique, à commuer la peine des Galères, prononcée contre les nègres esclaves, et même celle de mort également prononcée contre les nègres marrons et fugitifs, en celle d'être marqués d'une fleur de lis à la joue, et d'être enchaînés pour servir à perpétuité, ou pour un tems, suivant les différens cas, aux fortifications et autres travaux ordonnés dans la Colonie, et étant informé que cette peine, qui n'apporte presqu'aucun changement à la condition des esclaves, est trop faible pour leur en imposer; que l'établissement de la chaîne tourne encore en abus par la facilité que ceux qui y sont attachés ont de s'évader, et par les conseils dangereux qu'ils donnent ensuite aux autres nègres de la Colonie, nous avons jugé qu'il était nécessaire d'y pourvoir, en prononçant une peine de commutation plus grave et en soumettant dans certains cas, à celle de la mort, ceux des nègres attachés à la chaîne, qui pourraient s'évader, soit par adresse, soit par violence, ou de toute autre manière que ce soit.

A CES CAUSES, etc., voulons et nous plaît ce qui suit :

ART. 1er. Donnons pouvoir aux Gouverneur notre Lieutenant-général et Intendant, en l'île Martinique, de commuer la peine des Galères prononcée contre les nègres esclaves, et même celle de mort contre les nègres marrons et fugitifs, en celles portées dans les articles ci-après, suivant les différens cas y énoncés.

II. Les nègres esclaves qui auront mérité la peine des Galères, seront marqués d'une fleur de lis à la joue, auront une oreille coupée, et seront condamnés à être attachés à la chaîne, pour servir à perpétuité aux fortifications et autres travaux de la Colonie ; on leur coupera la seconde oreille à la première évasion, et ils seront pendus en cas de récidive, la même peine de mort aura lieu à la première évasion par révolte.

III. Voulons que les nègres esclaves qui auront mérité la mort, pour fait de marronnage, soient marqués d'une fleur de lis à la joue, ayent les deux oreilles coupées et soient attachés à perpétuité à la chaîne ; ils seront pendus à la première évasion, sans que ladite peine, et celles portées à l'article précédent, puissent être modérées sous aucun prétexte.

Si donnons en mandement, etc.

Donné à Versailles, le 1er. mars 1768. *Signé*, LOUIS ; *et plus bas*, par le Roi, CHOISEUL, Duc de PRASLIN.

Enregist. au Conseil Souverain.

(N°. 392.) *ARRET du Conseil Souverain, concernant les Nègres justiciés.*

Du 8 mars 1768.

LA Cour, etc., enjoint à tous ceux qui sont actuellement, ou pourront être par la suite, porteurs d'Arrêts sur la caisse des droits des nègres justiciés, de les présenter à la Cour dans le délai de cinq ans, du jour de la date desdits Arrêts, pour y être homologués, à peine d'être déchus du profit desdits Arrêts ; ce qui sera imprimé, lu, publié, etc.

Fait au Conseil Souverain, le 8 mars 1768.

(N°. 393.) *ARRET du Conseil d'Etat du Roi, relatif à l'Etablissement d'un Entrepôt au Port du Carénage de Ste.-Lucie ; portant dérogation de quelques articles de l'Arrêt du 29 juillet 1767.*

Du 1er. avril 1768.

LE Roi s'étant fait représenter l'Arrêt rendu en son Conseil, le 29 juillet 1767, *S. M.* a jugé nécessaire de changer et d'étendre une partie des dispositions qu'il contient, relativement à l'établissement d'un Entrepôt au Port du Carénage de Ste.-Lucie. A quoi voulant pourvoir : ouï le rapport, le Roi étant en son Conseil, a ordonné et ordonne ce qui suit :

ART. Ier. Il sera permis aux Navires étrangers chargés de Bois de toute espèce, de Bois de teinture, d'Animaux et Bestiaux vivans de toute nature, de Cuirs verts en poil ou tannés, de Pelleteries, de Résine et Goudron, même de Riz, de Maïs, Légumes, Café, Sucre, Coton et Cacao, d'aller dans le seul Port du Carénage, situé dans l'île de Ste.-Lucie, d'y décharger et commercer lesdites denrées et marchandises, en payant le droit ordonné par l'art. II de l'Arrêt du 29 juillet 1767.

II. Permet *S. M.* aux Navires français qui voudront aller des îles et Colonies françaises dans ledit Port du Carénage, de partir de tous les Ports desdites îles où il y aura Bureau du Domaine, quoiqu'il n'y ait point d'Amirauté : veut également que lesdits Navires qui auront chargé des marchandises au Port du Carénage, soient admis dans tous les Ports desdites îles où il y aura Bureau du Domaine ; leur défend *S. M.* de partir de tout autre Port et d'y arriver, à peine de 10,000 liv. d'amende argent des îles.

III. Les Navires français qui partiront du Port du Carénage pour se rendre aux îles et Colonies françaises, ne pourront charger, sous les mêmes peines, que les marchandises permises par l'article Ier. du présent Arrêt ; mais il leur sera permis d'y prendre toutes les denrées du crû de Sainte-Lucie.

IV. Tout Bâtiment, de quelque contenance qu'il soit, sera admis audit Port du Carénage et pourra faire son retour aux îles et Colonies françaises, aux clauses et conditions portées par l'Arrêt du 29 juillet 1767, dérogeant *S. M.* à ce qui est prescrit par l'art. XIX dudit Arrêt, en ce qui concerne la contenance desdits Bâtimens.

V. Dispense *S. M.* des formalités prescrites par l'article XIV de l'Arrêt du 29 juillet 1767, au sujet des écoutilles : veut seulement qu'il soit fait une visite à bord des Bâtimens par les employés du Domaine, comme il est prescrit par ledit article.

VI. Veut *S. M.* que l'amende de 10,000 liv., prononcée par l'article XV de l'Arrêt du 29 juillet 1767, pour les cas y portés, soit modérée à 3,000 liv., argent des îles, sauf, ainsi qu'il est dit par ledit article, la peine de confiscation du Navire et de la Cargaison, et de 300 liv. d'amende en cas de fraude prouvée.

VII Les Capitaines de Navires étrangers qui iront au Port du Carénage, seront tenus de se conformer aux dispositions de l'article IV de l'Arrêt du 29 juillet 1767, à l'exception de la représentation des connaissemens et chartes-parties, dont ils seront dispensés : veut seulement *S. M.* que lesdits Capitaines fassent, à leur arrivée audit Port du Carénage, une déclaration de tous les articles qui composeront les chargemens de leurs Bâtimens, dont la vérification sera faite par les employés du Domaine.

VIII. Défend *S. M.* d'expédier aucun Bâtiment pour les îles et Colonies françaises, dans aucun lieu de l'île Ste.-Lucie, hors du Carénage.

Mande, Sa Majesté, etc.

Fait au Conseil d'Etat du Roi, Sa Majesté y étant, tenu à Versailles, le 1er. avril 1768. *Signé*, le Duc de PRASLIN.

Enregist. au Conseil Souverain.

(N°. 394.) *ORDONNANCE du Roi, portant dérogation à quelques articles de l'Arrêt du 29 juillet 1767, et établissant un Entrepôt au Port du Carénage dans l'île de Sainte-Lucie.*

Du 1er. avril 1768.

SA Majesté ayant établi un entrepôt au Port du Carénage de Ste.-Lucie, par Arrêt du 29 juillet 1767, et réglé par ledit Arrêt et un autre de ce jour, les denrées et marchandises qu'il est permis d'y importer et d'en exporter, tant de la part des Bâtimens étrangers, que de ceux appartenant à ses sujets, soit de France, soit des îles et Colonies françaises, elle aurait réduit ledit entrepôt au seul Port du Carénage, et défendu d'expédier dans aucun autre Port des Bâtimens destinés pour les îles et Colonies françaises de l'Amérique, sous les peines portées par lesdits Arrêts ; et *S. M.* voulant expliquer ses intentions sur ce qui concerne les autres Ports et Rades de ladite île Ste.-Lucie, elle a jugé convenable de les excepter de la prohibition générale établie par les Lettres-patentes du mois d'octobre 1727, jusqu'à ce qu'il en ait étéautrement ordonné, afin de procurer aux Colons déjà établis dans cette île, et à ceux qui voudront y former des habitations, toutes les facilités dont ils ont besoin ; en conséquence, veut *S. M.* que tout Bâtiment étranger soit admis dans tous les autres Ports et Rades non désignés par lesdits Arrêts du 29 juillet 1767 et de ce jour, et qu'il leur soit loisible d'y vendre leurs Cargaisons, de quelque nature et qualité qu'elles soient.

Fait *S. M.* défenses à tous Officiers commandant les Vaisseaux et aux Bateaux du Domaine des îles du vent, et à tous autres qu'il appartiendra, d'inquiéter lesdits Bâtimens étrangers à leur approche des Ports et Rades de ladite île.

Mande, Sa Majesté, etc.

Fait à Versailles, le 1er. avril 1768. *Signé*, LOUIS ; *et plus bas*, par le Roi, le Duc de PRASLIN.

Enregist. au Conseil Souverain.

(N°. 395.)

(N°. 395.) *Ordre du Roi, concernant les Sépultures dans les Eglises des Paroisses de la Martinique.*

Du 1er. avril 1768.

Sa Majesté étant informée que la plupart des Habitans de la Colonie de la Martinique desireraient avoir leur sépulture dans les Eglises, Elle a jugé convenable de leur accorder cette distinction, en la restreignant néanmoins à un très-petit nombre, à cause du mauvais air que les sépultures trop fréquentes dans lesdites Eglises, pourraient occasionner.

En conséquence *S. M.* a ordonné et ordonne ce qui suit :

Art. Ier. Le Gouverneur Lieutenant-général, le Commandant en second, le Major-général, l'Intendant, le Commissaire de la Marine faisant fonctions de Subdélégué-général, le Procureur-général du Conseil Supérieur, les Conseillers titulaires et honoraires, les Juges et Procureurs du Roi des Jurisdictions en fonctions, chacun dans le lieu de leur résidence, les Commandans et Majors de Milices, les Curés des Paroisses, et les Capitaines Commandans de Paroisse qui mourront dans leurs fonctions et dans leurs Paroisses, pourront être enterrés dans les Eglises, et il sera jetté sur chaque corps de la chaux vive, jusqu'à l'épaisseur d'un pied.

II. A l'égard de ceux, qui n'ayant pas les qualités marquées au précédent article, voudront être enterrés dans les Eglises, ou pour lesquels la demande en sera faite par les familles, il sera payé au Marguillier de la Paroisse, avant l'enterrement, et seulement pour l'ouverture de la fosse, 2400 liv., argent de l'Amérique, en deniers comptans ou en bons effets, dont le Marguillier et les acceptans répondront solidairement; laquelle somme de 2400 liv. appartiendra à la Fabrique.

III. Veut *S. M.* qu'il ne soit fait aucunes sépultures dans lesdites Eglises, autres que celles des personnes désignées dans les articles précédens; tous les autres Habitans, de quelque qualité et condition qu'ils soient, seront enterrés dans des Cimetières, lesquels si fait n'a été, seront clos et fermés.

Mande et ordonne *S. M.*, etc.

Fait à Versailles, le 1er. avril 1768. *Signé*, LOUIS; *et plus bas*, par le Roi, CHOISEUL, Duc de PRASLIN.

Enregist. au Conseil Souverain.

(N°. 396.) *ORDONNANCE du Roi, sur la Chambre d'Agriculture.*

Du 1er. avril 1768.

SA Majesté s'étant fait représenter l'Arrêt rendu en son Conseil le 10 décembre 1759, portant établissement d'une Chambre mi-partie d'Agriculture et de Commerce aux îles du vent, avec faculté d'avoir à Paris un Député à la suite du Conseil, et un autre Arrêt du Conseil du 9 avril 1763, qui, en interprétant celui du 10 décembre 1759, aurait supprimé ladite Chambre et aurait crée deux Chambres d'Agriculture seulement, l'une pour la Martinique et l'autre pour la Guadeloupe, *S. M.* aurait jugé convenable de changer les dispositions de l'article IV dudit

Arrêt du 10 décembre 1759, confirmé par celui du 9 avril 1763, et d'accorder aux Membres desdites Chambres une marque de la satisfaction qu'elle a de leurs services, en conséquence, elle a ordonné et ordonne ce qui suit :

ART. Ier. Les Membres nécessaires pour composer les Chambres d'Agriculture de la Martinique et de la Guadeloupe, seront pris parmi les Habitans et Commerçans desdites îles, parmi les Procureurs-généraux et Conseillers aux Conseils Souverains, ayant habitations, comme aussi parmi les Officiers militaires retirés du service, ayant habitations, même parmi les Officiers des Milices, actuellement en service, lesquels pourront remplir les deux emplois en même tems.

II. Les Membres des Chambres d'Agriculture, à l'exception des Secrétaires seulement, jouiront chacun de l'exemption de capitation de 12 nègres, pendant le tems qu'ils seront en fonctions dans lesdites Chambres.

Mande, Sa Majesté, etc.

Signé, LOUIS ; *et plus bas*, par le Roi, le Duc de PRASLIN.

Enregist. au Conseil Souverain.

(N°. 397.) *ORDONNANCE de MM. les Général et Intendant, concernant l'Imposition à établir sur l'île Sainte-Lucie.*

Du 4 mai 1768.

SUR les comptes qui ont été rendus au Roi des progrès de l'établissement de l'île Ste.-Lucie, et des différentes causes qui y avaient contribué;

S. M. a reconnu qu'ils provenaient, tant des soins continuels qu'on y a apporté, que des immunités accordées aux Habitans qui s'y sont établis, qu'elle a exempté de toutes impositions et dont elle a cherché les moyens d'accroître la richesse, en permettant toutes sortes d'introductions dans les Ports de ladite île, et se chargeant de toutes les dépenses quelconques, sans exiger de ses Habitans aucune espèce de contribution.

Sans rien changer à des intentions aussi favorables, *S. M.* n'a pas cru cependant devoir supporter les frais d'édification d'un bâtiment pour servir de Palais et de Greffe aux Officiers de la Jurisdiction et de Prisons absolument nécessaires à Ste.-Lucie, attendu que ce bâtiment appartiendra au public, et qu'il sera relatif à sa sûreté et à ses besoins ; en conséquence elle a établi sur les Habitans de cette île, par l'ordre qu'elle nous a adressé, daté du 21 décembre dernier et enregistré au Conseil Souverain de la Martinique, une Imposition proportionnée aux frais de cet édifice, pour le produit en être employé auxdites constructions, sur le plan et devis qui en seront dressés par l'Ingénieur de *S. M.* : pour remplir ses intentions qui tendent à rendre les établissemens de Ste.-Lucie de plus en plus florissans ; Nous, etc., statuons et ordonnons ce qui suit :

Art. Ier. Il sera établi, dans toute l'île de Ste.-Lucie, une Imposition de 3 liv. sur chaque tête d'esclave, depuis l'âge de 14 ans jusqu'à celui de 60 inclusivement.

II. Seront toutefois exempts de ladite Imposition, les esclaves des maîtres qui ne se sont établis à Ste.-Lucie que depuis l'année 1766, ce qui sera justifié par des certificats des Commandans de chaque Quartier.

III. Comme la destination des fonds provenant de la présente Imposition est uniquement applicable au bien public, et qu'elle n'est pas perçue au profit de *S. M.*, les exemptions accordées par la Déclaration du Roi, du mois d'octobre 1730, aux Officiers de Milices, aux Nobles et autres, n'y seront pas applicables : défendons en conséquence d'y avoir égard dans les rôles de répartition qui seront dressés à cet effet.

IV. La présente Imposition sera exigible au 1er. décembre prochain, et les Contribuables tenus de l'acquitter dans le courant dudit mois, entre les mains du sieur Debon, Receveur-particulier du Domaine à Ste-Lucie, que nous nommons et commettons en cette qualité à cet effet, à peine d'y être contraints par toutes les voies de droit, et même par corps.

V. Ledit sieur Debon délivrera toutes quittances aux Contribuables, et rendra compte à l'Intendant, tant de sa recette que de sa dépense.

Mandons et enjoignons au Commandant et au Subdélégué de l'île Ste.-Lucie de faire lire, publier, etc.

Prions Messieurs les Officiers du Conseil Souverain de la Martinique de faire enregistrer, etc.

Donné à la Martinique, le 4 mai 1768. *Signé*, le Chevalier de ST.-MAURIS et le Président de PEINIER.

Enregist. au Conseil Souverain.

(N°. 398.) *Ordonnance de MM. les Général et Intendant, concernant la Pêche.*

Du 4 mai 1768.

Le même motif qui a fixé notre attention sur la conservation du Gibier, nous engage également à donner tous nos soins pour empêcher la destruction du Poisson occasionnée par l'usage pernicieux d'enivrer les rivières et les marigots, d'en détourner le cours dans certains endroits, et enfin par la pêche du Tritri, poisson naissant de toutes les espèces, dont la conservation est absolument nécessaire à entretenir la population non-seulement dans les rivières, mais encore à la mer ; c'est pour remédier à ces abus et prévenir les préjudices notables qu'ils causent, que Nous, etc., statuons et ordonnons ce qui suit ;

Art. Ier. Nous défendons à toutes personnes, soit Blancs ou Gens de couleur libres ou esclaves, d'enivrer les rivières et les marigots, à peine, en cas de contravention, de cinq ans de galère pour les Blancs, et de la galère à vie pour les Gens de couleur libres ou esclaves, conformément aux Ordonnances du Roi, relatives à cet objet.

II. Défendons pareillement de détourner le cours des rivières pour en prendre plus aisément le Poisson et en plus grande quantité, à peine, en cas de contravention, de 200 liv. d'amende contre les Blancs, soit qu'ils commettent cette contravention eux-mêmes, ou que ce soit par le ministère de leurs esclaves ; de 100 l. d'amende et un mois de prison pour les Gens de couleur libres, et de la peine du fouet et du carcan pendant trois jours pour les esclaves, et sous de plus grandes peines en cas de récidive ; lesquelles amendes seront applicables, moitié au profit du Dénonciateur, et l'autre moitié au profit du Roi.

III. Tous Blancs et Gens de couleur libres ou esclaves qui, dans quelque tems de l'année que ce soit, tendront au fond de l'eau dans le cours des rivières, des draps ou nappes pour prendre le petit poisson appelé Tritri, seront condamnés aux mêmes peines prononcées contre chacun d'eux en l'article II de la présente Ordonnance.

Nous enjoignons à tous les Commandans de Bataillons et aux Capitaines de Paroisses de tenir exactement la main à l'exécution de la présente, de dresser des procès-verbaux contre tous les Blancs qui seront trouvés en contravention, de faire conduire aux prisons des Jurisdictions tous les Gens de couleur libres ou esclaves qui seront trouvés dans le même cas, et de les adresser aux Procureurs du Roi des Jurisdictions du ressort, auxquels ils enverront en même tems les procès-verbaux qu'ils auront dressés à ce sujet, afin que, tant les Blancs que tous les Contrevenans indistinctement, soient poursuivis à la requête desdits Procureurs du Roi, et punis suivant l'exigence des cas.

Prions Messieurs les Officiers du Conseil Souverain de la faire enregistrer, etc.

Donné à la Martinique, le 4 mai 1768. *Signé*, le Chevalier de St.-Mauris et le Président de Peinier.

Enregist. au Conseil Souverain.

(N°. 399.) *DECLARATION du Roi, portant modération de la peine des Galères, prononcée par les Lettres-patentes du mois d'octobre 1727, contre les Fauteurs de Commerce étranger.*

Du 22 mai 1768.

LOUIS, etc., SALUT : L'attention particulière que nous donnons à tout ce qui intéresse la Navigation et le Commerce de notre Royaume, nous ayant déterminé à interdire par les Lettres-patentes du mois d'octobre 1727, l'entrée des Bâtimens étrangers dans les Colonies françaises de l'Amérique et à prononcer, par ces mêmes Lettres-patentes, des peines sévères contre ceux qui seraient pris en contravention ; nous aurions reconnu, par tout ce qui s'est passé depuis la promulgation de cette Loi, que la plupart des peines étaient trop rigoureuses, et sur-tout celles des Galères, contre ceux de nos Sujets convaincus de Commerce étranger ; il en est résulté en effet que les Habitans des Colonies se sont constamment refusés à dénoncer les coupables et à servir de témoins, et qu'on n'est parvenu que très-rarement et avec bien des difficultés, à acquérir les preuves nécessaires pour en faire des exemples : il nous aurait donc paru convenable à tous égards de modérer les dispositions relatives à ces objets, et d'y substituer des peines pécuniaires.

A CES CAUSES, etc., voulons et nous plaît :

ART. Ier. Tous Bâtimens français qui introduiront dans les Colonies françaises aucuns effets et marchandises prohibées, seront confisqués, et le Capitaine qui commandera ledit Bâtiment, sera en outre condamné en 3,000 liv. d'amende pour

pour la première fois ; et en cas de récidive, il sera déclaré incapable de commander, et sera condamné en la même amende de 3,000 liv., le tout argent de France.

II. Voulons que les Arrêts et Jugemens qui interviendront, soient publiés et affichés dans les Ports de France où lesdits Bâtimens auront été armés ; et que pour cet effet, il en soit remis des expéditions en bonne forme aux Intendans et Ordonnateurs desdites îles, pour être envoyées et enregistrées aux Bureaux des Classes.

III. Les amendes de 1.000 liv., et la peine des Galères prononcées par nos Lettres-patentes du mois d'octobre 1727, n'auront plus lieu, à compter du jour de l'enregistrement des présentes. Voulons en conséquence, que dans les cas portés par les articles Ier. et II du titre Ier., par l'article Ier. du titre II, par l'article Ier. du titre III, et par les articles Ier. et V du titre V desdites Lettres-patentes, ceux qui seront convaincus de fraude, soient condamnés en 3,000 liv. d'amende, argent de France : dérogeant pour cet égard seulement auxdits articles.

IV. Ceux chez lesquels il se trouvera des effets, nègres, denrées et marchandises provenant des Navires français faisant le Commerce étranger et des Navires étrangers, seront condamnés en 3,000 liv. d'amende, et les effets, nègres et marchandises seront confisqués ; dérogeant à cet égard à l'article III du titre III desdites Lettres-patentes.

V. L'amende de 1,000 l., prononcée par les articles III, XV et XVI du titre Ier., et les articles II des titres II et III des Lettres-patentes de 1727, contre les Capitaines des Vaisseaux et autres Bâtimens étrangers pris en contravention, ne sera plus que de 100 liv. contre le Capitaine, qui y sera condamné en son propre et privé nom.

VI. Les confiscations, peines et amendes prononcées par l'article III du titre II, et celles de l'article III du titre V des Lettres-patentes du mois d'octobre 1727, seront jugées par les Officiers de l'Amirauté, sauf l'appel aux Conseils Souverains ; et toutes les autres peines et confiscations, prononcées par les autres dispositions desdites Lettres-patentes, seront jugées par les Juges ordinaires, sauf l'appel auxdits Conseils Souverains ; et seront exécutées au surplus les dispositions des Lettres-patentes du mois d'octobre 1727, en ce qui n'y est pas dérogé par ces présentes.

Si donnons en mandement, etc.

Donné à Versailles, le 22 mai 1768. *Signé*, LOUIS ; *et plus bas*, par le Roi, CHOISEUL, Duc de PRASLIN.

Enregist. au Conseil Souverain.

(N°. 400.) *MEMOIRE de M.* le Président de Peinier, *pour servir d'Instruction aux Officiers d'Administration et aux divers Entretenus à la Martinique et à Sainte-Lucie.*

Du 15 juin 1768.

Le relâchement qui s'est introduit dans le service depuis plusieurs années, et les changemens survenus dans quelques parties, exigeant un nouveau plan qui puisse être connu de tous les Officiers et Entretenus, d'une manière si claire et si distincte, que chacun sache la partie qui le concerne et n'aille point s'immiscer dans les fonctions d'un autre ; il a paru nécessaire de former des instructions générales, pour servir de base et de principe à la marche intérieure du service qui détermine ce plan conformément aux circonstances, et sans s'écarter des différentes Ordonnances du Roi, sur lesquelles il sera essentiellement établi. Mais pour conserver l'ordre dans des instructions de cette espèce, il a fallu diviser les fonctions suivant les grades et la distribution des personnes qui en sont revêtues ; ainsi ce sera la marche qu'on suivra dans ce Mémoire.

DES COMMISSAIRES DE LA MARINE.

Du Contrôleur.

Le Contrôleur de la Marine se conformera strictement à ce qui lui est prescrit par l'article CD de l'Ordonnance de 1765, par lui ou par ceux qui le représenteront : il aura un Commis établi au Magasin-général pour y tenir les registres ordonnés par l'article CDII, qui seront suivis à compter du 1er. juillet prochain : il paraphera toutes les semaines les registres du Garde-magasin et les siens : il les arrêtera tous les trois mois et vérifiera tous les ans le livre de balance qu'il arrêtera avec l'Intendant, et se conformera à l'article CDIV par rapport au recensement qui devra être fait.

Conformément aux articles CDVII, CDVIII, CDXII et CDXX, il tiendra cinq registres, un pour l'enregistrement des Marchés, un pour la Recette du Trésorier, un pour sa Dépense, un pour les Commissions et Brevets, et un pour les Réglemens, Ordonnances du Roi ou du Gouvernement, ainsi que des Instructions particulières et Lettres du Ministre qu'il lui serait prescrit d'enregistrer : tous ces registres seront tenus à compter du 1er. juillet prochain, et il se conformera à l'article CDVI pour faire coter et parapher ses registres par l'Intendant.

Les Marchés seront enregistrés tout au long et mot à mot, comme aussi les Brevets, Commissions, Ordres du Roi et les Réglemens, Ordonnances, etc. ; mais les ordonnances de recette et de dépense seront seulement énoncées par extrait, qui contiendra le nom de la partie payante ou prenante, la marchandise achetée ou vendue, avec la citation du prix, le rapport des pièces et la somme, qui sera tirée hors ligne en chiffres pour être additionnée.

Indépendamment de ces registres pour les recettes et dépenses sur pièces en forme, il sera tenu un registre journal des acquits de plus ample décharge expédiés, et des arrêtés de recette qui seront faits tous les trois mois par le Contrôleur, des parties de recettes domaniales rentrées en caisse, et dont le registre sera tenu comme il sera dit ci après à l'article du Receveur-général du Domaine.

Il se conformera d'ailleurs suivant l'exigence des cas, tant à ce qui lui est prescrit par l'Ordonnance de 1765, que par les autres Ordonnances de *S. M.*, et d'ailleurs par les instructions particulières qui pourraient lui être données par l'Intendant.

Du Commissaire établi au Fort-Royal.

L'Intendant se tenant ordinairement à Saint-Pierre, le Commissaire du Fort-Royal ordonnera les dépenses concernant la Colonie, la Marine, les fortifications et autres objets; et il en tiendra, à compter du 1er. juillet prochain, un petit registre journal, dont il enverra tous les mois l'extrait à l'Intendant, par nature de dépenses.

Il donnera toutes permissions aux Bâtimens étrangers qui se présenteront pour mouiller en Rade, en se conformant aux Réglemens sur cette matière.

Il aura seul et sans en communiquer avec qui que ce soit, la discipline, police et inspection des Galériens, ainsi que des Cômes, Pertuisanniers et autres Gens attachés au Bagne; et il entretiendra avec l'Intendant, une correspondance sur cet objet séparément, afin de pouvoir suivre avec plus de facilité les ordres qu'il pourrait avoir à prendre suivant l'exigence des cas.

Il aura pareillement seul et privativement la police du Port; il se fera rendre compte par les Officiers de Port, tous les jours, de ce qui pourra s'y passer, soit à terre, soit sur l'eau, quand même il y aurait des Vaisseaux du Roi; et il aura seul l'inspection des Classes: il aura attention que l'Officier chargé de cette partie, tienne la main à l'exécution des Ordonnances, et il se fera rendre compte de tout ce qui se passera en Rade, dont il aura privativement la police.

Il aura la police des Troupes, dont il fera et signera les revues; et il se conformera à ce qu'il lui est prescrit à cet égard, par les diverses Ordonnances de *S. M.*

Il enregistrera à leur arrivée de France, tous les ouvriers gagistes et même ceux employés aux Fortifications : il en aura la discipline hors des travaux, et il n'y en sera admis aucun qu'il ne lui ait été présenté ; il ne pourra non plus en être congédié sans son aveu et son visa : il en fera la revue tous les mois pour avoir connaissance de leurs mouvemens ; et s'il s'appercevait de quelques abus dans cette partie, il en instruirait l'Intendant, après y avoir pourvu provisoirement.

S'il se trouvait un ou plusieurs Vaisseaux du Roi en Rade, il veillera sur la conduite des Ecrivains ; fera fournir sur leur demande les rafraîchissemens et effets nécessaires ; en retirera et arrêtera des Etats en forme, dans lesquels il aura le plus grand soin de désigner les fournisseurs et ouvriers par leurs noms, surnoms, qualités et résidence.

Il inspectera les magasins ; veillera à ce que les registres soient tenus en bon ordre ; à ce que les duplicata des récépissés que fourniront les Gardes-magasins particuliers, soient convertis en récépissés du Garde-magasin général ; et après qu'ils auront été enregistrés, il se les fera remettre pour les adresser à l'Intendant : il se fera rendre compte de la qualité et quantité des marchandises qui viendront des divers magasins ; et quand il se fera des achats, il y assistera.

Si les Vaisseaux et autres Bâtimens du Roi venaient à avoir besoin de radoub, il les visitera avec les Officiers du Vaisseau et ceux du Port, et examinera avec soin les progrès du vice des doublages et bordages ; il donnera tous ses soins à voir si la membrure ne serait point attaquée, il fera visiter les différentes pièces de liaison, et il les fera changer dès qu'il paraîtra qu'elles menaçeront ruine : il constatera la visite qui aura été faite par procès-verbal qu'il expédiera triple, dont il gardera une expédition pardevers lui, pour rester déposée à son Bureau, et il adressera les deux autres à l'Intendant, qui en remettra une au contrôle, et adressera la troisième au Secrétaire d'Etat de la Marine.

Il aura attention à faire fournir les remplacemens des équipages aux Vaisseaux et autres Bâtimens du Roi qui en auront besoin ; il poursuivra les déserteurs des Vaisseaux du Roi au desir des Ordonnances, et rendra compte à l'Intendant de tout ce qui aura trait à la Marine royale, par des lettres particulières qu'il timbrera à cet effet du mot, *Marine.*

Il aura l'inspection de l'Hôpital ; il le visitera trois fois la semaine au moins, aux heures qu'il jugera convenables, et le plus souvent à celles de la distribution des alimens.

Il s'entendra avec les Officiers de l'Artillerie et du Génie pour les différens besoins du service, et passera les marchés pour les fournitures qui seraient dans le cas d'en exiger.

Du Commissaire de Saint-Pierre.

Le Commissaire de la Marine à St.-Pierre fera, dans les absences de l'Intendant, les mêmes fonctions que celui du Fort Royal, et il rendra compte de toutes les opérations qu'il aura faites, à l'Intendant, en lui remettant le détail : il aura soin de prendre ses ordres par écrit, pour tous les objets qui seront de trop grande conséquence pour qu'il les prenne sur lui, à moins que le service n'exigeât une très-grande célérité.

Il veillera sous les ordres de l'Intendant, à ce que les Sous-Commissaires et Ecrivains de la Marine remplissent les fonctions qui leur sont confiées; il se rendra avec eux au lieu et à l'heure que l'Intendant leur indiquera, trois fois par semaine, pour y traiter des observations qu'ils auront à faire sur leurs détails.

Lorsqu'il y aura des Vaisseaux du Roi en Rade, et que les Officiers auront des demandes à faire pour les radoubs, remplacemens d'effets, de vivres ou d'hommes ou autres objets, ils seront invités à se trouver aux conférences et à y envoyer toujours les Ecrivains des Vaisseaux, attendu que les différens Officiers se trouvant rassemblés, il sera plus facile à l'Intendant de donner ses ordres pour remplir dans un seul moment toutes les demandes qui pourraient lui être faites.

Ne pourront s'absenter des conférences, sous quelque prétexte que ce puisse être, le Contrôleur, lorsqu'il se trouvera sur le lieu, les Commissaires de la Marine, même ceux armés sur les Escadres du Roi, les Sous-Commissaires et les Ecrivains de la Marine servant à St.-Pierre, ou armés et actuellement en Rade, et les Officiers de Port.

Dans les cas d'absence de l'Intendant, les conférences seront tenues par le Commissaire-ordonnateur à St.-Pierre, à l'heure ordinaire et au lieu qu'il indiquera, et il aura soin d'y faire part des ordres qu'il aura reçus de l'Intendant, et de prendre les moyens les plus prompts pour l'exécution; de laquelle il lui rendra compte.

Des

DES SOUS-COMMISSAIRES.

Les Sous-Commissaires de la Marine seront distribués dans les divers lieux de la Colonie : ils y rempliront les différens détails sous l'autorité des Commissaires, suivant l'ordre ci-après, savoir :

Deux au Fort-Royal.

Un pour y être chargé des Classes et des parties relatives aux Vaisseaux et autres Bâtimens de mer de *S. M.*

Et un autre pour le contrôle, les recettes et dépenses du Trésorier particulier, et l'expédition des acquits pour les dépenses courantes.

Quatre à Saint-Pierre.

Un pour le contrôle et l'expédition des acquits et des états en forme des dépenses courantes.

Un pour la comptabilité, lequel aura l'inspection des recettes et dépenses du Trésorier, et la rédaction des exercices arriérés.

Un pour les Classes.

Un autre pour le service de la place, la police de la garnison, les revues, l'inspection du Magasin et de l'Hôpital.

Un à Sainte-Lucie.

Le Sous-Commissaire détaché à St.-Lucie, sera chargé de tout le service économique dans ladite île, et il en rendra un compte exact à l'Intendant ou au Commissaire-ordonnateur.

Il veillera à la conduite du Trésorier et du Garde-magasin : il se fera rendre compte exactement de leur recette et de leur dépense, et il arrêtera tous les mois leurs registres : il ordonnera les acquits des dépenses courantes, et prendra les ordres de l'Intendant pour toutes les autres dépenses.

Il donnera tous ses soins à entretenir l'ordre dans les Hôpitaux, où il fera de fréquentes visites, afin de s'assurer de leur administration.

Il fera les revues des Troupes et s'entendra à cet égard avec le Commissaire du Fort Royal, il en aura la police, et il tiendra la main à l'exécution des Ordonnances de *S. M.*, concernant la discipline des Troupes dans les places de guerre, en ce qui est du droit de sa charge.

Il aura seul et privativement toute la police relative à la Rade, celle des Classes, et tiendra la main à empêcher les désertions.

S'il survient des circonstances délicates et qui l'embarrassent, il aura le soin de temporiser jusques au tems où il aura pû recevoir les ordres de l'Intendant, qu'il mettra la plus grande activité à se procurer.

Il ordonnera toutes les dépenses concernant l'Artillerie et le Génie, d'après les demandes des Officiers de ces corps; et s'il est nécessaire de passer des marchés, il ne les passera que sauf l'approbation de l'Intendant, à qui il sera exact à détailler les raisons qu'il aura eu pour agir, ainsi que les quantités, les qualités et le prix des marchandises.

Il veillera à leur conservation quand elles auront une fois été achetées, et il rendra compte à l'Intendant de ses observations à cet égard.

Il fera fournir aux Vaisseaux du Roi les remplacemens en hommes, vivres et effets dont ils pourront avoir besoin, et sera très-exact à en donner avis à l'Intendant, afin qu'ils puissent être compris dans les états qui seront signés des Capitaines et Ecrivains, et qu'il ne reste rien en arrière dans les opérations avec les Ports de France.

DES ÉCRIVAINS.

Les Ecrivains servant dans la Colonie, se trouvant remplir des détails de Sous-Commissaire, se conformeront chacun en droit soi, à ce qui concernera ces détails ; et quant à l'ordre du service, à tout ce qui leur est prescrit par leurs brevets et les Ordonnances du Roi.

DES GARDES-MAGASIN.

Du Garde-magasin principal.

Le Garde-magasin principal délivrera seul les récépissés aux Fournisseurs et Ouvriers qui auront fait des fournitures et ouvrages, tant relativement à l'Artillerie, au Génie ou au service de la Colonie, qu'à la Marine ; en observant cependant qu'il formera ses récépissés par rapport à la plûpart des fournitures, sur les duplicata des récépissés des Gardes-magasin particuliers : il tiendra un registre exact des récépissés qu'il expédiera, sur lequel ils seront transcrits en entier ; et il y émargera la date de la remise qui en sera faite, soit aux parties prenantes, soit aux Officiers qu'il appartiendrait, suivant les circonstances.

Ces récépissés seront tous visés du Commissaire de la Marine et du Contrôleur ; et le Commis au contrôle du magasin y mettra son vérifié qu'il paraphera seulement ; mais ce Commis ne mettra son vérifié qu'après avoir en effet examiné s'il a fait recette des objets compris dans le récépissé, et en vertu de quels ordres.

Tous les récépissés des Gardes-magasin particuliers seront visés des Officiers d'Administration, sous les ordres desquels ils serviront; et quant à ceux des petits postes, tels que la Trinité et le Marin, ils seront visés du Commissaire de la Marine du Fort-Royal, qui se fera rendre compte par le Garde-magasin principal, de l'emploi et de la qualité des marchandises.

Le Garde-magasin principal tiendra un registre journal de sa recette et de sa dépense; il y écrira par quantité et qualité les vivres et marchandises qui entreront dans les magasins, conformément aux ordres de l'Intendant ou des Commissaires de la Marine; et il ne pourra, conformément aux Ordonnances, faire ni recette ni dépense sans leurs ordres par écrit, ni changer de place les vivres et effets, sans leur agrément.

Tous les récépissés des Gardes-magasin particuliers pour vivres et marchandises, seront ordonnés avant qu'il les porte sur son registre de recette; et comme ils le seront seulement par *advertatur*, il en établira en même-tems la dépense. Les registres du Garde-magasin seront arrêtés tous les trois mois par le Contrôleur et le Commissaire du magasin, et la balance sera vérifiée et arrêtée tous les ans par l'Intendant; le recensement sera fait suivant l'art. CDLXXV de l'Ordonnance de 1765.

Au moyen de cet arrangement, il sera donné dépense au Garde-magasin des vivres en nature, et il aura un registre journal par colonnes, où il en fera recette et dépense en rations, dont il établira la balance par trois mois.

Par exemple, s'il sort pour être délivré en

rations par mois 100 barils de bœuf, et 150 barils de farine ou autres vivres, il en formera l'ordre de dépense, qui sera signé par le Commissaire de la Marine, et il en écrira la sortie sur son registre de dépense; et en même-tems il établira sur son registre de rations, les quantités qu'il doit résulter de ces vivres, et il les établira à sa colonne de recette.

Le Garde-magasin principal se chargera en recette effective des vivres arrivés de France, et il en écrira la facture déchargée sur son registre des récépissés, en marge duquel il datera le renvoi qu'il en aura fait en Europe, et il y fera mention des différences qui pourront s'y être trouvées, ainsi que du procès-verbal qui en aura été dressé.

Les procès-verbaux dressés, tant pour les déficit reconnus à l'arrivée de France des vivres et marchandises, que pour tout autre objet, seront dressés triples: il en demeurera un au Garde-magasin principal, un à la partie intéressée, telle qu'elle puisse être, et le troisième sera déposé au contrôle, où ils seront enregistrés.

Tous les procès-verbaux seront visés de l'Intendant, qui cotera et paraphera tous les registres du Garde magasin.

Aucun ordre de recette ou de dépense ne vaudra, même ceux de recette et de dépense par *advertatur*, qu'il ne soit visé au contrôle par le Commis du contrôle au magasin, qui ne remettra tous lesdits ordres qu'après les avoir enregistrés tout au long sur son journal ou de recette ou de dépense.

Il sera tenu en outre par le Garde magasin principal, un registre coté et paraphé par l'Intendant, sur lequel il écrira les vivres et effets qui seront délivrés par les ordres de l'Intendant ou Commissaires, aux particuliers, à charge de les payer ou de les rendre; et il établira dépense desdits effets en même-tems qu'il en chargera ce registre qu'on nomme *compte particulier* ; et quand le particulier rendra les vivres en nature, il lui donnera décharge, qu'il émargera à l'article dudit particulier, et il fera recette effective des vivres et effets ; mais lorsque les particuliers préféreront de payer en argent, il ne sera fait mention sur le compte particulier, que de la quittance qui aura été donnée par le Trésorier.

Le Garde-magasin principal fera recette sur ses registres des Bateaux et autres Bâtimens du Roi, ensemble de leurs agrêts et apparaux suivant l'inventaire, et il en établira dépense dès qu'ils seront armés ; mais au désarmement il n'en fera plus recette, il sera seulement exact à marquer leurs mouvemens.

Il se chargera en recette au commencement de chaque année, du résultat de la balance de l'année précédente, conformément au recensement, sous la date du premier janvier, et jamais un registre ne lui servira pour deux ou plusieurs années.

Les Gardes-magasin particuliers lui rendront tous les trois mois le compte de clerc à maître de leur recette et de leur dépense par la balance qu'ils arrêteront ; et ce compte sera certifié desdits Gardes-magasin particuliers et visé du Commissaire du Fort-Royal, pour les postes de la Trinité et du Marin ; quant à celui de Saint-Pierre, le Garde-magasin qui y est préposé, fera viser son compte par le Commissaire et l'Intendant, après qu'il aura été vérifié par le Commis du contrôle qui y sera destiné; et pour le poste de Ste.-Lucie, il exigera le visa de l'Officier ordonnateur.

Des Gardes-magasin particuliers.

Il se trouve des Gardes-magasin particuliers établis à St.-Pierre, à la Trinité, au Marin et à Ste.-Lucie : il leur sera remis à la fin de chaque année par l'Intendant, cinq registres cotés et paraphés, pour leur servir pendant l'année suivante, à écrire jour par jour leur recette et dépense, par trois mois leur balance, le journal des rations qu'ils consommeront, et les effets qu'ils seront dans le cas de délivrer aux particuliers : ils feront tous les ans arrêter définitivement leurs registres par le Commissaire du magasin ; et leur recensement sera remis au Garde-magasin principal bien et dûment arrêté, pour leur servir de décharge.

Ils tiendront leurs registres dans la forme la plus correcte et avec netteté ; et il sera établi par le Contrôleur de la Colonie, à chacun des magasins de St.-Pierre et de Ste.-Lucie, un Commis qui tiendra des registres de recette et dépense seulement, afin de vérifier les balances et recensemens de chaque année.

Ils suivront, autant que le lieu le leur permettra, tout ce qui est prescrit au Garde-magasin principal, à qui ils rendront sommairement tous les trois mois leur compte, qu'ils feront viser comme il a été ci-devant expliqué.

Lorsqu'il sera fourni dans les divers magasins des marchandises, les Gardes-magasin particuliers donneront des reçus ou récépissés aux fournisseurs, qu'ils feront viser des Commis du contrôle dans les lieux où il en sera établi, et ils en adresseront aussi-tôt les duplicata au Garde magasin principal.

DES TRÉSORIERS.

Du Trésorier principal.

Le Trésorier principal se conformera pour la formation de ses comptes et la validité de ses acquits, à tout ce qui lui est prescrit par l'Ordonnance de la Marine de 1689.

Il aura un registre journal de recette en effets, un de dépense en effets, un de recette en espèces et un de dépense en espèces, qu'il tiendra avec clarté et netteté, afin de pouvoir rendre compte de sa balance toutes les fois qu'il en sera requis.

Il fera recette au commencement de chaque quartier des fonds provenans du Domaine, suivant ses registres de recette de cette partie, et il l'établira, soit en argent, soit en effets, comme ces fonds lui seront rentrés.

Il sera fait une vérification au commencement de chaque quartier, de la balance que le Trésorier remettra à l'Intendant, par le Contrôleur ou un Commissaire; et comme elle se fera sur pièces de recette et dépense, elles seront paraphées.

Il tiendra un brouillard journal des paiemens qu'il fera, et il n'en fera aucun sur acquit, qu'il ne soit ordonné de l'Intendant ou des Commissaires, sous peine de nullité dudit acquit.

Sur tous les paiemens qu'il fera, il sera attentif à retenir les quatre deniers pour livre attribués buées aux invalides, ainsi que les frais de quittance; et il n'en sera alloué aucun en dépense, à compter de ce jour.

Il fournira exactement aux Trésoriers généraux ses récépissés des fonds qui lui seront envoyés de France pour le service, ainsi que des effets; et il en constatera toujours la remise dans la Colonie par des procès-verbaux de vérification.

Il aura la nomination de tous les Trésoriers particuliers auxquels il fera rendre compte, et il en exigera des cautions, qui feront leur soumission de cautionnement pardevant notaire: ces cautions seront agréées par l'Intendant, et il sera délivré expédition du cautionnement pour être remise ès-mains du Contrôleur.

Les cautionnemens à fournir seront pour le Trésorier du Fort-Royal, de . . . 20 000 liv.
Par celui de Ste-Lucie, de . . 10,000 liv.
Par celui du Marin,
Et celui de la Trinité, } chacun de 6,000 liv.

Seront lesdites cautions admises pardevant l'Intendant à présenter requête, aux fins de connaître la situation desdits comptables en cas qu'ils les soupçonnassent, et il sera pourvu à la vérification qui sera faite par les Commissaires du Roi nommés à cet effet, suivant l'exigence du cas.

Demeurera néanmoins première caution des Trésoriers particuliers, ledit Trésorier principal, comme les Trésoriers généraux sont ses cautions vis-à vis du Roi, attendu qu'il ne saurait être trop pris de précautions pour la conservation des deniers de *S. M.*

Des Trésoriers particuliers.

Les Trésoriers particuliers rendront tous les trois mois leurs comptes au Trésorier principal : ils lui fourniront les cautions ci-devant désignées, et exécuteront chacun dans leurs parties ce qui est prescrit audit Trésorier principal, tant pour la tenue des registres, que pour la validité des acquits, la retenue des quatre deniers pour livre et frais de quittance, et l'acquittement des mandats et acquits de plus ample décharge, qui devront tous être ordonnés par l'Intendant ou les Commissaires avant d'être par eux acquittés.

DU DOMAINE.

Du Directeur-général.

Le Directeur-général du Domaine aura sous les ordres de l'Intendant ou des Commissaires-ordonnateurs, l'inspection de tout ce qui concerne cette partie de l'Administration, à l'exception de la comptabilité du Receveur-général, et du service des Pataches.

Il vérifiera les dénombremens, et formera les rôles de capitation, les états d'imposition sur les loyers, dont il dressera les comptes particuliers qu'il remettra certifiés ; il visera les quittances des droits d'entrée et de sortie sur les marchandises et denrées, et en tiendra note.

Il fera faire les liquidations de tous les deniers provenans de droits d'épaves, d'aubaine, bâtardise, deshérences, saisies et confiscations pour fait de commerce étranger ou autres, généralement de tous droits seigneuriaux et domaniaux appartenans au Roi ; il en tiendra registre et remettra lesdites liquidations à l'Intendant ou Ordonnateur,

Il vérifiera tous les trois mois la recette du Receveur, et sur son vérifié le Commissaire de la Marine l'arrêtera.

Il vérifiera pareillement la recette définitive de chaque exercice du Receveur général, afin que l'Intendant en puisse signer l'arrêté : il continuera de remettre à l'Intendant les états de produit et de comparaison, dont il fera une récapitulation générale à la fin de chaque année.

Il dressera à la fin de chaque mois, les états de commerce, dont il formera à la fin de l'année, un état général pour en être remis chacun dans son tems, une expédition à l'Intendant, avec ses observations en marge.

Les comptes des Receveurs particuliers ne seront rendus qu'au Receveur-général directement ; cependant il sera nécessaire qu'ils soient visés et vérifiés par le Directeur ; et lesdits Receveurs particuliers ne pourront se dispenser, sous aucun prétexte, de rendre compte au Directeur en qualité de Directeurs particuliers seulement, non comme Receveurs.

Il fera coter et parapher par l'Intendant, par premier et dernier feuillet, tous les registres qui doivent être tenus chaque année dans son bureau.

Il répondra aux requêtes qui lui seront communiquées par rapport au commerce, et il fera ses observations relativement aux demandes et aux circonstances.

Il poursuivra à sa requête en demandant et en défendant, toutes les instances, soit pour réclamer les droits domaniaux et seigneuriaux et autres de toute nature, soit pour raison de commerce étranger.

Il ne se mêlera en aucune manière des dépenses concernant la Régie, et certifiera seulement les pièces de dépenses extraordinaires, comme fourniture de bureau et autres, pour le paiement en être ordonné par l'Intendant.

Il se fera remettre, par le Receveur-général, les états des restes sur l'imposition, pour en poursuivre la rentrée.

Il tiendra quatre registres, savoir : un de la correspondance, concernant la Régie ; un pour les ordres qu'il donnera, tant aux Directeurs particuliers, qu'aux Commis ou Visiteurs ; et un troisième des saisies et confiscations provenant du commerce étranger.

DES RECEVEURS.

Du Receveur-général.

Le Receveur-général recevra, par inventaire du Directeur-général, les comptes et quittances que ce dernier aura préalablement visés, ainsi que les états d'imposition ; et il en fera ensuite la distribution aux Receveurs particuliers, afin qu'ils perçoivent les impositions.

Il percevra sur ses quittances visées du Directeur du Domaine, les impositions dans son département, et il tiendra un registre journal de ses perceptions.

Il remettra tous les trois mois au Directeur-général ses registres, pour être vérifiés ; ce que le Directeur fera sans aucune interruption ; et sur le vérifié qu'il écrira et signera au pied de l'arrêté du quartier, le Commissaire de la Marine fera l'arrêté de la recette, dont le Receveur-général se chargera alors en recette effective dans son journal de recette du Trésor de la Colonie.

Il se fera rendre compte tous les trois mois par les Receveurs particuliers des perceptions qu'ils auront faites, dont ils fourniront des états détaillés : il aura seul la connaissance du mouvement des fonds qu'ils auront perçus, et il sera chargé d'en rendre compte à l'Intendant ou au Commissaire-ordonnateur.

Le Receveur-général se chargera en recette des fonds perçus par les Receveurs particuliers de quartier en quartier, suivant leurs états; et il leur en fournira ses récépissés, qu'il portera sur son journal de dépense.

Tous les registres des Receveurs seront cotés et paraphés par l'Intendant; ils seront tenus de les représenter toutes les fois qu'ils en seront requis, à ceux qu'il nommera à cet effet.

Dans le mois de janvier de chaque année, le Receveur général fera clore par l'Intendant ses registres de perception de l'année expirée, pour servir à sa décharge : il établira les états des restes qu'il certifiera, et qu'il remettra au Directeur-général pour faire les poursuites, desquelles le Receveur-général ne se mêlera en aucune sorte.

Il fera donner cautions par les Receveurs particuliers, comme il est inséré à l'article du Trésorier principal.

Des Receveurs particuliers.

Les Receveurs particuliers recevront du Receveur-général, par inventaire, les comptes et quittances que le Directeur-général aura préalablement visés : ils percevront les impositions en vertu des états qui leur seront remis par le Receveur-général et sur les quittances qu'ils signeront et qui auront été, comme il vient d'être dit, visées du Directeur-général du Domaine.

Ils rendront tous les trois mois leurs comptes par états détaillés au Receveur-général, et ils répondront à ses observations.

Ils ne compteront de leurs fonds, qu'au Receveur-général seulement; et ils formeront dans les dix premiers jours de janvier, leurs comptes définitifs de l'année qui viendra d'expirer; ils les remettront ainsi que leurs états des restes, au Receveur-général.

Le Receveur-général leur remettra chaque année cotés et paraphés par l'Intendant, les registres nécessaires, et ils les tiendront avec ordre et netteté, afin de pouvoir faire journellement connaître leur situation.

Leurs cautionnemens pour la recette du Domaine étant les mêmes que ceux pour la caisse de la Colonie, ils seront seulement tenus pour les deux objets, conjointement et séparément.

Les états des restes seront examinés par l'Intendant, le Commissaire-ordonnateur et le Directeur du Domaine, dans les six premiers mois de l'exercice suivant; et ils déchargeront les non payans, afin d'éviter les enchaînemens d'un exercice sur l'autre.

Au moyen de cet arrangement, les Receveurs-généraux et particuliers seront toujours déchargés et vis-à-vis du Roi, et vis-à-vis de leurs cautions; parce que leurs comptes de recette et de dépense seront arrêtés dans les six premiers mois de l'année suivante; et pour leur en faciliter les moyens, l'état des restes sera porté en recette sur l'excercice suivant, par exemple: l'état des restes de 1763 sera porté en recette sur les six premiers mois de 1769, par un ordre de l'Intendant *ad hoc*.

Lesdits Receveurs particuliers seront sous les ordres directs du Receveur-général ; mais ils rempliront, chacun dans son département, les fonctions de Directeurs particuliers ; et en cette qualité ils n'agiront qu'au nom et sous les ordres du Directeur-général, subordonnément à ceux du Commissaire ou Sous-Commissaire chargé du service de leur département.

Ils seront tenus de représenter leurs registres aux Commissaires de la Marine, toutes les fois qu'ils en seront requis, et seront aussi sous leurs ordres.

DES PATACHES.

Du Capitaine.

Le Capitaine de Patache continuera de se conformer à ses instructions ; et en sa qualité de Commandant d'un Bâtiment du Roi, il suivra, tant pour les armemens que pour les désarmemens et autres mouvemens du vaisseau, ce qui lui est prescrit par les Ordonnances du Roi de 1681, 1689 et 1765.

Des Lieutenans visiteurs.

Les Lieutenans visiteurs continueront pareillement à remplir à bord des Pataches, les fonctions qui leur sont prescrites ; et ils rempliront en outre celles d'Ecrivain, conformément aux Ordonnances de 1681, 1689 et 1765 : en l'absence du Capitaine, ils en exerceront toutes les fonctions avec la même autorité.

DU PORT.

Du Capitaine et Officiers du Port.

Les Capitaine et Officiers du Port suivront ce qui leur est prescrit, tant par les Ordonnances de 1689 et 1765, que ce qui concerne les maîtres de Quai dans l'Ordonnance de 1681.

Ils se trouveront aux conférences qui se tiendront chez l'Intendant ou l'Ordonnateur, trois fois la semaine; et ils leur rendront compte tous les jours de tous les mouvemens, et prendront leurs ordres.

Ils seront seulement dispensés d'assister aux recettes des vivres et des marchandises qui auront trait à la Colonie; mais tout ce qui concernera l'armement, radoub et avictaillement des Vaisseaux et autres Bâtimens du Roi, les regardera selon le dû de leur charge, et ils y seront appelés.

Du Commis des Munitionnaires.

Le Commis du munitionnaire des vivres de la Marine, continuera à suivre sous les ordres de l'Intendant ou Ordonnateur, les achats des vivres nécessaires pour les Vaisseaux du Roi; et il aura soin de se trouver aux conférences tenues chez ledit Intendant ou Ordonnateur, pour recevoir les ordres qu'ils auraient à lui donner, concernant cette partie du service.

Des Maîtres entretenus.

Les Maîtres charpentiers et calfats seront sous les ordres de l'Intendant et Commissaires de la Marine, ainsi que sous ceux des Officiers de Port; ils rempliront leur service par rapport aux Bâtimens du Roi, conformément à ce qui leur est prescrit par l'Ordonnance de 1765.

DES HOPITAUX ET OFFICIERS DE SANTÉ.

Des Administrateurs des Hôpitaux.

Les divers Administrateurs des Hôpitaux dans les îles Martinique et Ste.-Lucie, seront exacts

à remplir

à remplir les conditions de leurs traités respectifs ; ils seront sous la protection du Gouvernement et l'autorité particulière des Commissaires de la Marine, dont ils exécuteront les ordres.

Des Médecins et Chirurgiens du Roi.

Les Médecins seront exacts à visiter tous les jours les Hôpitaux, et ils se conformeront à ce qui leur est prescrit par l'Ordonnance de 1763.

Lorsqu'ils auront des propositions ou observations à faire pour le bon ordre du service, ils se rendront aux conférences, où ils seront admis, et l'Intendant y recevra les comptes qu'ils auront à lui rendre ; et approuvera ou désapprouvera les plans qu'ils pourraient proposer.

Le contenu du présent Mémoire sera exécuté, à compter du 1er. juillet prochain, dans toute son étendue, tant à St.-Pierre que dans les autres lieux, conformément aux ordres qui seront délivrés pour les détails aux Officiers d'Administrations, qui se conformeront à tout ce qui est ci-devant prescrit, et veilleront à ce que ceux qui sont sous leurs charges s'y conforment.

A St.-Pierre, le 15 juin 1768. *Signé*, le Président de Peinier.

(N°. 401.) *Ordonnance de MM. les Général et Intendant, portant établissement d'une Patache de Rade.*

Du 1er. juillet 1768.

L'attention que nous devons avoir à empêcher tout ce qui peut nuire au Commerce de France dans cette Colonie ne nous permettant pas de négliger les avis que nous recevons journellement de l'introduction clandestine qui se fait dans la Rade de St.-Pierre, de marchandises venant de l'étranger; et n'étant pas possible que les Pataches ordinaires employées à la garde des côtes de la Martinique, puissent remplir cet objet: nous nous sommes déterminés à établir une Patache fixe dans la Rade de St.-Pierre, pour empêcher toute introduction de marchandises prohibées par les Ordonnances de *S. M.* Donnons à l'Officier commandant ladite Patache et que nous chargerons de nos ordres, tous les pouvoirs et prérogatives dont jouissent les autres Capitaines de Patache: enjoignons à tous ceux qu'il appartiendra de reconnaître ladite Patache de Rade comme Bâtiment armé par *S. M.* à cet effet partout et ainsi qu'il appartiendra.

Sera la présente Ordonnance, etc.

Donné à St.-Pierre Martinique, le 1er. juillet 1768. *Signé*, le Chevalier de ST.-MAURIS et le Président de PEINIER.

(N°. 402.) *ARRET en Réglement du Conseil Souverain, concernant les fonctions de l'Inspecteur-général de la Chirurgie de l'île Martinique.*

Du 6 juillet 1768.

CE jour, la Cour procédant au Réglement des fonctions dépendantes du titre et qualité d'Inspecteur-général de la Chirurgie, dont le sieur Lartigue a été pourvu par brevet de *S. M.*, du 21 novembre dernier, registré en la Cour, le 8 mai dernier, etc., a réglé, statué et ordonné ce qui suit:

Art. Ier. L'Inspecteur-général tiendra la main à ce que toutes les Ordonnances sur la Chirurgie, et notamment celle du mois d'avril de l'année 1764, soient exactement suivies et observées; il veillera sur-tout à ce que conformément à l'art Ier. de ladite Ordonnance de 1764, aucune personne ne soit admise à l'avenir à exercer la Chirurgie, que sur le certificat du Supérieur de l'Hôpital, que le récipiendaire y aura travaillé pendant les deux années portées par ledit article.

II. Tous les Chirurgiens, Apothicaires, Accoucheurs et Sages-Femmes qui exercent actuellement dans l'île, seront tenus, dans trois mois de la publication du présent Réglement, de représenter à l'Inspecteur-général, les titres en vertu desquels ils exercent, pour être lesdits titres visés par ledit Inspecteur-général; à défaut de laquelle représentation, l'Inspecteur-général donnera avis aux Substituts du Procureur-général du Roi, de ceux qui exercent lesdites professions sans s'être faits connaître à lui, pour être poursuivis suivant l'exigence des cas, comme exerçant sans titre ni lettre de maîtrise.

III. Aucun Chirurgien ayant ses lettres de maîtrise et le certificat de capacité des Médecins du Roi, et Chirurgiens-majors des différens départemens de cette île, ne pourra exercer ni être admis aux Siéges, qu'après que ses lettres auront été visées par l'Inspecteur-général.

Il en sera de même des Apothicaires, Accoucheurs et Sages-Femmes, qui ne pourront s'établir dans l'île sans son attache.

IV. L'Inspecteur-général pourra, quand il le jugera à propos, assister à l'examen des nouveaux Chirurgiens, et les examiner lui-même avec les Médecins du Roi et Chirurgiens-majors chargés de ce soin par l'Ordonnance du Roi, du 30 avril 1764.

V. L'Inspecteur-général sera tenu de faire tous les ans une visite générale des drogues et médicamens, tant chez les Chirurgiens que chez les Apothicaires; et lorsqu'il en trouvera de viciés, il en dressera procès-verbal, les fera mettre en dépôt à l'Hôpital le plus prochain, et en donnera avis aux Substituts du Procureur-général qui en poursuivront la confiscation et la punition des délinquans, conformément à l'Ordonnance ci-dessus citée. L'Inspecteur-général pourra en outre faire des visites particulières toutes les fois qu'il le jugera nécessaire pour le bien public.

VI. Les Chirurgiens de l'île seront tenus de rendre compte à l'Inspecteur-général des cas singuliers qui surviendront dans l'exercice de leur art, par des mémoires circonstanciés, et l'appelleront à l'ouverture des cadavres dans les cas singuliers, autant néanmoins que les parties intéressées y consentiront.

VII. L'Inspecteur-général sera autorisé à faire la visite des prisons pour voir si elles sont bien desservies, entendre les malades sur les plaintes qu'ils pourraient porter contre les Chirurgiens qui les desservent, et visiter les drogues qu'on leur administrera.

VIII. L'Inspecteur-général sera tenu en sa qualité, de donner avis au Procureur-général et de requérir la réformation de tous abus, malversations qu'il pourra découvrir dans l'exercice de la Chirurgie.

IX. L'Inspectur-général, ou ses successeurs dans ladite qualité, ne pourront en aucun tems, ni sous aucun prétexte, prendre ni demander aucuns émolumens pour toutes les fonctions dépendantes de ladite qualité, qui seront exercées gratuitement et sans aucune rétribution.

Ordonne que le présent Arrêt sera imprimé, lu, publié, etc.

Fait au Conseil Souverain de la Martinique, le 6 juillet 1768.

(Nº. 403.) *ORDONNANCE de MM. les Général et Intendant, supplémentaire de celle du 4 mai 1768, concernant l'Imposition à établir sur l'île de Sain.e-Lucie.*

Du 20 juillet 1768.

SUR les représentations qui nous ont été faites par les Commandant et Subdélégué de l'île Ste.-Lucie, que les Habitans de ladite île n'ayant jamais fourni de dénombrement, il conviendrait mieux de charger le Capitaine de chacun desdits Quartiers, de la recette de l'imposition établie sur lesdits Habitans par l'Ordre du Roi du 21 décembre dernier, lesquels Capitaines en verseraient ensuite le produit dans la caisse du sieur Debon, ce qui serait beaucoup plus commode aux Habitans, leur épargnerait des frais et des dérangemens, en les dispensant de venir au Carénage, et rendrait en même-tems la perception de l'imposition beaucoup plus facile pour ledit sieur Debon. Ces observations nous ayant paru fondées, nous nous sommes déterminés à y avoir égard.

A CES CAUSES, et en interprêtant (quant à ce) l'article IV de notre Ordonnance du 4 mai dernier, nous ordonnons que tous les Habitans de Ste. Lucie non-exempts fourniront incessamment à chacun des Capitaines de leur Quartier, un état fidèle du nombre de leurs esclaves payans droits, en vertu duquel leur imposition sera déterminée et payée entre les mains du Capitaine du Quartier, dans le terme prescrit par notredite Ordonnance.

Enjoignons à Messieurs les Capitaines de Quartier, d'apporter toute diligence dans la perception des deniers de l'imposition de leur Paroisse, pour être ensuite le montant par eux remis audit sieur Debon, avec un état de leur recette certifié par eux, dont ils délivreront le double à MM. les Commandant et Subdélégué de l'île, auxquels ils déclareront par une liste particulière, ceux qui auront négligé de satisfaire à ladite imposition, afin qu'ils y soient contraints conformément à notre Ordonnance du 4 mai dernier, à laquelle nous nous référons pour être pleinement exécutée selon sa forme et teneur; et sera la présente enregistrée au Greffe de la Jurisdiction de Ste.-Lucie, et à celui de l'Intendance.

Mandons au Commandant et au Subdélégué de l'île Ste.-Lucie, de faire lire, publier et afficher la présente, etc.

Donné à la Martinique, le 20 juillet 1768. *Signé*, le Chevalier de ST.-MAURIS et le Président de PEINIER.

(N°. 404.) *Ordonnance du Roi, sur la pêche de la Morue.*

Du 21 août 1768.

Sa Majesté s'étant fait représenter l'Arrêt rendu en son Conseil, le 31 juillet 1767, qui accorde un encouragement de 25 s. par quintal de Morue sèche de pêche française qui sera introduite aux îles du vent de l'Amérique; et ayant reconnu qu'il avait été impossible aux Négocians introducteurs, de remplir les formalités exigées par ledit Arrêt, attendu que les Conseils Supérieurs desdites îles n'avaient point encore reçu les lettres de mandement; *S. M.* a ordonné et ordonne que jusqu'au jour de la publication de la présente Ordonnance dans les îles du vent de l'Amérique, les Capitaines armateurs soient dispensés des formalités prescrites par ledit Arrêt.

Veut et entend *S. M.*, que tous ceux qui auront envoyé des Morues sèches de pêche française depuis le susdit Arrêt, soient payés par l'Adjudicataire-général des Fermes, de 25 s. d'encouragement sur la simple expédition délivrée aux Bureaux des Domaines, visées des Intendans ou Commissaires-ordonnateurs des îles du vent; les dispense du rapport du visa des Greffiers et Juges des Amirautés, ainsi que de l'expédition des Officiers desdits Siéges, bien entendu qu'après l'enregistrement et publication des présentes, l'Arrêt du Conseil d'Etat, du 31 juillet 1767, sera exécuté selon sa forme et teneur.

Mande et ordonne, Sa Majesté, etc., de tenir la main à l'exécution, tant de la présente

Ordonnance, qu'à celle de l'Arrêt du Conseil d'État du 31 juillet 1767, lesquels seront enregistrés, lus, etc.

Fait à Compiègne, le 21 août 1768. *Signé*, LOUIS; *et plus bas*, par le Roi., CHOISEUL, Duc de PRASLIN.

(N°. 405.) *ORDONNANCE du Roi, sur l'établissement des Milices aux îles Martinique et Sainte-Lucie.*

Du 1er. septembre 1768.

SA Majesté estimant nécessaire de rétablir les Milices dans sa Colonie de la Martinique, et de leur donner une forme stable, elle a jugé qu'il convenait, en même-tems, de régler leur service dans ladite Colonie; en conséquence, elle a ordonné et ordonne ce qui suit :

ART. Ier. Il sera établi à la Martinique et Ste.-Lucie des Compagnies de Milices, lesquelles seront composées des Habitans de chacune desdites îles, depuis l'âge de 15 ans, jusqu'à 55 ans; et il en sera destiné un certain nombre pour le service de l'Artillerie sur les côtes, suivant les besoins de chacunes desdites îles.

II. Chaque compagnie d'Infanterie sera commandée par un Capitaine, un Lieutenant et un Sous-Lieutenant, et composée de deux sergents, quatre caporaux et quarante-six fusiliers, et d'un tambour nègre ou mulâtre, lequel sera aux frais du Capitaine.

III. Les compagnies pourront être au-dessus de ce nombre, mais jamais au-dessous, à moins

que

que dans quelqu'une des Paroisses où ces Compagnies doivent être établies, il ne se trouve pas un nombre suffisant de fusiliers ; auquel cas, la Compagnie restera composée du nombre de fusiliers que ladite Paroisse pourra fournir.

IV. Tous les Officiers desdites Compagnies, seront, attendu l'éloignement, nommés et pourvus de commissions par le Gouverneur Lieutenant général, ou par celui qui le représentera, en cas de mort ou d'absence, pour, par lesdits Officiers, exercer leur emploi, jusqu'à ce que *S. M*, leur ait fait expédier les commissions ou brevets nécessaires, sur la liste qui en sera envoyée tous les six mois par le Gouverneur au Secrétaire d'Etat, ayant le département de la Marine ; et il en sera usé de même pour les emplois vacans par décès, abandonnement des Officiers, ou autres causes semblables.

V. Ceux qui seront pourvus de commissions de Capitaines de Milices, et qui auront ci-devant servi en France, ou dans les Compagnies détachées de la Marine, marcheront les premiers et prendront rang entr'eux, selon la date de leurs anciennes commissions ; ensuite viendront ceux qui auront déjà servi en qualité d'Officiers de Milices dans ladite Colonie, lesquels prendront aussi rang entr'eux, selon la date de leur anciennes commissions : il en sera de même des Lieutenans et Sous-Lieutenans.

VI. Dans le cas, où après la nomination de tous les Officiers nécessaires dans les Compagnies de Milices de ladite Colonie, il se trouverait des Habitans au-dessous de l'âge de 55 ans, ayant servi ci-devant en qualité d'Officiers dans lesdites Milices, et qui ne pourraient pas être employés dans la nouvelle formation, ils serviront à la suite des Compagnies de leurs Quartiers, dont ils feront choix, en qualité d'Officiers réformés, et ils auront le grade qui leur avait été accordé ci-devant, en attendant qu'ils puissent y être employés en pied ; mais ils n'auront sur ladite compagnie aucun commandement ; ils seront obligés d'être armés et d'assister aux revues.

VII. La Colonie de la Martinique sera divisée en huit Quartiers, dans l'ordre qui suit ; savoir :

1er. *Quartier.* Le Fort-Royal ; le Lamentin ; la Caze Pilote.

2e. *Quartier.* St.-Pierre ; le Prêcheur.

3e. *Quartier.* Notre-Dame de Bon-Port, dit *le Mouillage ;* le Carbet.

4e. *Quartier.* La Trinité ; le Gros-Morne ; la Tartanne ; Sainte-Marie.

5e. *Quartier.* Le Marin ; Sainte-Luce ; la Rivière Pilote ; Sainte-Anne.

6e. *Quartier.* La Rivière-Salée ; le Trou-au-Chat ; les Trois-Islets ; les Anses-d'Arlets ; le Diamant.

7e. *Quartier.* La Basse-Pointe ; la Grand'Anse ; le Macouba ; le Marigot.

8e. *Quartier.* Le Vauclin ; le François ; le Robert ; le Saint-Esprit, ou *les Coulisses.*

L'île de Ste.-Lucie n'étant pas encore assez habitée pour pouvoir la diviser par quartier, il ne sera pas établi dans cette île de Commandans de Quartiers ; les Habitans seront seulement formés en Compagnies, et il y en aura une ou deux par Paroisse, suivant le nombre des Habitans ; il y aura aussi un Aide-major par Paroisse ; et les Officiers de ces Compagnies seront traités, ainsi que les Aide-majors, de même que ceux de la Martinique : ils tiendront leurs commissions de *S. M.*; ils seront susceptibles des mêmes grâces, et jouiront des mêmes prérogatives, avantages et honneurs que ceux de la Martinique.

VIII. Il sera établi dans chaque Quartier un Capitaine-commandant, lequel sera choisi parmi les Capitaines, tant d'Infanterie que de Dragons; et à cet effet lesdits Capitaines de chaque Quartier présenteront au Gouverneur Lieutenant-général, trois sujets pour en être choisi un, et il en sera usé de même toutes les fois que la place de Commandant de Quartier viendra à vaquer.

IX. Ledit Capitaine Commandant de Quartier n'aura point de Troupes, et il commandera tous les Capitaines d'Infanterie et de Dragons de son Quartier; il aura le grade de Major, à moins qu'il n'en eut déjà un Supérieur.

X. Il y aura en outre dans chaque Quartier un Major et un Aide-major : le Major sera pris parmi tous les Officiers du Quartier : il commandera en second tous les Capitaines dudit Quartier, et il remplacera le Commandant de Quartier en son absence : l'Aide-major sera choisi parmi les Lieutenans et Sous-Lieutenans; il aura rang de Capitaine d'Infanterie, et il roulera avec les autres Capitaines du Quartier, du jour de sa commission d'Aide-major.

XI. Le Commandant qui s'absentera, donnera avis de son absence à celui qui, par son rang, devra commander le Quartier, et en préviendra chaque Commandant de Paroisse, afin que ceux-ci sachent à qui s'adresser.

XII. Les Commandans de Quartiers et ceux qui se trouveront commander dans leurs Paroisses, feront exécuter ponctuellement les différens ordres qu'ils recevront du Gouvernement : mais ne pourront, sous aucun prétexte, s'arroger les droits de connaître d'aucune affaire civile, qu'ils seront tenus de renvoyer pardevant les Juges des lieux, à moins qu'ils ne soient choisis pour arbitres par les parties.

XIII. Le plus ancien Capitaine de chaque Paroisse en sera le Commandant, à moins qu'il n'y ait été pourvu par un ordre particulier : il donnera tous les ordres provisoires, et rendra compte au Commandant de Quartier, en son absence au Major, qui recevra les ordres immédiats du Gouverneur Lieutenant général.

XIV. Il sera formé dans les Paroisses de chacune desdites îles, suivant la quantité des Habitans aisés, des Compagnies de Dragons commandées par un Capitaine, un Lieutenant, un Sous-Lieutenant, deux Maréchaux des Logis, quatre Brigadiers et quarante-quatre Dragons avec un Tambour nègre ou mulâtre : les Dragons seront choisis entre les principaux Habitans qui n'auront pas été Officiers et qui seront en état d'entretenir un cheval.

XV. Le Gouverneur Lieutenant-général sera Capitaine d'une Compagnie de Dragons, et il aura sous lui un Capitaine-lieutenant. Le Commandant en second aura une Compagnie d'Infanterie, et sous lui un Capitaine-lieutenant.

XVI. Il sera établi une Compagnie composée uniquement de tous les Gentilshommes, dont la noblesse aura été enregistrée au Conseil Supérieur, à l'exception de ceux qui serviraient en qualité d'Officiers dans le corps de la Milice. Cette Compagnie portera le nom de l'Arrière-Ban : elle s'assemblera tous les ans, au Fort-Royal, une fois dans le mois de janvier, le jour qui sera ordonné par le Gouverneur Lieutenant-général ; et en cas de guerre et d'évènement extraordinaire, le Gouverneur Lieutenant-général la fera rassembler toutes les fois qu'il le jugera à propos.

Cette Compagnie sera armée de fusils et de bayonnettes : elle sera commandée par trois Officiers supérieurs ; savoir : par un Capitaine, un Lieutenant et un Sous-Lieutenant, qui auront des commissions de *S. M.*, et six Officiers inférieurs ; savoir : deux Maréchaux des Logis, et quatre Brigadiers.

Tout Gentilhomme dont les titres auront été enregistrés, qui ne servira pas en qualité d'Officier dans le corps des Milices, ne pourra être dispensé de servir dans la Compagnie de l'Arrière-Ban, sous peine de la privation de ses privilèges dans la Colonie.

A l'égard des Gentilshommes qui seront à Ste.-Lucie, dont les titres auront été enregistrés au Conseil Supérieur, et qui ne serviront pas dans les Milices en qualité d'Officiers, ils formeront une Compagnie particulière sous le nom de l'Arrière-Ban, qui s'assemblera une fois seulement par an en tems de paix, au mois de janvier, au Carénage, et toutes les fois qu'il sera jugé nécessaire en tems de guerre, ou dans des cas extraordinaires, sur l'ordre qui leur en sera donné par le Commandant de ladite île.

Cette Compagnie sera commandée par un Capitaine, un Lieutenant et un Sous-Lieutenant, et elle suivra les Réglemens qui seront faits pour la Compagnie de l'Arrière-Ban de la Martinique.

XVII. Les Officiers ayant servi, soit dans la Marine, soit dans les Troupes de terre, soit dans les Troupes détachées de la Marine, et qui auront quitté, ou qui auront été réformés sans avoir obtenu la Croix de Saint-Louis, ou une pension de retraite, seront tenus, s'ils ne sont pas employés dans le corps des Milices en qualité d'Officiers, de servir en celle d'Officiers réformés à la suite des Compagnies de leurs Quartiers, dont ils feront choix, et ils seront assujettis aux mêmes revues et services, à moins que ceux de ces Officiers qui auront des titres de noblesse enregistrés au Conseil Supérieur, ne préfèrent de servir dans l'Arrière-Ban : veut cependant *S. M.*, que les Officiers ayant servi dans ses Troupes et les Gentilhommes, soient préférés, autant qu'il sera possible, pour les emplois d'Officiers dans les Milices.

XVIII. Indépendamment des Compagnies de Dragons et d'Infanterie qui seront établies dans les différens Quartiers de la Martinique, il en sera formé une de Gendarmes au Fort Saint-Pierre, dont la composition et le service seront réglés par une Ordonnance particulière.

XIX. Les Commissions de Capitaines-commandans de Quartier, de Major, d'Aide-major et de Capitaine, Lieutenant et Sous-Lieutenant d'Infanterie et de Dragons, ne leur donneront de pouvoir et commandement militaire, que sur les Milices, sans aucune extension sur les Régimens de France; et réciproquement lesdites Compagnies de Milices seront distinctes et indépendantes pour le service des Régimens de

France, et ne recevront des ordres que du Gouverneur Lieutenant-général, du Gouverneur-particulier et du Commandant des Milices.

XX. En tems de guerre et dans les cas où les Milices se trouveraient en service avec les Régimens de France, elles ne pourront être commandées que par un Colonel, un Lieutenant-Colonel; et dans le cas de détachement, les Capitaines des Troupes commanderont tous les Capitaines de Milices, les Lieutenans des Troupes commanderont tous les Lieutenans de Milices, il en sera ainsi des Sous-Lieutenans et Bas-Officiers.

XXI. Les Capitaines d'Infanterie et de Dragons auront la police et discipline de leurs Compagnies; mais lorsqu'il y aura lieu de faire punir quelques Miliciens, pour des faits résultans de ces deux cas, ils en informeront le Commandant du Quartier, qui sur le compte qui lui en sera rendu, pourra ordonner la prison, pourvu que le tems auquel il sera condamné, n'excède pas vingt-quatre heures; et dans les cas qui pourraient mériter une plus forte peine, le Commandant du Quartier en fera part au Gouverneur-général, qui en ordonnera et en rendra compte à la Cour.

XXII. Les Bas-Officiers des Compagnies d'Infanterie et de Dragons, seront choisis et nommés par les Commandans de Quartiers, sur la proposition des Capitaines; et ceux qui auront été nommés, seront reconnus à la tête des Compagnies, sans autres commissions.

XXIII. Tout Habitant destiné à servir dans les Milices, sera pourvu en tous tems, à ses dépens; savoir: le fantassin, d'un fusil et de sa bayonnette, de deux livres de poudre et de six livres de balles.

Le Dragon aura toujours un cheval, son équipage, son sabre, ses pistolets, son fusil, sa bayonnette et la susdite quantité de poudre et de balles.

XXIV. Les Milices desdites îles ne pourront être assemblées ni conduites hors de leurs Quartiers, sans un ordre exprès du Gouverneur Lieutenant-général, ou de celui qui le représentera. Les Commandans de Quartier pourront cependant, sur la demande des Habitans, commander des détachemens pour la chasse des nègres marrons, et ils en rendront compte au Gouverneur, ainsi que du retour et de la capture de ces détachemens.

XXV. Ne seront point assujettis à servir dans les Milices, les Conseillers des Conseils Supérieurs; les Procureurs-généraux et leurs Substituts; les Greffiers en chef et leurs Commis-greffiers; les Membres des Chambres d'Agriculture; les Juges des Jurisdictions ordinaires et de l'Amirauté; les Procureurs de *S. M.* et leurs Substituts; les Greffiers et les Commis-greffiers desdits Siéges; les gradués ayant Lettres d'Avocat, et qui exercent; tous Dépositaires publics, Receveurs, Notaires, Arpenteurs, Curateurs aux successions vacantes, Procureurs, Officiers d'Administration, Commis employés au service de *S. M.*; les Médecins, Chirurgiens brévetés; Officiers de Navires marchands et autres employés dans lesdits Navires, en expédition sur les lieux, même les Flibustiers.

XXVI. Il sera fait tous les trois mois, par chaque Capitaine, une revue particulière de sa

Compagnie;

Compagnie ; il prendra un dimanche pour ces revues, et il en préviendra le Commandant du Quartier et le Major, afin qu'ils y assistent, s'ils le jugent à propos.

XXVII. Les Commandans de Quartier feront en tems de paix deux revues générales chaque année, l'une au mois de janvier, l'autre au mois de juillet, et ils choisiront pour cet effet les premiers dimanches ou la première fête de chaque mois. Chaque Capitaine dressera une liste des hommes qui composeront sa compagnie, recevra leurs déclarations sur l'état de leurs armes et de leurs munitions, et en verifiera l'exactitude : il réformera celles qu'il aura trouvé défectueuses, et il en rendra compte au Commandant.

XXVIII. Immédiatement après les deux revues générales de janvier et de juillet, il en sera fait une dans chaque Quartier par le Gouverneur ; et dans le cas où il ne pourrait pas s'y transporter, elles seront faites par le Commandant en second, et toutes les revues particulières seront suspendues aux époques des deux revues générales, dont chacune tiendra lieu dans chaque Quartier des revues particulières.

XXIX. Le Fantassin ne se présentera aux revues générales ou aux exercices, quand ils auront été ordonnés, qu'avec son fusil, sa bayonnette et 12 coups à tirer, et le Dragon avec son cheval, son équipage, son sabre, ses pistolets, son fusil, sa bayonnette et 20 coups à tirer.

XXX. Tous ceux qui en conséquence de l'article XXV sont dispensés de servir dans les Milices, seront tenus d'avoir chez eux 2 fusils en bon état, 4 livres de poudre et 12 livres de balles ; et ils seront sujets à cet égard à l'inspection des Commandans et Majors des Quartiers, qui seront obligés de vérifier, ou faire vérifier par un Officier, s'ils sont en règle, et ils en rendront compte au Gouverneur.

XXXI. Tous les Habitans, même les privilégiés sans exception, enverront au Commandant de Quartier, dans les tems de revue, leurs déclarations contenant leur âge, leur nom et leur qualité : les Matelots et Flibustiers seront seulement tenus de donner leurs noms et le lieu le plus ordinaire de leur demeure, au Major, qui en remettra l'état au Commandant de Quartier, pour le tout être adressé au Gouverneur.

XXXII. Tout Fantassin et Dragon montera, en cas de guerre, personnellement la garde à son tour, à moins qu'il n'en ait un empêchement légitime, dont il informera son Capitaine. Ceux qui manqueront leur garde, seront condamnés à tenir prison dans le Fort ou dans la prison militaire autant de tems que leur garde devait durer, et de payer en outre 12 livres argent des îles, à celui qui aura monté la garde à sa place, sauf à infliger une plus grande peine en cas de récidive, et il y sera pourvu conformément à l'article XIX.

XXXIII. Les rôles des gardes seront affichés aux portes des Eglises, afin que chacun soit prévenu à l'avance de son tour de service.

XXXIV. Ne pourront être compris en même tems dans les rôles des gardes, les Propriétaires d'Habitations et leurs Economes.

XXXV. Voulant traiter avec distinction les Milices desdites îles, *S. M.* se réserve à elle seule de destituer de leurs emplois les Officiers qui se seraient mal conduits, autorisant seulement les Gouverneurs à interdire ceux qui leur paraîtraient le mériter, et à ne nommer que provisoirement aux emplois vacans par mort, abandonnement ou interdiction.

XXXVI. Les Officiers de Milices jouiront des exemptions suivantes ; savoir : les Commandans de Quartier et les Majors seront exempts de la capitation de 12 nègres ; les Capitaines, de celle de 10 nègres ; les Lieutenans, de 6 ; et les Sous-Lieutenans, de 4 ; les Sergens et Maréchaux des logis, de 2 nègres chacun. Les Commandans de Quartier, les Majors et les Capitaines qui commanderont dans les Paroisses, jouiront des honneurs du Banc et du Pain béni, ainsi que de la marche dans les Cérémonies de l'Eglise, comme ci-devant.

XXXVII. Les Gens de couleur, libres ou affranchis, depuis l'âge de 15 ans, jusqu'à 60, seront pareillement établis dans chaque Quartier, en Compagnie de 50 hommes : elles seront composées de même que les Compagnies des Blancs, et elles seront sous les ordres des Commandans et Majors de Quartier où elle seront établies.

XXXVIII. Veut *S. M.* qu'il en soit usé pour la discipline et police des Compagnies des Gens de couleur, de même et ainsi qu'il y est pourvu par les articles XI, XII, XIII, XIX, XXII, XXX et XXXIII, concernant les Compagnies des Blancs, et qu'elles soient assujetties aux mêmes revues générales et particulières, au même armement et aux mêmes inspections.

XXXIX. Leur composition en Officiers, qui seront Blancs, sera la même que celle des Compagnies des Blancs, et il y aura de plus en tems de guerre un Capitaine en second : ils auront des commissions de *S. M.*, et ces Officiers rouleront suivant leur grade, avec ceux des Compagnies des Blancs.

XL. Les Capitaines présenteront aux Commandans de Quartiers les Bas-Officiers, dont ils auront fait choix; et ces Bas-Officiers seront pris parmi les Gens de couleur.

XLI. Les Commandans de Quartier se serviront des Compagnies des Gens de couleur pour la chasse des nègres marrons, des déserteurs, et pour la police du Quartier.

XLII. *S. M.* approuve l'uniforme de couleur bleue que les Milices de la Martinique et de Ste.-Lucie ont choisi, avec les différens paremens et distinctions suivant les grades : veut en conséquence *S. M.*, que ledit uniforme soit à l'avenir habit, veste, culotte et doublure bleue, boutons jaunes, chapeau bordé d'or, et que les différens bataillons porteront les paremens ci-après; savoir :

Le Bataillon du Fort-Royal, *parement blanc;*
idem de St.-Pierre, *parement rouge;*
idem du Mouillage, *parement jaune;*
idem de la Trinité, *parement noir;*
idem du Marin, *parement soufre;*
idem de la Rivière-Salée, *parement bleu céleste;*
idem de la Basse-Pointe, *parement couleur de rose;*
idem du Vauclin, *parement cramoisi;*

La Compagnie de l'Arrière-Ban portera le même uniforme avec *parement vert.*

XLIII. Veut *S. M.* que chaque Bataillon de Milices soit exercé à tirer à balles, et que pour cet effet, il soit assemblé un jour que le Commandant indiquera par chaque année, après en avoir pris l'ordre du Gouverneur Lieutenant-général, ou du Commandant en son absence, pour tirer au blanc ; et il sera donné pour prix d'adresse à celui qui aura le mieux ajusté, un fusil sur lequel seront gravées les armes de *S. M.*, et cette inscription : *Donné par le Roi.*

Mande, Sa Majesté, etc.

Fait à Versailles, le 1er. septembre 1768. *Signé*, LOUIS ; *et plus bas*, par le Roi, le Duc de PRASLIN.

Enregist. au Conseil Souverain.

(N°. 406.) *ORDONNANCE du Roi, sur les grâces accordées par Sa Majesté, en faveur des Officiers de Milices des îles du vent de l'Amérique.*

Du 1er. septembre 1768.

SA Majesté ayant établi par son Ordonnance de ce jour, les Milices des îles du vent, elle a jugé à propos, pour exciter leur zèle et leur émulation, de leur accorder des grâces particulières ; en conséquence elle a ordonné et ordonne ce qui suit :

ART. Ier. Les Officiers de Milices desdites îles, seront dans le cas d'être décorés de la Croix de l'Ordre royal et militaire de St. Louis ; savoir :

Les Commandans de Quartier, après 24 ans de commission d'Officier.

Les Capitaines, après 28 ans de commission d'Officier.

Et les Lieutenans et Sous-Lieutenans, après 36 ans de commission d'Officier.

II. Les Capitaines qui l'auront été 30 ans auront la commission de Major.

Les Lieutenans et Sous-Lieutenans qui l'auront été 36 ans, auront la commission de Capitaine.

III. Les années de guerre, pour l'obtention de ces grâces, seront comptées pour deux ans.

IV. Les Officiers de Milices desdites îles jouiront, ainsi que les Troupes entretenues, de la Noblesse militaire, et l'obtiendront lorsqu'ils se trouveront dans les cas portés par les Ordonnances.

V. Se réserve *S. M.* de récompenser par des grades, pensions ou décorations, suivant les circonstances, ceux qui les auront méritées par des actions, pendant la guerre, ou qui auront été blessés, même de récompenser dans les personnes des veuves et des enfans, ceux qui perdraient la vie pour la défense desdites îles.

Mande et ordonne *S. M.*, etc.

Fait à Versailles, le 1er. septembre 1768. *Signé*, LOUIS ; *et plus bas*, par le Roi, le Duc de PRASLIN.

Enregist. au Conseil Souverain.

(N°. 407.) *ORDONNANCE du Roi, sur la Compagnie détachée des Gendarmes de la Martinique.*

Du 1er. septembre 1768.

SA Majesté ayant réglé que dans le nombre des Compagnies de Milices de la Martinique, il y en aura une de Gendarmes, elle a ordonné et ordonne ce qui suit :

ART. Ier. Ladite Compagnie sera composée d'un Capitaine-commandant, d'un Major, d'un Aide-major, d'un Lieutenant, d'un Lieutenant en second, d'un Guidon, d'un Commissaire, de 4 Maréchaux-des-logis, d'un Fourrier, de 8 Brigadiers et de 60 Gendarmes.

Les Gendarmes ne pourront être tirés que de la Ville de St.-Pierre, et seront choisis parmi les principaux Négocians de cette Ville.

Le Capitaine-commandant enverra tous les six mois, au Gouverneur-lieutenant-général, un rôle de la Compagnie.

II. La Compagnie des Gendarmes sera détachée, et ne dépendra d'aucun des autres corps de Milices de l'île; elle ne se présentera sous les armes, que les jours qui lui seront indiqués et marqués par le Gouverneur-lieutenant-général, ou par le Commandant en son absence.

III. En tems de paix, elle ne sera sujette à aucune garde, patrouille ou corvée : le Capitaine de la Compagnie en fera seulement deux revues par an à St.-Pierre, l'une en janvier et l'autre en juillet, et le Gouverneur-lieutenant-général en fera deux autres également à Saint-Pierre, à peu près dans le même tems.

IV. En tems de guerre, ladite Compagnie aura son Quartier pour faire son service en son particulier, et ne recevra des ordres que du Gouverneur-lieutenant-général, ou du Commandant à Saint-Pierre, en son absence.

V. Quand le Gouverneur-lieutenant-général marchera, en tems de guerre, ladite Compagnie le suivra s'il le desire; et en cas d'assemblée, elle fera un service séparé des Milices.

VI. Dans une action de guerre, s'il ne se trouvait pas d'Officier supérieur, mais seulement des Officiers de Milices, le Capitaine des Gendarmes ne pourra commander que suivant l'ancienneté de sa commission, seulement pendant l'action, attendu que les Gendarmes seront toujours censés et réputés détachés du corps des Milices.

VII. Les anciens Gendarmes rentreront dans la Compagnie, à moins qu'il n'y ait quelques raisons contraires : les nouveaux qui se présenteront, seront proposés à la Compagnie pour être reçus ou refusés.

VIII. Il ne sera accepté aucun Gendarme, qu'il ne soit monté et équipé : lorsqu'il manquera des Officiers dans la Compagnie, ils seront tirés des Gendarmes et non de la Milice.

IX. En cas de guerre, et que les Milices soient assemblées, pour s'opposer à l'ennemi, les Gendarmes auront leur Quartier auprès du Gouverneur Lieutenant-général.

X. Lorsque la Compagnie des Gendarmes aura reçu l'ordre du Gouverneur-lieutenant-général ou de celui qui le représentera, pour prendre les armes, le Capitaine de la Compagnie préviendra l'Officier supérieur qui commandera à Saint-Pierre, de l'heure et du lieu. Quant aux exercices et autres réglemens de service, comme cette compagnie n'en aura aucun à faire en tems de paix, le Gouverneur-lieutenant-général les réglera quand il sera question de guerre.

XI. Lorsqu'il mourra un Officier ou Maître, la Compagnie pourra lui rendre les honneurs funèbres, ainsi qu'il était d'usage par le passé,

en

en en prévenant toutefois l'Officier commandant à Saint-Pierre.

XII. L'uniforme de ladite Compagnie sera composé d'un habit de Camelot rouge, paremens, revers et colet de Satin noir, un bordé d'or sur l'habit, le revers et la poche avec des boutonnières d'or ; les Officiers supérieurs auront deux galons à la manche et deux aux poches ; le galon des Officiers supérieurs et subalternes sera plus large que celui des Gendarmes.

Les vestes seront de toile chamois avec un galon d'or ; celui des Officiers supérieurs sera plus large que celui des Gendarmes.

Les culottes seront rouges.

Le chapeau bordé d'or avec un plumet blanc, cocarde noire et blanche.

La housse ou chaperon sera rouge, avec un petit galon d'or.

Les Officiers supérieurs auront un double galon, dont un plus large.

Les Officiers supérieurs seront armés de sabres et pistolets ; les Officiers subalternes et les Gendarmes seront armés d'un sabre, de deux pistolets et d'un fusil léger ; ils auront aussi un porte-cartouche léger, qui sera bordé, ainsi que le ceinturon, d'une petite tresse d'or ; la buffleterie sera blanche.

En tems de paix, et quand la Compagnie des Gendarmes ne sera pas sous les armes, les Officiers et les Maîtres porteront des épées, si cela leur convient.

Pour distinguer davantage les Officiers supérieurs, le Capitaine des Gendarmes aura deux épaulettes en or, ornées de franges riches, comme les Colonels des Troupes entretenues ; le Major aura une seule épaulette ornée de franges riches, comme les Lieutenans-colonels ; les autres Officiers supérieurs de la Compagnie auront des épaulettes à franges d'or simples, comme les Capitaines ; les Maîtres auront des épaulettes, mais simples, noire et or.

XIII. Les Officiers de ladite Compagnie jouiront au surplus des priviléges et exemptions accordés à ceux des Compagnies de Milices, par l'Ordonnance du 1er. septembre 1768.

Mande et ordonne S. M., etc.

Fait à Versailles, le 1er. septembre 1768. *Signé*, LOUIS ; *et plus bas*, par le Roi, le Duc de PRASLIN.

Enregist. au Conseil Souverain.

(N°. 408.) *ORDONNANCE du Roi, portant suppression des Syndics de Paroisse créés à la Guadeloupe en* 1765.

Du 20 septembre 1768.

SA Majesté s'étant fait représenter l'Ordonnance rendue le 20 mai 1765, par les Sieurs Nolivos et de Moissac, Gouverneur-lieutenant-général et Intendant de l'île Guadeloupe et dépendances ; laquelle Ordonnance, en réglant les fonctions de Commandant de Quartier et des Capitaines-commandans de Paroisse, et un Syndic-général de la Colonie pour la perception des impositions, *S. M.* a jugé convenable de supprimer lesdits Syndics et d'établir l'uniformité dans toutes les parties de l'Administration des îles du vent.

En conséquence elle a ordonné et ordonne que les Syndics de chaque Paroisse et le Syndic-général de la Colonie établis par ladite Ordonnance des Gouverneur-lieutenant-général et Intendant de l'île Guadeloupe, du 20 mai 1765, soient supprimés, et qu'il soit fait incessamment par les Gouverneur-lieutenant-général et l'Intendant des îles du vent, un Réglement pour la perception et recette des différentes impositions en l'île Guadeloupe et dépendances, conformément à ce qui se pratique actuellement à ce sujet à la Martinique.

Mande Sa Majesté, etc.

Fait à Versailles, le 20 septembre 1768. *Signé*, LOUIS ; *et plus bas*, par le Roi, le Duc de PRASLIN.

Enreg. au Conseil Souverain de la Guadeloupe.

(N°. 409.) *LETTRES-PATENTES, portant établissement d'une Ecole pour les jeunes Garçons, au Fort-Royal de la Martinique.*

Du 20 septembre 1768.

LOUIS, etc., SALUT : Nous sommes informés que, par les soins du Père Charles-François, de Coutances, Supérieur-général et Préfet-apostolique de la Mission des Capucins aux îles du vent, il a été fait un fonds pour l'établissement au Fort-Royal de la Martinique, d'une Ecole publique pour les jeunes Garçons de la Colonie; fonds qui consiste en différens bâtimens pour loger les Maîtres, 200 Pensionnaires et un Chirurgien, avec les ameublemens convenables ; en un jardin, deux cours et un terrein vaste pour servir de promenade ; et les Habitans de ladite île Martinique nous ayant très-humblement fait supplier d'autoriser cet établissement et de lui permettre, pour en assurer le succès, de recevoir les legs, donations entre-vifs et par testament, et toutes donations et dotations qui pourraient lui être faites : après avoir pris l'avis de notre Gouverneur-lieutenant-général et de notre Intendant aux îles du vent, sur les avantages ou les inconvéniens de l'établissement projeté, nous nous sommes déterminés à accorder auxdits Habitans de la Martinique les Lettres à ce nécessaires.

A ces Causes, etc., statuons et ordonnons ce qui suit :

Art Ier. Nous avons permis et permettons aux Habitans de la Martinique d'établir au Fort-Royal de ladite île, une Ecole pour les jeunes Garçons de la Colonie, sous le titre de l'Ecole de Saint-Victor.

II. Ledit établissement sera civil, appartiendra à la Colonie et demeurera à sa charge, sans que, dans aucun cas, il puisse nous être demandé aucun secours de quelque nature que ce soit.

III. Ledit établissement sera soumis, pour tout ce qui concerne la conduite et les mœurs, au Supérieur de la Mission des Capucins ; pour l'enseignement et la police, à l'inspection de notre Procureur-général au Conseil Souverain, lequel en rendra compte audit Conseil Souverain, pour être statué ce qu'il appartiendra.

IV. Il sera formé un Bureau composé de notre Gouverneur-lieutenant-général et de notre Intendant aux îles du vent, ou de ceux qui les représenteront, de deux Conseillers et du Procureur-général de notre Conseil Souverain, de deux Membres de la Chambre d'Agriculture et du Supérieur de la Mission des Capucins, pour faire les Réglemens nécessaires pour l'enseignement des Pensionnaires, pour fixer le prix des pensions, et pourvoir généralement à tout ce qui concerne l'Administration temporelle dudit établissement ; lesquels Réglemens nous seront envoyés par notre Gouverneur-lieutenant-général et notre Intendant, pour y donner notre approbation. Le même Bureau subsistera pour veiller à l'exécution des Réglemens qui auront été faits, et décidera à la pluralité des voix de tout ce qu'il conviendra de faire pour l'avantage dudit établissement.

V. Permettons audit établissement de recevoir tous legs, donations entre-vifs et par testament, et toutes autres donations et dotations qui pourraient lui être faites, soit en argent, rentes, habitations, esclaves, ou en toute autre manière, sans qu'il soit besoin d'autre permission que celle portée par les présentes, jusqu'à concurrence de 400,000 liv., argent de France, dérogeant à cet effet à nos Lettres-patentes du 25 novembre 1743, concernant les Ordres Religieux et Gens de main-morte dans nos Colonies ; et ladite somme de 400,000 liv. une fois remplie, ledit établissement rentrera dans la prohibition portée par lesdites Lettres-patentes. Lesdites donations et dotations seront acceptées par le Bureau d'administration établi par l'art. IV, et il sera remis un double de tous les actes au Greffe de notre Conseil Souverain.

VI. Voulons que les Maîtres employés dans ledit établissement jouissent de tous les droits, priviléges, exemptions et prérogatives dont jouissent les Maîtres employés dans les Colléges en France : exemptons pareillement tous les esclaves domestiques dudit établissement, du droit de capitation, corvées, même pour les chemins, et de toutes autres charges publiques.

Défendons à toutes personnes, de quelque qualité et condition qu'elles soient, de tenir des Pensionnats pour l'éducation des jeunes Garçons en l'île Martinique, attribuons exclusivement ce droit audit établissement de Saint-Victor.

Si donnons en mandement, etc.

Donné à Versailles, le 20 septembre 1768. *Signé*, LOUIS; *et plus bas*, par le Roi, CHOISEUL, Duc de PRASLIN.

Enregist. au Conseil Souverain.

(N°. 410.) *LETTRES-PATENTES, portant établissement d'une Ecole pour les jeunes Filles, au Fort-Royal de la Martinique.*

Du 20 septembre 1768.

LOUIS, etc., SALUT : Nous sommes informés que, par les soins du Père Charles-François, de Coutances, Supérieur-général et Préfet-apostolique de la Mission des Capucins aux îles du vent, il a été fait un fonds pour l'établissement au Fort-Royal de la Martinique, d'une Ecole publique pour les jeunes Filles de la Colonie, et d'un petit Hôpital pour les pauvres Femmes malades; fonds qui consiste en un bâtiment en bois de 108 pieds de long, avec les ameublemens nécessaires, des magasins, une cour et un jardin, le tout enclos de murs; et les Habitans de ladite île Martinique nous ayant très-humblement fait supplier d'autoriser cet établissement et de lui permettre, pour en assurer le succès, de recevoir les legs, donations entre-vifs et par testament, et toutes autres donations et dotations qui pourraient lui être faites : après avoir pris l'avis de notre Gouverneur-lieutenant-général et de notre Intendant aux îles du vent, sur les avantages ou les inconvéniens de l'établissement projeté, nous nous sommes déterminés à accorder auxdits Habitans de la Martinique les Lettres à ce nécessaires.

A ces Causes, etc., Nous avons statué et ordonné ce qui suit :

Art. Ier. Nous avons permis et permettons aux Habitans de la Martinique d'établir au Fort-Royal de ladite île, une Ecole pour les jeunes Filles de la Colonie, et un petit Hôpital pour les pauvres Femmes malades, sous le titre de Maison de Providence.

(Voyez les art. II, III, IV et V des Lettres-patentes précédentes, étant absolument les mêmes.)

VI. Voulons que les esclaves domestiques dudit établissement, soient exempts du droit de capitation, de corvées, même pour les chemins, et de toutes autres charges publiques.

Si donnons en mandement, etc.

Donné à Versailles, le 20 septembre 1768. *Signé*, LOUIS ; *et plus bas*, par le Roi, Choiseul, Duc de Praslin.

Enregist. au Conseil Souverain.

(N°. 411.) *Ordonnance du Roi, portant réunion des Gouvernemens des îles du vent, avec liberté de commerce d'une île à l'autre, sous acquit-à-caution.*

Du 20 septembre 1768.

Sa Majesté ayant jugé nécessaire pour le bien de son service, de réunir le Gouvernement de la Martinique et de Ste.-Lucie, et celui de la Guadeloupe, Marie-Galante et la Désirade, les Saintes, St.-Martin et St.-Barthelemi, sous la dénomination de Gouvernement-général des îles du vent de l'Amérique, elle a estimé qu'il convenait également de rendre aux Habitans de ces îles, la liberté qu'ils avaient ci-devant d'importer et d'exporter de l'une à l'autre les denrées desdites îles, ainsi que les denrées et marchandises d'Europe, en prenant cependant quelques précautions contre l'abus qui pourrait être fait de cette liberté : en conséquence *S. M.* a ordonné et ordonne ce qui suit :

Art. Ier. Il sera permis à tout Navire marchand, soit qu'il parte des Ports de France, pour les îles françaises du vent de l'Amérique, soit qu'il fasse son retour desdites îles en France, de passer de l'une à l'autre desdites îles pour y vendre les denrées et marchandises dont il sera chargé, et pour y compléter à son retour son chargement en denrées desdites îles.

II. Pourront également les Habitans desdites îles, faire passer leurs denrées à la Martinique, par tels Bâtimens français qu'ils jugeront à propos.

III. Les Capitaines de Navires, et de tous autres Bâtimens quelconques, qui transporteront des

des denrées et marchandises, soit d'Europe, soit du crû desdites îles, seront tenus sous peine de confiscation desdites denrées et marchandises, ainsi que de leurs Bâtimens, d'en faire leur déclaration au lieu de leur départ dans lesdites îles, et d'y prendre un acquit-à-caution qui sera représenté, dans la Colonie où ils porteront leur chargement, pour ledit acquit-à-caution y être déchargé, à peine contre les contrevenans d'être poursuivis comme fauteurs du Commerce étranger.

Mande, Sa Majesté, etc.

Fait à Versailles, le 20 septembre 1768. *Signé*, LOUIS; *et plus bas*, par le Roi, le Duc de PRASLIN.

Enregist. au Conseil Souverain.

(N°. 412.) *LETTRE du Ministre à M. le Comte* D'Ennery, *Gouverneur et Lieutenant-général pour le Roi, aux îles françaises du vent de l'Amérique, portant création d'une Compagnie de Gentilshommes, sous le nom de l'Arrière-Ban.*

Du 30 septembre 1768.

JE vous remets, Monsieur, l'Ordonnance du Roi sur les Milices de la Martinique. Les dispositions de cette Ordonnance sont au fond les mêmes que celles de votre Réglement provisoire, du 11 mai 1765, et vous ne trouverez entre l'une et l'autre de différence remarquable, qu'en ce que les Nobles que vous avez dispensés de la Milice, par l'article XVI de votre Réglement, ne sont pas compris avec les personnes, qui, par l'article XXV de l'Ordonnance, doivent être exemptes.

S. M., en s'éloignant à cet égard de la disposition de l'article XVI de votre Réglement, a néanmoins tellement approuvé les motifs qui vous ont décidé, qu'elle m'a ordonné de vous faire cette lettre, pour vous dire que son intention est que les Nobles de la Martinique soient maintenus dans la possession où vous les avez trouvés, de ne servir dans les Milices, qu'autant qu'ils se porteraient d'eux-mêmes à y demander de l'emploi ; mais elle a jugé en même-tems, qu'il n'était pas possible d'insérer cette exemption dans son Ordonnance : 1°. parce que toutes les Colonies devant avoir à cet égard une Loi commune, et les Nobles de St-Domingue n'ayant jamais prétendu à l'exemption dont il s'agit, il n'eût pas été convenable d'en parler autrement, que pour ramener la Martinique à l'état des îles sous le vent ; 2°. parce que cette exemption n'a jamais été à la Martinique qu'une simple possession, tellement dénuée de titre, qu'au contraire toutes les Ordonnances sur cette matière, et notamment celle du 1er. octobre 1727, ont toutes assujetti les Nobles à servir dans les Milices ; 3°. enfin, parce qu'une telle exemption répugne trop à la constitution des Colonies, pour pouvoir être jamais fondée en droit.

En effet, Monsieur, quoique les Nobles des Colonies aient la même qualité que ceux qui habitent la Métropole, la situation des uns et des autres, leur rapport avec les choses et les personnes, leur manière d'être et de posséder, sont cependant si différentes, qu'il est impossible qu'ils soient à tous égards régis par les mêmes

Lois : un Noble dans le Royaume, n'est pas dans l'état violent d'un Colon environné d'esclaves, d'un Propriétaire toujours exposé à l'invasion ou à l'insulte des étrangers ; et si l'état des uns et des autres est aussi trop différent pour comporter des Lois semblables, il faut dire encore que les Milices de nos Colonies diffèrent tellement de celles du Royaume, que rien ne serait moins raisonnable que de conclure pour les Nobles des Colonies à l'exemption de servir dans les Milices, parce que les Nobles du Royaume en sont dispensés. Quoiqu'on puisse dire, Monsieur, en faveur des Nobles qui habitent les Colonies, il est clair que la première qualité, à considérer en eux comme en tous les autres, est celle de Colon ; que les Lois qui résultent de cette qualité, sont leurs lois premières et essentielles ; et que le principe en vertu duquel un simple Habitant a dans les Colonies le droit d'être armé, est aussi celui qui ramène le Noble à l'impossibilité d'en être dispensé : vous verrez même par les faveurs que *S. M.* accorde aux Milices des Colonies, dans une Ordonnance particulière, combien il est impossible qu'elle pût en même-tems consentir à mettre dans son Ordonnance sur les Milices, un article aussi injurieux pour elles, que celui qui aurait dispensé les Nobles d'y prendre de l'emploi. Au reste, la noblesse doit être assujettie à un service quelconque, et l'article XVI de l'Ordonnance y a pourvu ; cet article porte que tous les Nobles qui ne serviront pas dans les Milices, formeront sous le nom de l'Arrière-Ban, une Compagnie dans laquelle on ne pourra admettre que ceux dont les titres de noblesse auront été enregistrés ;

et *S. M.* veut que cet article soit exécuté, sous peine d'être privés de leurs priviléges dans la Colonie.

J'ai l'honneur d'être, etc. *Signé*, le Duc de Praslin.

Enregist. au Conseil Souverain.

(N°. 413.) *Extrait d'une Dépêche ministérielle de M.* le Duc de Praslin, *sur l'établissement du Collége de Saint-Victor au Fort-Royal.*

Du 30 septembre 1768.

Le Ministre mande à MM. les Administrateurs en chef qu'en approuvant les établissemens des Ecoles publiques et Collége au Fort-Royal par les soins du Père Charles-François, il désapprouve cependant le Conseil de s'être permis d'autoriser ces établissemens et d'en fixer l'administration et les statuts, s'étant attribué en cela un pouvoir qui n'appartient qu'au Roi seul. Il envoie néanmoins les Lettres-patentes expédiées à ce sujet le 20 du courant.

(N°. 414.) *Extrait d'une Dépêche ministérielle de M.* le Duc de Praslin, *qui règle les attributions de haute-police et de surveillance du Général et de l'Intendant sur les Agens de l'Administration.*

Du 11 octobre 1768.

Le Ministre mande aux Administrateurs en chef en commun, que les Intendans étant les seuls Supérieurs directs des Employés en ce qui concerne leurs fonctions, ils doivent avoir encore sur eux, conjointement avec le Général, une autorité immédiate sur les objets étrangers à leur emploi, non pas comme un droit attaché à la personne, mais à la chose. Le Général doit, dans des matières de police, leur infliger les punitions par des ordres communs avec l'Intendant, il peut dans les objets qui le regardent personnellement, les punir de son autorité privée, et alors il lui suffit d'en informer l'Intendant par égard pour la place et principalement pour qu'il pourvoie aux fonctions de l'Employé puni. Dans aucun cas, les Commandans de Quartier ne pourront avoir d'autorité sur les Employés, à moins de cas très-graves et qui méritent de faire arrêter sur-le-champ le Délinquant.

FIN DU TOME SECOND.

TABLE
ALPHABÉTIQUE ET RAISONNÉE
DES MATIÈRES

Contenues dans le second volume du Code de la Martinique.

A

ABANDON de Cure ou Paroisse par le Missionnaire ou Prêtre desservant, *page* 51. — On suit alors pour les registres la même forme qu'en cas de mort du Curé, *ibid. Voyez* REGISTRES des Paroisses.

ABANDONNEMENT des emplois d'Officiers de milice, 609.

ABSENCE de l'Intendant, prévue, 97. — Par qui remplacé, 98.

ACCOUCHEURS (les) sont tenus de faire viser leurs lettres par l'Inspecteur-général de Chirurgie, 603. — Ne peuvent exercer sans ce *visa*, *ibid.*

ACCROISSEMENT (l') des Bestiaux favorisé, 306.

ACQUÉREURS (les) de Maisons tenus à déclaration au Domaine sous huitaine de leurs acquisitions, 415.

ACQUISITIONS d'Habitations, défendues aux Généraux, Intendans et quelques autres Officiers des Colonies, 75.

ACQUITS-A-CAUTION; nécessaires aux Bâtimens français expédiés des ports d'entrepôt pour France, 528. — Doivent être déchargés en la manière accoutumée, *ibid.* — Faute de quoi l'Armateur et la Caution, poursuivis, *ibid.* — Et les Marchandises saisies, *ibid.* — Sont revêtus du cachet mis sur les écoutilles, 530. — Peines encourues s'ils ne sont pas déchargés, *ibid.*

ACTES de Clôture d'Inventaire; faits par le Greffier seul, 22. — Le Procureur du Roi n'y peut être employé, *ib.*

—— de Donation et Substitution; ne peuvent être enregistrés en leur entier, 23.

—— d'Affranchissement. *Voyez* AFFRANCHISSEMENT, LIBERTÉ.

tendant, 137 *à* 141. — Celle particulière au Général, 141 *à* 150. — Celle particulière à l'Intendant, 160 *à* 163. — Celle des Magasins ne regarde que l'Intendant, 143. — Mais il y est restreint dans ses pouvoirs, *ibid.*

ADMINISTRATION (Officiers d') qui ont droit de séance au Conseil, 560 *et suivantes.* — En quel cas le plus ancien de ces Officiers y a voix délibérative, 562.

ADMISSION; conditions nécessaires pour être admis dans la Compagnie des Gendarmes de Saint-Pierre, 624. *Voyez* GENDARMES.

AFFAIRES portées au Conseil d'Etat; manière d'y procéder, réglée, 211 *et suivantes.*

—— Sommaires; peuvent être portées devant les Commissaires de Paroisses, 267.

—— Civiles; ne sont point de la compétence des Commandans de Quartiers et de Paroisses, 612. — Elles doivent être renvoyées par eux devant les Tribunaux, *ibid.*

AFFRANCHIS; Ordonnance à ce sujet, 105 *et suivantes.* — Doivent apporter leurs titres devant un Commissaire, 107. — Ils en tirent un récépissé, *ibid.* — Ceux qui sont en contravention, confisqués et vendus comme esclaves, 108. — Sont soumis à la capitation, 556. *Voyez* GENS de Couleur.

AFFRANCHISSEMENS; donnés par testamens, doivent être présentés au Gouvernement, et les frais sont à la charge des Héritiers, Légataires, etc., 503. — Les Délinquans sont sans répétition sur la succession, *ibid.* — Les dispositions qui ont rapport aux Libertés, doivent être communiquées au Procureur du Roi, *ibid.* — Les actes n'en peuvent être reçus par un Notaire sans la permission du Gouvernement, 558. — Ceux donnés dans les Isles étrangères, défendus, 559. *Voy.* LIBERTÉS, REQUÊTES, HÉRITIERS, GENS de Couleur.

AGE nécessaire pour le service des Milices, 608.

AGRICULTURE (l') et les encouragemens pour en accélérer les progrès, sont du ressort de l'Intendant, 161.

—— (Chambres d'); créées pour la Martinique et la Guadeloupe, 188. — Leur formation et composition sont pareilles, *ibid.* *Voyez* CHAMBRE.

AIDE-MAJOR-GÉNÉRAL; ses fonctions et ses prérogatives, 152 *et* 153.

AIDE-MAJOR

C

la solde de leur décompte, fixée par l'Intendant, 69. Ils ne peuvent débaucher un Matelot, sous peine d'amende, 70. — Ne peuvent passer un Militaire sans permission du Général, 144. — Doivent déclaration pour les Droits, 207. — Tenus en partant pour France de se charger des Pièces de procédures pour les Appels au Conseil du Roi, 215. — S'en font décharger à leur arrivée par le Greffier de l'Amirauté, 216. — Ils en sont responsables, 217. — Précautions qu'ils doivent prendre à ce sujet, en cas de perte de leurs Bâtimens, *ibid.* — Ils sont tenus de se rendre chez l'Officier de Port à leur arrivée, 268. — D'y prendre l'ordre pour la place de leurs Bâtimens, *ibid.* — Ne peuvent en changer sous peine d'amende, *ibid.* — Ne peuvent décharger leur lest qu'à l'endroit indiqué, 269. — Le Capitaine désigné pour Commandant de la Rade porte Flamme, *ibid.* — Il met celle d'ordre lorsque le service l'exige, *ibid.* — Les autres Capitaines sont tenus alors d'envoyer à bord du Commandant, 269 *et* 339. — Les Capitaines marchands français sont présens à la visite des Bâtimens étrangers à leur arrivée, 371. — Ils font ce service à tour de rôle, *ibid.* — Sont présens à la visite du départ, 372. — A quoi tenus pour la Police du Bassin du Fort-Royal, 379. — Ils ne peuvent recevoir aucun Passager sans Passe-port, 393. — Ceux reçus Capitaines aux Colonies, ne peuvent commander des Bâtimens pour les ramener en France, 410. — Sont tenus à leur arrivée de remettre leurs lettres au Bureau de la Poste, sous peine d'amende, 455. — Tenus à y déposer leur sac avant leur départ, et ne peuvent partir sans le certificat de la Poste, qui constate la remise du sac scellé, *ibid.* — Ils doivent arborer le Pavillon distinctif, 488. — Tenus de donner aux Boulangers un certificat de la quantité de Farine vendue, 493. — Ne doivent aucune rétribution aux Bureaux pour l'expédition de leurs Rôles, 502. — Ils gardent les clefs des écoutilles des Pontons sur lesquels sont leurs Bâtimens, 518. — Peuvent exiger en déduction le prix des loyers des objets qui manquent au Ponton, 519. — Remplacent les Seaux qui leur sont prêtés, *ibid.* — Répondent des Ancres et Grelins, *ib.* — Peuvent aller virer sur des Bâtimens désarmés, 520. — Sont responsables des engagemens de ceux qu'ils

Gentilshommes

— Défend d'employer des Gens de couleur dans les Etudes, 375. — Ordonne la Plantation des vivres, 387. — Règle le prix du frêt des Canots-passagers, 388. — Ordonne aux Avocats et Procureurs des significations en certains cas, 426. — Règle l'Administration de la Caisse des Nègres justiciés, 438. — Le service des Canots-passagers, 440 *et* 441. — Le nombre des Offices de Notaires, Procureurs et Huissiers par Jurisdiction, 486. — Connaît par appel des Sentences de l'Amirauté de Ste-Lucie, 537. — Il régit Ste-Lucie, qui ressort de lui, 538. — Règle les Arrets d'expédient, *ibid.* — Plusieurs de ses Officiers acquièrent la Noblesse, 553. — Droit de séance qu'y ont plusieurs Officiers de l'Etat-major et de l'Administration, 560. — Sa composition, 561. — Nul ne peut y être admis sans avoir été reçu Avocat en France (excepté le Greffier, les Officiers de l'Etat-major et d'Administration qui y ont séance), *ibid.* — Rang de ceux qui le composent, *ibid.* — Quels sont ceux qui y ont voix délibérative, 561 *et* 562. — Par qui présidé, 562. — A quelles époques il s'assemble, comment s'y jugent les affaires relatives au Commerce étranger, et Exemptions dont jouissent ses Membres, *ibid.* — Il règle le délai de l'Homologation des Ordres sur la Caisse des Nègres justiciés, 565. — Il reçoit les Appels des Jugemens des Amirautés pour fait de Contrebande, 578. *Voyez* APPELS, ARRÊTS, CONSEILLERS *et* JUGEMENS.

CONSEILLERS d'Etat; nommés pour faire la Législation des Colonies, 112.

—— du Conseil Supérieur de la Martinique; ceux anciens et retirés éligibles pour la Chambre d'Agriculture, 87. — Les Titulaires non éligibles, *ibid.* — Ne peuvent se charger d'Arbitrages, 100. — Jouissent de la Noblesse personnelle, et acquièrent la Noblesse héréditaire, 553 *et* 554. — Leur nombre est fixé à quatorze, et ils doivent être reçus Avocats en France, 561. — Exemptions dont ils jouissent, 562. — Ont droit de Sépulture dans l'Eglise, 569. — Les Conseillers honoraires ont le même droit, *ibid.* *Voyez* CONSEIL Supérieur.

CONSENTEMENT (le) des Procureurs des parties est nécessaire aux Arrêts d'expédient, 538. *Voyez* ARRÊTS.

CONSIGNATION pour les Appels, 129.

D

E

d'Assemblée

F

G

H

J

M

Choisis

N

O

P

Q

R

S

T

des

Fin de la Table alphabétique.

telleries, par la Police, pour les Ateliers, 70. — Par le Général, des Pièces, Ports et Quartiers où il y a des Troupes, 126. — Des Magasins, à la fin de chaque mois, qui peut être demandé plus souvent par le Général [illegible], 184. — Des Bâtimens étrangers, 320. Procès-verbal ensuite, communiqué au Receveur du Domaine [illegible]. — Il a en fait droit à bord des Bâtimens étrangers, [illegible]. — Des Commandans des Paroisses [illegible] 5[illegible]. — A bord, sur les [illegible] [illegible] Chirurgie [illegible]

[illegible] est enjoint [illegible]

[illegible] vivres, les trouveroit [illegible] en présence [illegible] du ressort de l'Intendant [illegible] au sujet des vivres [illegible]

[illegible]